国家社科基金后期资助项目（19fjlb007）

西北大学“双一流”建设项目（Sponsored by First-class Universities and Academic Programs of Northwest University）

经济复杂度与人力资本双重递推下跨越“中等收入陷阱”的国别研究

A Regional Country Study on Overcoming the Middle Income Trap under the Double Recursion of Economic Complexity and Human Capital

宋　宇◎著

人民出版社

策划编辑：郑海燕
责任编辑：卢　安　高　旭
封面设计：王欢欢
版式设计：姚　菲
责任校对：周晓东

图书在版编目(CIP)数据

经济复杂度与人力资本双重递推下跨越“中等收入陷阱”的国别研究 / 宋宇著. -- 北京 ：人民出版社，2024. 12. --ISBN 978-7-01-026890-3

Ⅰ. F126.2

中国国家版本馆 CIP 数据核字第 2024QX3384 号

经济复杂度与人力资本双重递推下跨越“中等收入陷阱”的国别研究

JINGJI FUZADU YU RENLI ZIBEN SHUANGCHONG DITUI XIA KUAYUE “ZHONGDENG SHOURU XIANJING” DE GUOBIE YANJIU

宋　宇　著

人民出版社 出版发行
（100706　北京市东城区隆福寺街 99 号）

北京建宏印刷有限公司印刷　新华书店经销

2024 年 12 月第 1 版　2024 年 12 月北京第 1 次印刷
开本：710 毫米×1000 毫米 1/16　印张：21
字数：375 千字

ISBN 978-7-01-026890-3　定价：108.00 元

邮购地址 100706　北京市东城区隆福寺街 99 号
人民东方图书销售中心　电话（010）65250042　65289539

国家社科基金后期资助项目
出版说明

后期资助项目是国家社科基金设立的一类重要项目，旨在鼓励广大社科研究者潜心治学，支持基础研究多出优秀成果。它是经过严格评审，从接近完成的科研成果中遴选立项的。为扩大后期资助项目的影响，更好地推动学术发展，促进成果转化，全国哲学社会科学工作办公室按照“统一设计、统一标识、统一版式、形成系列”的总体要求，组织出版国家社科基金后期资助项目成果。

全国哲学社会科学工作办公室

目　　录

第一章 跨越“中等收入陷阱”的分析框架

自世界银行《东亚经济发展报告(2006)》①提出“中等收入陷阱”(Middle Income Trap,MIT)的表述后,如何更好地规避发展困境、以可持续方式保持经济增长成为广泛关注的话题。在世界百年未有之大变局下,全球化进程在曲折中推进,如何跨越“中等收入陷阱”成为新的实践问题,需要有相应的理论研究。

第一节 问题的提出

本书以“中等收入陷阱”为研究对象,结合人力资本概念和原理,分析经济复杂度提升对发展陷阱的化解。下面首先分析“中等收入陷阱”问题提出的研究背景。

一、研究背景

(一)现实背景

世界经济史上不少国家曾经有过快速增长的辉煌历史。但到了20世纪70年代后,随着世界经济形势的突变,不少国家落入“中等收入陷阱”,真正发展成为发达经济体的并不多。世界银行将107个国家列为中等收入国家,其GDP总和为31万亿美元,人口约57亿人(Gill和Kharas,2015)②。大多数中等收入国家期待成功跨越“中等收入陷阱”。

一方面,“赶超”的成功者稀少,除了早期欧洲以及北美洲、大洋洲国家和日本外,仅有韩国、波兰等从中等收入阶段跃升至高收入阶段。另一方面,落入“中等收入陷阱”的一些发展中国家出现经济停滞僵化现象,发展面临诸多挑战。如东南亚、拉美国家、北非、中东地区等。这些国家或地区

---

① Gill, I. S., Kharas, H., Bhattasali, D., et al., “An East Asian Renaissance: Ideas for Economic Growth”, *World Bank Publications*, Vol. 22, No. 2, 2007.

② Gill, I. S., Kharas, H., “The Middle - Income Trap Turns Ten”, *World Bank Policy Research Working Paper*, No.wps 7430, 2015.

产业结构“锁定”、低端制造业转型失败、研发能力薄弱、人力资本积累不足，缺乏跨入“知识经济”的制度基础，加之廉价的劳动力不再持续、严重的不公平、社会阶层固化，进而出现内部分裂、政局不稳、社会紧张状况加剧等，使其经济社会发展长期停滞不前，出现一些不确定感、挫折和迷茫心绪。

从1997年亚洲金融危机后，特别是自2008年国际金融危机起，“中等收入陷阱”概念开始提出，很快成为东南亚、拉美国家的热门话题，并在中东欧、中东地区甚至非洲引起强烈回应。例如越南虽然发展势头强劲但未来存在较大不确定性。其2010年跨过“中低收入”门槛后科技政策无力、制度质量缺乏改进问题突出，开始探讨关注这个概念（Ohno，2009）①。马来西亚电子行业无法在全球价值链中升级，过度依赖外资，以及低技能和低工资的外国工人涌入，陷入价值链的劳动密集型较低层次而不能自拔。首相纳吉在2009年的演讲中使用“中等收入陷阱”概念，后成立专门机构来探讨如何摆脱陷阱问题。印度尼西亚经历了近10年高速增长后，2013年起增速放缓，同时还伴随着货币贬值、出口受阻、贸易逆差增加，财政赤字上升、物流成本增加、技能供应不足、非正式性增加和不平等的挑战，恐将长期陷入“中等收入陷阱”或者增长放缓（吴崇伯和钱树静，2017）②。泰国在21世纪以来的东亚产业链变迁中也正陷入“中等收入陷阱”。在北非和中东国家，例如土耳其和伊朗，也有陷入“中等收入陷阱”的担忧。即使在印度，尽管有市场规模、人口红利等优势，既担心因非正规经济庞大、制度质量低等问题，难以真正摆脱贫困陷阱，也担心因缺乏核心技能会使其陷入“中等收入陷阱”（Hutchinson 和 Das，2017）③。

“中等收入陷阱”基本等同于“拉美现象”或“拉美陷阱”。比如，阿根廷的追赶失败尤其值得关注。阿根廷是一个无法用发达国家和发展中国家标准界定的国度。进入20世纪60年代以后，尤其是80年代以来，阿根廷经济增长缓慢，稳定性差，已经在中等收入阶段徘徊弥久。再比如，墨西哥在60年代末人均GDP已达到中等收入水平，但此后经济发展未能实现持续增长，曾经的经济奇迹昙花一现，陷入长期的停滞衰退之中，经济问题加

① Ohno，K.，“Avoiding the Middle－Income Trap：Renovating Industrial Policy Formulation in Vietnam”，*ASEAN Economic Bulletin*，Vol. 26，No. 1，2009.

② 吴崇伯、钱树静：《印度尼西亚的中等收入陷阱问题分析》，《南洋问题研究》2017年第3期。

③ Hutchinson，F. E.，Das，S. B.，*Asia and the Middle－Income Trap*，Abingdon：Routledge，2017，pp. 126－155.

剧了贫富分化等诸多社会问题,也落入"中等收入陷阱"。不应忽视的是,一度成功的拉美案例如智利,虽然 2012 年似乎走出"中等收入陷阱",但近年来有不少学者认为其正重返"中等收入陷阱"。

在中东欧国家,经历转型后面临经济赶超困难、改革疲乏等现象。罗马尼亚、保加利亚以及西巴尔干国家陷入"中等收入陷阱"的风险颇高;经济增长保持最优纪录的波兰有陷入"中等收入陷阱"的风险,但也有可能走出"中等收入陷阱";维谢格拉德四国可能正在摆脱"中等收入陷阱"。

(二) 理论背景

犹如任何一种新现象、新事物的出现会引起人们的兴趣与关注,"中等收入陷阱"问题自然也不例外。在国际上,尽管概念确定上有模糊之处,但仅在发展经济学领域已经产生了数千篇使用"中等收入陷阱"的文章和专著(Gill 和 Kharas,2015;Yusuf,2017①)。在国内,据不完全统计,自 2010 年起,中国每年发表有关"中等收入陷阱"的文章超过 100 篇,其后有几年达到 1000 篇左右。现有的研究侧重于对"中等收入陷阱"这一新出现的现实问题,从国际贸易、制度改革、人力资本、城市化、基础设施等方面作出增长理论、贸易理论、经济地理学、制度经济学、政治经济学等解读,也出现了一些有启发性的分析。比如,中等收入阶段的制度设计和改革与经济起飞阶段不同(如专利制度),制度质量必须随各国攀登收入阶梯而提升以继续推动增长;对"中等收入陷阱"的可能范围进行经验识别;中等收入阶段人力资本积累及其制度转变具有特殊性等。随着对"中等收入陷阱"问题的深入研究,其中出现一些原创性的研究成果,不仅帮助我们更好地理解发展陷阱问题,而且促进了上述学术领域自身的发展。比如,由于"中等收入陷阱"既具有一些普遍性特征,又具有区域国别异质性,对其共同性质进行建模促进了新增长理论的丰富;对典型中等收入国家增长中的特征性事实进行建模(如阿根廷的大宗商品出口),促进了发展经济学中"依附"理论的发展。"中等收入陷阱"的理论研究与相关学术领域呈现出互相促进和深化的正向互促态势。

二、研 究 意 义

当我们把"中等收入陷阱"作为一个单独的研究对象进行专门分析时,需要对其所蕴含的学术与理论价值加以评估。也就是说,我们首先需要回

① Yusuf,S.,"Middle-Income Countries: Trapped or Merely Slowing?",*Asian Pacific Economic Literature*,Vol. 31,No. 2,2017.

答是否值得把“中等收入陷阱”列为专门的研究对象，其次需要回答是否以及采取哪些新理论、新方法、新工具，以揭示中等收入国家制度建设、人力资本提升等方面的路径，从而摆脱“中等收入陷阱”和进入高收入阶段。

对于第一个问题，笔者认为，至少有以下两个理由可促使人们专门研究这一复杂问题：

第一，“中等收入陷阱”是资本主义世界经济景观中继“低收入陷阱”“比较优势陷阱”“福利陷阱”等内生出来的一种僵化停滞现象。尽管西方主流学者和研究机构否认资本主义经济体系中存在深层问题（一般将“陷阱”归因为发展中国家错误政策引起的增长崩溃或者是增长减速），但是，“中等收入陷阱”不仅仅是一种减速或停滞的增长症结问题，而是一个更大范围、更深层次的转型问题，涉及政治、社会、文化、制度等。这种停滞僵化问题可能向更多国家蔓延，成为21世纪经济发展的普遍病症。

第二，研究“中等收入陷阱”问题有政策警示作用。出于种种原因，有些学者不愿意承认“中等收入陷阱”概念的学术价值，面临现实时提出“均值回归”“门槛效应”等概念以淡化和替代。但是，我们不能否定在中等收入这一发展阶段，由于制度障碍、天灾人祸以及其他原因，许多国家或经济体都出现过经济停滞现象，落入“中等发展陷阱”而难以脱身。作为经济发展方式粗放、社会分配不公、环境污染的负面案例，我们更关注不同阶段的发展机会、发展空间及其与发展代价之间的平衡，为制定政策提供思路。

对于第二个问题，即相应的理论和方法创新问题，目前研究“中等收入陷阱”的文献很多，研究视角丰富，为理论发展提供了新机遇。越来越多的文献指出，新古典增长理论和新增长理论并不适用于“中等收入陷阱”分析。比如新增长理论虽然研究人力资本与增长的关系，但对于中等收入国家的教育和技能体系如何进行转型，能否为走出“中等收入陷阱”提供人力资本等并没有说清楚。这就为我们研究这个问题提供了新的可能。本书提出拓展的经济复杂度框架，以分析“中等收入陷阱”问题。

第二节　理论基础

跨越“中等收入陷阱”是一个变化中的新课题，尚未成熟成形。我们认为，需要以经济复杂度提升为主线，引入人力资本，从人力资本与经济复杂度相结合的视角展开分析。

一、非复杂度提升视角的“中等收入陷阱”研究

（一）主流经济学的相关研究

1.“中等收入陷阱”的界定

新古典增长理论强调资源（如土地）、投资（储蓄）、劳动力（包括人力资本）等的重要性。其对于“中等收入陷阱”的界定有两个步骤。首先，定量界定中等收入阶段，也就是为中等收入上下限设定临界阈值。比如，世界银行从 1987 年起依据不同国家人均国民总收入水平（美元），将不同经济体分为低收入、下中等（lower-middle-income）收入、上中等（upper-middle-income）收入和高收入四类，其中下中等收入区间为 1006—3975 美元，上中等收入区间为 3976—12275 美元，此后的分界点动态调整。这种划分采取的是“绝对”标准。另一种划分（相对标准划分方法）是选取一个发达经济体（比如美国或者德国），或者一组发达经济体（以提高测算合理性和稳定性）作为标杆，计算“中等收入陷阱”涉及的经济体占参照标杆人均收入的比例进行界定。

其次，界定“陷阱”。“陷阱”一词在增长文献中早就被广泛使用且定义明晰。例如，阿扎利艾迪和斯塔祖齐（Azariadis 和 Stachurski，2005）[①]强调贫困陷阱的存在，并指出其具有以下特征：自我延续或自我强化、难以摆脱、持久顽固等。在日常语言中，“陷阱”一词既有“迷惑人使其陷入”，还有“无法从漩涡中跳出”之意。“中等收入陷阱”概念强调中等收入经济体的增长条件与低收入、高收入国家不同，它不是一种临时过渡状态，而是一种倾向于自我延续的均衡状态。同时，不仅把其理解为增长问题，还包括以人类发展指数衡量的福利差距、中产阶级占比较少、贫困家庭占比过高等不平等恶化和缺乏社会保护等症结。

一个中等收入国家之所以陷入“中等收入陷阱”，主要是中长期增长速度缓慢、增长停滞（事件）频发、外生冲击后增长乏力等所致，有时偶然达到高收入水平但难以抵御突发事件冲击而倒退，有时略有经济活力但缺乏持久性，总体上增长龟速，理论上可达到发达经济体水平但耗时太久。费利佩等（Felipe 等，2012）[②]指出，一个经济体在中等收入阶段停留超过 42 年即可界定为落入“中等收入陷阱”，其中，下中等收入阶段最多停留 28 年，即

① Azariadis, C., Stachurski, J., “Poverty Traps”, *Handbook of Economic Growth*, No. 1, 2005.

② Felipe, J., Abdon, A., Kumar, U., “Tracking the Middle-Income Trap: What is it, Who is in it, and Why?”, *SSRN Electronic Journal*, No. 715, 2012.

增速不低于 4.7%；上中等收入阶段最多停留 14 年，即增速不低于 3.5%。艾肯格林等（Eichengreen 等，2012）①认为，一个经济体经历人均 GDP 增速连续 7 年或更长时间大于 3.5%的快速增长期后，如果至少连续 7 年增速下降至 2%时（衰退停滞期），就会陷入“中等收入陷阱”。韩文龙等（2015）②使用麦迪森 1950—2010 年世界经济统计数据并基于经济增长收敛分析，测定一个经济体在中低收入和中高收入阶段的增速分别不低于 5.29%和 3.27%，并把停留时限分别界定在 25 年和 15 年，否则即已掉入“中等收入陷阱”。

此类研究进一步分析“中等收入陷阱”国家是否出现发散性的增长。通过分析收入水平转移矩阵，其测算各经济体降低、保留和跨越原来收入水平组的概率，分析中等收入经济体在长期是否以及多大可能会走向分化甚至消失，导致富者更富、穷者更穷。比如贺大兴和姚洋（2014）③基于多国收入水平变化的研究指出，中等收入经济体退回低收入组的概率远大于跨越至高收入组的概率。不过，伊姆和罗森布拉特（Im 和 Rosenblatt，2015）④基于样本国 1 年、5 年及 10 年的分布变化情况，测算出富者和穷者停留在原有收入组的概率大于 90%，而中等收入经济体停留在本组的概率较低，并以同等概率退回至低收入组或跨越至高收入组。他们进一步认为，中等收入组在收入水平转移概率中与高低收入组没有明显不同，中等收入组的增长模式不可以明确界定为“陷阱”。魏尚进（2015）⑤也认为不存在无条件的“中等收入陷阱”或者突然掉落。但这种方法否定的是从所有国家的增长趋同线上掉落。与此不同，也有人认为存在不同收入国家群组的增长趋同线，不能从中等收入收敛路径跳到高收入收敛路径同样造成“中等收入陷阱”（Takatoshi Ito，2017）⑥。

尽管计量经济学方法没有为“中等收入陷阱”的存在提供确切实证支

① Eichengreen, B., Park, D., Shin, K., “When Fast Growing Economies Slow Down: International Evidence and Implications for China”, *Asian Economic Papers*, Vol. 11, No.1, 2012.

② 韩文龙、李梦凡、谢璐：《“中等收入陷阱”：基于国际经验数据的描述与测度》，《中国人口·资源与环境》2015 年第 11 期。

③ 贺大兴、姚洋：《不平等、经济增长和中等收入陷阱》，《当代经济科学》2014 年第 5 期。

④ Im, F. G., Rosenblatt, D., “Middle-Income Traps: A Conceptual and Empirical Survey”, *Journal of International Commerce, Economics and Policy*, Vol. 6, No. 3, 2015.

⑤ 魏尚进：《重新审视中等收入陷阱假说——抛弃什么，恢复什么？》，北京大学国家发展院，2015 年。

⑥ Takatoshi Ito, “Growth Convergence and the Middle-Income Trap”, *Asian Development Review*, Vol. 34, No. 1, 2017.

持，但发展研究一般认为，统计学研究的确切理论含义仍不明确。“中等收入陷阱”概念指的是达到一定生产和制度水平的国家面临的发展困难，例如，吉尔和卡拉斯（Gill 和 Kharas，2007）①强调“中等收入陷阱”国家“在成熟产业中占主导地位的低工资穷国竞争者和在经历快速技术变革的产业中占主导地位的富国创新者之间受到挤压”。东亚经济如韩国，由于以往发展中的优异表现总是被当作规避“中等收入陷阱”的典范，虽然在东亚研究中正式提出“中等收入陷阱”这个概念，但拉美国家以及中东、北非地区其实早就存在“中等收入陷阱”问题。中等收入经济体的增长条件与低收入、高收入组不同，要跨越至高收入水平甚至保留在中等收入组，都面临新的挑战，需要在制度和增长范式上开创新路径。我们必须密切关注中等收入组面临的特殊挑战以及只有为数不多经济体从中等收入组跨入高收入组的严酷事实，从增长分化角度分门别类地分析“中等收入陷阱”的内在困难及其解决方法。

2.“中等收入陷阱”的形成

关于“中等收入陷阱”的形成，许多增长理论的实证研究发现，增长放缓是进入“中等收入陷阱”的信号，它基本上是生产率减速而不是物质资本积累收益减少的直接后果（Yilmaz，2016）②。按照艾肯格林等（Eichengreen 等，2012）的一项著名估计，85%的增长减速归因于全要素生产率（Total Factor Productivity，TFP）的下降，有时生产率水平不能突破相对于技术前沿国家 50%的障碍，劳动力的下降只发挥了相对微不足道的作用，仅有 15%归因于资本积累不足。进一步而言，结构变革与创新是全要素生产率增长的主要驱动力（Sen，2019）③，人力资本使结构转型更有可能。相关因素包括所有发展阶段的普遍因素，如物质资本回报递减以及投资或资本形成递减、廉价劳动力枯竭、技术模仿所得枯竭、合同执行、不平等、知识产权保护薄弱等（Andrianjaka 等，2019）④。不过，李根（Lee，2019）⑤的研究发现，中

① Gill，I. S.，Kharas，H.，“Back in the Fast Lane：As Members of the Middle-Income Country Club，East Asian Nations May Need to Update their Growth Strategy”，*Finance & Development*，Vol. 44，No. 1，2007.

② Yilmaz，G.，“Labor Productivity in the Middle Income Trap and the Graduated Countries”，*Central Bank Review*，Vol. 16，No. 2，2016.

③ Sen，K.，“Structural Transformation around the World：Patterns and Drivers”，*Asian Development Review*，Vol. 36，No. 2，2019.

④ Andrianjaka，R. R.，Duchin，F.，Hagemann，H.，et al.，“What Difference Does it Make（to be in the Middle Income Trap）?：An Empirical Exploration of the Drivers of Growth Slowdowns”，*Structural Change and Economic Dynamics*，Vol. 51，2019.

⑤ Lee K.，*The Art of Economic Catch-Up：Barriers，Detours and Leapfrogging in Innovation Systems*，Cambridge：Cambridge University Press，2019.

低收入发展水平和中上收入或高收入阶段的经济增长中，虽有共同因素（出口持续增长的积极影响），但也有重要差异（比如大企业的存在、创新能力不同）。有些分析强调信贷、银行准入、证券市场和资本账户抑制政策阻碍了“中等收入陷阱”阶段的经济增长。格拉韦和瓦戈纳（Glawe 和 Wagner，2017）①认为，在经济发展的“中等收入区间”这一微妙阶段，三个主要因素对触发“中等收入陷阱”特别重要，即出口结构、人力资本和全要素生产率。虽然对初级商品出口的依赖和狭窄的出口基础，被视为中等收入经济体的一种荷兰病，但是，开放和一体化并没有在中等收入转型中发挥普遍作用。

从开放与增长的关系看，实证研究强调经济增长是正确的“基本因素”（比如国际经济一体化）在市场机制下的自然结果，包括附加值的产生、与相关部门的联系、技术进步，以及对未来新部门发展的经济适应性调整。一个经济体对国际贸易相对开放，市场力量推动资本的部门配置有助于有效的资本投资，但这种关系具有阶段性。在低收入阶段，模仿外国技术和比较优势是增长的主要驱动力，这可以称为“贸易/模仿范式”（根据比较优势专门从事劳动密集型和低工资的任务和生产商品，并成功模仿先进国家的技术，可以产生短暂的增长）。因此，对于印度这样的中低收入大国，开放可以进一步降低贸易壁垒，有效参与全球价值链。另外，开放也将促进竞争，迫使非生产性公司退出，并促进知识和技术更自由流通。在中高收入阶段，实证研究发现，贸易和外国直接投资的开放性，推动了亚洲“四小龙”经济体的追赶、溢出和以创新为主导的增长。比如，从韩国来看，开放就特别有利于中上收入国家追赶世界技术前沿。但在拉美国家，制造业由外国企业主导、依赖技术进口。

有些研究发现，“中等收入陷阱”源于无法将增长与体制改革相结合，导致反复发生制度危机。比如，对于转型经济体和进口替代战略下的拉美国家，出现精英阶层的制度俘获和制度陷阱（OECD，2019）②。此外，不平等、非正规性导致市场分割、复杂的社会分裂和既得利益集团等，阻碍有利于增长的社会联盟建立和相关制度改革，导致公共产品能力低下和政府信用低下，缺乏社会基础，进而难以构建摆脱“中等收入陷阱”的发展战略

① Glawe, L., Wagner, H., "The Deep Determinants at More Subtle Stages of Development: The Example of the Middle-Income Trap Phenomenon", *SSRN Economic Jounral*, No. 11, 2017.

② OECD, *Latin American Economic Outlook* 2019: *Development in Transition*, OECD Publishing, 2019.

(Paus,2019)①。

“中等收入陷阱”国家没有建立自己的创新系统,或者无法积累足够的物质和人力资本,人力资本以及教育失灵被看作一个陷入“中等收入陷阱”的优先普遍因素(Becker 等,2011)②。

早在贫困陷阱这一比“中等收入陷阱”更为严重的问题分析中,摆脱贫困陷阱的“大推动”分析就强调工业化中人力资本的障碍因素。在关于“中等收入陷阱”的形成机制分析中,则出现一些新的强调人力资本的模型。李根和金妍炳(Lee 和 Kim,2009)③发现,虽然中学教育和制度对低收入国家很重要,但高等教育对中上收入和高收入国家创造增长更有效,但对中低收入和低收入国家没有作用。阿根诺和卡努托(Agénor 和 Canuto,2015)④基于内生职业选择的世代重叠模型推导出多重均衡,包括中等收入国家低生产率增长陷阱。从陷阱概念的本意出发,认为除了物质资本回报递减、廉价劳动力和模仿所得枯竭、合同执行、知识产权保护等制度条件薄弱外,人力资本不足,人才配置不当,以及不平等(金融约束阻止穷人进入高等教育)这类因素的动态作用尤其重要。此外,无法正确获取金融(“太多金融”而非“正确金融”)、缺乏先进基础设施也有重要影响。阿西莫格鲁等(Acemoglu 等,2006)⑤提出了赶超的政治经济学模型。其表明,如果一个经济体不能从投资型增长模式转向创新型增长模式,会出现非收敛陷阱。在微观层面的分析中,高技能经理人的选择决定促进创新还是模仿外国技术。“中等收入陷阱”的原因是低技能管理者作为内部人以及其人力资本类型和质量受到租金屏蔽效应的影响。

总之,新古典增长理论、内生增长理论(Aghion 和 Bircan,2017)⑥等总结经济增长的基本因素,强调技术进步和人力资本的重要性,这对于理解

---

① Paus,E.,“Innovation Strategies Matter: Latin America's Middle Income Trap Meets China and Globalisation”,*The Journal of Development Studies*,Vol. 56,No. 4,2019.

② Becker, S. O., Hornung, E., Woessmann, L.,“Education and Catch-up in the Industrial Revolution”,*American Economic Journal: Macroeconomics*,Vol. 3,No. 3, 2011.

③ Lee K.,Kim B. Y.,“Both Institutions and Policies Matter but Differently for Different Income Groups of Countries: Determinants of Long-Run Economic Growth Revisited”, *World Development*,Vol. 37,No. 3,2009.

④ Agénor,P. R., Canuto, O.,“Gender Equality and Economic Growth in Brazil: A Long-Run Analysis”, *Journal of Macroeconomics*,Vol. 43,2015.

⑤ Acemoglu,D.,Aghion,P.,Zilibotti,F.,“Distance to Frontier,Selection,and Economic Growth”,*Journal of the European Economic Association*,Vol. 4,No. 1,2006.

⑥ Aghion,P. ,Bircan,C. ,“The Middle-Income Trap from a Schumpeterian Perspective”,*ADB Economic Working Paper Series*,No. 521,2017.

“中等收入陷阱”国家增长问题和结构变迁有重要启示。比如,新古典理论强调投资的重要性,这在机器设备作为知识载体嵌入一部分的情况下尤其重要。但是存在一些概念和计量上的内在缺陷。比如,由于规模报酬不变假设的局限性等,全要素生产率的内涵并不清晰,其引入对于理解中等收入国家增长的意义有限。对此,卢卡斯认为,可以用外部性替代全要素生产率解释,即人力资本外部性。但人力资本外部性的计量分析同样充满争议。由于资本、劳动等指标的加总性质,这在理论上难以成立,在政策建议上过于空泛,尤其过于强调市场机制而忽视了公共政策因素(如产业政策)在中等收入国家转变增长方式方面的复杂影响,对“中等收入陷阱”的分析存在明显不足。

正如卡拉斯和吉尔(Kharas 和 Gill,2020)①所言,索洛模型可以解释低收入国家的增长,罗默和卢卡斯模型可以用来解释发达国家的增长,但我们对中等收入国家增长来源的理解仍存在不足。主流经济学强调完全竞争和市场自由化,强调开放将促进竞争,迫使非生产性公司退出,并导致新思想的更自由流通,但没有增加关于如何摆脱“中等收入陷阱”的新见解,由此得出的经验研究并不适合“中等收入陷阱”国家。比如,许多陷入“中等收入陷阱”的典型国家如拉美,并不缺乏生产要素及其相应改善,却表现为增长停滞、通胀高企、营商环境恶化等“停滞并发症”。东亚国家“中等收入陷阱”阶段增长原因的新古典分析和新增长分析也存在很多争议,其技术进步与结构升级的机制与政府有相当大的关联。可见,中等收入国家经济增长中的内在机制仍然没有得到很好的理解。

(二) 非主流经济学的相关研究

如前所述,对于低收入国家而言,经济发展中存在所谓“贫困陷阱”问题。第二次世界大战以后,与主流经济学不同,发展经济学的先驱提出了二元经济理论,强调克服工业基础的薄弱问题。为克服市场狭小的贫困陷阱问题,提出建立相应的要素动员机制,将促进经济增长的要素(剩余劳动力)动员起来投入到经济活动中。

近年来,相关研究继续沿用发展经济学这一思路,分析“中等收入陷阱”阶段经济发展中的结构性问题。一方面,有些国家虽然通过得天独厚的自然资源一度提高了收入水平,实际上其经济增长中所固有的问题没有

① Kharas, H., Gill, I. S., “Growth Strategies to Avoid the Middle-Income Trap”, *Social Science Electronic Publishing*, No. 10, 2020.

得到有效的解决（马岩，2011）①。比如，拉美国家的城市化与市场体制已经基本建立，特别是在全球化下的市场容量加以扩大，但二元结构在消除的同时又在“中等收入陷阱”阶段复制产生，结构升级并未实现。正如新一代拉美结构主义者如奥坎波（Ocampo）一再论述，“传统”和“现代”部门之间二元模型（发展经济学）的区别是不充分的。结构二元化乃至多样化并未消除，因为拉美的发展中低生产力活动不断被创造，甚至越来越多地吸收熟练劳动力，结构异质性其实在动态内生出现并且持续。

林毅夫和特里切尔（Lin 和 Treichel，2012）②主张的新结构经济学采用新古典经济学的分析方法，研究中等收入阶段经济结构及其演化过程的决定因素和影响，总体水平、经济变量如何在结构上演变和变化等。新结构经济学的切入点是要素禀赋结构、比较优势等。新结构经济学指出企业的自生能力等应受到重视。对结构升级中的市场机制和政府作用、对于经济发展中政策战略失误可能阻碍要素禀赋结构升级的机制加以描述，也引起了很大反响。

韩国学者李根等（2019）作为演化经济学熊彼特分支，强调创新失败是“中等收入陷阱”的根由，强调技术快速变化能够提供跨越式发展的机会，建议“中等收入陷阱”国家应专注于技术发展最快的领域，并在专利保护等方面可与发达国家不同。最近的研究表明，虽然其也着眼于寻找源自要素禀赋的比较优势领域等，那些赶超和跨越式发展的亚洲国家，即能够达到高收入和生产力水平的国家，进入了行业生命周期相对较短的行业，例如计算机零件和电子产品，成功地促进了多元化，实现了产业升级，进而跨越“中等收入陷阱”。这与传统发展经济学强调后发优势或先发优势的一般论点不尽相同。

一些务实的发展经济学研究者豪斯曼等（Hausmann 等，2005）③认为，增长涉及许多因素和变异性，需要更有效关注增长的“紧约束”。这不仅涉及主流经济学强调的政府失灵，还涉及消除其忽略的市场失灵，仅仅让市场发挥作用是不够的，因此可以采取一些实用主义甚至事前不可知论的差异化解决方案。

---

① 马岩：《“中等收入陷阱”的挑战及对策》，中国经济出版社 2011 年版，第 18—25 页。

② Lin, J. Y., Treichel, V., “Learning from China's Rise to Escape the Middle-Income Trap: A New Structural Economics Approach to Latin America”, *Social Science Electronic Publishing*, *World Bank Policy Research Working Paper*, No. 6165, 2012.

③ Hausmann, R., Pritchett, L., Rodrik, D., “Growth Accelerations”, *Journal of Economic Growth*, Vol. 10, No. 4, 2005.

有些文献强调,"中等收入陷阱"应该作为系统来分析,而不是孤立的单一机制,其症结来自各种累积冲击,如外部危机、国内冲突、结构性瓶颈或治理不善,它们相互增强,进而构成所谓的"陷阱"。以往要素积累和经济增长的落后模式不再适应,从而产生动态的低效率和锁定(LSE,2020)①,最终使消除它们变得更加困难。

以上分析对于研究"中等收入陷阱"有重要意义(如拉美结构主义者强调资本主义国际贸易中商品贸易条件对发展中国家的不利影响等结构因素、强调国内制造能力发展,是很有洞察力的),但也有相当明显的局限性(如演化经济学包括其熊彼特分支缺乏与宏观经济环境和政策的联系、结构主义忽略了政府失灵问题。这类发展方略错误地延续也会造成陷阱)。

二、复杂度提升视角的跨越"中等收入陷阱"研究

1. 经济复杂度原理简介

复杂度是一个来源于物理学和生物学的概念,但也被广泛使用在经济社会系统分析中。尽管复杂度目前没有公认的跨学科定义和识别标志,但复杂度完整准确的定义可依据不同的具体情境而得出(布莱恩·阿瑟,2018)②。经济学中的普遍理解是,复杂度指经济系统中部门间的相互依存性,相互依存性越高,经济复杂度越高;反之,则经济复杂度越低。进一步地,经济是一个典型的复杂适应系统:一个由不同等级和子系统组成并由相互作用的个人、公司、各种组织和政府组成的经济系统。复杂性研究关注的是经济体系的属性和演进动力的来源。

经济发展是一个动态的、累积的、自适应的、异质的、多层次的、多样化的、进化的过程。经济复杂度提升推动结构升级是经济变迁的本质,生产结构的动态和异质性具有递推性质,它描述的经济是进化的,个体行为主体的行为共同形成某种结果,即经济中的过程和涌现结构。其中,创新,在主流经济学中称为动态规模经济(学习过程)或者创新传播和互补性发展,在技术经济学文献中被广泛理解为新活动和进行先前活动的新方法,是复杂经济学的重点。

复杂度衡量一国经济,不同于机器、劳动力、原材料的说法,其关键是知

---

① The London School of Economics(LSE), *Falling into the Middle-Income Trap? A Study on the Risks for EU Regions to be Caught in a Middle-Income Trap*, Brussels: Publications Office of the European Union, 2020.

② [美]布莱恩·阿瑟:《复杂经济学:经济思想的新框架》,贾拥民译,浙江人民出版社 2018 年版,第 58 页。

识或能力。可以简化如表 1-1 的复杂度衡量，笔画或者(和)偏旁部首代表产品生产的具体能力(如专用性技能、投入、基础设施和法规等)①，有三种产品。“贝”(4 划)是简单产品，需要最简单的能力，“辇”(12 划)需要复杂的能力，“药”(9 划)需要较复杂的能力，这些是产品复杂度的示意性度量，如果甲国能够生产所有三种产品，乙国能生产最复杂产品辇和较复杂产品药，丙国能生产简单产品贝，则甲的经济能力最强，丙最弱，乙居中(因为与甲比较其产品种类少)。

表 1-1　经济复杂度与能力(示意表)

地点	甲国	乙国	丙国
部首(能力)	一　丨	丿　㇏　贝	纟　车　艹
字(产品)	贝	辇	药

资料来源：笔者绘制。

经济复杂度不仅在思想上承继结构主义经济学等，在方法上更有重要突破，因而备受关注。从经济复杂度与跨越“中等收入陷阱”的关系看，经济复杂性的测度变量或者指标是综合性的，包括国家治理质量或者制度、人力资本、金融发展等因素。虽然传统研究侧重于识别其中特定的因果因素(比如教育)，然后将其用作政策干预的潜在杠杆。但复杂性方法捕获要素的组合(Economic Complexity Index，ECI)，分析所生产产品的密度等产品空间指标，进而分析经济复杂度与人均 GDP 之间的关系。由于复杂性能够推测未来经济增长和解释增长的地理差异，对经济增长提供了一些新的洞见。简而言之，从利用聚类来衡量多样性(Diversity)和集聚度(Concentration)到纳入产品层面信息的颗粒度分析，复杂性概念和复杂度指标(如一个国家产品平均密度，其衡量该国生产结构在不同部门之间的适应性，依托于其资源禀赋和可用技术)基于产品空间理论和方法衡量的是发展的能力。

产品空间理论与构建内生增长理论的罗默思想一脉相承(吴真如，2019)②，生产更多更复杂的产品的能力是经济增长的关键。复杂度指标优于加总的资本、劳动、制度等指标，成为经济发展能力的基本识别标志，跨越

① 关于复杂度度量的原理、指标等方法性说明，详见 Hausmann，R.，Hidalgo，C. A.，Bustos，S.，et al.，*The Atlas of Economic Complexity：Mapping Paths to Prosperity*，Cambridge：The MIT Press，2014。

② 吴真如：《无标度网络与产品空间理论的应用研究新范式》，《学术月刊》2019 年第 5 期。

“中等收入陷阱”经济发展的过程包括将生产从低生产率(低复杂度)转向高生产率部门(高复杂度),与发达国家趋同就越有可能。从传统的全球产业价值链框架(Global Value Chain,GVC)分析拓展到产业网络分析,能力的提升用经济复杂度衡量,而不仅是微笑曲线的位置描述。获取知识或能力积累问题或者复杂度提升是增长的核心内涵。复杂度指标对于中等收入国家经济增长的重大影响目前有不少实证文献给予了支持。大量文献发现一个国家的一系列能力与其经济增长率之间存在正相关的证据,并表明一些商品比其他商品具有更高的溢出效应(Felipe 等,2012;Aiyar 等,2013①;Poncet 和 Felipe,2013②;Ferrarini 和 Scaramozzino,2016③),复杂性对经济增长产生积极影响。

从理论上看,生产更多更复杂的产品的能力是经济增长的关键,获取知识或能力积累问题或者复杂度提升是增长的核心内涵。这与同属内生增长理论的约万诺维奇和尼亚尔科(Jovanovic 和 Nyarko,1996)④模型较为接近,其特点是基于个体层面的“干中学”和技术改进。某一技术领域“干中学”得来的经验和信息能让生产力得到垂直提升。这虽然符合对传统产业升级的追求,但是有局限性。如果企业一直在生产同一种产品,即使这属于科技类产品,也很可能没有动力去发展其他的能力,因为这意味着短期收入的下降。而这样的做法从长远来看,很可能抑制学习与创新,被卡(stuck)在现有的优势中,从而失去更好路径发展的可能性。这对技术锁定的本质有较强的解释意义。随着平均工资增长等导致成本增加,企业若一直故步自封,很可能在外部环境变化下失去原有的优势。因此,一国向全球生产网络的密集区域而不是向某一产业的高端攀升,代表其拥有的能力向复杂和富有机会的领域延伸,这种转型升级更符合宏观结构性改革的本意,也更具有切实的政策内涵。因此,一国拥有越多的产品或能力,产品或能力结合所带来的多样性(不仅是产品质量提升)大幅上升,这种多样性积累进一步决定了未来产品复杂化的潜力,成为国家能力池或能力储备基础。与此对应的发展观的内涵是:如何在全球生产网络中,通过能力和技术积累改善本国

① Aiyar, S., Duval, R. A., Puy, D., et al., “Growth Slowdowns and the Middle-Income Trap”, *IMF Working*, Vol. 13, No. 71, 2013.

② Poncet, S., Felipe, S. D. W., “Export Upgrading and Growth: the Prerequisite of Domestic Embeddedness”, *World Development*, Vol. 51, 2013.

③ Ferrarini, B., Scaramozzino, P., “Production Complexity, Adaptability and Economic Growth”, *Structural Change & Economic Dynamics*, Vol. 37, 2016.

④ Jovanovic, B., Nyarko, Y., “Learning by Doing and the Choice of Technology”, *Econometrica*, Vol. 64, 1996.

所处的位置,不仅是产业链意义上的高端提升,而是向产品网络中更"密集"的区域跃迁("密集区域"产品有更丰富的能力储备、对发展有更强的带动性)。

专栏 1-1 经济复杂度研究简史

本书所说的经济复杂度研究,指利用贸易数据计算出显性比较优势(RCA)后,使用聚类和异质性网络描绘各国具有国际竞争力的出口产品的结构图谱(即产品空间)。其中提出一种结合了跨国家简单性和可比性的方法,如出口产品的普遍性和多样性。根据贸易数据,实证揭示了产品空间的经济意义:拥有更多更复杂的能力、生产更多更复杂的产品是经济复杂度的本质,复杂性是解释国家间人均收入巨大差异的根本原因。

有关研究可以追溯到依附理论甚至资源依赖理论的先驱普雷维什的著述中。普雷维什认为,资源型经济受制于贸易条件恶化。尽管20世纪50年代后的国际贸易条件并不总是如此,农业生产率增长低的断言与现实并不一致,但这里的关键其实是资源开采与制造业活动的性质与生产率增长存在差异,或者食品类工业与农业的不同生产率性质的影响。发展经济学的许多先驱也促成经济复杂度研究。如赫希曼强调增长的非均衡性质,尤其是新产业的前项与后项联系的带动。这种投入产出意义的联系意味着需求联系。现代的复杂度研究尤其强调产出组成的结构等(Ocampo,2005)①。复杂度提升视角的经济增长理论认为,应重点探讨产业联系的性质。

关于经济复杂度的研究始于20世纪60年代,主要是提出了各种测度经济复杂度的指标与方法。其大多是基于投入产出分析框架,这主要是因为投入产出表反映部门间相互依存关系,而这正是测度技术联系和经济复杂度所关注的核心问题。但由于测度产业联系的技术性质与经济性质并不相同,这种测度忽略有形联系之外的其他因素。其中联系重要性基于技术性判断而非经济判断、事前判断而非事后判断,尤其是在当时处理海量信息的困难,因此70年代后这样的尝试就逐渐停止了。

在历经50多年的发展后,随着全球化的推进、生产活动空间布局

① Ocampo, J. A., "A Broad View of Macroeconomic Stability", *Working Papers*, No. 1, 2005.

的调整，国外关于经济复杂度的研究又成为新的热点。一种新兴的理论即产品空间理论认为，任何产业里的高端产品都具备在产业内集成度高、复杂度高的特点，基于网络分析和机器学习技术，经济复杂度成为能力和多样性的操作化概念，以高协调能力等为基础，强调更多种类知识的国家有更大的发展可能性，从而复杂性是解释国家间人均收入差异的原因。总之，经济复杂度强调了知识、技术和能力对增长的作用，是对新增长理论的一脉相承，但又有更好的落脚点。①

近年来，经济复杂度概念由豪斯曼研究团队于2007年重新提出和发展，已经在*Science*等期刊系统发表诸多研究成果，被看作是一种产业经济学研究的突破性方法，并被世界银行、亚洲开放银行等运用，逐渐成为这些机构官方采用的产业结构研究范式（拓展到结合复杂性数据分析与投入—产出矩阵的就业结构领域）。豪斯曼等（Hausmann等，2014）②团队分别在哈佛大学和麻省理工学院开发了交互性可视化的“云图”网站，提供了不同年份各国产业位置地图，估算了潜在转型难度和所需时间，预测了转型路径、窗口时间和难度等，对各国产业结构转型和产业政策产生一定的指导作用。经济复杂度研究也引起中国学者的广泛注意。《中国工业经济》等近年来发表了一系列有关经济复杂度的论文。产品空间理论属于发展经济学领域，与贸易理论、认知科学、网络理论多有交叉，因此也引起了一些其他学科例如经济物理学、网络科学以及城市和区域研究者的兴趣。这些研究从不同角度对其应用进行重要阐述。

2. 经济复杂度理论的应用

结构升级越来越被看作是经济发展的关键因素，但我们目前对其分析存在明显不足。比如，按照比较优势理论，在经济全球化的条件下，一国经济发展主要是本国产业按一般过程依次升级，反映在国际领域取得基于比较优势的竞争优势。但是，资源禀赋可能导致这些国家专业化于静态的比较优势，形成比较优势陷阱。类似地，一个中等收入国家是否跌入“中等收入陷阱”，取决于自身要素禀赋能否动态化，尤其是技术要素能否升级以抵

① 张夏准（2020）认为，产品空间理论上承李斯特、汉密尔顿的幼稚产业保护论，以及演化经济学，与李根的熊彼特经济学分析一起，是当代产业政策框架中生产结构演化学习问题的两大主流之一。

② Hausmann, R., Hidalgo, C. A., Bustos S., et al., *The Atlas of Economic Complexity: Mapping Paths to Prosperity*, Cambridge: The MIT Press, 2014.

消劳动要素数量的不利变化。不过多数文献把结构升级看作是线性平滑过程，虽然也分析资源从低效率产业向高生产力产业转移的过程及其制度障碍，但对于增长模式锁定中禀赋结构升级遇阻的机制等语焉不详。

按照全球产业价值链分析（其可以作为产品空间理论的扩展或者技术复杂度升级理解），“中等收入陷阱”问题更多是一个经济体经济的成熟度和发展阶段问题，而不是总量问题。可以称为“中级发展陷阱”或“中级成熟度陷阱”。全球产业格局和全球政策体系方面的这些外部力量特征，与各国的内部因素相互作用，塑造了中等收入经济体的不同结构和轨迹。中等收入技术陷阱源于三个相互依存的因素：规模和技术竞争力方面的限制；既要有效“外接”全球价值链，同时也要“接回”国内生产体系；“跟随”技术变革和创新前沿的挑战。由于实现全球规模经济、知识产权、制度和技术发展的能力不足，专注于低附加值零部件的生产不会自动导致国内技术能力升级，全球价值链的内生不对称特征以及企业参与数字化生产技术的更高能力门槛并存，于是，试图融入全球的中等收入国家“脱钩”并掏空国内制造业，同时，生产力增长乏力和劳动力成本上升，导致盈利能力下降、牵头公司脱离接触从而进一步削弱国内生产能力。“中等收入陷阱”是一种外生的、导致这些经济体增长率大幅下降的新事实。中等收入国家面临一些具体工业化挑战，国际生产体系中存在不利于增加国内附加值和不利于中等收入经济体产业和技术持续升级的结构和制度配置。着眼于全球竞争动态，“中等收入陷阱”的根源是难以在全球市场上获得空间，超越中等收入技术陷阱的技术升级的方法不足使其产业政策和产业体系不能与动态需求保持一致。由于既受到发达国家技术垄断、知识产权等方面制约，又感受到后起低收入国家的竞争压力，有关经济体将面临额外的追赶挑战。

经济复杂度分析采取当前最先进的网络方法，对结构升级进行剖析描述。这类分析认为，虽然低收入阶段的劳动密集型工序在产业发展初期具有见效快的特征，但在中等收入阶段被以往粗放型增长路径锁定在低端发展上。“中等收入陷阱”国家受到简单产品和资源开发产品的引力，面临着生产低复杂性产品的引力。虽然已经达到了一定程度的结构复杂性，可以在国际上生产高附加值商品，但由于存在能力静止陷阱（Hausmann，2011）①，以及无复杂度的相关多元化流行、提升复杂度的无关多元化难以

① Hausmann, R., “Structural Transformation and Economic Growth in Latin America”, In Ocampo, I. A., Ros, J. (eds.), *The Oxford Handbooks of Latin Amercian*, New York: Oxford University Press, 2011, pp.519-545.

成功等，仍然缺乏竞争能力，难以实现结构升级。

能否塑造产品空间优势、顺利提升经济复杂度作为强有力的、决定性的因素，是发展的强大推动力。

经济复杂性的提升需要遵循相关性和复杂性两个原则以及寻找升级的切入口和路线（产业内升级与产业间升级），“中等收入陷阱”国家的问题是关键部门（比如制造业）之间可能存在技术经济联系的断开或缺失。由于经济发展的历史和路径依赖特征，我们需要量化分析每个国家的具体生产限制和机会，包括制度和产业政策发生怎样的变化等。

相关性为产业政策开辟了一种更务实的方法，其中的建议针对每项活动和地点量身定制。经济复杂度分析强调，一个国家在不同发展阶段面临的限制和风险不同，根据生产篮子的构成是发生边际变化（中等收入国家之间趋同）还是根本变化（跨越发达国家高墙），会采取不同的路径。首先，进入新活动（边际变化）通常与现有活动相关或嵌入其中，从而提供获取资源的能力。其次，根本变化或者旨在提升复杂度的变化之所以难以发生，是因为它需要本地能力的彻底转变。

从复杂性的实现看，重要的是要查明阻碍结构变化的瓶颈和僵化问题为何不能在市场机制下克服，以及国家在克服这些失败中的作用。在低发展水平下，一个国家倾向于选择复杂程度低的产品，因为在其选项机会集中，相关性和复杂性之间存在负相关（即最不相关的产品是最复杂的）关系。在高发展水平下，一个国家面临着相反的选择：更复杂的产品是最相关的。成功跨越“中等收入陷阱”者选择高度复杂的新产品，但不成功者只设法选择中等复杂度的新产品。因此，生产复杂程度存在差异。

基于比较优势理论而专注于开发自然资源和生产低劳动力成本的产品可能会造成发展的结构性陷阱，并影响长期发展。所谓比较优势陷阱，从复杂度的观点看，是过分关注比较优势，导致经济过度专业化并被技术锁定，且随着复杂度的降低，难以获取长期发展。因此，继续聚焦于当前的比较优势（原材料和农业）不是最好的长期战略。

一个国家在复杂技术方面建立比较优势是有益的①，经济复杂度分析

① 比较优势理论的问题是对技术进步的忽视，它忽视了“技术能力”，只看到要素的机会成本，忽视了多元化的重要性。要素积累是渐进性的。没有一个国家可以积累无差异化的“资本”或“劳动力”。比如，就人力资本而言，即使一个国家积累了更多的人力资本来证明其进入汽车行业的合理性，但如果工程师和工人接受过纺织行业的培训，就无法制造汽车。

还从时间角度提供了一些有益分析(Pinheiro 等,2021)①,这是研究比较优势的空白之处。过度关注当前的比较优势而缺乏改革制度和开发新的比较优势来源,将使这些经济体不能跨越“中等收入陷阱”。事实上,正是那些收入相对较高、复杂性较低的国家更有可能陷入中等收入(包括高度不平等)的困境。

三、跨越“中等收入陷阱”:附加人力资本的经济复杂度提升

按照经济复杂度分析,经济发展存在一个关键的中间阶段,即中等收入国家所处的快速转型阶段。在这个阶段,虽然中等收入国家已有能力并选择投资于提升关联度不大(偏离比较优势)的复杂品,但这些产品仍然是低复杂度的产品,无法像发达国家那样把它们变成精密复杂的产品。

1. 复杂度提升的两个维度

一些研究发现,就产业内升级与产业间升级而言,产品内部的学习和改进相对容易些(Schott ,2004)②,而要实现产业间升级,人力资本更为重要。这里有三个重要发现:第一,一种商品一旦出口,就会无条件地趋同于该商品的生产。第二,产品层面的质量以超过 5%的速度趋同。而各国的收入趋同率却不到 2%。第三,当一个国家转向生产一种新产品时,它离前沿产品的距离比它已经出口产品的平均距离更大。产业间升级(即实现多样化)总是从价值链的较低位置向上移动。如果产业间升级不力、产业链间移动缓慢就有可能成为发展的约束条件。因此相对而言,产品内部的技术改进要容易得多。

实证文献发现,人力资本的积累和形成有助于开发先进生产技术和生产高附加值产品,从而提高生产率,促进经济增长。引入职业空间复杂度,从产品空间视角测量人力资本就会发现,职业空间复杂度是提升经济复杂度的重要维度。从职业空间复杂度角度探讨经济复杂度的实现以及其与收入不平等、人均 GDP 之间的关系就很有意义。

我们认为,人力资本—经济复杂度—跨越“中等收入陷阱”呈现出一种递进的层级关系。即人力资本与技术复杂度共同推动经济复杂度提升,经济复杂度及其实现决定经济增长。关于技术复杂度提升或创新的文献极其

---

① Pinheiro, F. L., Hartmann, D., Boschma, R., et al., “The Time and Frequency of Unrelated Diversification”, *Research Policy*, Vol. 51, No. 2, 2021.

② Schott, P. K., “Across-Product Versus Within-Product Specialization in International Trade”, *Quarterly Journal of Economics*, Vol. 119, No. 2, 2004.

丰富,本书强调的是,技能提升对摆脱“中等收入陷阱”极其重要。

无论复杂度提升的表现是产品升级还是种类增加,技术进步和人力资本这两个维度是缺一不可的(Stokey,2021)①。现在的文献更多关注的是中等收入国家的技术引进与扩散,但对人这一更根本、更能动的因素分析相对欠缺。知识扩散通常需要熟练的个人和有能力的团队,如人力资本市场化配置、移民、外国直接投资(组织集体人力资本移动)、组织技能培训等。相关的理论研究发现,人力资本的形成和提升有助于经济增长率的提高。实证研究表明,一国的人力资本积累制度有助于出口多样化和经济增长(Nunn 和 Daniel,2014)②,尤其是高等教育发达的国家可以利用积极的贸易条件增加出口多样化。特谢拉等(Teixeira 等,2016)③发现,人力资本对经济增长的重要性主要体现在结构变化上,人力资本和生产专业化是影响各国经济增长的关键因素。人力资本与高知识密集型产业对经济增长有显著影响。虽然发达国家(如经济合作与发展组织成员)的人力资本对产业结构变化的影响是正的,但是对于典型的“中等收入陷阱”国家(如地中海国家),人力资本对高科技和知识密集型产业的影响却是负的,缺乏受过高等教育的个人融入生产结构,无法实现预期的经济增长。

2. 人力资本复杂度分析的框架

人力资本不足与高技能就业不足(技能低配)并存、职业空间结构简单化导致人力资本积累和分布无效率,而这一切是因为影响技术进步和人力资本积累的相关制度安排和基础设施存在缺陷。

人力资本积累陷阱表现为职业技能空间幼稚化,表现为低技能—低技术均衡以及教育失业和人才外流等。从供给方面看,不仅职业技能培训体系无效率,而且公共教育升级不足,教育投入水平低。从需求方面看,低复杂度经济所决定的落后产业结构对高技能积累的需求不足,进而造成低技能、低技术。供需的共同作用导致教育与技术进步不匹配,职业空间结构复杂度低。从社会角度看,非正式部门(类似与低收入阶段相对应的农业部门)庞大,缺乏有质量、有尊严的就业机会,与之相匹配的是就业者教育程度低,从而陷入低人力资本陷阱。实证研究发现,拉美国家的初级产品出口

① Stokey, N., “Technology and Skill: Twin Engines of Growth”, *Review of Economic Dynamics*, Vol. 40, 2021.

② Nunn, N., Daniel T., “Domestic Institutions as a Source of Comparative Advantage”, *Handbook of International Economics*, Vol. 4, 2014.

③ Teixeira A. A. C., Queirós A. S. S., “Economic Growth, Human Capital and Structural Change: A Dynamic Panel Data Analysis”, *Research Policy*, Vol. 45, No. 8, 2016.

战略、进口替代战略都加剧了这种人力资本陷阱。

从经济复杂度看,人力资本积累与技术演变可以从职业复杂度提升而得以深化。一般而言,当所受教育转化为生产性知识、转化为有效率的“干中学”时,经济复杂度将提升。高复杂度的人力资本有助于提升高知识密集型产业。两者之间的良性循环是复杂度提升、结构升级和摆脱“中等收入陷阱”的最关键因素(见图 1-1)。

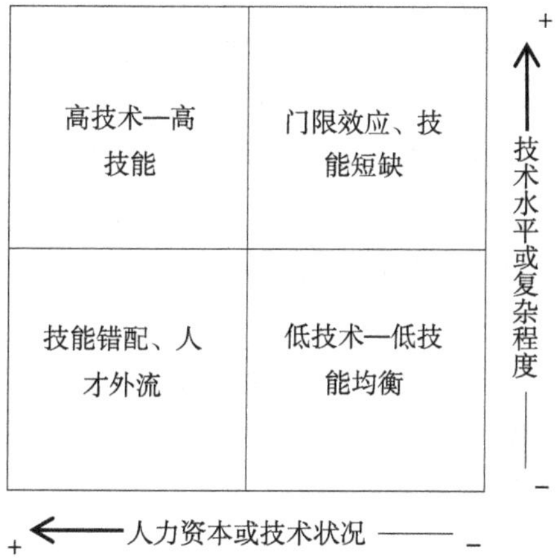

图 1-1 人力资本—技术匹配类型

注:“-”表示少/弱,“+”表示多/强。
资料来源:笔者绘制。

如图 1-1 所示,横轴代表人力资本或技术状况,纵轴代表技术水平或复杂程度。技术—技能是提升复杂度的两个维度,其匹配状况决定了经济复杂度的不同状态。低复杂度经济陷入“低技能—低技术均衡”(右下区域),无专业化的人力资本积累不能推动和满足复杂度提升的要求。有些收入水平达到“中等收入陷阱”的国家,为了维持低工资、低成本优势而吸引廉价移民的做法会导致这种结果(比如马来西亚)。陷入“中等收入陷阱”的一些国家主要是教育投资不足,虽然有引入先进技术的机会,但人力资本存量达不到提升经济复杂度的门槛,技能工人短缺、技能溢价扩大,如墨西哥、巴西等拉美国家(右上区域)。陷入“中等收入陷阱”的另一些国家,其技术水平不高但高等教育却过度发展,高技能人才低配于低技术职位,技能溢价收窄,或者出现技能人才外流等,如印度(左下区域)。不过这种状况也可能说明劳动力市场在发挥“蓄水池”的作用,如果不演变成中长期问题并无大碍。左上区域则代表了一种高技能—高技术相匹配促进复杂度演进的理想状况，如 20 世纪 90 年代中期的韩国。

引入经济复杂度的分析，能够丰富和深化我们对跨越“中等收入陷阱”的人力资本动能与增长关联的理解。如从技能需求方看，即使经济增长但伴随低复杂度活动，政府推动短期的教育水平提升和教育不平等改善，但缺乏吸纳这些人力资本投资的经济复杂度空间，将存在教育失业和人才外流等问题，表现为职业空间的简单化和极端化，从而反过来挫伤人力资本投资的积极性，使教育不足、不均衡和不平等得以固化。

产品的相关性和复杂性之间实现协调发展也非常重要，实证研究发现，具有通用性的人力资本有助于实现多元化产品的生产。人力资本有助于吸引外国直接投资，技术与人力资本之间的相互作用得以加强（Sadeghi 等，2020）①，促进经济复杂度提高。与当地公司共享劳动力是经济复杂度提升的重要驱动力，而且与制造业相比，服务业的劳资联系是服务业集聚的强大驱动力（Diodato 等，2016）②。这在经济复杂度的框架下证实了人力资本推动知识密集型服务业集聚的推断。考虑到跨越中低收入陷阱中制造业的重要性，跨越中高收入陷阱中现代服务业和先进制造业的重要性，人力资本的重要性将随着发展阶段的提升而提升。

从经济复杂度分析人力资本积累，可以分为两点：第一，技能劳动的超额报酬虽然可能导致高技能劳动与低技能劳动、技能劳动与非技能劳动之间的工资差距，刺激后者进行技能投资，但在这一过程中，传统的资源密集型行业和资本密集型行业将被技能密集型行业、知识密集型行业逐渐取代。对复杂度提升从而促进经济增长而言，劳动者收入提高不应局限在高人力资本的劳动者身上，不同层次的人力资本劳动者应通过产业结构的升级和职业空间的优化得到劳动报酬或多或少地增加，从而摆脱低人力资本陷阱（巫和懋和冯仕亮，2014）③和非正规就业陷阱。虽然这会导致劳动力成本上升，但劳动力成本与技能积累之间可能演化成经济学所言的正向循环，并促进更具包容性的制度创新，这才是跨越“中等收入陷阱”的关键。第二，与技能溢价的刺激作用不同，这一过程也存在一些阻碍因素，除劳动力市场运行失灵和教育制度缺陷外，劳动密集型产品的过度贸易将导致教育缺失，

---

① Sadeghi, P., Shahrestani, H., Kiani, K. H., et al, “Economic Complexity, Human Capital, and FDI Attraction: A Cross Country Analysis”, *International Economics*, Vol. 164, 2020.

② Diodato, D., Frank, N., Oclery, N., “Agglomeration Economies: The Heterogeneous Contribution of Human Capital and Value Chains”, *Papers in Evolutionary Economic Geography CID Working*, No. 76, 2016.

③ 巫和懋、冯仕亮：《人力资本投资与跨越“中等收入陷阱”》，《当代财经》2014 年第 8 期。

从而成为陷入“中等收入陷阱”的一个重要因素。一国生产模式的转变将影响随后的教育结果，贸易自由化可能会加剧各国之间要素禀赋的初始差异而不是推动教育等要素禀赋升级。跨越“中等收入陷阱”的关键在于技能溢价的激励不能陷入劳动密集型贸易导致教育缺失这一人力资本陷阱。

广义的人力资本不仅包括健康、教育等因素，也与人口年龄结构等有关。因此，有学者认为，受人口结构等因素的影响，有些国家已经失去了劳动密集型产业的比较优势，但尚未在技术密集型和资本密集型产业上形成比较优势，这是导致“中等收入陷阱”的长期因素。其实，从劳动密集型产业升级到技术密集型和资本密集型产业，是不可避免且不可逆转的，这一过程本身就意味着对技能提升、教育需求的增加和工资上升，以及职业技能专业化和多样化模式的改进。人口结构变化固然会影响劳动力供给，但由于技能得以提升，工资提升、职业技能改进自然是跨越“中等收入陷阱”的题中应有之义，这是生产结构变迁对人力资本的需求增进产生有益影响的重要方面，进而抵消人口因素的不利影响。我们不应幻想通过增加出生率等继续维持低工资劳动力供给，这恰恰是“中等收入陷阱”的一个重要表现。

总而言之，人力资本的经济复杂度理论认为，“中等收入陷阱”的原因还在于：生产结构和经济政策缺陷导致粗放型增长模式向集约型增长模式过渡缓慢或缺乏。虽然低收入阶段的中小学教育投资支持长期增长，但当国家接近技术前沿时，由于缺乏对高等教育的投资而阻碍获取先进生产技术的能力。虽然以技能为基础的增长得到了更大的教育禀赋的支持，但技能分配不当是中等收入经济体的典型特征，这些经济体对中等和高等教育进行了大量投资，但其教育系统和劳动力市场缺乏效率，从而它们的生产系统无力吸收不断增加的熟练劳动力。以模仿为主导的模式在中等收入经济体中的持续存在很可能会产生一个稳定的低水平均衡，称为“模仿陷阱”。加之劳动密集型贸易导致教育缺失的人力资本陷阱，创新和模仿部门之间狭窄的生产力和工资差异限制了对创新部门所需的先进技能的投资。由于高能力人才在创新部门的供给不足，公共基础设施（如信息网络）的投资并不能提高熟练劳动的生产率，创新部门也无法扩大，因而经济复杂度难以提升和跨越收入门槛。

综上所述，基于产品空间（Product Space）提出的经济复杂度分析突破了比较优势理论，其与新增长理论、新结构经济学等结合，正在构建解释中等收入国家贸易模式、增长模式与增长绩效的分析框架。该理论与价值链分析、产业升级、收入分配和技能体系有密切的关系，人力资本的经济复杂度分析更重视人力资本的复杂度提升功能和机制，其看待比较优势、产业链、产业政策等的不同视角，成为本书的理论基础。

第三节　分析框架和结构安排

本书阐述附加人力资本的经济复杂度理论,并试图提供一个有解释力的理论框架,在对案例国家“中等收入陷阱”的说明中使其具体化并加以检验。

一、相关概念

本书的分析涉及一些较新的概念,限于篇幅,仅基于此前的理论及其发展脉络进行归纳说明。

产业内升级优先分岔和产业间升级优先分岔:产业内升级优先分岔,是通过价值链攀升等优先实行产业内升级如质量提升,当产业内升级达到较高水平后再跳入另一个产业,以整体实现产业升级。产业间升级优先分岔则指,优先实现产业间升级和产品种类增加,再实现产业内升级。

基于出口的产业(品)空间分析:用于衡量和测算一国或地区在全球化背景下拥有的能力,根据一国全球出口产品网络空间中的分布状况得到,也可以根据区位商等衡量一国国内产品空间或者职业技能空间。

结构异质性(structural heterogeneity):结构异质性指二元经济(正规经济与非正规经济并存)的结构特征,其中创新活动产生的活力及其联系强度的不同决定了劳动力使用效率的不同(如劳动力就业不足出现技能错配)。作为经济复杂度提升的结果,受过教育的劳动力迅速被吸纳到创新活动中。反之,复杂度未提升的劳动力进入技能低配等陷阱,表现为生产率增长的无效率和结构异质性难以消失等。

“大推动”与“效率型”教育投资:“大推动”投资强调教育具有外部性,具有“固定”或“准固定”的成本特征,这类投资与基础设施类似,需要较高的一次性投资,虽然可能经历利用不足的低生产率增长时期(或者过度的高教育投资出现人才外流等),但经过一段时间往往会爆发式促进高生产率增长。“效率型”教育投资主要表现为教育机构改革、劳动力市场灵活性增加、社会安全网提升等带来的人力资本积累改进。“大推动”与“效率型”教育投资对经济复杂度提升的影响方式不同。

复杂度与相关性耦合:这是与提升复杂度密切相关的两个维度,经济多样化是结构变迁的主要方式之一,现有产业与新产业的相关性越高,越容易成功;反之,现有产业与新产业相关性低的新产业难以存活。但仅依据相关性带来无复杂度提升的结构变迁是不行的,只有引入提升的人力资本时，复杂度与相关性耦合促进结构变迁，进而跨越“中等收入陷阱”。

二、分析框架

本书的基本思路是，结合人力资本，分析技术进步对经济复杂度的提升以及对“中等收入陷阱”的跨越。这种分析需要在产品空间或经济复杂度的框架下，同步考虑宏观经济因素如需求因素，经济周期的不同波长、波幅叠加的非均衡增长，与汇率、通货膨胀率等相关的国民总收入核算因素及其相互之间的影响等，同时结合有关国家中等收入阶段的发展历程进行验证和归纳总结。

（一）经济复杂度视角下总产出、进出口、人力资本之间的静态关联

经济复杂度提升的前提是实现产业垂直升级。从供给角度看，企业被卡在现有的“比较优势”中，陶醉于短期收入没有下降，从而丧失长远发展。从需求角度看，中等收入国家高复杂度产品的本国需求收入弹性低、进出口贸易结构和汇率政策等也影响经济复杂度的提升。

开放经济条件下经济复杂度变化的主要来源是不同经济部门的复杂度提升。如图 1-2 所示，为简化分析，假设劳动力是唯一的生产要素，一个经济体及其构成部门主要包括家庭部门、生产部门、研发部门和教育部门等。家庭部门为其他部门提供劳动力并购买产品，其中一些由国内生产，另一些依靠进口。每个生产部门使用某种劳动生产单一类型的复杂度商品，低复杂度部门使用简单劳动生产出口简单产品，高复杂度部门使用技能劳动生产出口高复杂度产品，大学、研发部门根据已有的科学技术使用高复杂度劳动和人力资本创造新的知识、流程和产品。产品空间理论，可以结合产出、增长、就业、不平等、价格和需求等经济变量，探讨开放条件下产品多样化及其与进出口等宏观经济变量相关的理论和政策问题。①

复杂度不能提升，可能是因为用于生产的劳动力和人力资本缺乏竞争力。就技术进步而言，一般新技术主要在发达国家出现，并推动其复杂度提升。发展中国家主要通过模仿实现其新产品或过程的产业间升级，但这种发展模式存在路径依赖，不能实现生产的多样化。

生产多样化通过增加新的产业或经济部门来改变经济结构，它提供就

① Freire, C., “Economic Diversification: A Model of Structural Economic Dynamics and Endogenous Technological Change”, *Structural Change and Economic Dynamics*, No. 49, 2019.

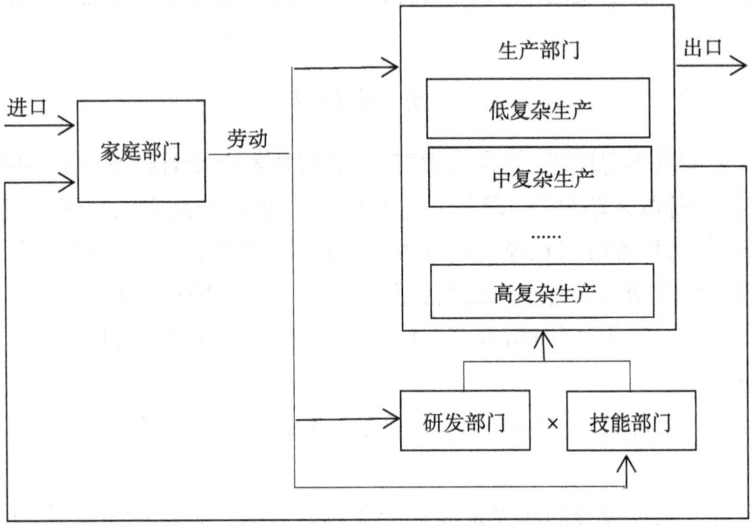

图 1-2　人力资本的复杂度提升和经济运行

资料来源:笔者绘制。

业和创造收入,改变人力资本的积累模式。对高收入国家来说,新部门生产的产品能满足新的需求,能增加就业和收入。对中等收入国家来说,如果新部门生产的产品已经在世界范围内生产,那么只能通过全球市场上其他国家同一部门间的竞争来转移收入和获取就业机会。竞争会压低价格,增加实际收入和支出,也影响就业、人力资本积累和能力提升,使一些国家跨越“中等收入陷阱”,使更多国家陷入中高收入陷阱、中低收入陷阱,从而出现经济发展停滞与跨越并存的多种模式。

全球产业格局和全球政策体系与各国的内部因素相互作用,塑造了中等收入经济体的不同产业结构和发展轨迹。这表现为,中等收入经济体除了受规模和技术竞争力限制以及“跟随”技术变革和创新前沿的挑战外,既要有效“外接”全球价值链或全球产品空间,又要“内接”国内生产体系或产品空间。

(二)增长、生产率与人力资本积累的动态关联

出现“中等收入陷阱”的核心问题是不能推动复杂度提升,除了基础设施、制度因素外,人力资本与生产力或创新有着根本关系。进一步地,要摆脱“中等收入陷阱”,提升复杂度,就需要对人力资本进行高投资(也包括有形的物质资本投资)和加速技术学习(包括技能培训),并作出相应的制度创新,实现良性循环,这可以用图 1-3 表示(纵轴为生产率提升,横轴为国民收入)。

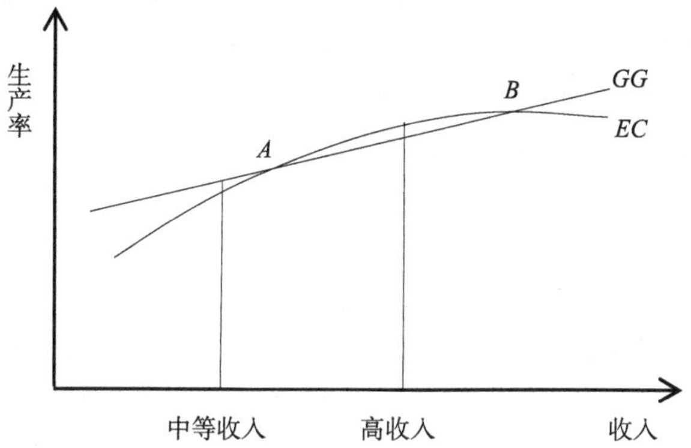

图 1-3　复杂度视角下的“中等收入陷阱”

资料来源：笔者绘制。

增长和生产率之间存在双重关系，提升复杂度的经济增长通过以下渠道对生产率产生正影响：(1)经济增长带来的动态规模经济诱导学习和创新，复杂度提升的部门内和部门间外部经济活动兴起，相关的经济扩张或动态演进交替进行（在中宏观层次表现为集聚经济、专业化经济和知识溢出经济）；(2)经济增长带来的就业改善尤其是人力资本配置改善，促进高生产率活动扩大从而减少知识失业、减少人力资本蓄水池中的存量，而且低生产率活动的扩大减少了非正规就业和非正规陷阱，有助于跨越“中等收入陷阱”。

这种关系如图 1-3 中的 *EC* 曲线所示，其方程为经济增长的生产率提升或者复杂度提升函数。除了原始创新、质量提升、直接的价值链攀升外，曲线的形状也取决于生产率增长的其他决定因素。如由产品空间位置决定的提升复杂度的机会集合、企业家对这些机会的反应（可以称为“创新”程度）、企业面临的制度激励、制度的质量等。

EC 曲线正斜率的前提假设是，存在资源利用不足的情况，因此增长（以及经济周期的繁荣阶段）会促进资源的更好配置（反之缺乏增长或出现停滞，导致资源错配，尤其是劳动力、人力资本积累不足，以及人力资本在研发部门和生产部门的错配）。总之，通过良性循环，增长具有总供给效应。与此同时，这种经济增长互补性强，既具有供给（复杂度提升：集聚经济、专业化经济和知识溢出）效应，也具有需求效应（如债务扩大型增长、进口依存度的变化）。

反过来，生产率增长、复杂度提升能促进经济增长。如图 1-3 中的 *GG* 所示，这里有四种机制：首先，技术变革、产品复杂度提升增加了总供给。其次，经济复杂度提升创造了新的投资机会，并通过这一机制推动了总需求。再次，在国内储蓄或外部融资并非完全内生时，储蓄或国际收支缺口会成为总需求的有效约束，从而决定曲线的形状。最后，与技术变革相类似，人力资本改善、复杂度提升能够提高国际竞争力和促进出口，改善贸易平衡，从而增加总需求。

EC 和 *GG* 两条曲线都有正斜率，所以存在相互加强的经济效应，这既可能产生交替的正反馈，也可能产生负反馈。根据微观经济学容易证明，当 *EC* 比 *GG* 平坦时，存在稳定均衡，如图 1-4 所示。*GG* 的斜率取决于投资、出口和进口对生产率（以及复杂度）的弹性；如果相对缺乏弹性，相应的曲线将很陡；如果弹性较高，则会更平缓。鉴于技术进步、复杂度提升函数的决定因素等，*EC* 如果满足以下条件，则更平缓：(1) 微观和中观动态规模经济的阈值不高；(2) 就业不足的人力资本或者劳动力数量不能过大；(3) 从长远来看，固定要素（人力资本存量）以及基础设施等作为平台不构成紧约束。由于劳动力市场无效率、教育失业严重等，在人力资本供给未能达到门限值和就业严重不足时，*EC* 的斜率可能变得很高。比如，*EC* 的斜率最初很陡，但在较高的、复杂度提升的经济增长率下又会下降。

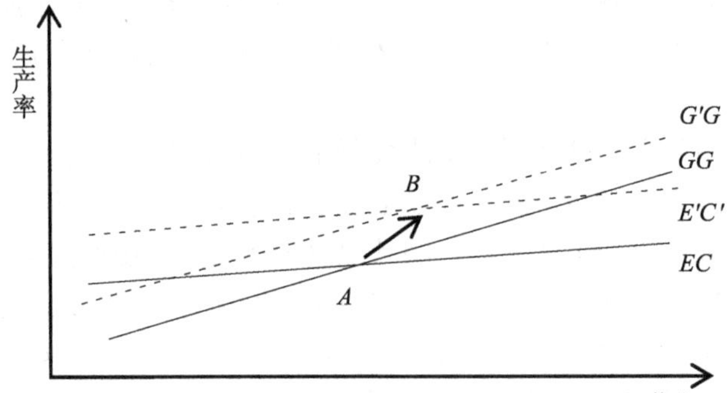

图 1-4 情形 A（跨越“中等收入陷阱”）

资料来源：笔者绘制。

当 *EC* 比 *GG* 平坦时，存在稳定均衡，如图 1-3 所示。在初始（熟练）劳动力就业严重不足（即人力资本作为固定要素）的情况下，*EC* 的斜率可能很高。图 1-3 显示了 *EC* 斜率最初的陡峭情况，但受经济复杂度提升、经济增长率提高的影响而下降。在这种情况下，*B* 处会有一个稳定的均衡（已经跨越中高收入陷阱），但也可能出现 *A* 点的不稳定平衡（陷入“中等收入陷阱”)。当具备跨越陷阱的门槛条件(技能劳动力数量超过门槛值)时,*A* 点的情况会导致经济在 *B* 点达到新的、更高的稳定平衡;反之,人力资本积累下降(比如中低收入阶段的教育不足、中高收入阶段的人才外流等)跌破门槛值,经济进入低增长陷阱(“中等收入陷阱”)。能否跨越“中等收入陷阱”取决于这些曲线的位置,人力资本等因素的状况表明既存在出现良性突破(翻越收入高墙),也存在出现恶性锁定的可能性。

新技术革命以及大规模技术扩散可以当作改变经济复杂度函数的变量,但随着创新的扩散,其影响往往会随着时间的推移而减弱。发展中国家如果把握住新一轮创新浪潮将使 *EC* 曲线向上移动,并使其更陡峭,特别是在有效人力资本积累突破阈值约束的条件下,能够加速生产率、经济复杂度提升和经济增长,从而跨越“中等收入陷阱”。而就陷入“中等收入陷阱”的国家而言,破坏性力量可能占主导地位,导致生产率和经济增长放缓、投资下降、结构异质性增加(过剩的劳动力、非正规就业和人力资本低配,陷入低生产率活动)以及生产能力下降,扩大了与发达国家制造业的技术差距,并形成恶性循环。但如果某次创新浪潮在中等收入国家得到充分利用,其结构效应将得到充分传递,*EC* 曲线将向下转移,变得更平坦。生产率、经济复杂度提升和 GDP 增长将随之放缓。

有利的宏观经济冲击将促使 *GG* 曲线向右移动。复杂度提升函数中包含的微观/中观/宏观经济联系放大了有利的宏观效应。负面的宏观经济冲击将产生相反的效果。如果 *GG* 的左移没有留下均衡点,导致 GDP 和复杂度降低、生产力增长出现螺旋式下降,则会出现特别严重的情况。专门从事动态规模经济较弱的活动(传统复杂度活动)将倾向于使 *EC* 曲线更平坦。按照熊彼特学派的观点,如果公司规模不够大,其支付创新活动相关固定成本的能力将下降。尽管竞争对生产率增长的微观经济影响可能是正的,但是低复杂度的专业化可能会产生负面的微观经济效应,尤其是中观经济(结构)因素可能会产生不利影响。总之,全面自由化改革对技术进步、复杂度提升的净影响尚不确定。但是,其产生的进口倾向增加将导致 *GG* 曲线左移。

这里存在以下三种情形。在情形 *A* 中(见图 1-4),自由化冲击对 *EC* 的影响很强,超过 *GG* 曲线的不利移动。竞争促进创新,促使 GDP 和生产率增长、人力资本积累加快、经济复杂度提升,从而跨越“中等收入陷阱”。在情形 *B* 中(见图 1-5),自由化改革对 *EC* 的影响较弱,而 *GG* 效应较强。生产率增长加快,但经济增长总体放缓。这意味着劳动力就业不足和失业率增加(人力资本低配、低生产率就业增加、非正规性增加等),面临陷入

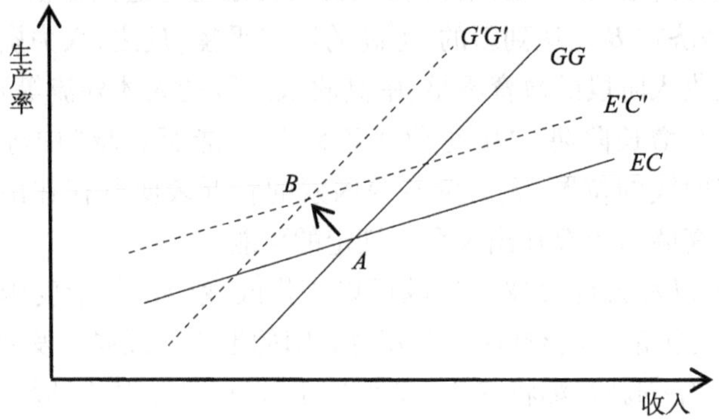

图 1-5　情形 B(存在“中等收入陷阱”风险)

资料来源:笔者绘制。

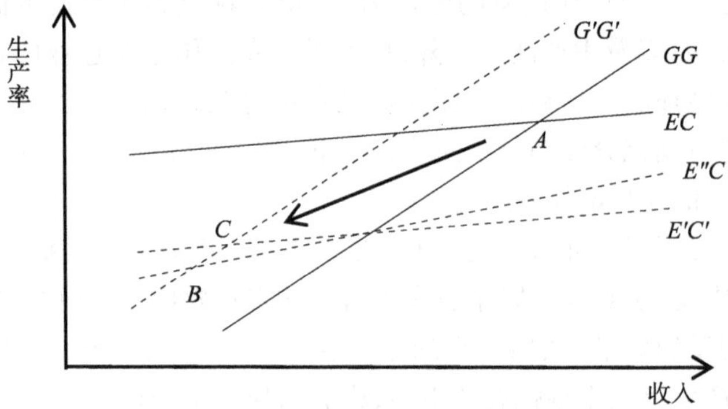

图 1-6　情形 C(陷入“中等收入陷阱”)

资料来源:笔者绘制。

“中等收入陷阱”的风险。在情形 *C* 中(见图 1-6),自由化对 *EC* 的不利影响超过竞争的改进影响,导致陷入“中等收入陷阱”,表现为技能失业,人力资本存量流失(人才外流加剧)(*EC* 曲线平行下降为 *E'C'*),企业积累的生产能力损失,贫困、教育恶化和失业率开始上升,GDP 和生产率增长下降(从 *A* 点到 *C* 点的移动,可以称为基要条件效应)。除了 *EC* 曲线发生这种不利的向下平行移动外,劳动力市场僵化、教育机构效率下降等因素,导致人力资本错配加剧和人力资本积累激励下降,使复杂度曲线的斜率增大(*E'C'*旋转为 *E″C″*曲线,从 *C* 点到 *B* 点的移动,可以称为配置扭曲效应)。与此同时,贸易改革产生的进口倾向增加会导致 *GG* 函数左移,这意味着不存在新自由主义认为的自由化将加速增长的一般假设。

这里所说的人力资本就业不足问题(技能低配等)之所以导致总生产率增长缓慢,关键在于结构转型和经济复杂度提升过程中的不利因素(如产品空间位置和不利的国际环境),使结构转型与 GDP 增长之间的联系变得很脆弱。

上述分析不仅有理论基础而且有经验支持。如 20 世纪 50 年代以来的国际经济史表明,在中等收入阶段,一国产业(品)空间的形成和更替有一定的规律可循。生产复杂度高的产品的核心产业群可以进一步提升本国的经济复杂度。当然,由于国家规模、资源禀赋、发展战略等存在差异,这种产业群的具体形式和演进路径也会有一定的独特性。

总之,人力资本积累驱动下的结构性因素和宏观经济因素之间呈正的反馈机制,我们称之为人力资本的经济复杂度理论,它是本书分析"中等收入陷阱"的核心框架。基于这种分析,我们强调通过培训、技术传播、适当的融资,通过产业政策、教育政策的相互结合等以及配置适当的宏观经济条件实现生产结构的动态转型,从而改善增长的分配效应,促进人力资本积累,这将是顺利跨越"中等收入陷阱"的关键要素。

三、研究方法

人力资本投资和技术进步的相互影响,过程复杂。各国为了提高其复杂度,努力使生产扩大到生产率高的部门。本书在研究中采取了以下方法。

(一)案例分析法

我们既不选择归纳法,也不采用演绎法,而是遵循马克思主义经济学提倡的溯因法,通过一般分析与特殊分析相结合的方式,试图从表面现象中挖掘某些"更深层次"的原因:推动经济复杂度提升的技术通过与人力资本的互动,在市场经济竞争下实现知识深度分工与协调,从而呈现出不同的发展形态。

本书从典型案例入手,分析与"中等收入陷阱"相关联的拉美地区、中东地区、东南亚地区等中等收入国家,分析其经济发展的具体状况,既考虑这些案例的特殊性,又分析其共性因素。

(二)政治经济学方法

从经济哲学角度看,面对中等收入阶段的复杂现实,以及科学的理论范式本身的丰富内容,决定了对这一领域的研究要从多维度展开。从政治经济学的价值创造、分配与实现角度分析,过高的剩余价值率将导致工资份额不会随着经济发展而相应上升、不会使资本有机构成不断提高以及与此相关联的利润率不断提升(乔晓楠等,2012①;玛莲·戈玛尔,2016②;陈享光和李克歌,2015③),这样就会降低研发投资的积极性,降低社会总产值和经济增长率。因此,“中等收入陷阱”的表现是生产力提高放缓,落后的生产关系难以与上层建筑相匹配。因此,本书试图分析制度和利益在不同政治经济背景下对“中等收入陷阱”的作用。

(三) 产品空间方法

本书从结构视角,以人力资本为推动、以技术进步为动力,分析产业结构变迁(即新的产品、行业出现以及产品间、产业间的关联变化)对经济复杂度提升的作用,并最终跨越“中等收入陷阱”。为此,我们引入了产品空间法及相关概念(包括产品空间密度、路径、产品复杂度、出口技术复杂度、出口相似性指数等)。

四、结构安排

本书结构安排如下:

首先,确定分析的总体框架。技术复杂度和经济能力对一个国家的经济发展有着至关重要的作用,是其跨越“中等收入陷阱”的关键因素之一。就经济复杂度、人力资本与跨越“中等收入陷阱”的关系看,人力资本积累、产业异质性、职业空间异质性和生产技术的互补性决定了“中等收入陷阱”的锁定特征。

其次,选择 8 个国家(韩国、墨西哥、阿根廷、巴西、土耳其、印度、波兰和哈萨克斯坦八国,涉及东亚、拉美、中东、中亚、南亚和东欧地区)作为案例分析的对象。从国别个案入手,考虑以下因素:禀赋差异性(矿产型经济、农业经济、制造业经济)、区域多样性(亚洲、拉美、中东和东欧)、时间变异性(21 世纪初期即成功跨越的韩国、目前有望成功跨越的波兰)等。其中,韩国被公认为成功跨越“中等收入陷阱”;波兰、哈萨克斯坦接近成功跨越“中等收入陷阱”;墨西哥、阿根廷、巴西、土耳其是陷入“中等收入陷阱”的案例;印度则被认为有陷入中低收入陷阱的风险。这些国家也是绝大多数研究“中等收入陷阱”的样本。

最后,研究促进复杂度提升的具体路径、战略、人力资本政策、产业政策

① 乔晓楠、王鹏程、王家远:《跨越“中等收入陷阱”经验与对策》,《政治经济学评论》2012 年第 3 期。

② 玛莲·戈玛尔:《中国的“中等收入陷阱”:一种马克思的观点》,《海派经济学》2016 年第 3 期。

③ 陈享光、李克歌:《跨越中等收入陷阱的积累模式探讨》,《教学与研究》2015 年第 2 期。

调整、政府的作用，乃至建立经济复杂度提升的基本理论。这些分析涉及经济复杂度提升与贸易理论、收入分配理论、增长理论的交互影响等。此外，还讨论了本书研究的局限性和未来的发展方向。

总之，本书主要从供给侧探讨“中等收入陷阱”的形成路径和摆脱机理，根据经济复杂度对比若干国家的实际政策选择与基于产品空间理论构建的政策差异性，解释并展望相关国家的经济增长，并提出一些启示。既重点归纳面对“中等收入陷阱”挑战的共性，又结合历史阶段、国际环境、国别特征、地理因素等分析其特殊性。

第二章　墨西哥:跨越“中等收入陷阱”中的经济复杂度

作为二十国集团(Group of 20,G20)国家之一,墨西哥人均收入属于中高等收入水平,第二次世界大战后其经济增长速度一度超过发达工业国家,被称为“墨西哥奇迹”。但今天看来,这有些不尽如人意,甚至言过其实。“墨西哥奇迹”被切换为“中等收入陷阱”国家的标签表明,通过资本积累实现的粗放型经济增长,使贫富分化严重且极不平等,加之严重依赖美国等因素,使其发展问题缠绕纠结。虽然西方主流研究尤其关注制度变迁的政治经济学问题,但本书只重点关注其出口导向中人力资本积累与经济复杂度提升的相互影响等。

第一节　墨西哥中等收入阶段发展特征的描述

墨西哥是古代印第安文明与西班牙欧洲文化相互融合形成的新型文明。西方主流研究认为,其较为统一的语言交流、广泛的科学知识基础、丰富多样的自然资源是墨西哥发展的有利因素,但拉美学者尤其是其本国学者则强调接近美国的地缘因素对其发展的复杂影响。加之巨大的人口规模,摆脱贫困陷阱和外围经济进入中等收入国家的发展历程则具有相当大的研究意义。

墨西哥于1821年正式独立后,有一些值得注意的高速发展经验。其中,波菲里奥・迪亚斯于1876年推翻塞瓦斯蒂安・莱尔多・德・特哈达,开启了一段长达35年的个人统治,进入一段相对稳定的发展时期。在其统治时期,国内状况相对和平繁荣,依赖外国投资大幅提升了基础设施水平。但由于其发展模式中潜藏的负效应,1910年再次爆发革命并历经持久内战。此后,革命制度党取得了墨西哥政权。在该党执政期间,经过卡德纳斯改革,在20世纪40年代到70年代,墨西哥经济获得了飞速的发展,著名的“墨西哥奇迹”正是在这期间出现的。然而,80年代后,墨西哥再次陷入严重的停滞与连续的波动之中,未能实现迈入高收入国家行列的跨越,一般认为其长期陷入“中等收入陷阱”。墨西哥经济停滞的主要特征除增长停滞外,债务危机、金融危机、收入分配不均、贫富两极化、社会动荡不安、暴力冲突频发，也成为陷入“中等收入陷阱”拉美国家的典型症结。

一、人均 GDP 及其增速变化

基于世行标准本文测算，如表 2-1 所示，墨西哥于 1974 年和 1992 年分别跨越了第一时点和第二时点，而高收入的第三时点至今尚未跨越。据此，可以界定墨西哥在中等收入所处阶段为 1974 年至今，其中，下中等收入阶段时长 18 年，“上中等收入陷阱”尚未跨越，整体来看，截至 2017 年，墨西哥已经进入中等收入国家行列长达 43 年，经过了足够的长时期努力，却未能成功进入高等收入国家。从图 2-1 来看，在中等收入阶段内，墨西哥人均 GDP 波动较大，但整体处于上升阶段，人均 GDP 增速相较于低收入阶段仍处于低位，增速不仅有所下降而且波动幅度有变大的趋势。

表 2-1 墨西哥跨越中等收入阶段的不同时点

国家	第一时点	第二时点	第三时点	下中等时长（年）	上中等时长（年）	中等收入阶段
墨西哥	1974	1992	—	18	超过 30	—

资料来源：世界银行 WDI 数据库。

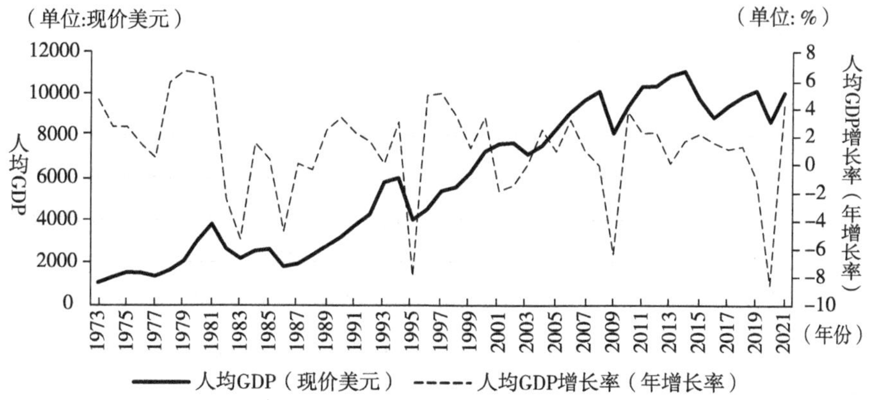

图 2-1 墨西哥 1973—2021 年人均 GDP 及其增长率变化

资料来源：世界银行 WDI 数据库。

二、三次产业结构及其演进

从图 2-2 来看，在 1974—2015 年的中等收入阶段，第一产业增加值占

GDP的比例基本呈下降趋势，1974年、1992年、2015年占比分别为12%、4.3%、3.6%。第二产业占比较为稳定，1974年、1992年、2015年分别为32.4%、28.1%、32.8%。第三产业占比有小幅上升，1974年、1992年、2015年分别为55.6%、65.2%、63.6%。中等收入阶段的产业结构演变与墨西哥的经济政策和总体发展方向有紧密的联系，经济政策的转向主要体现在对外贸易政策和国内市场份额的变化，经济增长引擎为出口而非国内市场，实行出口导向型政策，私营企业成为主要经济驱动力而非国营企业，可以说，墨西哥的产业结构变化很大程度上受到对外开放和出口导向型政策的推动。

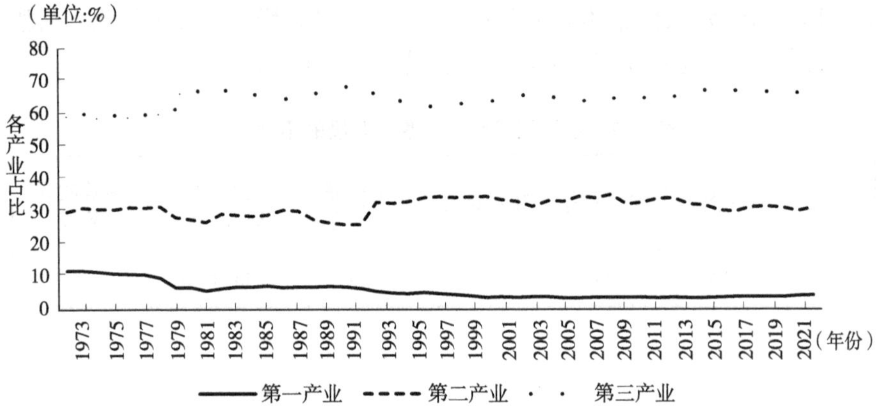

图2-2　墨西哥1973—2021年三次产业结构占比演变

资料来源：世界银行WDI数据库。

从数据上看墨西哥产业结构合理，尤其第三产业比较发达，不仅大量吸引就业人口，而且极大地支撑了国民经济。但是，如果深入地比较墨西哥和发达国家，就会发现墨西哥的第三产业与发达国家有很大差异。发达国家的第三产业是工业化深入发展的结果，以附加值较高的现代生活和生产服务业为主。而墨西哥第三产业却主要是传统的生活服务业，缺乏以通信、金融、信息为核心的生产服务业，无力在质量和结构上持续发展以支撑经济；现代生活服务业极其短缺，也就不利于支撑人们生活水平的提高和服务需求升级。总之，正如经合组织报告所言，2008年后的经济波动表明，墨西哥与制造业密切相关的服务业占主导地位，而与消费者相关的高端生活型服务业仍然不发达。墨西哥的第三产业缺乏雄厚的工农业发展基础，是在工业基础薄弱和早熟的去工业化之上形成的。由于工业无法吸纳大量劳动力，大量进城农民由于技能匮乏，只能涌入餐饮、家政、批发等低端的生活服务业，导致低效益的传统服务业或非正规就业膨胀过度。墨西哥制造业发展相对滞后,出现产业结构“虚高度化”,其一,劳动力并没有从低生产率或增长收敛的生产部门转向生产率更高的生产部门,大量低技能的劳动力流向生产率仍较为低下的服务行业,因此,看似合理的产业结构并没有提高生产率;其二,墨西哥的第三产业仍是以劳动密集型产品为主,知识密集型产品占比相较其邻国美国而言仍较低,变动的产业结构并没有显著提升生产率。

三、墨西哥的出口结构

墨西哥实施出口导向型政策致使本国的出口结构和生产结构发生了显著的变化。1986 年,初级商品出口占总出口的 45.6%,到 2015 年下降到 10.2%。相比之下,同期中高科技产品比重呈现显著的攀升趋势,从 33.0% 增加到 69.9%,其出口集中度一度超越所有的金砖国家甚至当时的中国。在此期间,墨西哥成为全球范围内高增长的经济体之一,出口竞争力有所增强,2015 年墨西哥占美国进口市场总量的 13.2%,1990 年仅为 6.1%(拉加经委会,2016),是美国的第三大进口国,仅次于中国和加拿大。

从表 2-2 来看,从 1974 年到 1992 年,墨西哥的出口产品结构(不含服务业)有所优化。在接近中高收入阶段的节点,墨西哥出口产品结构以食品原料型为主,资本与技术密集型产品占比不断增加,而劳动密集型产品占比逐渐降低,出口结构有所优化。但是从其发展水平来看,劳动密集型产品仍低于食品原料型产品,且呈下降趋势。1992 年至 2015 年,墨西哥处于上中等收入阶段,出口产品结构以资本与技术密集型产品为主,劳动密集型产品占比不足 1/5,超越了食品原料型产品占比,但其占比仍较低,仅占 18.85%。总体来看,墨西哥在中等收入阶段出口结构的优化源于其技术创新能力的提升,但是长期来看劳动密集型产品的占比下降且偏低,资本与技术密集型产品占比过高,主要依赖于跨国公司和加工贸易的发展,并非建立在提升复杂度基础上,并不是非常合理。

表 2-2　墨西哥跨越三个时点的出口结构　(单位:%)

年份	食品原料型	劳动密集型	资本与技术密集型
1974	51.71	29.11	19.10
1992	27.10	21.53	51.37
2015	14.72	18.85	66.43

资料来源:世界银行 WDI 数据库。

墨西哥的出口在中等收入阶段经历了显著的增长。从1986年至2015年，它们以年均7.3%的速度增长（以现价美元计算），2015年墨西哥出口额达到3804亿美元，远高于巴西的1901美元，是迄今为止拉丁美洲最大的出口国，占该地区总出口额的42%。可见，在中等收入阶段，墨西哥出口的表现十分突出，主要源于墨西哥强势的出口导向型增长模式，贸易自由化为发展当地技术能力和提高生产力创造了条件，从而带动了墨西哥产业结构变革。

四、墨西哥的需求结构变化

从表2-3来看，1960—2015年，墨西哥消费率变化较小，下中等收入阶段的消费率略低于上中等收入阶段，墨西哥投资率一直不低，且波动较小。1960—2015年，墨西哥货物和服务净出口占GDP比重一直为负，说明出口对经济增长贡献率较低，常年处于贸易逆差地位。出口结构偏向食品原料型使墨西哥在世界贸易体系中长期处于不利地位，贸易逆差累积导致国内财富外流，外债不断增加，乃至国民经济运行受阻。

表2-3　墨西哥1960—2015年需求结构演变　（单位：%）

年份	1960	1970	1980	1990	2000	2010	2015
消费率	84.79	79.177	75.112	77.962	78.072	79.147	79.366
投资率	18.364	22.725	27.157	23.142	22.505	22.056	22.732
净出口占比	-3.154	-1.902	-2.269	-1.104	-0.577	-1.203	-2.098

资料来源：世界银行WDI数据库。

五、墨西哥的劳动力和人力资本

1950—1970年，墨西哥人口增长率居高不下，年增长率接近3.5%。从图2-3可以看出，墨西哥历年出生时预期寿命持续上涨，1974年、1992年和2014年分别为63.4岁、71.6岁和76.7岁。劳动年龄人口占比也呈现递增趋势，1974年、1992年和2015年分别为53.4%、57.9%和65.9%。同时，抚养比持续递减，1974年、1992年和2015年分别为101.2%、72.7%和52.4%，30年内下降近一半左右。从劳动年龄人口占比、抚养比和出生时预期寿命三个指标来看，墨西哥在中等收入阶段的优质、健康的劳动力供给有所增加，具备基于人口红利推动经济发展的优势。

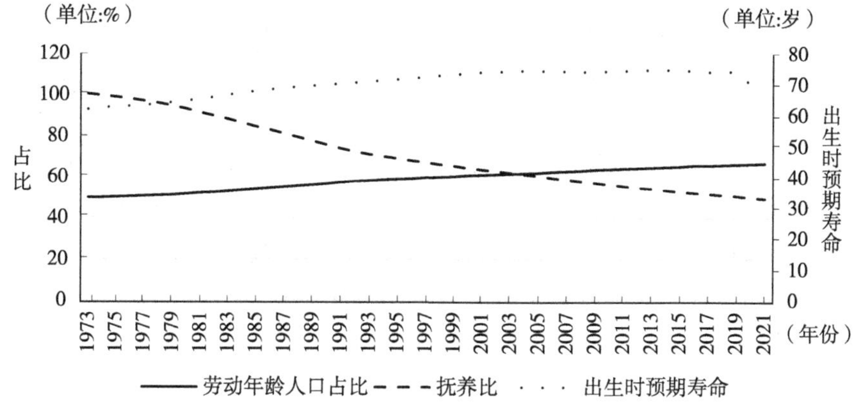

图 2-3 墨西哥 1973—2021 年劳动力主要相关指标演变

资料来源：世界银行 WDI 数据库。

从图 2-4 来看，在中等收入阶段，公共教育开支占 GDP 比例持续攀升，2009—2012 年一直维持在 5%左右。从各级教育入学率变化趋势来看，小学入学率最高，一直维持在 110%左右，中学和高等教育入学率基本呈递增趋势，但增长幅度较小，高等院校的入学率长期较低，但 2016 年之后超过 40%。与成功跨越者如韩国相比，除了小学和中学入学率较低外，高等教育入学率从 1974 年的 7.5%上升到了 2015 年的 29.9%，但仍远低于处在同一发展阶段的韩国。

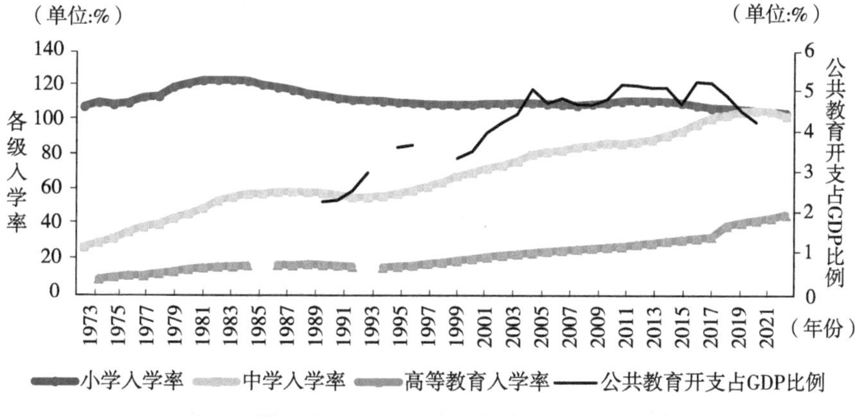

图 2-4 墨西哥 1973—2021 年人力资本主要指标演变

资料来源：世界银行 WDI 数据库。

总体来看，在中等收入阶段，墨西哥人力资本水平虽有所上升但依然发展滞后，但随着经济增长还是拥有更多的高质量、健康的人力资本。但是，墨西哥的人力资本积累存在明显问题，导致生产率低于20世纪80年代水平，原因在于：其一，墨西哥小学教育的平均质量堪忧，特别是在贫穷落后的农村地区，教育资源分布极其不均衡。2003年经合组织国际学生评估计划测试①结果显示：数学成绩以375分排在最后，远低于表现最好的韩国和芬兰（550分），且在参加测试的15岁学生组中，只有1/3的学生具备足够的数学基本技能。其二，中学阶段的流失率非常高，即高中毕业率远远不及预期。2003年，25—34岁人口中只有25%从高中毕业，不仅远低于发达国家的平均水平，甚至低于拉丁美洲其他大国水准。

六、墨西哥的技术创新能力

从可得数据看，1996年研发支出占GDP比例为0.3%，研发人员有206.8人/百万人。2014年研发支出占GDP比例0.5%，18年内仅上升0.2%，2011年研发人员有322.5人/百万人（研发支出和研发人员数据缺失较严重，2011年之后数据不可得），可见在中等收入阶段墨西哥整体的技术创新能力较差。从图2-5来看，墨西哥的居民专利申请量在中等收入阶段有所上升，尤其在2003—2012年，但上升幅度较小，且在总量上与成功跨越“中等收入陷阱”的韩国差距巨大（1996年韩国的居民专利申请量已经接近60000项，而墨西哥即使在2014年也仅为1246项，不及韩国总量的3%）。不过，在中等收入阶段，墨西哥的高科技产品出口额增长速度较快，

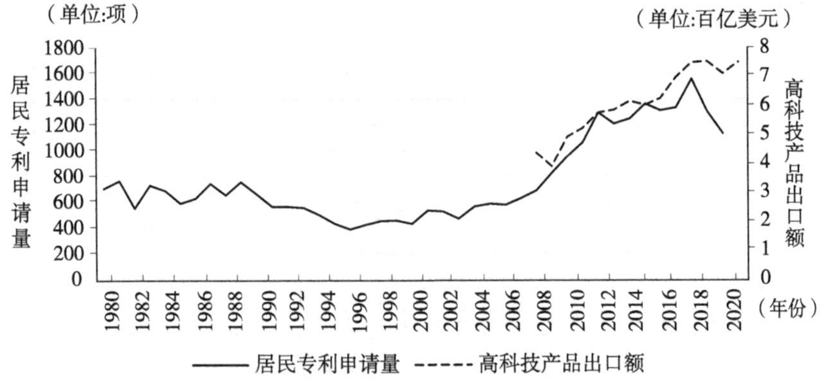

图2-5　墨西哥1980—2020年技术创新产出变化

资料来源：世界银行WDI数据库。

① OECD, *OECD Economic Surveys: Mexico*, Paris: OECD Publishing, 2003.

整体呈持续递增的态势。总的来看，墨西哥总体技术创新能力较差，高度依赖外国公司，且地区间发展不均衡，高科技公司高度集中在少数几个地区，严重阻碍了墨西哥经济发展。

七、墨西哥的全要素生产率

基于驱动经济发展动能转换的视角，墨西哥的经济增长驱动力未能实现从资本驱动向创新驱动的转型，主要表现在其全要素生产率的不断降低，而这恰恰是解释其“中等收入陷阱”的主要原因。艾肯格林等（Eichengreen等，2012）的实证研究发现墨西哥经济减速原因的85%都可以归咎于全要素生产率的停滞。从表2-4来看，全要素生产率一直不高，对经济增长的贡献度较低，且在中等收入阶段呈持续递减趋势，1960—1980年全要素生产率值为2.1，而1980—2002年滑落至-0.8。

表2-4　墨西哥1960—2002年五年期全要素生产率值

年份	1960—2002	1960—1980	1980—2002
全要素生产率值	0.6	2.1	-0.8

资料来源：世界银行WDI数据库。

八、墨西哥的收入分配

20世纪80年代以来，受新自由主义思潮影响，墨西哥过度追求效率轻视分配，导致严重的收入分配不均等、贫富差距扩大化等严重问题。从图2-6来看，虽然整体基尼系数呈下降趋势，但其数值始终处于高位，一直在0.46—0.55间浮动，城市居民收入分配不均的问题尤为显著。收入分配问题使墨西哥出现了贫民窟包围城市的特殊景象，大量“非正规”行业自然而然地聚集在贫民窟，这些“非正规”行业包括流动摊贩、盗版影碟和书籍销售、假冒伪劣产品贩卖、走私等。这些严重的“非正式化”倾向，很大程度上影响了经济复杂度提升和竞争力，导致有效消费不足进而阻碍产业升级，阻碍经济结构转型。

九、墨西哥的城市化率

从图2-7来看，墨西哥中等收入阶段城镇化率持续上升，但存在过度城市化问题。城市化速度超过工业化速度，城市化方式粗放，城市化水平与经济发展水平严重脱节。墨西哥城市化率在1974年、1992年、2015三个年

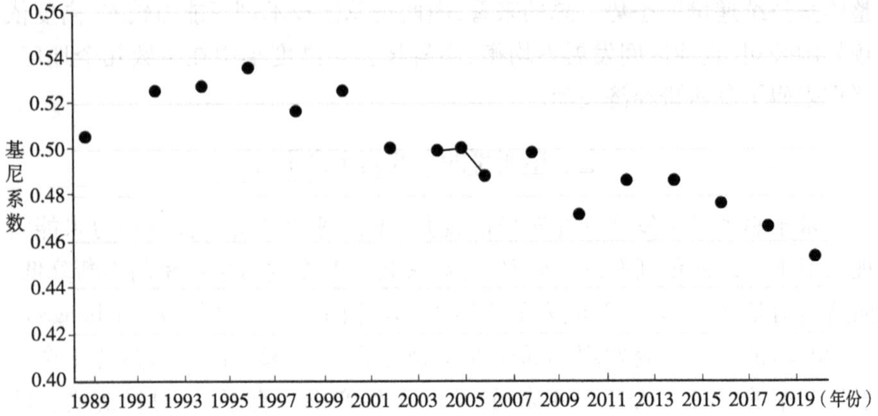

图 2-6 墨西哥 1989—2019 年基尼系数变化

资料来源：世界银行 WDI 数据库。

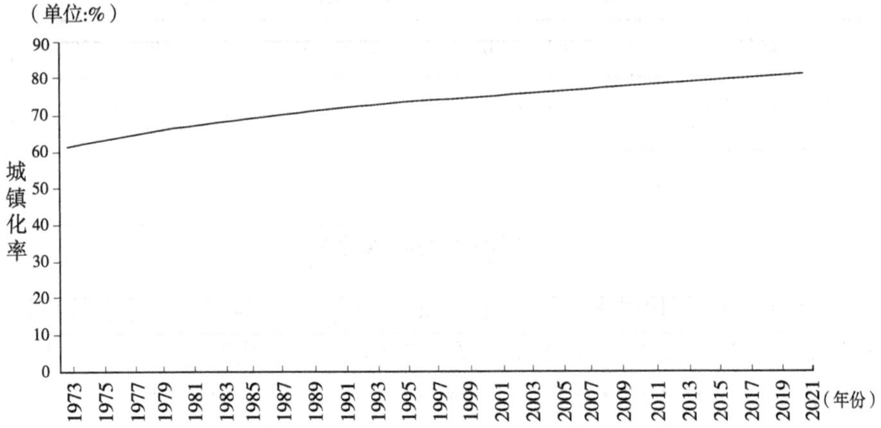

图 2-7 墨西哥 1973—2021 年城镇化率变化

资料来源：世界银行 WDI 数据库。

份分别为 62.0%、72.2%、79.2%，均高于顺利进入高收入阶段的韩国。但缺乏效率的城市化方式、工业化速度追赶不上城市化产生一系列社会问题，严重危害经济发展。由于工业化水平低于城市化水平，城市化缺乏产业支撑，就业机会无法满足就业需求，主要就业集中在低附加值的第三产业和“非正规”行业，隐性失业突出，生产效率低下。此外，城市人口增长过快，基础设施和公共服务跟不上大量涌入的人口需求，城市贫民窟问题严重，造成治安恶化、污染严重等一系列问题。

此外，墨西哥地区间经济发展不均衡问题较为严重，中部、南部和北部地区城市化水平千差万别。其中，南部地区的产业，根植于殖民之前就存在的农业，但没有矿藏。北部地区的文明起源于原始采集和农业，北部地区有丰富的矿藏，但是之前西班牙人在此殖民时，重点通过龙舌兰等经济作物的出口发展经济，对世界市场的依赖度非常高。中部地区较为落后，主要依靠种植玉米和小麦，仍停留在大庄园经济。

综合以上分析，墨西哥在中等收入阶段的多个经济指标和社会指标均反映了其经济发展过程中存在的主要问题，如经济结构转型缓慢、产业结构不合理、科技创新和人力资源发展滞后、过度城市化等，同时国内贫富差距较大、基础设施建设落后、公共服务供给不足，这些问题相互交织最终使墨西哥长期陷于"中等收入陷阱"的困境。

第二节　外部因素和宏观政策能解释墨西哥陷入"中等收入陷阱"吗？

在进入中等收入时期之前，在各方努力下，墨西哥初步建立了较为完备的工业体系，且于 1974 年开始摆脱贫困陷阱进入下中等收入国家行列，1992 年跨入上中等收入发展阶段。这种转变期间放弃进口替代战略，接纳新自由主义战略，但一般认为其属于典型的"中等收入陷阱"国家。

有些分析强调其经济发展战略或思想对政府作用的不利影响。比如，墨西哥的保护主义不仅受依附理论的影响，也受美国政府所提供的实施关税、税收改革的计划和程序方面的建议影响，而这些建议的目的在于引导美国私人投资进入墨西哥目标行业。不过，中等收入时期多次受到重大外部冲击，其应对危机和致力于发展的宏观政策是否妥当是相关解释的主要检讨点。

一些分析强调外部因素的冲击持久性及对墨西哥经济增长的不利影响。西方学者认为，低等收入和中等收入时期政府过度干预市场，对外部冲击的应对失策导致债务危机和宏观经济危机，是墨西哥跌入"中等收入陷阱"的主要诱因。比如 1982 年的国际债务危机，表现为对外偿付急剧增加，新的外部融资急剧减少。此外，由于美国加息导致其经济扩张步伐收缩，进口需求减少，对墨西哥经济的不利影响加剧。1986 年，石油价格冲击极大地恶化了墨西哥的贸易条件，切断了墨西哥大部分外汇和财政收入，导致一次增长坍塌。诸如这类外部冲击导致墨西哥的国际收支和财政收支严重失衡，数次对国内通货膨胀和经济增长速度产生严重损害。这里要说明的是，虽然外部冲击导致墨西哥走上了漫长的国内宏观政策改革之路，但是其在稳定通货膨胀方面取得了一定成效，对外部冲击的应对之策已得到一定改善。1982年债务危机后，何塞·洛佩斯·波蒂略政府采用进口和外汇管制以及私人银行系统国有化措施以平复经济；1982年12月上任的米格尔·德拉马德里政府采取了传统的以物价稳定为首要目标的战略，迅速削减财政赤字，恢复价格和国际收支稳定。1987年，政府认识到其降低通货膨胀的尝试失败，改为启动经济团结公约（The Economic Solidarity Pact，The Pacto）的稳定方法。一般认为，这些做法较为成功。

另一些分析认为，上中等收入时期墨西哥过多采取主流经济学推荐做法，构建了过度依赖市场的金融制度框架，出现了“以市场为导向的国际收支危机”。20世纪90年代后，私人部门的储蓄和投资差异导致货币的实际价值上涨，紧随而来的是国内利率的迅速上涨，吸引了大量的外资，使本国信贷扩张，形成了消费繁荣和进口繁荣的景象。然而由于墨西哥资本项目管制松懈，大量外资涌入导致国内不良贷款几乎无限制扩张，不久银行面临偿付危机使资本外流，加之缺乏有效实施的监管系统、过于宽松的货币政策等因素集中造成了消费信贷的过度扩展。一些学者认为（Lustig，2001）①，墨西哥政府已经较好抵御宏观经济危机，经受能源价格和食品价格飙升、金融市场巨大波动，尤其是2008年国际金融危机的严峻考验，其宏观经济状态已经相对稳定。货币危机之后，拉美国家达成一致意见，即“要么实行浮动汇率制度放弃货币政策，要么实行固定汇率保住货币政策”。墨西哥政府选择了浮动汇率政策和通胀目标制度，墨西哥比索汇率贬值使本国获得了丰富的外汇收入，支付了公共债务的外国利息，宏观调控政策对财政净收入产生了积极影响，导致财政平衡的积极转变。

我们认为，尽管稳定的宏观经济框架作用重要，但无法抵消进口替代战略（90年代之前）和新自由主义战略（90年代之后）的缺陷。比如，1976年墨西哥经济危机的主要原因之一是其内向型经济发展模式导致的经济效率低下。内向型经济发展的逻辑是：一个国家如果拥有更多的战略性部门（能源、钢铁等），并对价格制定机制进行完善的监管，控制更大的投资份额，就可能形成稳定的国内经济良性循环。然而，该观点在墨西哥（乃至整个中等收入国家群体）缺乏有力的证据支撑。封闭状态下要达到国内经济良性循环几乎是不可能的，因为难以摆脱来自国内外既得利益部门的政治压力。贸易保护主义对经济的积极作用即在将进入中等收入时就已消逝，

① Lustig, N.,“Life is not Easy: Mexico's Quest for Stability and Growth”, *Journal of Economic Perspective*, Vol. 15, No. 1, 2001.

低效率的工业缺乏国际竞争力，出现贸易逆差，导致本国经济衰退。1982年墨西哥爆发的债务危机正是在第二次石油危机之后的石油价格暴跌、外债利息增加和初级产品降价等多重冲击下发生的，由于国际收支平衡约束使进口大幅削减，进口替代战略难以为继，导致债务危机演变成日益严重的经济危机，人均收入经历了长达十多年的停滞。至于新自由主义战略的缺陷同样明显。比如，新自由主义战略下外资大量涌入，对国外资本和技术的依赖程度不断提高，国内附加值缺乏提升，国际收支平衡约束同样难以满足，又遭遇墨西哥1994—1995年的金融危机，并再度重创墨西哥经济。

需要注意的还有，并非所有的外部因素都是不利的。例如20世纪70年代到80年代初，墨西哥湾发现了大量石油，出口石油使墨西哥经济迅速增长，但由于其经济体系脆弱、产业结构转型困难等，有利的外部因素并没有促成解决诸如加速的通货膨胀、收入差距扩大、失业增加等弊病。再比如，理论上看，建立北美自由贸易区符合墨西哥利益，能促进墨西哥与加拿大和美国的贸易投资自由化便利化，促使本国企业和外国企业共同投资于墨西哥的可贸易商品生产，激发本国作为对美国出口平台的潜力。但实际上以美国为主的外国直接投资并没有对结构升级产生持久的预期活力。

总之，进入中等收入阶段后墨西哥经济增长之所以表现较差不能简单归结为外部因素和宏观政策，更与生产率滞后导致缺乏竞争力有关。墨西哥虽然有丰富的劳动力资源，但是制造业的生产率却较为低下。实证研究表明，进入中等收入初期的1960—1980年整个制造业全要素生产率增长速度放缓，每年约为1%，变动趋势分布不均，尤其是小型企业生产率增长缓慢，虽然大型企业生产率增长趋势表现与其他发展中国家和发达国家相比并不逊色。以上经济特征表明制造业扩张对经济增长的贡献主要通过工业增长重新配置效应，而非通过制造业体系的全要素生产率提高（尤其被低效率的小型企业拖累）来实现，这印证了墨西哥是粗放型经济增长模式的代表。以加工出口为主导的经济发展模式难以提升国内附加值，其不健康发展反而带来经济和社会问题。在政策不断进行宏观调控改进之后，墨西哥依然面临着一系列突出的问题，结构调整依然是其任重道远的重要任务（Kehoe和Ruhl，2010）①。尽管墨西哥生产率相对于世界其他国家的差距与财政政策调整、信贷收缩、实际汇率提高等因素（与巴西类似）有关，但直

① Kehoe, T. J., Ruhl, K. J., "Why Have Economic Reforms in Mexico Not Generated Growth?" *Journal of Economic Literature*, Vol. 48, No. 4, 2010.

接原因在于投资和资本积累下降等能力积累不足。

墨西哥在中等收入阶段的经历表明，外部因素在使其发展环境的不稳定中作用显著，有时造成增长崩溃但有时也有积极影响。尽管这些因素及其变动趋势与一些发展中国家有很大共同之处（比如韩国），墨西哥却成为陷入“中等收入陷阱”的典型。内部因素、特殊的外部因素（临近美国的不利影响）、一般的外部因素相互交织共同导致了墨西哥经济增长和社会发展的恶性循环，不利的结构异质性持续增加，产业结构低端化和经济复杂度不能提升对墨西哥经济转型升级的制约是解释墨西哥陷入“中等收入陷阱”的深层因素。

第三节　墨西哥经济复杂度的测度

一、墨西哥经济复杂度的核心指标测度及分析①

（一）墨西哥经济复杂度

从图 2-8 来看，墨西哥中等收入阶段 1978—1997 年经济复杂度和 LN_{GDPPER}基本呈递增趋势，二者演进方向基本一致；但是相较于下中等收入阶段，经济复杂度及 LN_{GDPPER}在上中等收入阶段内的增幅有所下滑。

（二）墨西哥六类产业显示性比较优势

从图 2-9 来看，墨西哥在 1974—1992 年的下中等收入阶段：产业 1 的显示性比较优势在 0.62—2.56 变化且基本呈现下降趋势，比较优势由很强逐渐变为较弱，产业竞争力在这个时段较强；产业 2 的显示性比较优势在 0.23—5.61 变化，在 1974—1987 年逐年递增并于 1987 年到达顶峰之后一直处于下降趋势，产业竞争力较强；产业 3 的显示性比较优势在 0.30—1.06 变化，整体来说，在 1974—1982 年处于下降状态，在 1982 年迎来拐点，

① 本书所有案例国家的经济复杂度数据根据豪斯曼研究团队提供的数据测算，显示性比较优势和密度数据来源于联合国商品贸易数据库 SITCRev. 1 分类标准，根据产品的复杂度将所有产品分为六大类：产品 1 食品和除燃料外非食用未加工材料、产品 2 原料与燃料、产品 3 未列名的化学及有关产品、产品 4 主要按材料分类的制成品、产品 5 机械和运动设备、产品 6 杂项制成品和未列入其他分类的货物及交易。第 1、2 类产品属于原料类产品、复杂度一般较低，第 4、6 类产品属于劳动密集型产品、复杂度一般处于中低水平，第 3、5 类产品属于资本与技术密集型产品、复杂度一般处于中高水平。依据一般标准，产业升级竞争力很强、较强、一般及较弱对应的显示性比较优势值范围分别为[2.5，+∞）、[1.25，2.5）、[0.8，1.25）和[0，0.8）。产业升级竞争力很强、较强、一般及较弱对应的产品密度值范围分别为[0.5，+∞）、[0.2，0.5）、[0.1，0.2）和[0，0.1）。

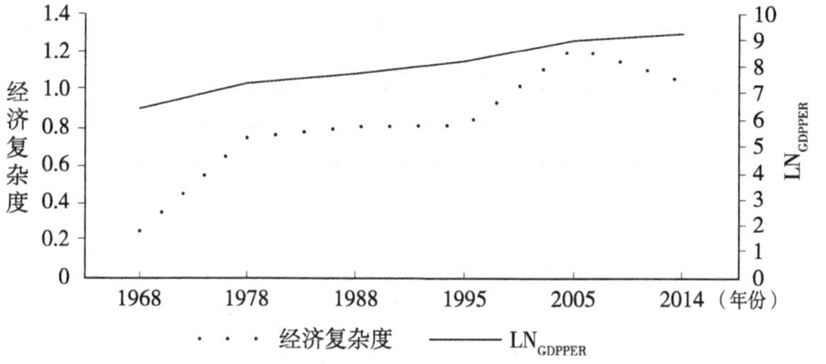

图 2-8　墨西哥 1968—2014 年经济复杂度及 LN_{GDPPER} 演进

资料来源：联合国商品贸易数据库。

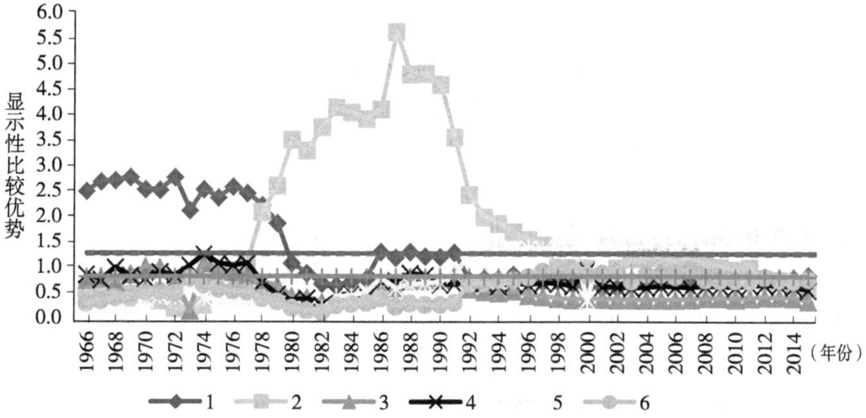

图 2-9　墨西哥 1966—2014 年六类产业显示性比较优势

资料来源：联合国商品贸易数据库。

随后一直上升至 1991 年，在 1992 年又有所下滑，总的来说，产业 3 的整体竞争力较弱；产业 4 的显示性比较优势在 0. 23—1. 23 浮动，以 1982 年为拐点呈现先递减后递增的趋势，产业竞争力较弱；产业 5 的显示性比较优势在 0. 14—1. 22 变化，整体呈递增态势，竞争力由较弱逐渐向较强演进；产业 6 的显示性比较优势在 0. 09—0. 61 浮动，竞争力较弱。由此可见，墨西哥在低复杂度的产业 1、2 的竞争力较强，但在迈向上中等收入阶段均有下降的态势。中低复杂度的产业 4、6 的竞争力较弱，中高复杂度的产业 3 的竞争力较弱、产业 5 的竞争力则有所提升。整体来看，墨西哥的产业结构不够合理，产业升级能力较差，产业结构转型升级较为困难。

墨西哥在1993年至2014年的上中等收入阶段：产业1的显示性比较优势变化不大，每年基本都在0.8以下，竞争力较弱；产业2的显示性比较优势先是不断下降后又上升然后又呈下降趋势，竞争力不断下降，由较强变为较弱；产业3的显示性比较优势一直低于0.8且有缓慢下降的趋势，产业竞争力较弱；产业4的显示性比较优势波动幅度较小，产业竞争力较弱；产业5的显示性比较优势呈现缓慢上升趋势，始终高于1.25，产业竞争力较强；产业6的显示性比较优势始终在0.8左右，产业竞争力一般。整体来看，墨西哥在机械和运动设备产业方面具有较强的比较优势，其他产业竞争力均较弱。产业结构有一定优化，低复杂度的产业1、2的竞争力变弱，中低复杂度的产业4、6的竞争力依然偏弱，高复杂度的产业3的竞争力进一步下降，而产业5的竞争力有所上升。在这一阶段，墨西哥产业结构略有改善，但是依然不够合理，升级能力不强。

（三）墨西哥产品空间的产业态势

墨西哥在1974—1992年的下中等收入阶段：无竞争力显著提升的转型产业，但产业5的发展势头接近于转型产业。未升级产业为产业3、产业4、产业6，保持持续优势产业为产业2，升级失势产业为产业1。墨西哥在1994年至2014年的上中等收入阶段：转型产业为产业5，未升级产业为产业1、3、4、6，无保持持续优势产业，升级失势产业为产业2。在中等收入阶段，墨西哥出现了复杂度较高的转型产业5，原优势产业1、2的优势均不复存在。除了产业5外其他产业均未实现升级。

（四）墨西哥六类产业密度

密度是衡量产业竞争力及升级潜力的一个重要指标。从图2-10来看，墨西哥在1974—1992年的下中等收入阶段：产业1的密度在0.12—0.49变化，呈现先下降后缓慢爬升的态势，多数年份在0.2附近波动，产业竞争力不是很强；产业2的密度在0.11—0.54变化，以1981年为拐点呈现先下降后上升的态势，产业竞争力由不强逐渐演变为较强；产业3的密度在0.09—0.47变化，整体呈现先下降后上升的态势，多数年份密度大于0.2，产业竞争力较强；产业4的密度在0.06—0.45变化，整体呈现先下降后上升的态势，竞争力由一般逐渐演变为较强；产业5的密度在0.05—0.37变化，1976年到1992年呈现缓慢上升态势，产业竞争力由一般变为较强；产业6的密度在0.07—0.58，先呈现下降态势，后呈现上升态势，产业竞争力较强。由此可见，墨西哥低复杂度的产业1、2还有一定的升级潜力。中低复杂度的产业4、6的升级潜力较强，高复杂度的产业3、5的升级潜力很强。

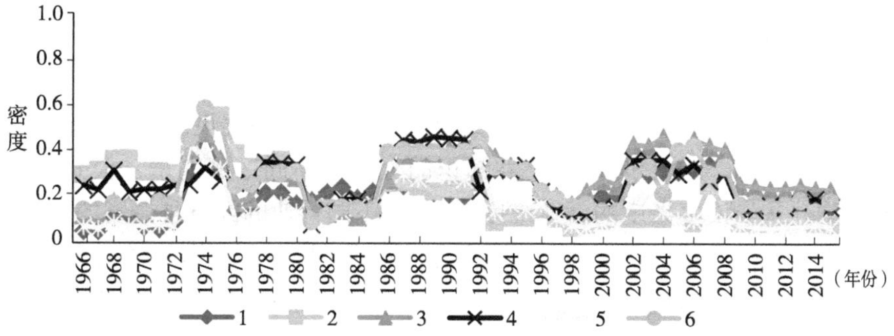

图 2-10　墨西哥 1966—2014 年六类产业密度

资料来源:联合国商品贸易数据库。

1992 年至 2014 年的上中等收入阶段:产业 1 的密度在 0. 1—0. 34 变化,且 2009 年以来一直在 0. 2 以下,竞争力一般;产业 2 的密度变化则较为平稳,多数年份在 0. 1 附近波动,竞争力下降,竞争力较弱;产业 3 的密度大多年份都在 0. 2 以上,竞争力较强;产业 4 的密度则大致呈 W 型变化,且大多数时间稳定在 0. 1—0. 2,竞争力一般;产业 5 的密度则一直在 0. 1 上下波动,近些年来更是长期低于 0. 1,竞争力较差;产业 6 的密度呈现先下降后上升再下降的态势,2005 年以来稳定在 0. 1—0. 2,竞争力一般。相较于下中等收入阶段,产业 2、4、5、6 的竞争力均有下滑,产业 1 的竞争力变化不大,竞争力一般。产业 3 的竞争力有小幅上升,竞争力较强。

二、国内经济复杂度锁定对增长不平衡的影响

如前所述,作为一个大国,区域经济差异显著、增长不平衡导致社会不稳定是墨西哥“中等收入陷阱”的一个重要症结。一些研究发现,墨西哥北部、中部和南部地区的经济增长有较大差异,其中经济复杂度变化的因果效应关系值得重视。查韦斯等(Chávez 等,2017)①根据墨西哥国家统计地理研究所(The Mexican National Institute of Statistics and Geography, INEG)数据,采用经济复杂度指标测算后发现,各州的异质经济构成是解释各地区增长模式差异的重要原因,要促进落后地区的发展,可建立经济特区(Special Economic Zone, SEZ),通过刺激落后地区的特定生产活动和提升复杂度,从

① Chávez, J. C., Mosqueda, M. T., Gómez-Zaldívar, M., “Economic Complexity and Regional Growth Performance: Evidence from the Mexican Economy”, *Review of Regional Studies*, Vol.47, No.2, 2017.

而促进其经济增长。

查韦斯使用墨西哥各州的经济复杂度信息,发现各州在其专业化分工上有所不同,从而在生产结构方面存在显著的差异。经济复杂度存在明显的区域差异格局,即北部各州较为复杂,中部地区复杂程度中等,南部地区复杂程度最低。进一步地,生产性知识的分布对不同区域的增长模式有重要影响。从经济复杂度的就业维度看,基于不同行业的经济复杂度的数据,一些文献发现经济复杂度最高的行业是金融业、保险业、公司和企业管理以及制造业,但这些行业的地区分布不均。比如,金融和保险行业集中在首都墨西哥城,仅雇佣了一小部分人(占比 2.4%)。制造业是大多数北部州参与度非常高的行业,其就业人数约占全国就业总人数的 1/4。一方面,经济增长较快地区的支柱产业是依赖高水平技术和熟练劳动力的新兴产业,经济活动更具活力、创新性强且附加值高。另一方面,经济停滞不前的地区往往以农业、自然资源开发和劳动密集型产品为主。根据查韦斯的计量经济学分析,经济复杂度和非产油州的人均 GDP 密切相关。二者的相关性反映在 R^2 上,经济复杂度对人均 GDP(尤其是剔除产油州后)的解释程度很大。总之,从事经济复杂度低活动的地区,人均 GDP 平均水平较低,反之,其人均 GDP 平均水平较高。

三、墨西哥经济复杂度的演进乏力的根源

尽管墨西哥经济复杂度对于增长有重要影响,但是其演进乏力、缓慢,而这背后的根源内外错综,政府作用发挥不力,尤其国内制度改革的滞后、发展战略调整不力等作为拖累拉美复杂度滞后乃至陷入"中等收入陷阱"的典型,尤其值得关注。

第一,实施初级产品出口后缺乏产业间升级,进口替代战略能力积累有所成效后,未根据现实情况坚决推进国内体制改革,促进能力与效率的有效衔接。

20 世纪 30 年代到 70 年代中期,在经历初级资源产品和农产品出口阶段后,拉美国家普遍采取了进口替代战略,墨西哥也不例外,但其转变与阿根廷等有一定差异。尽管全球经济危机使初级产品的价格骤降导致其他拉美国家的贸易逆差较大,但墨西哥受初级资源产品的不利影响相对较小,石油和其他丰富的矿藏出口反而促成了该时期成为其发展的黄金时代。① 石

① [英]莱斯利·贝瑟尔:《剑桥拉丁美洲史》(第一卷),经济管理出版社 1995 年版,第 186 页。

油出口创汇形成的收入本就是一笔“意外横财”，但石油租金没有转变为发展能力的提升，给日后墨西哥经济发展造成的困境，恰恰印证了“资源依赖”的存在。墨西哥虽不是“荷兰病”的典型，但面临外部冲击时出现汇率高估、资本外逃、银行倒闭等，致使其经济陷入停滞。

在进口替代战略大行其道之时，墨西哥严格限制外国投资，实行高关税保护等产业政策，大力发展国内工业。一方面，举借大量外债发展本国加工业，尤其是后来美墨边境地区实行的出口贸易厂区政策成为出口繁荣背后的驱动力[20世纪60年代中期，建立了边境工业化计划(1965年)，这是对北部美国边境地区出口加工厂的一种特殊的自由贸易和投资制度。该计划允许墨西哥企业免费进口原材料，前提是其全部产品被再出口，而美国只对墨西哥的附加值征收进口关税]，但这类加工贸易的国内附加值长期不高。另一方面，进入中等收入阶段时墨西哥经济快速增长并实现经济起飞，且快速增长主要由制造业所带动，并积累了一些能力。

1950—1980年，墨西哥制造业年均增长7%以上，高于同期GDP 6%的增速①，结构变化对墨西哥制造业生产率的贡献由小变大，结构转型的成效开始有所体现。如表2-5所示，在进口替代的第一个时期(1935—1950年)，墨西哥工业生产率增长主要由传统部门(食品、饮料、纺织品和服装)驱动。这一时期农业生产增长率非常突出，高达阿根廷和智利的两倍，仅次于中美洲的哥斯达黎加。农业部门对整体发展作出了重大贡献，尤其是提高经济产生外汇的能力。但是，资本密集度相对较高的分支部门(如机械或电器)无法依靠当时政策完成产业内升级，尤其是生产率增长主要由行业内效应(91.2%)贡献，劳动力再分配的比例与静态转移效应的正影响非常微弱(0.4%)，虽然资源动态转移效应对生产率增长的贡献高于静态转移效应，为8.4%。在第二个时期(1950—1975年，即将进入中等收入阶段)，墨西哥的劳动生产率增长持续加快(8.3%)。在此期间，其他工业部门如化学品和金属制品实现了生产率增长(分别为1.9%和1.1%)。静态转移对劳动力再分配的贡献率高于前期，但从数值上看仍然较小。虽然产业结构性红利效应贡献率增加到1.3%，动态效应贡献率上升至13%，但生产率的增长主要还是由行业内效应(85.7%)来解释。

① 王青：《墨西哥应对“中等收入陷阱”的主要政策及启示》，《重庆理工大学学报(社会科学)》2012年第10期。

表 2-5　墨西哥 1935—1975 年出口产品结构

产业	1935—1950 年				1950—1975 年			
	行业内	静态	动态	总计	行业内	静态	动态	总计
食品、饮料和烟草	1. 745	0. 025	0. 145	1. 1915	1. 756	-0. 037	-0. 221	1. 498
纺织品、纺织产品和服装	1. 295	-0. 062	-0. 244	0. 998	1. 587	-0. 096	-0. 864	0. 627
皮革、皮革制品和鞋类	0. 228	-0. 028	-0. 170	0. 030	0. 209	0. 010	0. 245	0. 465
木材、木材制品和软木	0. 242	0. 001	0. 008	0. 251	0. 236	-0. 011	-0. 067	0. 159
纸浆、造纸、印刷和出版	0. 277	-0. 007	-0. 033	0. 237	0. 381	0. 010	0. 100	0. 491
化学品、化学制品和橡胶	0. 416	0. 041	0. 316	0. 772	0. 881	0. 110	0. 876	1. 867
非金属矿物制品	0. 233	0. 005	0. 021	0. 259	0. 401	0. 004	0. 039	0. 445
基本金属和预制金属	1. 296	0. 016	0. 235	1. 547	1. 029	0. 005	0. 024	1. 058
电机、电气设备和预制仪表	0. 057	0. 012	0. 041	0. 109	0. 122	0. 050	0. 360	0. 532
机械和运输设备	0. 053	0. 026	0. 234	0. 313	0. 434	0. 055	0. 560	1. 049
其他制造业	0. 054	-0. 004	-0. 009	0. 041	0. 086	0. 003	0. 034	0. 124
生产率增长总和	5. 894	0. 025	0. 543	6. 461	7. 123	0. 104	1. 087	8. 314
对全要素生产率的贡献	91. 2%	0. 4%	8. 4%	100%	85. 7%	1. 3%	13. 1%	100%

资料来源：Üngör, M.,“Productivity Growth and Labor Reallocation: Latin America”, *Review of Economic Dynamics*, Vol. 24, 2017。

总之，进入中等收入阶段时，没有建立提升复杂度的一体化产品空间，高复杂度行业与低复杂度行业缺乏关联，没有使全要素生产率增长（Üngör, 2017）①，根据本章第三节第一目的产品空间特征，这实际上既是行业间结

① Üngör, M.,“Productivity Growth and Labor Reallocation: Latin America”, *Review of Economic Dynamics*, Vol. 24, 2017.

构变迁不足、产品空间稀疏或者产业间升级缺乏的一个表现，当然也与进口替代时期激励结构的缺陷有关。

图 2-11 进一步显示了墨西哥在该时期的制造业劳动生产率总增长的份额转移分解。产业间升级对于提高整体劳动生产率虽有一定的作用但相对较小，结构转型（产业之间转移的总和）在 1935—1950 年的贡献率为 8.8%，1950—1975 年上升为 14.3%，表明劳动力向高生产率行业的转移出现了虽然积极但仍然微小的增长，这固然在一定程度上促进了整体劳动生产率的快速增长，特别是在第二个阶段即 1950—1975 年有所增长，但与韩国等东亚同类经济体相比仍显不足。

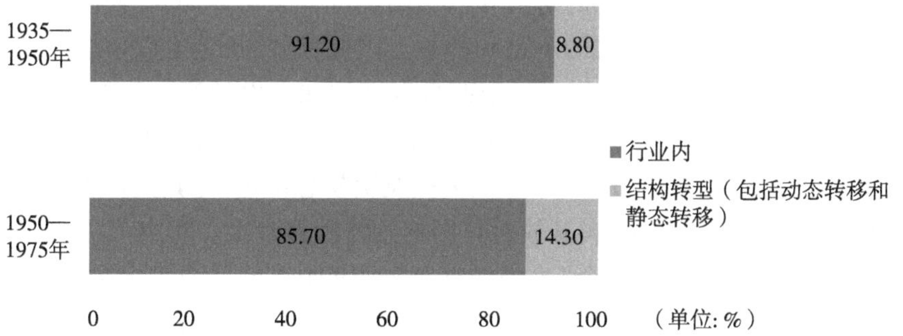

图 2-11　墨西哥 1935—1975 年制造业劳动生产率总增长的份额转移分解

资料来源：Üngör(2017)。

塞尔松和罗德里克（Celâsun 和 Rodrik，1989）①认为非传统的政策，如幼稚工业保护，可以通过较小的制度变迁启动和加速经济增长，因此，基本上所有的工业化国家在经济发展初级阶段都实行了一段时间的进口替代战略，给予本国产业不受外国产业挤压的“健康”发展的时间窗口。虽然进口替代战略时期墨西哥个别行业的竞争力有所提升②，但长期严格实施进口替代战略、缺乏产业间升级和结构变迁停滞却是导致经济发展缺乏动能的重要原因。政府没有进行有长期战略视野的体制机制改革，以维持经济系统稳定和生产率可持续增长，并把能力转换为绩效。在进口替代时期保护政策之下，墨西哥工业产品缺乏国际竞争力，出口不断下降，进口设备和中

① Celâsun，M.，Rodrik，D.，“Trade Regime and an Anatomy of Export Performance”，in Rodrik，D.（ed.），*Developing Country Debt and Economic Performance*，*Volume* 3：*Country Studies – Indonesia*，*Korea*，*Philippines*，Turkey：University of Chicago Press，1989.

② 比如有文献认为，贸易保护是促进许多部门进口替代和增长的有效手段，而一些行业，如化肥、钢铁等，在国内市场大力扩张的带动下，边际成本不断下降，甚至取得了国际竞争力。

间产品持续增加，经济体系日益脆弱，缺乏向高附加值产品攀升的能力，造成经常项目赤字不断攀升。因此墨西哥开始大规模举债，加剧了外部危机的不利冲击。墨西哥在实施进口替代战略时期实现了一段高速发展，但是由于没有及时地调整战略导致经济在20世纪70年代末迅速下滑，此后陷入了“失去的十年”之中。

20世纪80年代后，全球各国的主旋律是开放和自由，“亚洲四小龙”的崛起深刻改变了国际分工格局，进一步促进了经济全球化。事实上，墨西哥并非长期被排除在世界发展潮流之外，且其后来也有更好进入国际分工网络的一些机会，但其发展战略调整的难度和复杂性很大。1982年的债务危机将墨西哥数十年来积累的财富和以往的经济繁荣化为烟云，使政府深刻意识到本国现存发展模式的不足和弊端。因此，墨西哥走上以市场经济为基础的经济改革道路。90年代，墨西哥以开放和自由的姿态重新入局，启动了经济改革，制定了一系列的改革措施①。墨西哥先后同多个国家和地区签署了自贸协定，于1986年加入关税及贸易总协定，尤其是加入北美自由贸易协定。但整体来看，开放对其影响始终利弊参半。90年代初经济增长有所恢复，但又出现一个“失去的五年”。1994年的墨西哥金融危机，再度冲击了刚刚恢复的经济。此后2008年国际金融危机等都对墨西哥经济发展造成了严重影响。

除了一些例外，改革后的经济转型在一定程度上延续了制造业附加值构成的以往趋势。几乎没有证据表明制造业将进行大规模重组。这与墨西哥过去的进口替代经历一致，工业内部专业化和贸易进程一定程度进入先进阶段，特别是资本密集型、大规模制造业的出口繁荣，但是，贸易自由化所带来的经典分配效率收益却很微弱。自1994年以来，尽管产出增长率要低一些（约为1970—1981年的一半），但以往的增长趋势恢复，由于产出增加更多是由生产率的增长提升带动，制造业的开放确实对劳动生产率增长率产生了积极影响。然而，贸易自由化的影响又被一些私有化和实际汇率反复升值的影响（由于进口竞争和出口汇率升值所产生的竞争压力）所抵消，因此制造业生产率的提高未能加速整个经济的增长。

---

① 萨利纳斯上台后，在经济决策思想上发生了根本性的转变，在经济领域大刀阔斧地进行改革，把“进口替代”战略所留下的“遗产”最终送进了历史陈列室。萨利纳斯政府采取的措施尽管是德拉马德里时期开始的经济改革的延续，但却是“出口导向”正式确立为国家对外战略的标志。经过改革，墨西哥经济失衡的格局得到改善，产业结构得到一定程度优化，经济增长率和人均收入开始回升（1982—1995年人均GDP年均增幅为1.89%，而1996—2015年则回升到2.89%）。

第二，过度依赖外资，缺乏公平竞争的监管框架，国内市场资源配置效率低，大企业仅在国内循环中进行能力积累，缺乏外部市场的竞争检验。

制度变迁过程中的路径依赖是墨西哥难以成功实施发展战略的重要原因。进口替代战略时期形成的经济既得利益组织根深蒂固，由于国内改革波及范围甚广，改革举步维艰。回溯历史不得不说，从贸易方面开启改革一般可以促进墨西哥走出危机，但既得利益组织根深蒂固，实现产业结构转型和价值链升级、创新力不断增强、融入国际分工体系的中高端道路漫长，中等收入阶段仍然是墨西哥艰难且漫长的增长阶段。①

虽然墨西哥政府在实施进口替代战略阶段对市场干预过多，试图以内循环为主，通过扩张内部需求弥补出口下降，并提供持续的经济增长动力，但是为了加快工业化进程总体上仍然严重依赖外资，尤其是美资。“20 世纪 60 年代发生了大量的工业非民族化，这一趋势到 20 世纪 70 年代初正方兴未艾。”②此后，出现新自由主义和以比较优势为基础的技术官僚合理化，使民族资本取代外国资本的“新卡德纳斯主义”在墨西哥国内的影响短暂，严重依赖外资仍是基本特征。

相较外资的不利约束，更严重的问题是政府不对称的监管政策。各地区之间的发展水平高低不齐，在推动市场化改革后公共服务供给匮乏，导致墨西哥基础设施建设较为滞后。一些地方政府片面竞争投资，虽然提供了不对称的监管框架吸引投资且确有必要③，但是在建设教育及培训的基础设施中投资不足，国内市场资源配置效率较低。随着进口替代战略的推进，其所伴随的寻租特征导致市场上出现了一些垄断企业，主要集中在银行、采矿和零售等行业，不对称的政府规制更是加剧了垄断企业的地位，甚至保护了垄断企业。

---

① 墨西哥学者曾认为，“中等收入陷阱”是一个相对模糊的概念，缺乏有说服力的理论框架支撑。他们更倾向将其视为从中等收入向高收入的过渡阶段。墨西哥学者试图提供另一种替代性解释，认为发展中国家工业化可以划分为简单增长和艰难增长两个阶段。在工业化前期，低成本劳动力从农业转向工商业，凭借低要素价格和资源即可推动经济增长，即为简单增长阶段。但随着要素和资源供求格局发生变化，原有优势不再，而新的优势尚未形成，于是就会出现艰难增长，即“中等收入陷阱”。在简单增长阶段就应同时实现三个目标：保障经济快速增长、在经济发展过程中逐步完善制度框架、努力解决不平等和收入差距等问题。墨西哥仅仅实现了第一个目标，最终的结果既不能和低成本国家竞争，也不能和高收入国家竞争。

② 韩琦：《跨国公司与墨西哥的经济发展》，人民出版社 2011 年版。

③ 据世界银行公布的一份报告称，墨西哥在《2012 年全球营商环境》报告中排名第 35 位，在拉美地区名列前茅。在墨西哥注册一家公司通常不超过 10 天，而在巴西、阿根廷等国，则需一个月甚至更长。

墨西哥制造业的二元结构早已形成并持续存在。少数非常大的企业，其在国内市场的寡头垄断力量、与跨国公司联系以及获得外资的机会，帮助它们成功地成为出口市场的相关参与者，与之共存的是大量中小型企业，无法获得银行信贷和技术，难以在外部竞争对手的强大压力下生存。尽管在这一期间始终存在一些分散化私企的整合，但由于政府不对称的监管政策，这些整合后的企业仍然很难与垄断企业抗衡并持续经营。墨西哥一些垄断企业拥有融资特权，但其投资项目往往是低效率甚至负效率的①，实际上阻碍了生产力发展和经济复杂度提升。比如，墨西哥股市在中等收入阶段虽然发展了复杂的融资机制，但企业的准入受到高度限制，长期存在不能为新企业融资的问题。一些中小型企业不仅不能把股市作为融资来源，甚至商业银行也未能提供信贷机会，主要依赖的是家族储蓄。由此推断，中等收入阶段要素市场制度建设还没有达到破坏性创造所需要的门槛值。

从 20 世纪 80 年代初的石油出口经济体开始，墨西哥在短短几年内就成为世界制造业市场的相关参与者，其出口结构开始发生变化。从 1985 年贸易自由化开始到 1994 年北美自由贸易协定生效，墨西哥在世界制造业出口中份额增长最大的国家中排名世界第五。值得注意的是，这种国际一体化模式与中美洲和加勒比地区的其他国家相似。南美国家是初级商品和自然资源密集型制造业的地理多元化出口国，在推动出口的同时，墨西哥向国外销售的制成品的技术也越来越成熟。这一繁荣背后的重要因素是已经在墨西哥建立起来的外国投资，以及由贸易自由化、北美自由贸易协定和私有化引发的大量外国直接投资。

除了出口繁荣，贸易自由化带来了进口的大幅激增，在特定价值领域实现了专业化。加入价值链，墨西哥总是服从于跨国公司购买的低成本要求。于是一些产业集群成为新的“飞地经济”，没有太大的溢出效应或联系，从而无法在国民经济和社会的更广泛的领域创造国内增值。事实上，制造业活动中实际附加值的演变往往与其出口产品的演变有一定关联。缺乏显著的相关出口的增长率和附加值，这背后的事实是中高复杂度出口没有作为制造业的强劲的增长引擎，很大程度上是由于墨西哥制造业出口已经严重依赖进口，结果减少本地内容且导致国内供应商的联系薄弱。进口激增背

① 阿曼多·拉佐和史蒂芬·哈珀（Armando Razo 和 Stephen Haber，1998）发现，在棉纺织业中，虽然大企业曾经拥有较高的全要素生产率，但并不持久。在石油等行业，大企业的全要素生产率增长为负。

后的另一个关键因素是与“资源依赖”联系的实际汇率变动,当地生产者已被外国竞争淘汰。实际汇率升值的趋势也影响了经济结构,将资源和新投资的配置从可交易商品部门转移到非交易商品部门。

在全球价值链中,高收入国家的比较优势集中在资本和技术密集型行业,低收入国家的比较优势集中在劳动密集型行业①,而中等收入国家在两方面优势均不明显,因此在全球价值链中就处于相对尴尬的地位,再加上创新力普遍长期不足就很容易导致经济发展停滞。于是,东亚国家的迅速崛起使墨西哥丧失了传统行业的比较优势,而其高端产业发展缓慢难以支撑经济发展,虽然在一些初级产品行业也能有所提升复杂度和多样化(专栏2-1),但最终经济增速放缓。

第三,不平等问题根深蒂固,社会发展能力长期不足。

墨西哥掉进“中等收入陷阱”不单纯由于经济原因。虽然试图解决根深蒂固的不平等问题,但政府再分配安排长期不合理。与巴西、阿根廷类似,依附理论思潮在推动墨西哥工业化进程中也起到了一定的作用。墨西哥虽有着略有不同的初始制度安排,但同样存在以社团主义和民粹主义为基础的政治经济模式。政府为了迎合外国公司进入压低工人工资,导致分配政策向富人倾斜,再度加剧了社会资源分配不公平的问题。

不平等的社会结构使提升创新能力的门槛值迟迟没有达到。高度分层化和不平等的社会结构,导致仅有少数人享有资本积累的机会。其一,墨西哥的金融系统主要用来确保以家族企业为基础的私企能够维持在经济上的主导地位,市场上其他中小企业难以获得金融支持以拥有创新的机会,中小企业创业者缺乏人力资本,逐渐非正规化,融资机会极其有限,合同执行无法受到现代制度框架的保护,很难获得新自由主义所预期的参与全球市场进而获得“熊彼特创新租金”,难以成为墨西哥生产率和经济增长的驱动力。其二,石油租金在一定程度上是导致“资源依赖”“荷兰病”问题的原因,它阻碍了非资源行业的创新,并深刻地影响着墨西哥的经济发展。其三,突出的贫困问题加剧了墨西哥社会结构的不平等程度。由于存在脆弱性陷阱,墨西哥的基尼系数持续位于一个较高的水平,出现了极端贫困和多重贫困的问题。比如,墨西哥南部贫困问题尤其严重,南部土著社区的居民面临暴力的阴影和大量人口外迁造成的混乱,他们被排除在基本的公共服务之外。这被称为新自由主义下的贫困化,即随着新自由主义改革的转向,以前为土著农民提供的最低限度公共服务已被放弃,本来具有某种包容性的传

① 蔡昉:《从中等收入陷阱到门槛效应》,《经济学动态》2019 年第 11 期。

统机制出现磨损并最终走向瓦解。

就社会发展能力看，墨西哥人力资本水平较低，教育落后，即使在中高收入阶段后有所改进也是导致墨西哥陷入陷阱的原因之一。例如，2002年，6—12岁年龄小学儿童占比为95.4%，但是读至小学六年级毕业的完成率仅为88.7%，说明墨西哥的小学普及率尤其是完成率还有待加强。1999年墨西哥高校机械、建筑和其他制造业相关学科毕业生人数仅占高校毕业生总人数的万分之四，2012年上升至8%，尽管攀升速度较快，但整体占比仍然较低。根据2000年的一项统计，墨西哥最低收入群体中完成中学教育的人口比例不到5%，最高收入群体中完成中学教育的人口比例将近70%，最低收入群体中平均受教育年限仅为3.88年，而最高收入群体中平均受教育年限达到了14.32年，是低收入群体的3.7倍之多。可见，墨西哥教育水平差距大，而且教育地区差距、各阶段的受教育机会差别巨大，这反映了知识资本和人力资本获取的严重倾斜状况。

第四，政府产业政策乏力，结构升级缓慢，面临低端锁定的困境。

墨西哥等拉美国家的产业政策在一定程度上促进了个别行业的迅速发展，也提高了总劳动生产率。然而，这种以产业政策驱动的增长模式难以持续，至少没有被成功复制到宏观经济的增长规模层次。麦克米伦等（Mcmillan等，2014）①指出拉美国家的产业结构自20世纪80年代以来并未真正升级，尤其在20世纪90年代实行新自由主义以来也如此，不仅产业结构升级方面的表现令人担忧，而且面临着全要素生产率增长放缓的困境。正如芝加哥大学经济学教授哈伯格所言，拉美国家的生产率增长分布形式并不是像烤箱里的面包一样均匀膨胀，而是像森林里的蘑菇一样不均匀地成长。与此相反，东亚国家的产业政策取得了世界瞩目的成就，即便没有很高的全要素生产率或重大技术突破，国家对行业的干预仍显著地提高了行业内的劳动生产率和资本积累率，极大地提高了总产出。对此，有观点认为，拉美国家和东亚国家的生产力差距可能不仅与其未能形成比较优势部门有关，更深层次的原因在于拉美国家一直选择的制造业投资水平不足，且缺乏产业空间的外溢效应。墨西哥的情况也正是如此，墨西哥中等收入时期的制造业劳动生产率只是在特定的部门激增。正如新增长理论所说，持续的生产力增长是以广泛的外溢效应为前提的，而这些生产率外溢与经济中知识总存量有关，例如人力资本，因此，重要的是要促进均匀的经

① Mcmillan, M. , Rodrik, D., Verduzco - Gallo, I., “Globalization, Structural Change, and Productivity Growth, with an Update on Africa”, *World Development*, Vol.63, 2014.

济增长,而不仅仅依靠无复杂度提升的多样化以及特定部门的产业内升级。

有学者还指出,墨西哥政府在制定经济政策过程中存在短期化的倾向,对长期问题和整体利益关注不够。例如,历届政府更加重视通货膨胀,而中央银行也总是将稳定物价作为唯一的目标,政策制定过度关注内部均衡导致出现巨大贸易赤字,国际收支严重失衡。政府制定政策时注重短期利益,换届时不断摇摆的政策方向产生了极为不利的影响。另外,产业政策的制定和实施也如同其他拉美国家一样饱受寻租和垄断企业既得利益的影响,一再出现偏差。

不过,与陷入“中等收入陷阱”的其他国家相比,墨西哥人口红利和劳动力成本低廉等有利因素仍然存在,墨西哥政府通过劳动力市场改革法案为企业雇佣和解聘员工创造了宽松环境,为扩大劳动密集型和资本密集型产业提供了保障。墨西哥政府于 1993 年 12 月 28 日颁布了新的《外国投资法》,促使墨西哥的投资环境更为宽松,有利于墨西哥经济发展。贸易壁垒的消解为资本、技术的进入打开了通道,有利于加强墨西哥的工业基础。在北美自由贸易区建设初期,墨西哥的纺织品、服装和其他部门产品大量出口到美国,与加拿大的双边贸易额也有了很大的增长,不仅如此,技术密集型产品出口份额也出现了显著的增长,促使墨西哥产品形成较强的市场竞争力。但好景不长,21 世纪初,由于美国经济衰退、互联网泡沫破灭导致加工业的产出也出现了大幅萎缩,东亚经济的崛起更是对墨西哥的出口加工制造业产生了巨大的冲击。冲击背后的主要原因在于美国从东亚和墨西哥生产商进口的产品种类高度重叠,但东亚的产品价格要比墨西哥更为低廉。随后,墨西哥对加工厂的产业政策逐渐转移到了促进从上游国内企业采购中间产品与加工厂内部的技术升级方面,旨在向高附加值、技术密集型行业发展,不过“飞地经济”、低端锁定的困境仍然存在。墨西哥在中等收入阶段一直保留着一些垄断企业,外商投资主要集中在大量制造业的出口加工企业,而这些企业的附加值较低,且容易对教育等人力资本积累产生不良影响。这与拉美地区的成功者也大相径庭。①

① 智利面临着和墨西哥一样的目标和困境,但已经在提升经济复杂度上有所成就。二者之间最大的区别在于智利在中高收入阶段经济增长迅速,建立了以私营企业为基础的经济,这些企业最初生产简单且低价值的产品如铜,然后逐渐转移到高价值商品和服务上,包括旅游业、葡萄酒业等。智利主要通过使大型企业集团联合和完善的金融体系支撑,培育出相应的创新经济体。进入中等收入初期,铜矿等主要由国有企业控制,随后开始鼓励外国私人投资和本国私企进入,效率有所提升。

我们认为,墨西哥经济复杂度落后的产生根源远远早于中等收入阶段,生产率落后的主要原因源于错误的产业政策,即贸易保护主义年代(1930—1975年)产生的产业政策,过度保护导致生产能力积累的方向偏误,同时造成不对称的市场结构和制度框架无法从传统行业转向高附加值行业。随后新自由主义阶段使原有的工业基础经受不住国际竞争的影响,生产能力的积累受到破坏,更难以提升更新。墨西哥的生产力增长仍然停留在少数传统工业活动中,增长主要是由低技术强度的传统产业驱动,中高技术强度的行业所产生的驱动连带作用微乎其微。最终,这种不平衡的驱动模式导致出口竞争力的持续下降,进而与外部冲击叠加出现逆差、外资流出等问题,进而造成“中等收入陷阱”。

第四节 墨西哥的人力资本陷阱

低收入阶段墨西哥实施的进口替代战略的确解决了经济发展道路上的一些障碍,宏观经济表现强劲有力,然而该战略忽视或低估了其他障碍的严重性。“墨西哥奇迹”促成了一种以出口农产品和进口替代工业化为基础的经济增长模式,而这种发展是以不平等和集权政治机制为前提的,但却绕开了土著人口等弱势群体,即便经济迎来了发展,但仍加剧了人力资本积累不平等问题。尽管经济增长了,但是带来的财富远远没有得到公平分配,经济发展的果实没有转换为人的能力的普遍提升,造成了人力资本积累不能达到门槛值。政府在公共教育上的支出仅相当于国内生产总值的1.3%,仅为拉丁美洲其他国家政府支出水平的一半。整体教育水平非常低,直到1960年,平均受教育年限仅有2.8年,低于许多拉美国家。

一、教育战略调整,显著提高了墨西哥人力资本水平

20世纪70年代,墨西哥湾发现大量石油,“石油繁荣”很快使社会福利增多,政府开始花钱投资教育。教育支出占GDP的比例从1972年的2.1%上升到1981年的4.9%。此后15岁以上人口的平均受教育年限逐渐超过了拉美平均水平。由于执政党未能及时发现进口替代战略不再适合,未能适时地改变国家战略导致的墨西哥严重贸易赤字,债务危机带来了教育支出占比下降。

此后萨利纳斯政府不惜削减能源工业投资,重新分配支出,才部分恢复教育增长势头。在摆脱“中等收入陷阱”时,墨西哥试图进行产业结构转型

升级,采取一些以提高人口素质为核心的长期教育战略以激发生产潜力、减少就业的非正式性。教育战略调整(政府对高等教育拨款减少而义务教育增加)则是产业结构转型升级的关键点。这些战略显著地提高了墨西哥的人力资本水平。第一,近年来公共教育支出占 GDP 的比重有所上升,为 4.8%,接近经合组织 5.2%的平均水平。第二,义务教育经费增加,建造了更多的学校,雇佣更多的教师,小学、初中入学率显著提高。比如大幅提高教师工资以推动教师素质提升(教师的起薪是墨西哥平均年薪的两倍多)。第三,小学的公共教育支出额上升,加之出生率下降,生均支出增长,教育质量提高。2003 年至 2009 年的国际学生评估项目结果显示墨西哥学生数学水平明显上升,在测试国家或地区中平均分提高最多。

在墨西哥教育系统的几个子部门中,基础教育包括学前班、小学和初中,初中教育是义务教育。高中教育和高等教育一样相对独立。这其中州和联邦政府都发挥着重要作用。1992 年,墨西哥开始推行分离教育系统。之前,墨西哥实行双重公立教育体系,一些学校由州政府经营,另一些学校由联邦政府经营。此后,尽管大多数教育由公共部门资助和提供,但墨西哥各级私立教育部门规模庞大且多元化,尤其是政府高等教育拨款减少实际上使大学私有化进程加快。近年来,墨西哥通过“进步/机会”计划,向贫困家庭提供现金补助,支持孩子入学等,启动了创新的教育改革,旨在采取有针对性的干预措施,改善低收入群体的入学机会。这导致中学入学率增加。目前,墨西哥小学和初中教育覆盖率提高到约 90%。学术界普遍认为,有条件现金转移计划“机会”及其前身“进步”在增加入学率和防止学生辍学方面发挥了重要作用。

二、墨西哥教育发展面临的挑战

但是,墨西哥教育的发展面临着诸多挑战(基要条件恶化)。第一,在教育系统的中级阶段(初中和高中),3/4 的高中生没有毕业。事实上,小学后的每个阶段都会出现辍学。大约 95%完成小学教育者进入初中,但只有 78%的初中生毕业。初中毕业生中只有 85%的学生进入高中,但也仅仅只有 60%的学生最终毕业。总之,直到 2004 年,只有 1/3 的小学毕业生从高中毕业。虽然这比 1996 年的 26%有所改善,但以国际标准衡量仍很低。从劳动力人力资本积累看,2003 年,25 岁到 34 岁的墨西哥人中,只有 25%的人高中毕业。这不仅低于加拿大和美国,也低于南欧国家和拉丁美洲的其他国家(比如乌拉圭)①。

第二,义务教育平均质量很低,小学阶段的质量很低,特别是在贫困的农村地区(Hanushek 和 Woessmann,2012)②。尽管在几十年的缓慢增长中,墨西哥政府在教育和卫生方面进行大量投资,取得了一定进展,文盲率持续下降,数据显示,15 岁以上人口的平均受教育年限增加到 2005 年的 8.1 年,文盲率从 12.6%下降到 8.5%。同时,大幅提高了高等教育机构在校生人数的比例(高等教育 2004 年达到 25%),大学毕业生比例已领先于大多数拉丁美洲国家。

三、经济增长、经济复杂度与人力资本陷阱的产生

墨西哥的“中等收入陷阱”表现为增长率下滑和经济复杂度不能提升,对比韩国的教育情况发现,墨西哥经济增长放缓和结构缺陷制约着教育水平提升。20 世纪 70 年代中期,墨西哥的基础教育支出占国内生产总值的比例高于韩国的水平。然而,韩国 GDP 年增长率为 9.6%,墨西哥仅为 3.5%。这意味着在教育投资占 GDP 比例相同的情况下,韩国能够投资于这一部门的资源以高得多的速度扩张。因此,尽管墨西哥在教育方面的支出占 GDP 的比例高于经合组织的平均水平,但教育系统并没有同其他快速增长经济体一样,出现较高程度代际大幅增长。

缺乏经济复杂度提升支撑的不稳定增长限制了人力资本在生产中发挥作用。比如,伴随着墨西哥比索贬值和出口业务的快速增长,提高了加工贸易的相对利润,推动出口业务发展,结果土地、资金和劳动力都从非出口行业转移到了出口行业。然而这种发展模式不利于教育发展,造成其复杂度提升的配置效率损失。经济改革尤其是自由化实际上损害影响了墨西哥的人力资本积累。阿特金(Atkin,2016)③采用 1986—2000 年墨西哥的数据检

---

① 与墨西哥一样,乌拉圭也是一个中等收入的拉丁美洲国家。经过长期调整经济稳定。尽管乌拉圭经济规模小,一直依赖国际贸易。鉴于其地理位置,乌拉圭长期以来一直是南美洲南锥体的金融中心,农产品主要出口国。乌拉圭现在是拉丁美洲最大的外包业务所在地。乌拉圭工程师是开发和测试软件的国际团队的成员。乌拉圭成功的核心是高质量和公平的教育体系。乌拉圭长期以来一直使用国际学生评估来发现学习缺陷。教师培训是围绕减少这些缺陷和改善师生关系而建立的。外语技能长期以来一直受到重视。乌拉圭利用其自然优势,如地理位置,以及相对较低的劳动力成本和对人力资本的长期投资,能够为其在全球经济中的角色增值,并超越其传统出口。

② Hanushek, E.A., Woessmann, L., “Schooling, Educational Achievement, and The Latin American Growth Puzzle”, *Journal of Development Economics*, Vol. 99, No. 2, 2012.

③ Atkin, D., “Endogenous Skill Acquisition and Export Manufacturing in Mexico”, *American Economic Review*, Vol. 106, No. 8, 2016.

验了汇率贬值、低技能出口加工业与非义务教育阶段辍学率上升之间的关联。他发现，在 1986—2000 年的国内改革期间墨西哥出口制造业的增长改变了教育资源的分布，即每创造 25 个就业机会，就有一个学生从中学辍学。主流经济学相信新的出口机会的到来会增加工人收入，然而，在现实情况里，个人收入既取决于个人受教育程度，也取决于不同教育程度所支付的工资。墨西哥城市经济中关键辍学年龄与各部门就业的变化表明，出口行业的扩张使工人在较小年龄就辍学，永久性抑制了其接受教育的机会。因为出口制造业工作岗位的增加减少了一些工人接受教育的机会，短期较高的工资支出并不对应于较高的终身收入。也就是说，贸易自由化带来的蓬勃发展的出口制造业的的确确依照教育水平支付了高额工资，但这些工作岗位的增加最终会通过抑制其受教育程度来减少年轻人的收入。

需要说明的是，墨西哥非正规部门的数量较多、规模庞大。大量工人经常在正规部门和非正规部门之间双向流动，虽然有些人可能会自愿选择非正规就业机会，且这对摆脱贫困陷阱也有积极影响，不过理论和证据都表明人们绝非更愿意选择非正规工作，而且正规部门工资平均比非正规部门要高，原因是正规部门和非正规部门之间生产率差异和人力资本差异。因此，非正规就业大量存在和低人力资本陷阱表明墨西哥存在显著的社会脆弱性陷阱，缺乏在保障工人权利的同时能够基于生产率高低加以配置的劳动力市场，这从需求方面导致缺少促进经济增长和增加公民福祉的教育。

第五节　结　　论

进入中等收入阶段后，墨西哥没有及时调整进口替代战略，导致本国贸易赤字增加，最终引爆债务危机。此后墨西哥商业银行体系的发展，特别是在 1994—1995 年金融危机之后，无法提供足够的生产性信贷。进口替代战略中大举外债开展基础设施建设，但缺乏出口贸易顺差支持，难以为继。在这一阶段除了少数与国际资本市场关系密切的大集团，绝大多数企业都面临严重的银行信贷配给，不得不依靠供应商进行融资，这也是投资率和生产能力下降的直接决定因素。

虽然地缘因素也是导致墨西哥陷入“中等收入陷阱”的特殊原因之一（美国作为邻国对其是一个非同寻常的挑战，其对于经济发展的影响虽有益处，但新自由主义思潮的显著影响、美国资本的控制、自 21 世纪初以来北美自由贸易协定缺乏预期的积极影响等更是诱发停滞因素），但其陷入“中等收入陷阱”有更深层次的解决复杂度与人力资本层次的原因。墨西哥受困于“中等收入陷阱”的本质仍然在于其复杂度停滞导致经济增速放缓，以及其所带来的不利反馈。在走出“贫困陷阱”，经历进口替代工业化战略、离开自然资源的陷阱以及接受新自由主义后，墨西哥选择通过关贸总协定加入“全球价值链”（全球产品空间）和美加一体化的发展战略。但这种发展路径并没有导致生产升级，外国直接投资的增加“本身并不会与经济的其他部分产生重大联系”，更不会发展“国内创新能力”。被进口投入的严重依赖冲销的出口扩张、产品空间的不利定位说明其面临中等技术陷阱（增加国内附加值困难，支持产业和技术持续升级的结构和制度力量薄弱、机遇缺乏）。周边产业格局和政策体系方面的外部力量特征，与其内部因素相互作用，塑造了其价值链这一产品空间的结构和轨迹。墨西哥虽然“外接”全球价值链有所进展，也“接回”国内生产体系，但专注于低附加值零部件的生产没有导致国内技术能力升级，试图融入北美这一做法也“脱钩”并掏空了国内制造业。

就中等收入阶段看，墨西哥经济增速放缓主要有重工业、新技术能力未能建立和延伸的原因。低收入阶段虽然积累了一些发展能力，但加入劳动密集型行业外部价值链（与历史上采取自由主义模式推动初级产品出口类似），不同类型的公司之间缺乏联系和网络，阻碍了溢出效应和集体学习过程，对发展能力提升产生了极为不利的影响。从政府作用看，其投资率下降的直接决定因素是公共投资的撤退（尤其是基础设施投资的减少发生在道路建设、供水和电力方面），削弱了生产能力和产业政策激励（取消部门激励措施对制造业投资产生了不利影响）等。

与阿根廷等相对成熟的经济体不同，墨西哥是一个非常典型的二元结构的、刘易斯类型的经济体，其显著的特点是劳动力过剩。为了摆脱贫困陷阱，一些现代部门在低收入阶段吸纳了相对弹性的劳动力供给。但进入中等收入阶段后，这些人力资源向人力资本的转变是低水平且不均衡的（第一章所说的未达到“中等收入陷阱”基要条件）。低复杂度出口扩张和增长创造的就业机会、人力资本积累机会有限且分布不均匀，表现为较长时期内人力资本积累不平衡不充分，一体化的收益与整体经济增长和福利之间没有有效联系，收益（以及成本损失）的分布极其不平等。加之技术水平不高，造成复杂度演进停滞，人力资本难以为经济增长作出贡献。由此，低复杂度增长和低人力资本陷阱内生出现更多的结构异质性，造成脆弱性陷阱和数以百万计的墨西哥工人移民美国等问题。例如虽然城市化速度较快，但低复杂度服务业无法为涌入城市的农民提供足够的就业岗位，导致技能简单化和边缘化现象，即所谓非正规陷阱或“增长而不发展”。进而言之，与那些能够保持经济持续增长并成功跨越“中等收入陷阱”的经济体不同，增长缺乏复杂度支持从而陷入停滞的墨西哥甚至还面临社会动荡和经济恶化的“锁定循环”。

专栏 2-1　市场失灵与出口促进：墨西哥的哈斯鳄梨①

21 世纪初期，鳄梨的销量在世界市场上稳步增长，从以往“奇异的水果”逐渐成为许多国家人们日常饮食的一部分。墨西哥是世界上最大的鳄梨消费国和种植国，也是最大的鳄梨出口国，其出口额从 1985 年的不到 100 万美元增至 1995 年的 3450 万美元，2007 年增至 6.208 亿美元。

墨西哥米却肯地区具备鳄梨种植的比较优势，特别是其独特的气候和土壤特征，能够全年生产鳄梨。种植鳄梨需要大量的水，米却肯地区充足的降雨降低了灌溉成本，加之维护果园成本较低，使该地区的种植者具有独特的优势。

20 世纪 50 年代中期，一些企业家如富尔特和鲁道夫·哈斯建立了第一个改良鳄梨品种的苗圃，培育出了一种优良的鳄梨品种，其果实寿命更长，抗病性更强。通过政府的努力，米却克州与加利福尼亚州圣保拉的 20000 家认证工厂协作，建立大量的中小型种植园苗圃用以种植新的鳄梨树。1965 年，米却肯国家森林委员会向乡村社区的小型种植者们免费提供了树苗这样一种公共产品，其利益可以通过私人和公共机构的帮助在本地扩散。随着鳄梨产业的正外部性逐渐增强，米却肯州出现了大量的鳄梨种植者，约 1.4 万人，足以全年为当地和出口市场提供鳄梨。2003 年鳄梨产业在米却肯创造了 47000 个直接工作岗位、70000 个季节性工作岗位和 187000 个间接、永久性工作岗位。

尽管墨西哥和美国的生产周期有一些互补性，但墨西哥鳄梨在满足美国产品质量和安全标准方面面临着巨大挑战。加利福尼亚州和佛

① Aragón, E., “Market Failures and Free Trade: Hass Avocados in Mexico”, in Sable, C. (ed.), *Export Pioneers in Latin America*, Washington, D.C.: Inter-American Development Bank, 2012.

罗里达州的鳄梨种植者反对从墨西哥进口鳄梨，他们认为进口给美国鳄梨产业带来了严重的病虫害风险。即便墨西哥采取了有效的虫害控制措施，仍继续禁止进口墨西哥鳄梨。直到1997年，在北美自由贸易协定关于鳄梨的谈判中，协议要求在墨西哥成立一个地方组织，承担美国农业部驻米却肯地方办事处的费用。另外，为了支付美国农业部认证文件的费用，墨西哥牛油果生产商、包装商和出口商协会(APEAM)向出口到美国的包装公司收取每公斤0.06美元的费用。第一，米却肯州政府为了更好地促进鳄梨出口，为种植者提供了一些公共产品，如引进改良抗寒性强的鳄梨品种、无疾病出口认证、进入美国市场的果园认证以及便捷的物流和统一的包装。当地植物卫生委员会(Juntas Locales de Sanidad Vegetal，JLSV)负责执行联邦植物卫生法，该法规定了农业化学品的生产、农药使用和进口。第二，政府为了扶持和发展鳄梨产业，提供了一系列完善的配套措施：约400万美元的联邦配套基金和墨西哥对外贸易银行的参与来解决资金问题；通过墨西哥中央银行的一个分支机构(FIRA)作为中介向私人银行提供抵押品并向种植者提供技术援助。第三，成立了墨西哥牛油果协会、卫生委员会和公私合营国家植物健康委员会，与美国农业部动植物卫生检验局进行协调，确保出口商的产品符合美国植物检疫标准。

此外，当地商业组织也在发展鳄梨产业上起到了重要作用。土地改革之后，各组织共同将重点放在了一些较为具体的任务上，例如，根除疾病、遵守美国农业部的收费标准、组建信用合作社等。墨西哥牛油果协会、植物卫生委员会与美国农业部合作，确保遵守植物检疫条例，墨西哥牛油果协会向美国出口每公斤额外收取0.11美元，用于支付美国农业部检查员的费用和在美国的各类促销活动。此外，墨西哥牛油果协会还向进入美国市场的新出口商收取16万美元(2010年为25万美元)的费用，这笔费用类似于第一批出口到美国的出口商必须支付的成本，即将外部性内部化。执行联邦和州植物检疫法的种植者组织植物卫生委员会已经能够在米却肯的特定城市种植出根除茎象甲害虫的鳄梨。植物卫生委员会致力于改善植物健康，并代表农牧渔业、农村发展及粮食产业秘书处验证果园是否遵守美国农业部、蚜虫管理局的规定，给通过认证的果园颁发证书。此外，他们还控制了从果园到出口包装厂的鳄梨供应，维持价格稳定。总而言之，墨西哥鳄梨产业在出口方面的成功经验是，产业出口往往是一项复杂的事业，只有当各方组织共同行动，以某种方式联合作出创新贡献时，才能取得成果。

（Aragón, E., “Market Failures and Free Trade: Hass Avocados in Mexico”, in Sable, C. (ed.), *Export Pioneers in Latin America*, Washington, D.C.: Inter-American Development Bank, 2012）

第三章　阿根廷:初级产品经济的“中等收入陷阱”

2015 年阿根廷人均国内生产总值为 13432 美元,属于中高收入国家。如果考虑到其 4342 万并不算小的人口规模,以及资源丰富的 278 万平方千米辽阔国土所蕴含的增长潜力,以为阿根廷进入高收入国家的前景一片光明的话,这样的判断是草率的。实际上,阿根廷从来不是那类持续贫穷的国家,也不是有效脱贫和摆脱外围经济的国家,而是落入高收入陷阱或中高收入陷阱的典型。在第一次世界大战以前的 50 年,所谓“美好时代”的年均增长率至少为 5%,人均 GDP 排名达到顶峰,与美国、英国、加拿大和澳大利亚等少数国家一起,是当时世界上最富裕国家。但是,大多数情况下阿根廷“代表了一种倒退的、令人难以理解的模式”,发展步伐时快时慢,收入分配不均、社会动荡、暴力冲突、军事政变、债务危机、金融危机、民粹主义、制度劣化、结构断裂等几乎所有能够想象的问题病灶都与其相关,交织纠缠复杂,经济学界出现“阿根廷悖论”“阿根廷之谜”“阿根廷例外”的学术标签。依附理论和新自由主义经济学持续对其存在问题分析,试图找到其跌入“中等收入陷阱”的答案。

第一节　阿根廷中等收入阶段发展特征的描述

20 世纪 30 年代起,经济学界流行一个说法:“纵观历史,世界上只有四种经济体:发达经济体、发展中经济体、日本以及阿根廷。”相对于日本从一个贫穷的国家过渡到一个富有的国家,阿根廷则开始向拉美国家的经济水平均值回归,从一个富有的国家退步到一个发展中国家。① 虽然与贫穷的非洲国家不具有可比性,但“走走停停”、从发达国家倒退成为发展中国家的逆发展进程使其成为罕见的代表失败的发展病例。

在理解阿根廷发展停滞的独特性、区域性原因时,当然需要与其他样本

---

① 2011 年以后,阿根廷持续原先走走停停,发展与倒退交替的模式,人均 GDP 增速、产业结构、需求结构和人力资本等宏观经济指标并无太大改进。受限于数据缺失,本书对阿根廷的分析截止到 2011 年。

国家比较,因此,本章一方面探索其20世纪50年代起与拉美国家再一次共同冲击高收入国家的发展进路,又注意到这是其从发达国家倒退成为发展中国家下跌历史中努力抗争的一个常态,存在一些深层次原因,使阿根廷处于“发展—倒退”的周期循环中。我们将在本章联系第二次世界大战后进入中等收入阶段前的经济史,在历史比较中体现其中的特殊性和一般性。①

一、人均GDP及其增速变化

按照我们的测算(见图3-1),大萧条之后阿根廷分别于1962年、1990年和2011年跨越中高收入阶段三个时点②(见表3-1)。处于中等收入阶段的时间早已超过半个世纪,更超过成功跨越“中等收入陷阱”者的滞留时间,符合“中等收入陷阱”的时间标准。其间,阿根廷人均GDP有所增长但浮动较大,通货膨胀率较高,且多次发生经济崩溃。

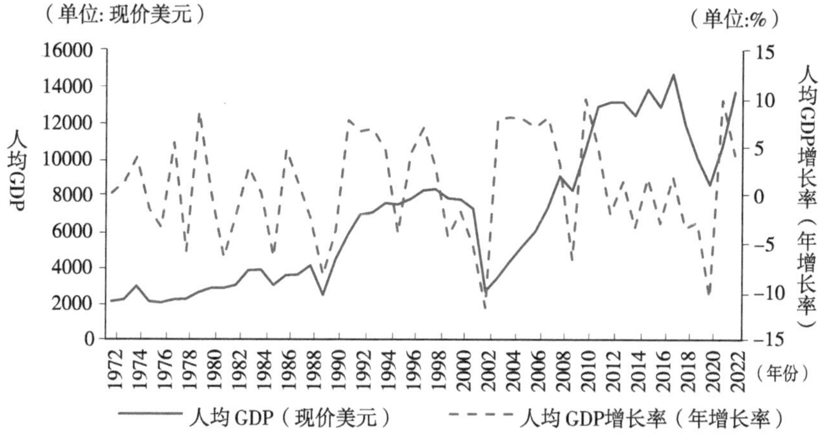

图3-1 阿根廷1972—2022年人均GDP及其增长率变化

资料来源:世界银行WDI数据库。

① Taylor, A.M., “The Argentina Paradox: Microexplanations and Macropuzzles”, *Latin American Economic Review*, Vol.27, No.3, 2018.

② 关于阿根廷跌入“中等收入陷阱”的具体时间,其他说法从1899年、1913年、1930年到1945年等。这里的区别是划分理论依据,认为时间早于大萧条的观点,依据的是自由主义经济学,侧重于其停滞的内部原因如领土扩张结束,“依附理论”则认为时间在大萧条之后,归因于不利的国际大宗商品价格变动。实证上,1938年后阿根廷生产率相对于美国每年下降21%,可以看作陷入“中等收入陷阱”。

表 3-1　阿根廷中等收入阶段发展的不同时点

国家	第一时点	第二时点	第三时点	下中等时长	上中等时长	中等收入阶段
阿根廷	1964 年	1990 年	2011 年	26 年	21 年	1964—2011 年

资料来源:世界银行 WDI 数据库。

与 19 世纪的发展进程类似,阿根廷经济病灶中不难找到外部因素商品价格变动的不利冲击影响,但社会动荡和政治不稳定更为引人注目和难辞其咎。正如约翰·凯所言,“阿根廷的政治是其现代经济问题的根源,而阿根廷历史上的经济问题则是现有政治状态的根源”。阿根廷曾经采取操纵通货膨胀率作为经济发展策略的做法,并带来深刻的相关后果。“通货膨胀开始很像一味甜丝丝的毒药。因为物价总水平的提升,开始总是“结构性的”,市场中人包括商人和企业家,思维定式是把多赚到的看作自己的“本事”,“总有一些卖家先得到甜头。”历史上,阿根廷“政府最不容易对通胀敏感,因为通胀是一道隐形的税收”,“有太多的联邦或者省级官吏都在依靠印刷更多钞票或者举借更多债务。(其结果是)越来越多的人正在陷入贫困,从而被边缘化”。到了庇隆时期,加大印钞更是日甚一日,通货膨胀急剧恶化,此后在 1989 年,阿方辛政府去除庇隆主义影响和新自由主义覆辙的努力失败,阿根廷的通货膨胀率已经达到了 3300%(见图 3-2)。总

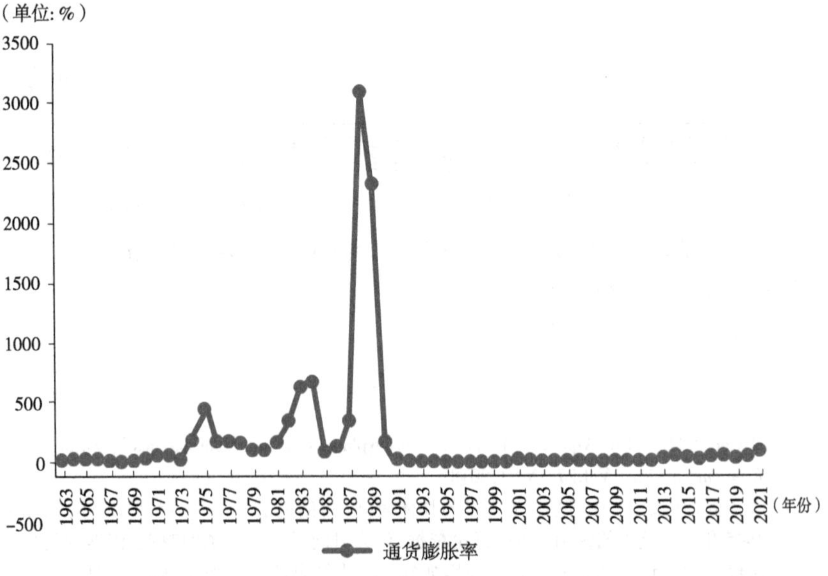

图 3-2　阿根廷 1963—2021 年通货膨胀率(按消费者价格指数衡量)

资料来源:世界银行 WDI 数据库。

体而言，阿根廷在20世纪70年代后通货膨胀率一直较高，货币贬值的压力始终存在，导致有条件时人们不断储蓄外币而国内储蓄率难以提升，对经济秩序造成巨大创伤。同时，又使缺乏保值理财产品的穷人受损而扩大了收入差距，这构成民粹主义的温床，随后新自由主义政策卷土重来。经济危机与民粹主义二者恶性循环，阿根廷经济在陷入的危机和商品繁荣之中“走走停停”。

二、三次产业结构及其演进

缺乏强有力的产业体系是阿根廷经济不发展的一大症结，因而其经济增长总是具有偶发性和例外性，面临外部冲击时频频陷入经济崩溃。阿根廷全国大部分地区土壤肥沃，气候温和，在自然资源行业具有得天独厚的优势，但没有遵循澳大利亚等的发展模式。作为农业资源密集型国家，由于人力资本不足等原因，它错过了全球化时代资源型经济快速增长的机会。总体而言，1964—1990年的下中等收入阶段，阿根廷农业占比较稳定，尽管在20世纪90年代后有所缩小，但农业劳动生产率与美国的差距较大，并无收敛（见图3-2）。

尽管有进口替代战略实施时期的保护政策，而且19世纪的工业发展也有一定基础，但工业中高科技增加值的产业比重偏低。根据联合国工业发展组织的数据，2005年，阿根廷的中高科技增加值占比为25.7%，而加拿大这个并不以制造业出名的国家为41%。工业所占比例一直不高。虽然在某些时期（1974—1994年），阿根廷人均产出赶上了其他国家。但根据工业劳动生产率的跨国比较，它是唯一一个在某些时期（1948—1954年和1963—1974年）生产率实际下降的国家。对此，不少学者认为是因为贸易自由化的冲击，使少数具有国际竞争力的行业得以生存，使工业所占比例处于下降趋势。

由图3-3可知，服务业总体处于上升趋势，但出现浮动。服务业在20世纪70年代逐渐超过工业。在1991—2011年的上中等收入阶段，服务业占比超过50%，在国民经济中占主导地位，但仍低于当时进入高收入国家的比重。服务业发展不足被看作陷入“中等收入陷阱”的一个原因，尤其服务业的发展并非以生产率提高为支撑，现代服务业落后，银行金融业的发展缓慢，这降低了经济整体效率，使阿根廷经济发展速度缓慢。

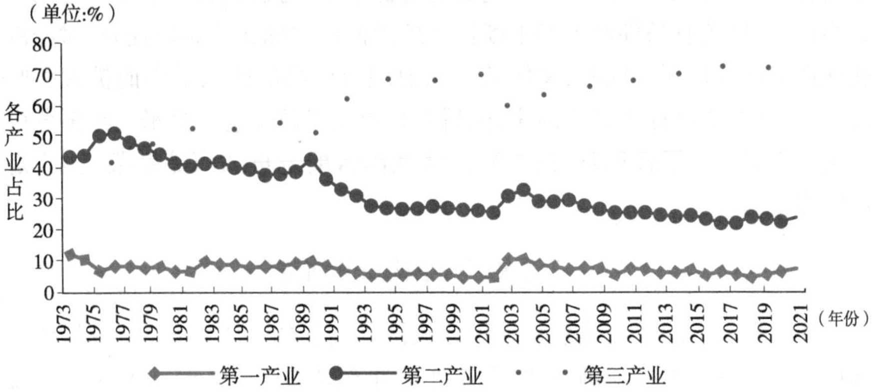

图 3-3　阿根廷 1973—2021 年三次产业结构演进

资料来源：世界银行 WDI 数据库。

三、出 口 结 构

贸易对于阿根廷在 19 世纪的发展具有特殊重要性。阿根廷有适宜于航运业发展的地理位置和土地比较优势。第一次世界大战前的上一次发展周期的上升阶段中，阿根廷经济开放、依靠初级产品出口的比较优势，达到发达国家水平。但这一阶段末期，由于大萧条等因素出现逆全球化，阿根廷开始实行进口替代政策，农业和初级产品的比较优势难以发挥。20 世纪 70 年代后，以舶自欧美的新自由主义为引子，重新开放的阿根廷开始在制造业、服务业上试图在国际市场有所作为，但由于此前陷入高福利陷阱等，难以与东亚甚至印度竞争，出口结构并未真正优化，不能对国内产业结构、就业结构调整等形成有效刺激。在两次开放高潮的中间阶段，进口替代战略导致的制造业、服务业缺乏竞争力，加之第一次世界大战前上一次发展周期的上升阶段中一直较为依靠移民劳动力，实际工资持续提高，在劳动密集型产业上并无比较优势，成为其陷入封闭经济和出口结构停滞的基本因素。

从表 3-2 来看，1964—1990 年，阿根廷的出口产品结构（不含服务业）虽有优化但较为有限。在下中等收入阶段，出口产品结构以食品原料型为主，农产品出口在进口替代战略后停滞，直到 20 世纪 90 年代后才重新振兴。劳动密集型和资本与技术密集型产品占比略有增加；在上中等收入阶段，阿根廷的出口产品结构以食品原料型为主，资本和技术密集型产品下降，出口结构恶化。总之，阿根廷出口结构并非朝着经济复杂度提升的方向演进，产业结构越来越不合理，甚至竞争力弱于同为拉美国家且历史上落后于自身的巴西、墨西哥等国。

表 3-2 阿根廷 1964—2011 年跨越三个时点的出口结构 （单位：%）

年份	食品原料型占比	劳动密集型占比	资本与技术密集型占比
1964	93. 456	2. 27	4. 274
1990	64. 6882	8. 7378	26. 574
2011	78. 482	10. 17	11. 348

资料来源：世界银行 WDI 数据库。

四、需 求 结 构

从表 3-3 来看，1960—2010 年，阿根廷消费率除 2000—2010 年外持续上升，上中等收入阶段的消费率高于下中等收入阶段；与世界的消费率在 1970 年后基本小于 60%的水平相比，阿根廷的消费率偏高。但是，无论是土地所有者、外国资本家、农业资本家等传统阶层，还是下中等收入阶段兴起的工业资产阶级、新的商业与官僚中产阶级，除了广大的劳工阶层外，其消费并非依赖本国生产，尤其在奢侈品等超常支出上一直偏重于对进口的消费。

表 3-3 阿根廷 1960—2010 年需求结构演变 （单位：%）

年份	1960	1970	1980	1990	2000	2010
消费率	72. 234	74. 694	76. 164	80. 275	84. 457	78. 784
投资率	23. 479	24. 44	25. 258	13. 997	16. 193	16. 708
货物服务净出口占 GDP 比率	0	0. 866	-1. 422	5. 728	-0. 65	2. 881

资料来源：世界银行 WDI 数据库。

消费率早在上中等收入阶段的 1980 年就达到峰值，但由于储蓄率一直很低，投资率一直不太高，且持久存在。因此，有学者如泰勒（Taylor，2018）估计阿根廷资本边际产出可能是美国的两倍，投资不足导致国民收入减少 25%。1992 年至 2001 年，阿根廷经济经历了强大的资本积累和技术变革。1991 年至 2000 年，虽然机械设备固定投资总额年均增长 6. 8%，但其中外国直接投资年均增长11.2%，占据主要地位，对经济的影响利弊参半①。

出口结构不合理与出口需求不稳定有密切联系，初级产品出口容易受国际环境的影响。阿根廷的出口需求不稳定，也构成对经济运行和增长的一个约束。因此，货物和服务净出口占GDP比例波动较大，1990年达到峰值5.728，而在1980年和2000年为负值。

五、劳动力和人力资本

历史上，由于人力不足和土地广阔，阿根廷是一个主要由西班牙人和意大利人持续发挥重要作用的欧洲移民国家，有些时期移民增长超过自然增长。但如同其脆弱的进出口一样，移民作为劳动力容易受到世界经济危机等因素影响，但1913年时作为富裕国家，其较高的实际工资水平是一个基本吸引因素。后来，本土劳动力重要性增加。由于庇隆主义等政策的影响，阿根廷一度跻身人类发展高水平国家行列，出生时预期寿命不断上升，生育率下降导致抚养比下降（见图3-4）。总体来看，尽管劳动力资源并不匮乏，但与一般发展中国家相比劳动力资源禀赋并无优势。

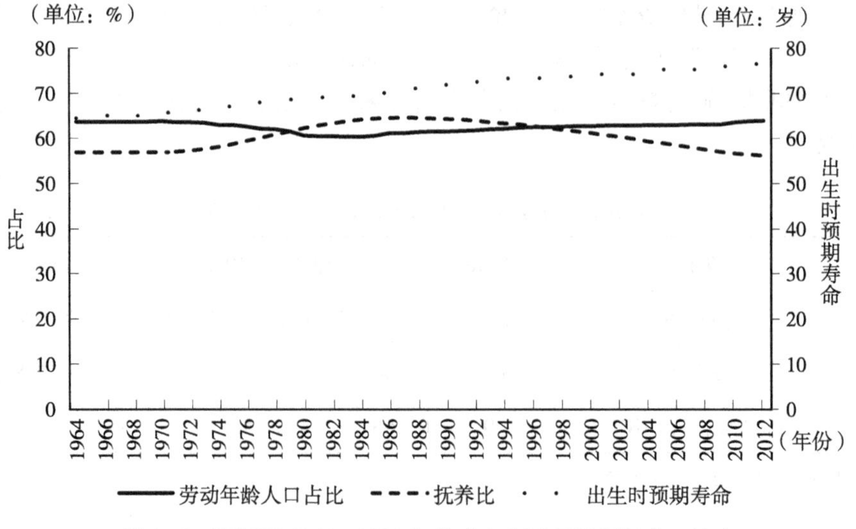

图3-4　阿根廷1964—2021年劳动力主要相关指标人口演变

资料来源：世界银行WDI数据库。

① 就拉美而言，更高的外商直接投资并非像一般认为那样流动性缺失，而是蕴含着危机时的不稳定的因素。因为拉美的外国直接投资许多时候不是一家公司的实物资产，而是一种负债，“事实上，外国投资者可以通过借入本币和抵押实物资本作为抵押品，对冲收益，保护资产价值，或者直接投机”。这些方案不仅在理论上可行，而且在实践中得到了运用，其弊端一再显现。

-有学者认为拉丁美洲的一些殖民地其宗教传统对知识不容忍，强调社会控制，收入极度不平等，公共财政脆弱，使教育边缘化导致基础教育落后。高等教育在很大程度上是以宗教为基础，侧重于法律、哲学和神学，技术教育匮乏。从人力资本来看，与第一次世界大战前类似发达国家相比，在世界受教育水平普遍提高的浪潮中，根据巴罗和李（Barro 和 Lee，2013）①的详尽数据，阿根廷人均受教育年限从 1960 年的不足 5 年到 1980 年的 6.6 年，再到 2000 年的 8.5 年，而发达经济体的类似数据是从 1960 年的 7 年到 1980 年的 8.6 年，再到 2000 年的 9.8 年，尤其是日本 1960 年还比阿根廷贫穷，也为 6.8 年，这一点也值得注意。

从人力资本积累角度看（见图 3-5），中等收入阶段后阿根廷的小学入学率和中学入学率基本处于较高的水平，高等教育入学率也逐年升高，2010 年之后达到 70%以上。公共教育支出比例趋于稳定，不过相对于 80 年代的水平下降不少。总体来看，阿根廷在普及教育方面所做的努力小于澳大利亚等资源出口国所做的努力，也远远小于日本等东亚工业化国家所做的努力。

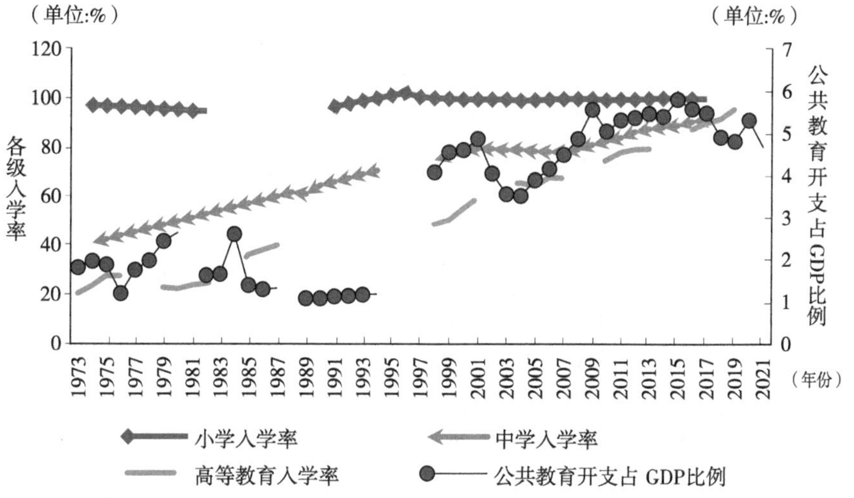

图 3-5　阿根廷 1973—2021 年人力资本主要相关指标演变

资料来源：世界银行 WDI 数据库。

① Barro，R.J.，Lee，J.M.，“A New Data Set of Educational Attainment in the World，1950-2010”，*Journal of Development Economics*，Vol.104，2013.

六、技术创新能力

即使在高收入阶段，技术教育匮乏等导致阿根廷的本土技术创新能力和管理创新能力较弱（见图 3-6）。一般认为，除了人力资源因素外，阿根廷一直缺乏支持学习和创新的基础设施，尽管在某些非技术领域表现出了很强的创新能力。19 世纪的典型发展故事是，反复出现的政治不稳定使著名科学家沉默，削弱了新生的大学；财政疲软阻碍了对科学的持续资助；移民在阿根廷引进新的工业和技术的作用显著，但当地人看不到技术套利的可能性，阿根廷只是体现了国外知识部门的作用。

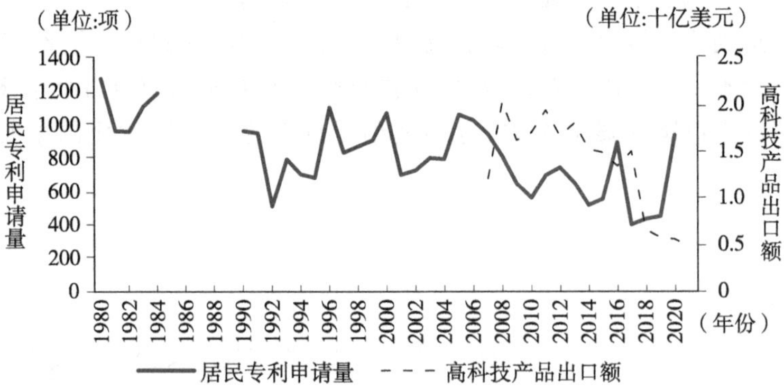

图 3-6　阿根廷 1980—2020 年技术创新主要相关指标演变图

资料来源：世界银行 WDI 数据库。

该时期研发在 GDP 中所占比例略有上升，但低于 1%，整体还是偏低。研发人员（每百万人）也逐年上升，2008 年之后数量逐渐超过 1000 人。产出视角技术创新能力的衡量指标主要有居民专利申请量（知识产出）和高科技产品出口额（经济产出）。需要注意的是，阿根廷的居民专利申请量在中等收入阶段基本呈现递减趋势，在上中等收入阶段出现一定的波动。不过，高科技产品额数据尽管有波动，但整体处于上升趋势。诸多类似指标的变化趋势表明，阿根廷的技术创新能力不足，为经济增长提供的动力不足，但有一些积极变化。

七、失业率与收入分配

与拉美其他国家一样，就业的一个特点是所谓非正规性。非正规工作的低收入人群工作不稳定，同时伴随贫困人口越来越多，虽然在失业率高企时这类工作可以作为某种缓冲,但更多是一种社会脆弱性陷阱。1991 年以来阿根廷失业率一路飙升(见图 3-7),很长一段时间内维持在 10%以上,远高于世界平均水平,即使有非正规工作的缓冲,经济也衰退加剧,埋下社会动荡的隐患,经济发展困难重重。

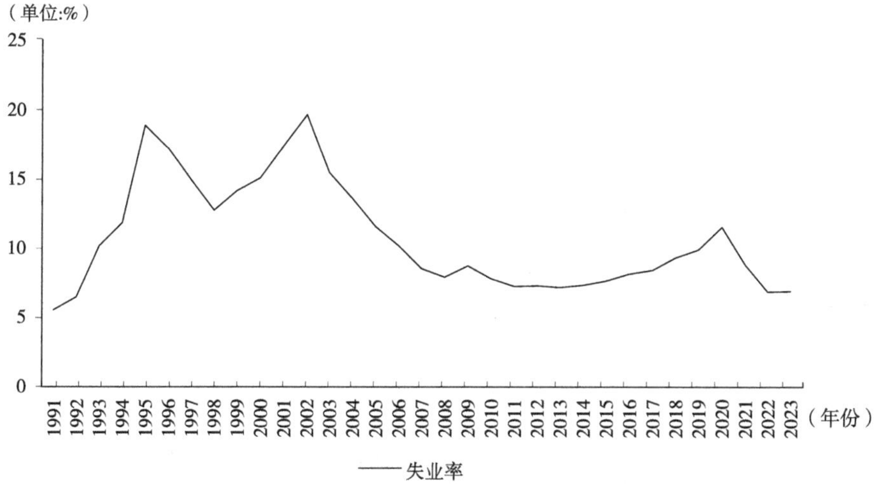

图 3-7　阿根廷 1991—2023 年失业率演变图

资料来源:世界银行 WDI 数据库。

历史上,在第一次世界大战前阿根廷进入高收入阶段时财富的分配就较为不均,增长的果实主要归地主、出口利益集团、工业集团等获得,工人的份额不成比例。第二次世界大战后的中等收入阶段以来阿根廷仍是一个收入不平等问题突出的国家,阿根廷的基尼系数 1984—2020 年以来一直大于 0.4,并不断上升(见图 3-8)。收入差距的不断扩大一方面不利于要素禀赋如人力资本升级,进而影响产业升级和经济增长;另一方面导致社会危机不断出现,民粹主义抬头,而且影响社会稳定,在宏观经济政策等营商环境方面产生不利影响。

八、城　市　化

阿根廷是一个城市化较高较早的国家,当时城市对经济发展的贡献较大(非市场生计部门几乎消失了,市场经济在城市占有统治地位),但是带来了地区不平等、服务业质量不高等问题。中等收入阶段的城市化率仍持续上升(见图 3-9),并处于一个较高的水平,1964 年、1990 年和 2011 年三个年份分别为 75. 84%、86. 98%和 91. 13%,其中下中等收入阶段的城市化

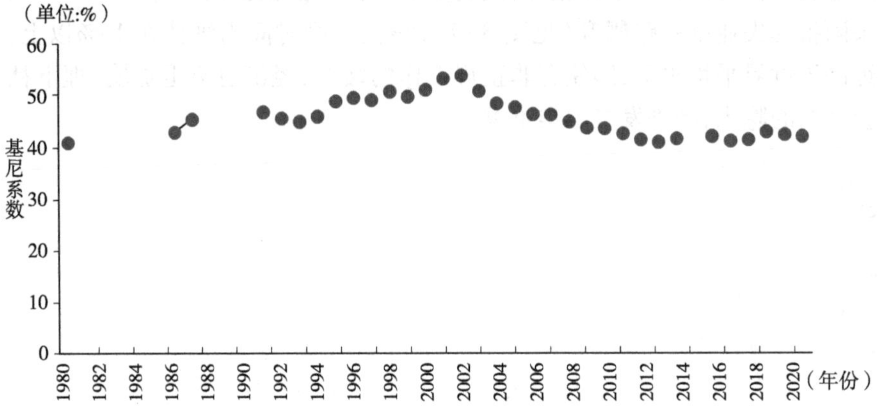

图 3-8　阿根廷 1980—2020 年基尼系数变化图

资料来源:世界银行 WDI 数据库。

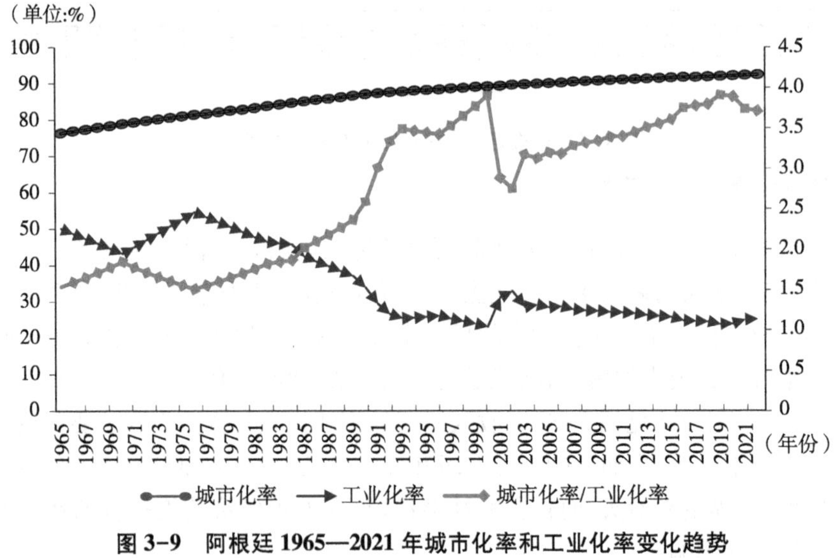

图 3-9　阿根廷 1965—2021 年城市化率和工业化率变化趋势

资料来源:世界银行 WDI 数据库。

递增幅度高于上中等收入阶段。

城市化是否合理,可以用城市化率和工业化率的比值来测量。① 笔者通过计算发现,阿根廷城市化率和工业化率的比值自 20 世纪 80 年代以来逐渐升高,远远大于 1.5(国际平均水平),说明阿根廷的城市化是过度城市

① 郑秉文:《拉美城市化的教训与中国城市化的问题》,《国外理论动态》2011 年第 7 期。

化,导致大量的失业,最后在城市产生成片的贫民窟,不利于社会公平和社会稳定,对产业结构升级产生不利影响。

综合以上分析,阿根廷 20 世纪以来中等收入阶段的多个经济指标和社会指标显示,其经济发展方式单一、产业结构调整缓慢且工业化水平不足,失业率较高、通货膨胀高企、收入分配差距较大、资本形成与结构不合理、各类基础设施建设不完善等问题,使阿根廷长期处于中等收入阶段与高收入阶段的“增长而不发展”循环中。

第二节　宏观经济政策因素能解释“阿根廷之谜”吗?

在阿根廷的经历中,许多因素在陷入“中等收入陷阱”中都有责任,共同形成了阿根廷经济和社会的恶性循环。早在大萧条之前,自由贸易使阿根廷的财富积累一度让欧洲羡慕,但其实际上是“增长而不发展”,尤其所伴随而来的收入差距扩大,这其实留下了第二次世界大战后跌入“中等收入陷阱”的深层原因。这一点有许多研究可以参考。

最常见的另一种解释是政策因素承担主责的观点,阿根廷的宏观经济政策如货币政策、财政政策、金融政策的负面评价很多,需要对其加以辨识。

学者认为,拉美国家对市场过度干预(这有国际货币制度缺陷的原因)、国家的应对失策(进口替代战略的缺陷)等,导致金融危机和宏观经济危机,这成为其跌入“中等收入陷阱”的主要诱因。国家的应对失策在阿根廷的确非常突出。比如,20 世纪 70 年代庇隆政府的“宏观经济民粹主义政策”就是如此。这种应对失策的一个典型循环是,当面对有利的外部条件或廉价的外部信贷时,政府采取扩张性财政和货币政策以刺激经济并试图改善收入分配;当其面临初级产品贸易条件恶化或国际利率上涨时,由于无法获得外部信贷,又不得不推行紧缩性财政和货币政策。于是,庇隆主义政策的顺周期性失误导致金融危机和宏观经济危机。为解决这类问题,此后军政府实施的开放经济政策虽然取得一些成效,但总是好景不长,直到阿方辛政府时期出现空前的经济危机。在拉美债务危机的大背景下,阿根廷是这一时期所谓南锥体国家危机的典型。1982—1989 年,以拉美债务危机为诱因,出现了经济滑坡、国内贫困和收入不平等加剧。军政府实施的经济政策尤其是贸易自由化、金融自由化、资本账户自由化,导致产出开始增长,通货膨胀率下降。但国外资金流入的是金融部门而非生产部门,最终出现空前通胀和经济危机。

梅内姆当选总统后，以最积极的态度、最极端的方式进行了新自由主义的改革。于是，又出现市场过度主宰导致金融危机和宏观经济危机。市场过度主宰，国际资本投机，表现为货币的实际价值上涨，名义和实际利率逐涨，吸引大量外资，信贷扩张，消费繁荣和进口繁荣，但削弱制造业的出口竞争力，不良贷款增多，银行倒闭和资本外流。新自由主义改革导致金融行业管制松懈，财政作用低估、外汇的限制以及高度的通货膨胀，出现了所谓“以市场为导向的国际收支危机”。针对市场过度干预的问题，虽然其他拉美国家达成一致意见，“只有采取两种措施中的一种才能发挥长期作用，要么实行真正的弹性汇率制度，要么实行盯住汇率制度即美元化汇率制度”。但阿根廷两种都没有选。由于一直饱受通货膨胀和货币持续贬值的困扰，阿根廷 1991—2002 年实行货币局制度，以 100%的美元储备作为发钞保证，并以法律规定美元与阿根廷比索 1∶1 的兑换比率，在该项制度实行过程中，阿根廷经济一度出现了短暂的复苏与繁荣，但阿根廷经济内部存在的巨大隐患尤其是资金流入的是金融部门而非生产部门让其经济再度陷入崩溃，巨额的外债与政府赤字又导致其货币局制度走向崩溃。

相对于墨西哥和巴西采取可变汇率和通货膨胀目标制提高了信誉度，降低了通货膨胀率，阿根廷的宏观经济政策如货币政策、财政政策、金融政策则历史性的负面评价很多，并进一步蔓延渗透到制度层面以及营商环境等问题中，2001 年经济危机之后，更是提出危机深深扎根在其现代制度建构过程中沉淀下来的制度性不信任之中等观点。①

不少学者认为，“大部分拉美国家似乎学会了如何抵御宏观经济危机，如今宏观经济状态相对稳定”。这对于阿根廷也基本适用（如对货币局制度本身在主流经济学中并无太多诟病），当然这并不意味着国际货币制度体系的缺陷已经消失，（拉美）固定或半固定汇率制度外加资本和金融账户自由化带来惨痛教训已成历史。

但是，接下来的问题在于，阿根廷为什么选择这些政策？其经济发展的效果又为何与东亚国家成功者相比截然不同？宏观经济政策环境而不是单一政策因素更直接解释是发生经济崩溃的概率。庇隆民粹主义与官僚威权主义的循环选择被认为是阿根廷问题的根源。这有两个方面表现如下。

---

① 杨雪冬：《阿根廷危机与“制度性不信任”》，《读书》2003 年第 7 期。

首先，阿根廷的政策选择是对当时国际环境变化的合理反映。大萧条后的现实是世界各国尤其是澳大利亚等资源出口国紧随美国之后普遍采用贸易保护主义。阿根廷“依附性”的经济显著表现为，经济非常依赖农牧产品出口，依赖外部市场，工业消费品依赖发达国家。由于进口欧洲的工业品受阻，引起国内的通货膨胀；由于农产品等出口价格下降，对制造业和农业造成巨大的打击。比如，英国作为其当时的最大经贸伙伴，阿根廷对其有显著依赖。面对大萧条，英国决定对英联邦国家实行“帝国优惠制”，这对阿根廷造成很大损失。虽然阿根廷政府采取了一系列应对措施并与英国签订《罗加—朗西曼条约》，但仍激起多方面批评。此后保守派登上历史舞台，逐步放弃自由主义的倾向，在依附理论和民粹主义的指导下，有意无意中忽视自然资源行业的升级创新，在进口替代工业化战略的道路上成效并不显著，并导致封闭。再比如，国际环境变化使民粹主义在胡安·庇隆政府时期达到顶峰。庇隆政府认为阿根廷人的血汗钱都被外国资本家榨取了，认为实行经济独立，意味着打碎资本帝国主义和国际资本主义的枷锁。英美等国在阿根廷的资产被收归国有，而且拒绝偿还外债①。即使这些做法有某种客观合理性，但错误的政府角色不能承担制造业发展的任务，也没实现制造业的产业内升级创新。

其次，就内部看，在20世纪初进入高收入国家行列时，阿根廷初级产品出口阶段（1870—1945年）的发展模式存在严重缺陷。财富掌握在少数人手中，农牧业利益集团（有时是制造业集团）在阿根廷政治经济中占绝对优势，虽然不存在典型发展中国家如其他拉美国家的经济社会二元结构，但贫富差距非常明显②。此时保守派政府用双边主义谋取短期利益回避国内困难，依赖英国的贸易和投资，但并未实现资源型经济的起飞。同时，尽管有第二次世界大战的爆发等发展的有利因素，尽管对于发展工业的态度发生了很大的变化，其工业化发展的良机再次错过和扭曲。工业的发展虽有一定基础，但并未实现制造业出口的很大改进。国家的应对失策表现为政府在资源配置中一直发挥太大作用，在1946年“第一个五年计划”、1952年

① 需要说明的是，阿根廷在“进口替代战略”中的经济学争论的关键角色，作为观念它其实并不亚于利益的影响。以劳尔·普雷维什这一拉美经济思想方面举足轻重的领军人物为例，他长期担任联合国拉美经委会负责人，作为世界经济新秩序的积极倡导者固然应受到高度评价，但是，在强调要建立一套理论中，“中心—外围”理论也固化了闭关锁国战略的实施。这被后来的一些学者称为“无心之失”（honest mistake）。

② 按照经济史学者恩格尔曼的测算，1900年前后这一发展的巅峰时期，阿根廷潘帕斯草原上拥有土地的家庭比例不足10%，然而美国大多数民众在乡村拥有地产。

“第二个五年计划”中，政府采取补贴工业部门发展的政策，本国工业生产能力有了提高。虽然将本国经济与世界市场之间竖起了一道阻碍国际贸易的屏障，但国家创新系统薄弱，投资和资本积累下降，劳动生产率较差，结构转型没有出现。

1989 年，梅内姆当选总统后进行了新自由主义的改革。短期内使经济出现一些活力，人均国内生产总值 10 年增长近 3.5 倍，进出口总额也得到有效改善。但阿根廷政府并没有利用全球化的机遇等适时进行产业结构升级，本国企业缺乏竞争力的问题再次暴露，很快被进口的商品挤垮，造成严重的后果。于是，此后纠正进口替代问题的贸易自由化的结果是，低效率的工业受到严重冲击，制造业出现负增长，失业突升，工资下降。经济命脉掌握在外资手中，产业发展失衡，宏观经济也出现失衡，贫困化更加严重，加上亚洲金融危机等外部环境的恶化，1998—2002 年阿根廷经历了连续五年的经济衰退，并在 2001 年爆发严重的债务危机，经济又一次出现严重的倒退。衰退的经济引发了严重的社会危机。此后传统庇隆党的基什内尔上台，又开始强调国家干预，注重社会救助计划，提高中下层人们的福利水平。在推动经济发展上取得一定成功，在 2011 年后又一次进入高收入阶段，但此后又陷入衰退。

虽然阿根廷在进口替代与资源行业转型升级的双重选择中进退失策①，财政政策调整、信贷收缩、实际汇率提高等政策因素的应急性尤其显著，但这些有其复杂的历史因素，宏观政策也努力进行适应性调整且受主流经济学重要影响，但资源出口行业不能升级和制造业缺乏竞争力都对政策困境有显著影响。

在本章中，我们强调生产转型的障碍是理解“阿根廷之谜”的关键。产业结构和经济复杂度滞后于经济增长，二者的不匹配持续存在。在《阿根廷新经济史》一书中，作者提出一个相关问题，为什么阿根廷没有抓住第二次世界大战等提供的机会促进制造业出口，或者促进进口替代的深化？在某种程度上，“高成本劣势”由资本市场的管制等因素造成，虽然产品价格在很大程度上实现自由化，但政府控制多种要素市场价格。在有数据可查的 150 多个国家中，阿根廷的年均实际贷款利率仅次于巴西，高于德国、日本等发达国家，也高于智利这一经济发展程度最好的拉美国家。更重要的

① 对于遵循自由主义的思想，继续发挥自身比较优势，出口初级农产品的可能路径，从初级产品出口价格变动的历史序列数据中，有些国外学者发现“依附理论”的实证依据并不充分。

原因在于，在庞大的非正规部门条件下，社会政策的目标不妥，加之国内市场规模不足以支持现代经济，这些与产业发展的要求相矛盾，称为“高成本劣势”。1949 年 3 月制定的新宪法中，增加了《工人的权利》一节，此后，工人除享受普遍的福利外，还可得到由政府强制雇主捐献的社会保障基金及其他额外福利，如事故和医疗保险，数额约为工资额的 40%—50%。由此造成其经济的“高成本劣势”，相比劳动报酬略低于阿根廷的巴西如此，更不用说其时薪高于人均 GDP 相当的墨西哥了。总之，由于经济上的民粹主义，尤其是福利民粹主义盛行，以宣扬高福利和再分配主义为导向导致制造业成本高企。

需要说明的是，社会政策的结果是造成无法有效解决不平等的高福利陷阱。建立有利于工人的再分配制度是庇隆政府劳工政策的基础。不切合实际的收入分配政策，多次大幅度提高工人工资，扩大公共开支，加剧财政负担。民粹主义盛行过于聚焦在收入再分配上，其治标性策略也难持久。有时如在 20 世纪 80 年代基尼系数仍有所上升；有时如在 90 年代后实施一体化社会政策，收入差距有所缩小。收入差距变化一方面固然与其历史遗产或初始状况有关，也与调整计划的特点、所受冲击的本质等有关，尤其是贸易改革的效果不突出。建立在昂贵的商品价格利益基础上的再分配财政政策，缺乏经济结构升级的基础支撑。

我们认为，阿根廷多次出现经济滑坡、国内贫困和收入不平等加剧的直接诱因虽然是政府宏观政策失当，但这也有其实体经济的根源，实体经济缺乏竞争力和生产率提升，成为债务危机和金融危机的诱因。由于缺乏生产转型，在致力于自然资源行业的升级创新（如澳大利亚和北欧国家）上进展有限，在促进制造业出口升级上效果不佳，特别是政府并未在解决市场失灵（比如信息发现和协调外部性）中有效发挥作用。“在很多情况下，国家角色扮演得并不称职，它们往往是临时性的，还缺乏协调配合。同欧洲与日本的区别，更在于其国家的低效和无能。”（福山，《落后之源》）。庇隆政府补贴工业部门发展的产业政策，客观上采取了剥削农牧业出口部门所得来补强生产部门实现自给自足，从而激起了传统出口利益集团的反抗，阿根廷国内也因此分裂成支持进口替代工业化战略的庇隆主义与强调发展初级产品出口、适度发展进口替代工业部门的反庇隆主义，两派之间的冲突与矛盾成为此后数十年阿根廷社会的显著特征。随之而来的便是频繁发生的军事政变和自相矛盾的经济政策，其结果就是政局动荡、社会分裂、经济停滞，阿根廷逐渐沦落为一个“衰败国家”。

总之，我们需要对政策因素的作用加深认识和具体化，是因为其结构转型的滞后是宏观经济政策环境的重要因素。政策因素反映了其政治经济制度的问题,政治经济制度的问题背后是生产结构的滞后。这表现为技术进步要素或者创新作用有限①,虽然民众受教育水平在提升,但研发投入却不足。于是,这种矛盾的现象使关注的对象必须转移到阿根廷的经济复杂度提升能力上。创新作用的长期下降、全要素生产率难以提升,是其跨越“中等收入陷阱”的紧约束。

第三节　阿根廷经济复杂度的测度

劳尔·普雷维施于1950年认为,以自然资源为基础的活动与工业化之间存在根本的区别,前者受到贸易条件长期下降的影响。松山(1991)②对普雷维施的观点进行现代重述,强调的不是贸易条件的演变,而是生产力的演变。豪斯曼(2006)等强调经济复杂度的影响。这既包括产业间升级也包括产业内升级。近年来,从初级产品出口价格变动的历史序列数据中,国外学者发现“依附理论”的实证依据并不充分,但这并不意味着自然资源行业的创新能力的提升不能够在当今适用。

无论自然资源与制造业的内在属性如何,在高生产率增长的部门(即使含有资源产品)和低生产率增长的部门(也不排除个别工业品)之间,阿根廷总是处于不利地位。一方面,阿根廷大力发展初级产品出口而实现了经济的迅速增长和社会的不断进步的“美好时代”。其自然资源行业的创新能力的提升也不足。另一方面,在1980年后全球化进一步发展的时代,使现代行业的增长有利可图。但阿根廷并不是这样。产业间升级或者结构转型乏力,这可以通过其经济复杂度的变化加以说明。

一、阿根廷经济复杂度的核心测度指标测度结果及分析

(一)阿根廷的经济复杂度

衡量一国发展能力的综合性指标是经济复杂度,笔者的计算发现(见图3-10),阿根廷中等收入阶段历年经济复杂度及人均GDP自然对数

① 比如以专利申请数据为例,1970年,阿根廷非居民专利申请5096项,居民1982项;1990年该数据分别为1955项和955项;2014年两项数据分别为4173项和509项。令人费解的是,居民申请专利数量非但没有上升,反而大幅下降了。

② Matsugama, K. "Increasing Returns, Industrialization, and Indeterminacy of Equilibrium", *The Quarterly Journal of Economics*, Vol.106, No.2, 1991.

(LN_{GDPPER})波动较大；而且相较于下中等收入阶段，经济复杂度在上中等收入阶段内其值甚至更低。

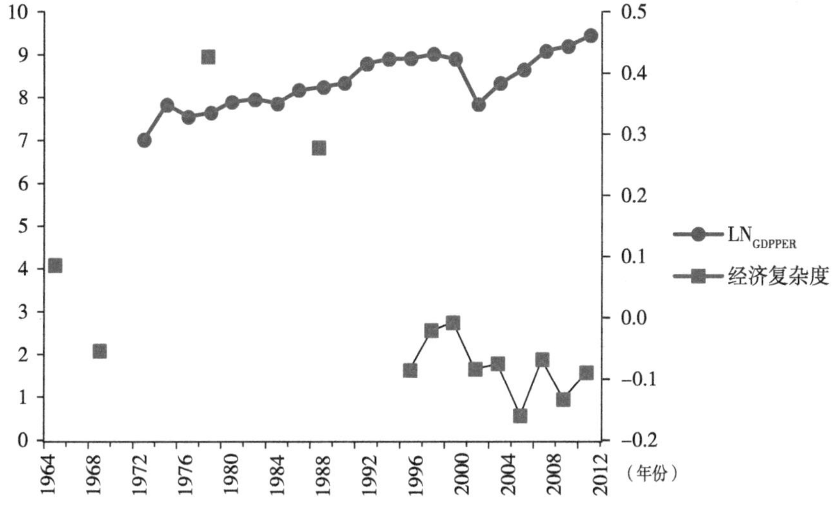

图 3-10 阿根廷 1964—2012 年经济复杂度及 LN_{GDPPER} 演进

资料来源：联合国商品贸易数据库。

（二）阿根廷六类产业显示性比较优势

笔者的计算发现(见图 3-11)，阿根廷在 1964—1990 年的下中等收入阶段：产业 1 的显性比较优势在 3.20 以上且基本稳定；产业 2 的显性比较优势不断上升，并在 1990 年达到 2.00 以上；产业 3 的显性比较优势在 0.31—0.77 浮动，基本处于上升的趋势；产业 4 的显性比较优势在 0.06—1.2 浮动，上升趋势比较明显，产业竞争力由弱变强；产业 5 的显性比较优势在 0.04—0.18 浮动，产业竞争力较弱；产业 6 的显性比较优势在 0.09—0.37 浮动，基本呈现上升趋势，产业竞争力由弱变强，但依然较弱。由上可见，低复杂度的产业 1 的竞争力较强，中低复杂度的产业 2 的竞争力由弱逐渐变强，产业 3、4 的竞争力较弱，中高复杂度的产业 5 和产业 6 的竞争力最弱。整体来看，阿根廷的产业结构不合理，产业没有实现顺利升级。

阿根廷在 1991—2011 年的上中等收入阶段：产业 1、2 的竞争力较强，但各自的变化态势不同，产业 1 的显性比较优势基本稳定，产业 2 的显性比较优势基本呈递减趋势，并在 2010 年低于 1.00；产业 3 的显性比较优势略微上升，但是依旧小于 1.00；产业 4、5 的竞争力均较弱，其中产业 4 的显性比较优势先略微上升，2000 年曾经超过 1.00，后呈现递减趋势；产业 5 和产

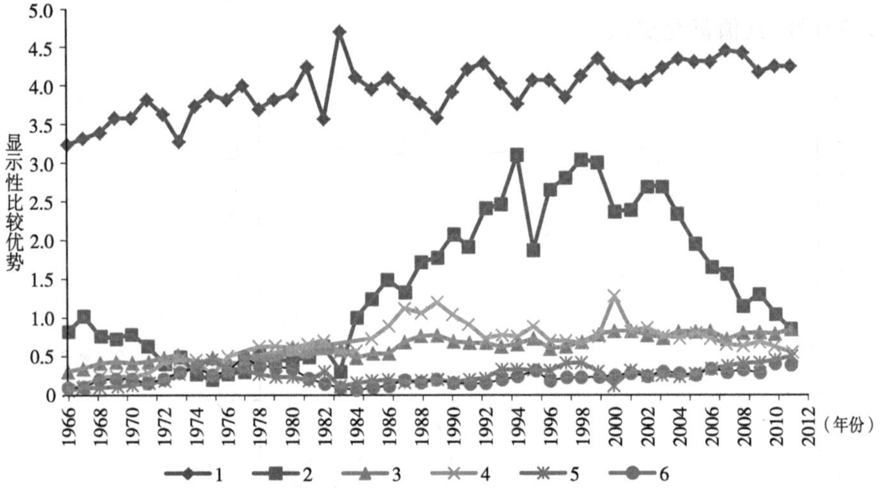

图 3-11　阿根廷 1966—2012 年六类产业显示性比较优势

资料来源：联合国商品贸易数据库。

业 6 的显性比较优势尽管有所上升，但都低于 0.60。到 2011 年，阿根廷具有较强比较优势的产业主要是产业 1，其他产业竞争力均较弱。相较于下中等收入阶段，阿根廷的产业结构尽管有所优化，但是还是总体上不合理，低复杂度的产业 1 的竞争力依然偏弱，中高复杂度的产业 2、3、4、5、6 的竞争力都不高，尽管产业 2 和产业 4 曾出现较强竞争力的时期，但都逐渐变弱。

（三）阿根廷产品空间的产业态势

阿根廷在 1964—1990 年的下中等收入阶段：产业 2 实现成功转型，产业 4 实现短暂的产业成功转型，未升级产业为产业 3、5 和 6，保持持续优势产业为产业 1，无升级失势产业。在 1991—2011 年的上中等收入阶段：没有转型升级产业，未升级产业为产业 3、5 和 6，保持持续优势产业为产业 1，升级失势产业是产业 2。在整个中等收入阶段中，阿根廷各产业均未实现升级。

（四）阿根廷六类产业密度

密度也是衡量产业竞争力及升级潜力以及模块化潜力程度的一个重要指标。笔者的计算发现（见图 3-12），阿根廷在 1964—1990 年的下中等收入阶段：历年六类产业的密度均在 0.03—0.65 浮动，产业竞争力一般；产业 1 的密度从 0.03 上升至 0.50，产业竞争力由弱变强；产业 2 的密度在 0.28—0.46 波动，产业竞争力较强；产业 3 的密度从 0.11 上升至 0.63，产业竞争力逐渐变强;产业 4 的密度从 0. 23 上升至 0. 43,产业竞争力有一定增强;产业 5 的密度由 0. 05 上升至 0. 5 以上浮动,产业竞争力由较弱演变为很强;产业 6 的密度由 0. 12 上升至 0. 6 以上,产业竞争力变得很强。由上可见,阿根廷的产业 1、3、5 和 6 的竞争力逐渐由弱变强;产业 2 和产业 4 升级潜力较强。

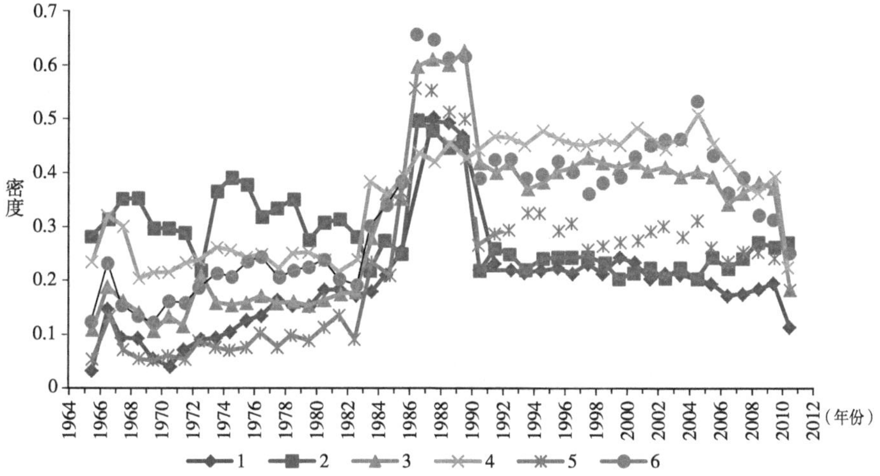

图 3-12　阿根廷 1964—2012 年六类产业密度

资料来源:联合国商品贸易数据库。

阿根廷在 1991—2011 年的上中等收入阶段:产业 1 的密度由 0. 49 下降至 0. 11,竞争力由较强变弱;产业 2 的密度由 0. 45 降至 0. 27,竞争力下降;产业 3 的密度由 0. 63 下降至 0. 18,竞争力由很强变一般;产业 4 的密度在 2005 年达到顶峰 0. 51,然后逐年下降为 0. 22;产业 5 的密度由 0. 51 下降至 0. 18,竞争力由强变弱;产业 6 的密度从 0. 61 降至 0. 26,竞争力变弱。

相较于下中等收入阶段,阿根廷的产业结构变得不合理,尽管产业 4 的竞争力经历短暂的变强,但在 2011 年也变得较弱,产业 1、2、3、5 和 6 的竞争力都有所下降。从整体上看,上中等收入阶段比下中等收入阶段的产业密度结构有所恶化。

二、阿根廷经济复杂度演进乏力的原因

剑桥大学帕尔马(Palma)教授的研究发现,与其他拉美国家类似,阿根廷经济复杂度演进的一个特征是“独足跛行”(one-thing-at-a-time),缺乏

产品空间的升级，比较优势行业（大宗商品）产业内升级与制造业产业间升级乏力，不能导致复杂度良性的演进与协同。其与发达国家生产率差距非常明显地显示了这种脱节。从相对美国的分部门生产率看（见图 3-13），1980 年以前，即使进口替代战略成功缩小了制造业生产率差距①，但这是以牺牲大宗商品行业为代价的；后来情况正好相反，大宗商品行业有所发展，但制造业生产率的差距拉大。其中有以下特点：

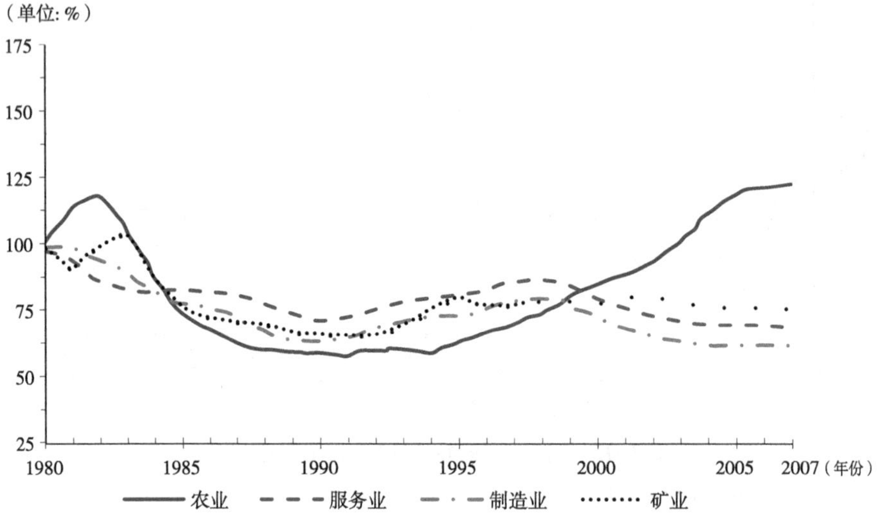

图 3-13　1980—2007 年阿根廷与美国分部门生产率比较

资料来源：转引自 Palma, J. G., "Why Has Productivity Growth Stagnated in Most Latin-American Countries since the Neo-Liberal Reforms?" Cambridge Working Papers, in Economics 1030, *Faculty of Economics*, University of Cambridge, 2010。

第一，产业升级路径没有打通，自然资源行业和制造业创新能力升级均陷于停滞。

就农业的产业升级而言，阿根廷中等收入阶段农业经历巨大转变。技术革命的展开，改变了其农村部门的生产组织和社会关系。在许多情况下，“播种池”（sowing pools）和“耕作”（cero tillage）等生产安排已经取代了传统的农村组织。而这种技术和组织的变革不仅仅是因为跨国公司的影响，它也是国内技术努力的结果，包括公共机构如阿根廷农业技术研究所

① 依附论者认为，因为制造业因其动态规模经济而具有促进增长的优越特性、溢出效应等，进口替代时期生产率增长较好（但实证结果有争议），相反，20 世纪 80 年代之后的新自由主义时期所谓大宗商品的追赶只是一种狭隘的采矿经济现象，生产率增长表现较差。

(INTA)、马尔布兰研究所(Instituto Malbrán)和当地公司进行的研发。然而,由于美国也发生了农业方面的这些转变,与美国的农业生产率差距也扩大了,虽然阿根廷在大豆等农作物上增长显著,但自然资源行业升级乏力,政府产业政策无力,加之制度不稳定和政策可预测性差(没有长期的反周期投资,很可能会因财政整合压力而导致政策逆转),目前没有迹象表明会创造出类似澳大利亚或北欧那样的依托自然资源提升经济复杂度的经济成功发展之路。

经济复杂度相关研究显示,出口产品结构的高级化和产业结构升级,是推动经济持续发展的根本动力。一些分析显示在中等收入阶段,阿根廷的经济复杂度并没有升级,以至于后来阿根廷发展资本密集型产业和技术密集型产业效果并不明显,导致其工业化进程缓慢,甚至出现倒退现象。伍业君、张其仔(2012)①测算了阿根廷 1980—2009 年的出口多样化及产品复杂性指数,通过分析发现产品复杂性与阿根廷实际人均 GDP 增长之间存在长期稳定的协整关系,产品复杂性的提升有助于阿根廷的经济发展,这与经济复杂度理论的预期一致。尽管林毅夫(2004)提出以技术选择指数作为国家发展战略的代理变量,其值越大说明一个国家越违背比较优势,经测算阿根廷 1963—1999 年技术选择指数平均值为 2.564,高于一般国家水平,说明阿根廷产业发展偏离比较优势②,但阿根廷制造业的产业间升级能力较弱,尤其是企业创新能力和管理实践滞后,经济复杂度提升并未持久,面临外部冲击时导致经济频繁起伏,不能稳定在高收入国家行列。

第二,政府解决协调失灵问题的能力不高,与市场作用缺乏协同。

第二次世界大战后的结构主义经济学忽视市场,导致资源错配、效率低下,而新自由主义忽视政府的作用,导致生产能力停滞,经济增长崩溃,危机不断。对阿根廷来讲,不管是庇隆主义还是后来的新自由主义,是从一个极端走向另外一个极端,即有些学者所说的“钟摆现象”,都没有很好地处理好政府和市场的关系。庇隆推行强有力的国家干预主义,这种干预“越位”且缺乏灵活性,使阿根廷产业发展并没有遵循产业演进和经济复杂度提升的规律。近年来,阿根廷从过去国家干预主义的极端转向了彻底的自由主义,但并不能与经济全球化,特别是贸易和金融领域的国际化适应。新自由主义的实施使市场的力量得以不受约束地放大,市场这个“无形之手”任性

---

① 伍业君、张其仔:《比较优势强化与经济增长——基于阿根廷的实证分析》,《中国工业经济》2012 年第 2 期。

② Lin, J. Y., Liu, M., Development Strategy, Transition and Challenges of Development in Lagging Regions, In *Annual World Bank Conference on Derelopment Economics*, 2004.

挥舞，阿根廷政府由经济活动的组织者变成旁观者，在经济治理和发展中“缺位”（例如专栏3-1），于是，贸易自由化政策在提高出口贸易的同时，也增大了对进口产品的需求量，而且进口增加的速度和数量大大超过了出口，导致国内产业受国外冲击严重，以前积累的生产能力遭受破坏，产业结构出现失衡，造成严重后果。

对于开放战略的目的，拉美经委会曾明确指出，应该把向外开放的政策与改善工业和提高科技水平结合起来，这样才能提高国家的竞争力和实现经济的发展。但阿根廷堪称失败的范例。总的来看，外债与外资并没能成为经济发展特别是提升复杂度的支撑力量。进口替代战略为东亚制造业迅速发展打下基础，而且也带动了经济的增长。但是阿根廷的进口替代发展模式中，外债与外资并没能像韩国那样成为经济发展特别是提升复杂度的支撑力量。庇隆主义等忽视了降低劳动力成本的重要性，造成要素价格的扭曲和成本劣势；进口替代缺乏灵活性，如主要集中在消费品进口替代为主的战略；大企业与中小企业间、外资企业和本土企业间关联性较差，导致对进口的依赖（虽然在增长初期，增加对全球价值链的参与对获取外国知识和生产技能是必要的，但在中等收入阶段仍然没有努力寻求与外国主导的全球价值链分离和独立，以增加国内增加值和建立本地价值链），容易受国际经济环境的影响等。不同于东亚的外向发展模式，其内向发展模式表现出路径依赖特性。同样是进口替代，阿根廷在其局限性暴露时，所作的选择很不相同。一方面，阿根廷内部发展基础条件没能持续性改善，人力资本积累滞后，资本和技术密集型产业的发展自然难以成功，另一方面，在条件有利时继续出口大量初级产品虽有短期利益，却没有如同澳大利亚、加拿大那样实现行业内升级和资源行业创新能力提升，在初级产品价格大幅波动时则经济崩溃，导致失业率的上升和贫富差距的拉大，出现制度退化等“中等收入陷阱”问题。这与东亚国家发挥动态比较优势，提高企业的效益和国际竞争力，不断积累产业人力资本，产业间升级与产业内升级良性互动形成鲜明对比。

第三，民众主义和不平等的负面影响持续存在，制造业发展困难，缺乏产业升级的有效推动。

作为欧洲移民占据重要地位的国家，民众主义在阿根廷有其深刻根源。在进口替代工业化阶段，阿根廷民众主义政府操纵商品和要素的价格，使相对价格有利于拥有政治话语权的制造业集团，但不断爆发的经济危机引起的通货膨胀对穷人的伤害更大，使农民和非正规就业者承担主要成本。面对这些问题，庇隆主义宣传以公平公正为出发点，阿根廷成本高昂的债务中有相当部分用在了社会福利支出上,但是根本目的是出于政治需要。为获得工人支持,庇隆发展和完善了福利制度,却提升了产业发展的要素成本。更为严重的是,他并没有把非正规部门等弱势群体纳入保障范围之内,行业间社保制度的差别等导致了工人之间的不平等,导致阿根廷收入差距居高不下,两极分化严重。

阿根廷长期出口的是低收入国家往往出口的“低生产率”商品,虽然具有一定附加值的化学品和初级产品,包括部分加工的肉类、鱼类和谷物是其应该追求的“高复杂度目标产品”,却面临市场失灵问题。因为其所需的公共产品(如基础设施,复杂的无形资产例如特定部门的立法)供给不足、缺乏有效协调等,仅靠市场力量不足以将出口结构转向生产率更高的商品,从而提高增长前景。特别是,其经济中没有对高复杂度产品的服务和劳动力或管理技能的需求,相应的人力资本积累难以发展。于是,静态比较优势没有带来好的增长业绩,其低增长陷阱恰恰源于内生增长率较低部门的静态比较优势。

一些经济复杂度分析的实证文献确定了三组产品分类,依据是产品收入和距离方面的组合。一是高回报—低成本产品,接近效率前沿的商品。由阿根廷目前出口的货物组成看,一般来说,效率前沿的商品包括化工产品和具有一定附加值的初级产品,包括适度加工的肉类、鱼类和谷物。由效率前沿看来效率最高的几种商品与农业有关,其有可能通过资源类产品的价值链升级促进发展。二是高回报—高成本产品的出口产品。这一套是由产品收入高但距离远的商品组成的。最重要的出口产品是各种化工产品、多种机械工具。三是低成本—低回报产品。该组包括产品收入低且距离短的商品。该类别的典型出口产品是初级产品和很少或根本没有加工的矿物。它们属于产品空间的同一个区域,相关性使开发新的出口产品相对容易,因为类似的投入需求(物质和人力资本、特定部门的财务要求、制度或监管要求、基础设施、供应链特征、客户特征),但这却往往成为进入低复杂度经济活动的陷阱。

实际上,阿根廷的出口高度集中而不是多样化,以改善复杂度作为促进更高增长手段的公共政策效果不佳(Guerson 等,2007)①。根据经济复杂度分析,其出口对应的收入成分与按购买力平价计算的人均 GDP 大致相同。由于收入含量低,加工很少或没有加工的初级产品和矿物的增长带动

① Guerson,A.,Parks,J.,Torrado,M. P.,“Export Structure and Growth:A Detailed Analysis for Argentina”,The World Bank,No.4237,2007.

效应并不大。但是,这却因为更具相关性而导致在物质资本和人力资本、特定行业的金融设施、制度或监管要求、基础设施、供应链特征和客户服务等方面具有相似的要求的新的出口产品,于是,多样化程度提升但复杂度停滞。

总之,阿根廷发展历程表明,经济结构与经济政策导致的经济乱局形成了民众主义的土壤,民众主义与选举政治又深刻影响了经济路径的选择。在外部条件方面,大宗商品价格波动以及国际冲击,放大了阿根廷社会与经济政策间的不协调问题。民众主义、选举政治和经济乱局交织在一起,导致阿根廷的经济政策与社会政策长期背离,难以提升复杂度。

第四节 阿根廷的人力资本问题

为了对阿根廷“中等收入陷阱”问题提供系统理解,考虑到“中等收入陷阱”的门槛条件,本书探讨“中等收入陷阱”的一个视角是不平等,尤其是教育不平等。虽然收入分配不均是一个更受关注的不平等维度,且存在收入分配恶化—暴力冲突(社会动荡)—民粹主义—经济崩溃的恶性循环,但收入分配只是不平等的一个维度,教育不平等与财产不平等是同样重要的基本因素。

阿根廷上一波发展高峰时,属于典型的“有增长、无发展”状况。资本存量高于德国,仅次于英国、美国和加拿大,但当时的小学入学率远低于欧洲,尽管高于其他拉美国家。预期寿命变动趋势也与此类似。而收入分配状况虽也优于欧洲东南部国家,但差于西北欧国家,尤其是地主居于较大优势地位。阿根廷发展地区差异较大(布宜诺斯艾利斯很发达,但早期欧洲移民到达地区与新移民到达地区比较落后),“1/4 的人口生活在占国内生产总值 10%多一点的地区,他们的人均收入与墨西哥相当,不到布宜诺斯艾利斯的一半”,这种人力资本积累、经济权力和政治权力不对称,对以后的制度发展(也包括教育制度发展)产生潜在不利影响。

我们强调人力资本积累中技能制度或教育制度的作用以及这种制度不良演变中与市场制度、政府干预不当联系的殖民主义因素。我们的观点综合了詹姆斯·罗宾逊的观点与施莱佛的观点,阿根廷等拉美国家的教育与社会等级制度有其内在缺陷,包括人力资本积累的历史和发展特征以及殖民主义渊源都对其产生了重要影响。我们认为,除了混乱和政治不稳定在很大程度上与此有关外,较低的教育水平容易导致“有增长、无发展”(1900年,阿根廷作为拉美经济领先者,平均教育年限为 1.8 年,而发达国家的平均受教育年限为 6.4 年。高等教育主要是为欧洲精英和印第安酋长子女提供。19 世纪下半叶，建立了国家教育体系，阿根廷小学入学率增长迅速。相对于人口的规模，丰富的资源吸引了移民，使其获得了更高的工资和更高的社会支出水平，包括教育支出），生产结构未能升级没有带来经济增长和经济复杂度提升，这与人力资本积累问题久拖未决密切相关。

产品复杂度是经济中可用知识和专门技术（生产结构）度量的一个代理变量，产品复杂度也可以被理解为一个经济体的职业人力资本和社会资本水平制度状况的代表（但人力资本总量衡量标准并没有体现这一点，例如受教育年限或受过高等教育的人口比例）。除物质资本外，一个国家生产尖端产品的能力还取决于人们积累和形成社会和职业网络的能力。因此，与主要基于资源丰富性或低技能的简单产品比，复杂的制造业产品需要大量的隐性知识和更多的分布式知识，可以提高人力资本投资的积极性，提高工资谈判的效率，从而减少工资和收入不平等。

世界经济的核心国家不仅仅出口更为复杂的产品，而且在于这些核心国家拥有相对于外围国家更高的财富积累（Gala 等，2018）①，并且通常出口收入不平等程度较低的产品。根据产品基尼系数（Hartmann 等，2020）②，可以对阿根廷的生产结构未能升级导致人力资本缺乏加以说明。产品基尼系数（Product Ginis Index，PGI）定义为一种产品的出口国收入不平等的平均水平，并按每种产品在一国出口篮子中的重要性加权计算。

$$PGI_p = \frac{1}{N_p}\sum_{p=1}^{n} M_{cp}S_{cp}Gini_c \qquad (3-1)$$

c 是国家，p 是产品，M_{cp} 是一个虚拟变量，若 c 国的产品 p 具有显性比较优势则赋值为 1，否则为 0。S_{cp} 代表出口份额，$Gini$ 是基尼系数，N_p 是标准化因子，确保 PGI 是基尼系数的加权平均。其中，农产品、纺织品和采矿产品，如可可豆、棉花、锡或石油气体，是产品基尼系数最高的产品之一。阿根廷作为典型的资源型经济，其出口产品基尼系数 X_{Gini} 偏高（见表 3-4）。与其他拉丁美洲经济体类似，X_{Gini} 指数要高得多，X_{Gini} 指数衡量的是与一国出口组合相关的产品基尼系数平均值。全球经济的核心—外围结构不仅与国

① Gala, P., Rocha, I., Magacho, G., "The Structuralist Revenge: Economic Complexity as an Important Dimension to Evaluate Growth and Development", *Brazilian Journal of Political Economy*, Vol.31, No.2, 2018.

② Hartmann, D., Beserra, M., Lodolo, B., et al., "International Trade, Development Traps, and the Core-Periphery Structure of Income Inequality", *Economica*, Vol.21, No.2, 2020.

家间的不平等有关,而且还与国家内部的不平等有关。阿根廷未能减少对简单出口产品的依赖,转向相关的、低产品基尼系数和高复杂性产品,这也是其生产结构的重要特征。

表 3-4 阿根廷部分产品的基尼系数(PGIS)

15 个 PGIS 最高的产品			
排序	**SITC_ID**	**SITC 产品**	**PGI**
766	721	可可豆	0.525
765	2654	龙舌兰纤维	0.520
764	6545	黄麻机织布	0.515
763	2640	黄麻	0.512
762	4245	蓖麻油	0.506
761	6871	未锻造的锡及合金	0.506
760	4314	蜡	0.505
759	5622	磷肥	0.505
758	6592	结状地毯	0.503
757	1213	烟草废料	0.503
756	2876	锡	0.502
755	3413	液化石油气	0.502
754	6521	未漂白棉机织物	0.502
753	5222	无机酸和含氧化合物	0.501
752	6513	绵山药	0.501

资料来源:联合国商品贸易数据库。

宏观经济政策对于阿根廷人力资本积累和不平等问题的作用有限,相应的社会保障制度和教育制度的作用就其自身或内部优化而言,难以寻找到有效解决办法(配置效率效应较弱)。庇隆主义的失败就是明显例证。在第二次世界大战后的发展中,20 世纪 80 年代至 21 世纪初,阿根廷的收入差距变大了,收入不平等成了其代名词。其收入差距的基尼系数高于发达国家、东亚,甚至一度高于非洲。虽然阿根廷原本的收入差距与巴西等比较不是很严重,并且由于与智利类似地实施了社会一体化政策,收入差距也有缩小,危机后复苏的21世纪初的阿根廷,宏观经济条件改善促进了就业,虽然并非因为原材料商品价格繁荣,不平等有缩小趋势。但其原因主要是:第一,通过数量和价格效应,加上政府不断增多的现金和实物转移支付,高技术与低技术劳动力之间的技能溢价减少了,短暂有利于改善不平等。第二,人口结构因素,成人劳动力占比和家庭成年劳动力占比的变化等因素,也有利于改善不平等。中等收入阶层、一般高收入阶层的收入下降,但占人口10%的高收入阶层的收入却在上升。可见,并非因为经济复杂度的提升或产业升级中的人力资本积累改善促进了不平等的改善,而是由于中等收入阶层、一般高收入阶层人力资本的不利变化。

出乎意料的是,即使在20世纪民粹主义盛行时期,阿根廷仍然忽略了民众面临的收入不平等之外的不平等。比如,无论债务危机还是结构改革之前和之后,其人力资本积累不平等问题突出。作为曾经的发达国家,1995年,阿根廷的中小学入学率仅相当于韩国的一半左右,略高于后来拉美最好的智利,但公立小学拥有15年教龄的教师工资与智利有比较大的差距。不仅在人力资本积累上的政府投入偏低,而且教育质量(比如以国际数学成绩测试衡量)上逊色于智利,甚至落后于马来西亚。阿根廷义务教育覆盖面比以往扩大,缩小了劳动力受教育程度的差别,但是,高等教育的相对收益率缩小,与贸易和投资的开放中复杂度不能提升有关,又不利于进一步的高级人力资本积累(第1章所说的配置效率扭曲)。虽然20世纪90年代技能偏向的技术进步有助于缩小收入差距与提升经济复杂度,但是与其他拉美国家不同,阿根廷的一个特殊驱动力是政府的亲工会立场和建立在昂贵商品价格利益之上的再分配财政政策,这与建立在复杂工业产品的隐性知识和更多分布式知识起源上的分配改善具有生产能力的支撑是不同的。政府的角色在推动技术创新找出新产品的成本结构以及促进经济复杂度上,政府发挥的作用有限。

随着人力资本积累的提升,拉美已经放弃了历史上的政治排斥做法,但中等收入阶段发展中民众不时提出了超越现有教育体系能力的要求,与落后的教育公共制度积聚矛盾,在改善教育(有时包括健康人力资本)上不断遇到挑战。意识到经济政策与社会政策二者之间存在长期背离之后,阿根廷政府希望提升全要素生产率并相应地发展教育。1992年教育占国民总收入的比重突破3%,此后一直维系在3%以上。各级入学率提升,20世纪70年代,阿根廷小学入学率超过90%,80年代中期,中学入学率达到70%,到2000年,大学入学率达到50%。但收入差距过大,限制人力资本积累和要素禀赋的升级，未能真正有效完善经济结构，导致资本和人才流失，对投资和经济增长产生负面影响①，加之劳动力市场缺乏弹性、创新环境一直较差等，摆脱“中等收入陷阱”的门槛条件仍有待加强。

第五节 结 论

阿根廷自1913年后处于开始远离发达国家的长期趋势，根据《经济复杂性地图》(2011年)，在133个国家中排名第73位，在经济复杂度排名中连续退步。纵观阿根廷经济发展历程可以发现，其特殊之处是，每当世界经济衰落或者大宗商品繁荣之时，农牧产品及燃料等初级产品的出口份额就会下跌或者反弹。这种结构不仅代表传统农牧业产品的比较优势陷阱，更说明了对低经济复杂度路径依赖的严重性。大量研究显示，阿根廷产品的复杂性较低，难以对经济增长有所贡献。农产品空间复杂度提升小，产业内升级缺乏，产业间升级空间狭小。同时，与一般中等收入国家类似，制造业在进口替代与出口导向的选择中也没有积累充分能力，最终使其加入外部市场后对经济增长几乎没有产生作用。由于没有成功提升经济复杂度，尤其人力资本积累和创新能力持续不理想，其长期经济发展也就令人失望。

阿根廷是一个特殊的在高收入与“中等收入陷阱”中循环往复的国家(1963年和1990年各经历1次增长加速)，处于不同发展阶段的典型生产部门共存，即“比较优势最大部门(有利于摆脱中等收入陷阱的大宗商品)的生产率与比较劣势最大部门(边际成本较高或边际生产率较低的制造业部门)的生产率存在离散差距”，造成持久的结构异质性。阿根廷一度建立了较完备的石油工业和汽车工业，在20世纪50年代和60年代整个世界经济快速增长中也提振自身增长。但是，从生产多样化的历史过程看，进口替代工业化第一阶段(1930—1975年)形成的生产结构未能适当鼓励工业出口的保护主义偏见，从而加剧了工业部门的相对劣势。工业化的过程主要是适应性经济，技术增长较晚，且没有内生冲动转变和扩张，而是对外源冲动的适应。于是，当时实行的保护主义对经济精英最有用，对长期的经济发展却不利。

阿根廷陷入“中等收入陷阱”的经历表明，经济发展中充满不确定的、难以预料的轨道分叉，并不会自动展开，一个已经跨入高收入门槛的国家也

① 高庆波、芦思姮:《阿根廷经济迷局:增长要素与制度之失——阿根廷中等收入陷阱探析》,《拉丁美洲研究》2018年第4期。

可能会被“历史意外”所击倒,随时可能出现的各种灾难性事件固然有很大损害,但能否正确应对也值得认真思考。虽然作为公认高收入国家已是1900年左右的事情了,但当时阿根廷确实处于全球发展的核心地区,因此,它那时从资本主义经济的核心视角看待问题,是分析其后发展历程所必须考虑的一点。尤其是其劳动力资源中欧洲移民的重要性和以往经济发展周期中较高的生活水平所导致的“棘轮效应”,它不可能采取劳动密集型经济低工资的发展模式。事实上,从1945年开始,实际工资开始出现上升趋势并突破上限,至少在2001—2002年的金融危机前不再下降。因此,不应套用一般发展经济学认为它的比较优势就在于劳动密集型产业!那种分析是南辕北辙的!

进口替代是导致阿根廷其后贸易成本上升的原因之一。进口替代道路强化了国内制造业利益集团,二者在政策上互相强化,构成政策陷阱或贸易政策的路径依赖。“贸易条件有利,经济以农业和服务业为主,自由贸易已成为共识。对该国贸易可能性的不利冲击点燃了面向国内市场的工业化进程。但在冲击消退后,自由贸易的共识被打破。制造业的既得利益者受益于并支持对其产出的保护。随着反贸易政策的颁布和行业的发展,这些利益集团的规模和权力也在增加”(Glaeser等,2018)①。简而言之,“不利的贸易冲击创造了支持保护主义的部门,随着国家变得更加内向,保护主义变得更加强大。”即使这个反贸易陷阱造成“中等收入陷阱”也仍如此。

由于阿根廷传统的出口集团未销声匿迹,民粹主义的影响持续不断,虽然阿根廷在农产品、服务业发展上推进价值链升级的努力有所成效,但由于缺乏诱导内生结构变化的能力,提高复杂度的努力一直不成功。即在面临不利的外部冲击时,缺乏对大宗商品的有效调整,以及纠正进口替代政策缺陷的能力,尤其在提高主要产业创新能力方面的不足更为显著。典型生产部门共存造成陷入政策钟摆,缺乏提升经济复杂度的长期视野,这就是阿根廷案例的启示意义。

专栏3-1 阿根廷蓝莓出口的出现(能力提升中的产业政策缺失)

阿根廷蓝莓出口是一个自我发现差异化农产品的比较优势或者说农业多样化能够“自然”提升复杂度的例子,其中也涉及如何解决经济

① Glaeser, E. L., Di Tella, R., Llach, L., “Introduction to Argentine Exceptionalism”, *Latin American Economic Review*, Vol.27, No.1, 2018.

复杂度提升中协调失败的问题，因为其所需的特定公共产品主要是由私营企业提供的。

尽管有所需的自然资源和一般农艺能力，但1990年以前，为利基出口市场开发有区别农产品的工作还是失败了。农业积累的能力和有利的地理气候条件使之可以克服一些特定行业的“政府失灵”（阿根廷食品安全机构SENASA和国家农业技术研究所缺乏作为，过度提高了实验成本，损害了当地生产的竞争力）。阿根廷蓝莓出口产业的先驱是维格尔（Vergel）公司，该公司由弗朗西斯科·卡法雷纳（Francisco Caffarena）创建于20世纪90年代初。出口蓝莓的机会是偶然发现的。在意大利的一次商务旅行中，卡法雷纳从当地同行那里了解到欧洲反季节市场对蓝莓的吸引力。他发现潘帕斯草原的土壤和天气条件使蓝莓比其他竞争国家的蓝莓早一个月进入市场，这使阿根廷蓝莓的价格要高得多。

这些新的出口之所以出现，一个重要原因是因为维格尔公司能够从技术带来的暂时垄断中获利，并能够自行提供初始生产水平所需的公共产品。在最初阶段，在特定行业的公共产品方面，巨大的比较优势和仅需要少量投资促进了市场竞争政策下的机会发现。这些新出口产品的发展需要解决当地成本过高和生产技术的不确定因素等问题。卡法雷纳本人通过向生产者出售工厂和商业化服务，将一些外部性内化。此后，蓝莓生产在阿根廷开始扩散，尽管该行业部分成功地应对了2009年危机并积累了能力，然而，这一行业出现了协调失灵现象，达到一定的阈值后限制了进一步发展。出口水果的物流基础设施发展没有随着需求的增长而相应增长，而且出口的季节性造成了一个很大的协调问题，即政府干预乏力。行业组织的部门内部、生产和商业化链中的行动者存在沟通困难，而且适应倾向较低（如改变品种）。

总之，明显的比较优势或者说有利条件下“自然演进”的高收益，以及在初期需要对特定行业公共产品的较少投资促进了市场作用下的机会发现。维格尔公司的情况类似于经济复杂度理论提出的信息外部性问题。面对新出口产品所涉及的如何解决有关当地成本和生产技术的不确定性等问题，卡法雷纳通过向其他生产商出售商业化服务，内化了一些外部性。模仿跟进的淘金热导致了迅速和混乱的扩散，市场价格的下跌，以及该行业盈利能力的大幅下降。然而，由于缺乏支持这一部门发展的公共政策，没有进一步解决信息和协调的外部性问题，尽管种植面积增长迅速，但生产和出口增长缓慢，虽然种植面积的增长更快。单纯依靠市场而缺乏有效的政府支持，维格尔公司等企业出口实验的社会效果并不理想。

（资料来源：笔者根据泛美开发银行有关工作论文整理）

第四章　巴西：中等技术陷阱中的脆弱增长

巴西是目前拉美头号经济大国，1964—1965 年造就了举世瞩目的“巴西经济奇迹”，并建成了门类齐全的工业体系。尽管 20 世纪 70 年代的债务危机使其陷入“停滞的十年”，此后进入“调整与改革时期”，但其发展在拉美国家仍名列前茅。目前，作为金砖国家之一，且享有人口红利等有利条件，经济发展的成功和潜力引人关注，但挫折失误的艰辛也较为显著，其在力争跨越“中等收入陷阱”成为发达国家道路上的艰难探索值得关注。

第一节　巴西中等收入阶段发展特征的描述

1822 年，巴西独立，直到第二次世界大战前都是一个种植咖啡和橡胶的单一农业经济国家，早在葡萄牙殖民统治时期，就鼓励出口，主要是蔗糖，1870 年后为咖啡。殖民统治期间，大量的非洲奴隶被交易至巴西，这成为巴西重要的劳动力来源，此后逐步变为拉丁语系工人移民。由于资源丰富，尤其是财富集中于少数利益群体，巴西的发展呈现这样一种情况：“收益只归于一个很小的阶级，经济就只需缓慢地增长，几乎不需要什么多样化。”① 此外，受种植业和出口利益集团的牵制，主要采取会引发逐步的通货膨胀，从而使实际收入转移到他们手中的货币和金融政策，这势必造成严重的不平等问题，使社会发展长期缓慢。

巴西逐步开始工业化进程后，取得了一定成绩，但由于内部产业结构等问题，巴西的经济发展波动较大，尽管 2011 年人均 GDP 曾经高达 13000 美元，但是随着国际环境的恶化，又迅速地滑落下去。目前，悲观者认为，由于脱工业化，已经步入差距拉大的发展轨迹，长期增长率下降，且面临新的外部增长约束，在成为发达国家的道路上仍困难重重。

一、巴西人均 GDP 及其增速变化

巴西分别于 1975 年、1995 年跨越下中等收入和上中等收入两个时点，

---

① ［英］莱斯利·贝瑟尔：《剑桥拉丁美洲经济史：1930 年以来的巴西》（第九卷），吴洪英、张凡、王宁坤译，当代中国出版社 2013 年版，第 432 页。

处于中等收入阶段的时间大于 40 年（见表 4-1）。从图 4-1 能看出，其间巴西人均 GDP 增长率浮动较大，且不时陷入停滞衰退，导致其长期处于中等收入阶段。

表 4-1 巴西跨越中等收入阶段的不同时点

国家	第一时点	第二时点	第三时点	下中等时长	上中等时长	中等收入阶段
巴西	1975 年	1995 年	—	20 年	27 年以上	1975 年至今

资料来源：世界银行 WDI 数据库。

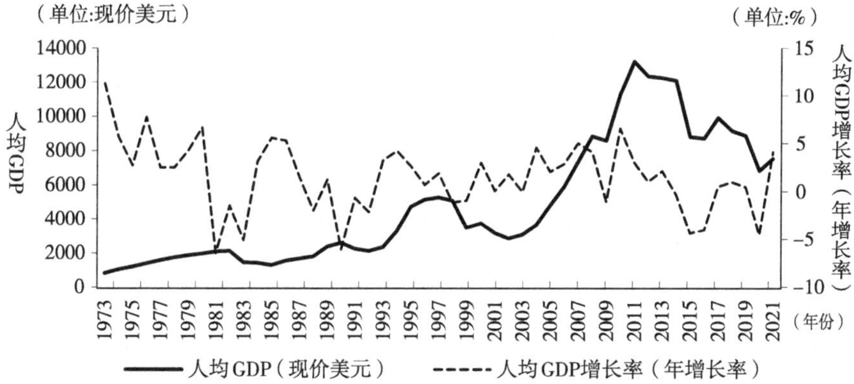

图 4-1 巴西 1973—2021 年人均 GDP 及其增长率变化

资料来源：世界银行 WDI 数据库。

二、三次产业结构及其演进

从图 4-2 看出 1975—1995 年的下中等收入阶段，巴西农业的比重比较低并不断下降，工业所占比例处于下降趋势，服务业总体处于上升阶段，在 20 世纪 90 年代初逐渐超过工业所占的比例。在上中等收入阶段，服务业超过 65%，在国民经济中占主导地位。但服务业的发展并没有伴随劳动生产率的提高，降低了经济整体效率，使经济发展速度缓慢。另外巴西制造业在 20 世纪 90 年代之后下降速度更快，2015 年甚至降到此前工业产值的一半左右，该国"去制造业化"比较明显。"去制造业化"使巴西的工业水平出现了倒退，不利于培育经济发展的动力，也使经济结构更加脆弱。

巴西制造业遵循了典型的发展中国家各种部门变动的轨迹，这是由家庭消费模式和部门竞争力水平决定的，反映了其陷入"中等收入陷阱"的重要方面。

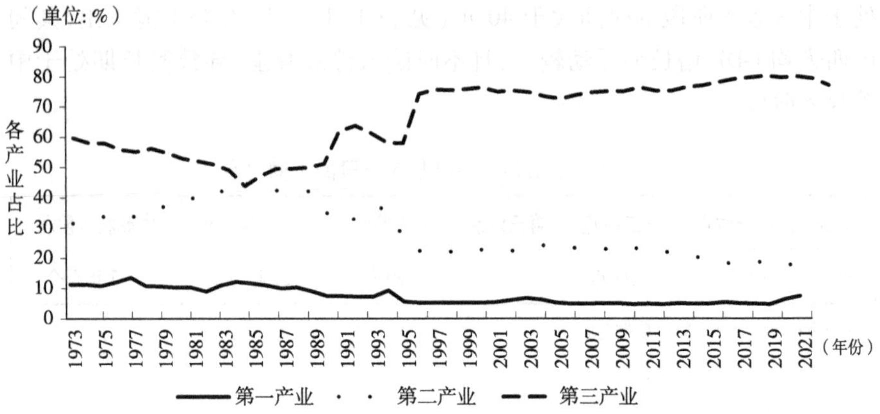

图 4-2　巴西 1973—2021 年三大产业结构及制造业的演进趋势

资料来源：世界银行 WDI 数据库。

三、出 口 结 构

巴西一直是初级产品出口大国，从表 4-2 来看，1975—1995 年，巴西的出口产品结构（不含服务业）不断优化。在下中等收入阶段，巴西出口产品结构以食品原料型为主，资本与技术密集型产品和劳动密集型产品占比不断增加；在上中等收入阶段，巴西的出口产品还是以食品原料型产品为主，劳动密集型产品和资本与技术密集型产品出口下降，出口结构有所恶化。巴西在中等收入阶段出口结构的恶化反映其该时期"去制造业化"造成的后果。过早的"去工业化"，在一个发展水平没有达到发达国家"去工业化"时的水平的国家，很可能失去竞争力，出现"荷兰病"问题。

表 4-2　巴西 1975—2015 年的出口结构　　（单位：%）

年份	食品原料型占比	劳动密集型占比	资本与技术密集型占比
1975	72. 3130	15. 2080	12. 4790
1995	41. 0781	33. 0660	25. 8559
2015	59. 0184	16. 7746	24. 2070

资料来源：此表依据联合国商品贸易数据库 SITCRev. 1 的 10 类产品由笔者计算所得。

四、需求结构变化

需求是拉动经济发展的主要动力，需求结构是反映经济的重要指标。从表 4-3 看出，巴西的消费率偏高，投资率不足，不利于巴西经济的物质资本能力积累。出口能力不足,说明巴西的产品竞争力较低,20 世纪 80 年代的债务危机和 2000 年后巴西的去制造业化使巴西在第二产业的竞争力下降,使国家出口能力不足。

表 4-3 巴西 1960—2010 年需求结构演变 (单位:%)

年份	1960	1970	1980	1990	2000	2010
消费率	80.38	79.878	78.907	78.595	83.360	79.240
投资率	—	18.834	22.902	20.660	18.305	20.535
货物和服务净出口占 GDP 比率	-0.058	-0.420	-2.253	1.238	-2.264	-1.041

资料来源:世界银行 WDI 数据库。

比如,2004—2013 年,巴西国内需求拉动经济增长,这是由于创造就业机会,提高实际最低工资,信贷繁荣等因素造成。家庭消费是自 2004 年以来最重要的增长组成部分。固定资本形成总额(Gross Fixed Capital Formation,GFCF)和出口在不同时期起着次要作用,而政府支出仅有边际贡献。出口是 2001 年至 2003 年对国内生产总值增长占比最大部分,在 2004 年和 2005 年是第二大部分。

五、巴西劳动力和人力资本

如图 4-3 所示,巴西出生时预期寿命不断上升,有利于增加劳动力数量和提升质量;劳动年龄人口占比不断上升;人口抚养比一直下降,这些都说明巴西过去 40 年是个劳动力丰富的国家。

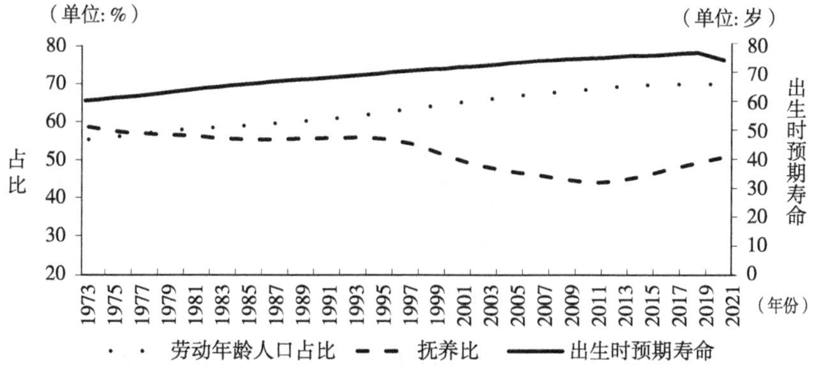

图 4-3 巴西 1973—2021 年劳动力主要相关指标演变

资料来源:世界银行 WDI 数据库。

由图 4-4 可看出，巴西的小学入学率达到 90%以上，但是出现了下降趋势；中学入学率先下降后上升，但整体水平不高；高等教育入学率逐年升高，2010 年之后达到 40%以上，水平落后于同为南锥体国家的阿根廷；公共教育支出比例逐年升高，趋于稳定。从以上可以看出巴西人力资本水平较为落后，也是导致其经济发展缓慢，长期无法跨越中等收入阶段的重要原因。

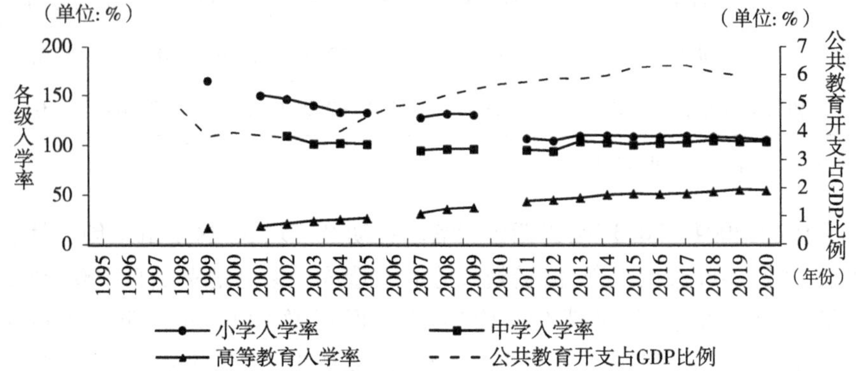

图 4-4　巴西 1995—2020 年人力资本主要相关指标演变

资料来源：世界银行 WDI 数据库。

六、巴西的技术创新能力

从支出视角技术创新能力的衡量看，21 世纪以来巴西研发支出占 GDP 的比例略微高于 1%，并有上升趋势，研发人员（每百万人）也逐年上升，但数量不足 700 人，低于阿根廷等国家水平。产出视角技术创新能力的衡量指标主要有居民专利申请（知识产出）和高科技产品出口额（经济产出）。从图 4-5 可以看出，巴西的居民专利申请量在中等收入阶段基本呈现递增趋势，上中等收入阶段的居民专利申请量增速远高于下中等收入阶段。高科技产品出口额数据有所波动。以上两个指标的变化趋势表明，巴西上中等收入阶段的技术创新呈持续递增趋势，为经济增长提供了积极推动力，但还达不到创新驱动经济增长的水平，存在一些重要问题需要解决。

七、巴西的全要素生产率

基于生产要素驱动经济发展的视角，中等收入阶段的经济增长驱动力必须从要素驱动和投资驱动向创新驱动转换。从表 4-4 来看，巴西全要素生产率增长率大部分年份为负值，说明巴西很多年份的经济增长主要靠要

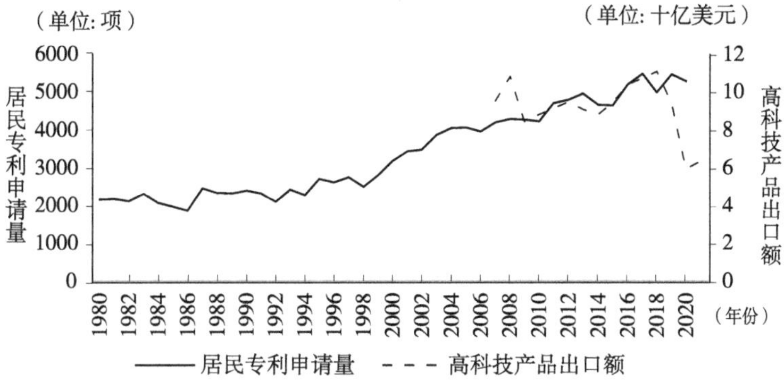

图 4-5　巴西 1980—2020 年技术创新主要相关指标演变

资料来源：世界银行 WDI 数据库。

素规模的扩张而非技术进步，巴西还没有实现创新驱动。升级要素禀赋，努力实现创新驱动是巴西迫切需要解决的问题。

表 4-4　巴西 1975—2010 年五年期全要素生产率值及其增长率

年份	1975	1980	1985	1990	1995	2000	2005	2010
TFP 值	1. 34	1. 3	1. 33	1. 27	1. 28	1. 26	1. 3	1. 32
TFP 增长率（%）	0. 54	-3. 32	1. 665	-0. 18	-0. 36	-0. 53	0. 78	-0. 46

资料来源：世界银行 WDI 数据库。

八、巴西通货膨胀、失业率和收入分配情况

通货膨胀率较高且不利于低收入阶层，因为他们缺乏保值的理财产品。通过图 4-6 可以看出巴西在 20 世纪 70 年代后通货膨胀率一直较高，其间在 1987—1995 年左右达到惊人的水平，对国民经济造成巨大的损失。

在巴西，非正规就业历来占多数，低收入人群工作不稳定，失业率对他们的影响较大。1991 年以来巴西的失业率（见图 4-7）略高于世界平均水平，导致巴西收入差距的扩大。

测量收入差距的指标很多，基尼系数是常见的指标，数值在 0—1 之间变动，分为低于 0. 2、0. 2—0. 3、0. 3—0. 4、0. 4—0. 5 和 0. 5 以上，分别表示收入绝对公平、收入比较公平、收入相对合理、收入差距较大和收入差距悬殊。巴西的基尼系数变化具体见图 4-8，从中看出巴西的基尼系数自 1993 年以来一直大于 0. 45，尽管近些年有些下降，但是还是处于一个较高的水

平。收入差距的不断扩大使其发展困难重重，并导致严重的社会危机。

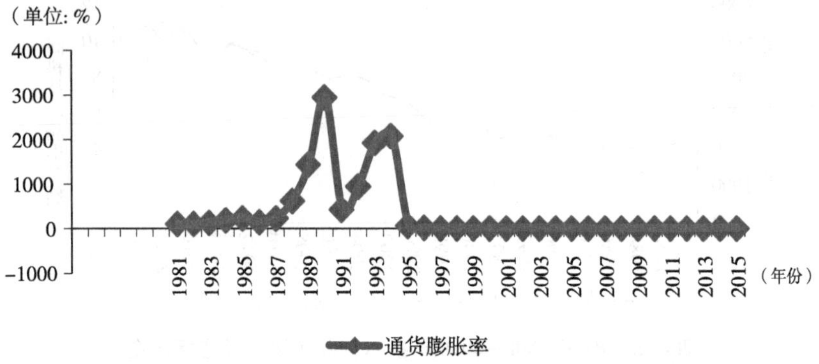

图 4-6　巴西 1981—2015 年通货膨胀率（按消费者价格指数衡量）

资料来源：世界银行 WDI 数据库。

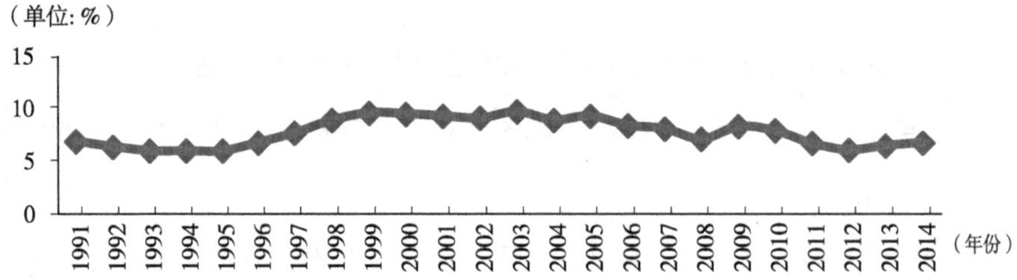

图 4-7　巴西 1991—2014 年失业率

资料来源：世界银行 WDI 数据库。

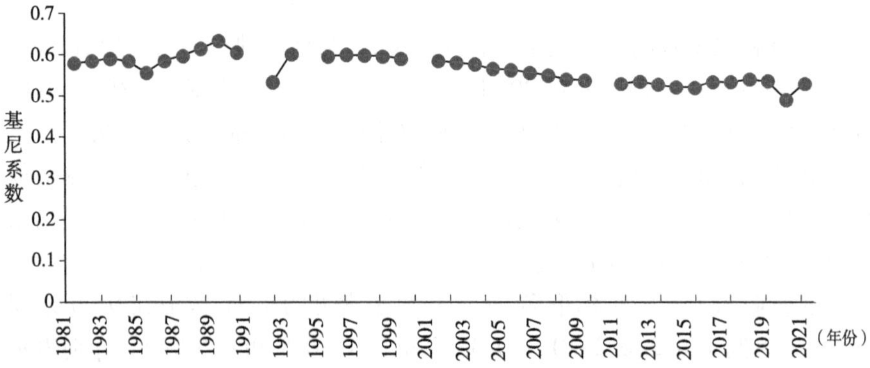

图 4-8　巴西 1981—2021 年基尼系数变化

资料来源：世界银行 WDI 数据库。

九、巴西城市化率

城镇化率是经济社会发展的一个重要反映指标,取城镇人口与总人口的比值。巴西中等收入阶段的城镇化率持续上升,并处于一个较高的水平(见图 4-9),1975 年和 1995 年两个年份分别为 60.79%和 77.61%,其中下中等收入阶段的城镇化递增幅度低于上中等收入阶段。

判断城市化是否合理,可以用城市化率和工业化率的比值来测量,国际平均水平不到 1.5。通过计算发现,巴西城市化率和工业化率的比值逐渐升高,远远大于 1.5,因此,与阿根廷、墨西哥等类似,巴西的城市化是过度城市化。过度城市化使巴西的城市化和工业化严重脱节,一方面城市化缺乏经济支撑,另一方面过度城市化也影响工业化的进程。

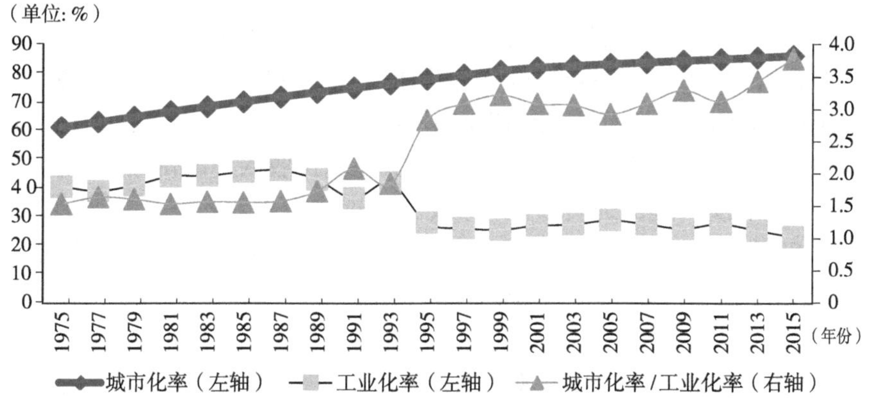

图 4-9　巴西 1975—2015 城市化率和工业化率变化

资料来源:世界银行 WDI 数据库。

综合以上分析,巴西在中等收入阶段的多个经济指标和社会指标均反映出,其经济发展方式单一、产业结构调整缓慢、科技创新不足,国内收入分配差距较高、居民生活水平不高、各类基础设施建设不完善等,使巴西长期陷入"中等收入陷阱"。

第二节　巴西"中等收入陷阱"的一般因素

虽然在 20 世纪 60 年代之前即有"经济奇迹"之称,但巴西产业结构和经济复杂度滞后,经济增长内在不可持续。进口替代时期政府对市场过度干预、自由化后国家的应对失策,加之经济制度改革滞后等问题,不时面临不利的外部冲击，这些因素叠加导致金融危机和宏观经济危机，这成为其跌入“中等收入陷阱”的主要诱因。

第一，通货膨胀等宏观环境问题导致增长放缓。

通货膨胀成为一个非常严重的问题①，在很大程度上能够解释其经济崩溃的原因。一般解释是，外部危机导致严重的财政失衡，巨额财政赤字只能靠扩大货币发行量来填补（关于货币发行量扩大的另一种解释是，受西方主流经济学错误影响，巴西主流观点认为“有意识地引发通货膨胀，会是一项有吸引力的政策，可在短期内降低失业率，提高经济增长率”），继而引起物价上涨，恶性通胀。不过，巴西进入中等收入之前的20世纪60年代，控制通货膨胀是政府的一大经济目标且较成功，虽然从即将进入中等收入的1973年起，通胀率又开始攀升且持续10余年，但80年代中期，巴西实施控制通胀的克鲁扎多（新的货币币种）计划，在实现控制通胀的同时，由于实际工资增长和消费增长，一度达到了对外账户的稳健和经济增长。

深刻的复杂度难以提升的历史根源也是促成通胀的因素。进口替代时期由于供应侧灵活性不足，劳动生产率不高，贸易保护主义政策（寡头企业和工会操纵市场价格、利率和工资，增加其在国民收入中的份额，从而引发了因行政干预引起的通货膨胀）导致国内价格和世界价格之间出现“楔子”。20世纪60年代初，由于物价上涨，这些因素导致增长放缓，并导致军政府上台，不得不改弦易辙。虽然，巴西不需要像阿根廷那样担心国外限制本国农产品出口，结构转型起源于出口增长，但缺乏出口制成品的能力，私人资本形成仍然低迷，导致宏观经济恶化。事实上，新兴产业仍在学习曲线的上升位置并受到严格保护，在世界市场价格上没有竞争力，外国直接投资停滞，出口增长没有事如人愿。于是，应对通胀的1989年“夏季计划”有效影响期很短，90年代的“科洛尔计划”也不成功。

第二，靠外债来推动的数量型高速增长造成高汇率等不利宏观环境，导致增长放缓。

除了实施通胀主义财政外，另一条发展经济的路径是举债。一般分析认为，1973年世界油价翻番，全球经济放缓的出现，巴西经济本该同样放缓，但军政府1974年提出的第二个国家发展计划，试图淡化出口增长，并进一步加强进口替代战略，巴西政府不惜靠外债来推动经济高速增长，此后付出沉重代价。在第二次石油危机后，美联储的大幅加息，使原本已脆弱的巴

① 有观点认为，巴西是一个将通货膨胀制度化的国家且有深刻的历史原因，其不接受宏观经济学关于货币、信贷和价格水平的公认观点，可以追溯到殖民统治时期。

西经济雪上加霜，而巴西未能转换发展模式，错过了经济转型的最佳时机，“经济奇迹”就此中断。

这里需要说明的是，日益严峻的贸易赤字需要资本流入来弥补，但外债负担增加后外资更愿意维持高汇率。雷亚尔计划的出台就是一例，其早期成效是积极的，且经济增速较为可观。当时，巴西经济的日益开放使高汇率有可能成为稳定通胀的手段，但促使制造业竞争力进一步恶化，造成了贸易收支显著恶化的后果。1994—1995 年的墨西哥经济危机造成对雷亚尔计划的冲击，但政府利用高汇率来维持稳定，虽然不久所受投机压力解除，但高汇率一直维持。

20 世纪 90 年代后，巴西推行新自由主义政策，过度依赖外部环境。由于国际环境恶化，全球经济不确定性加剧，使巴西经济承受巨大压力。事实上，巴西之所以陷入严重债务危机，出现了国际收支严重失衡，也有复杂度提升不力的原因。国内产品空间缺乏复杂度提升，使进口显著增长和对外依附增加，对国内企业形成沉重打击，初级产品出口仍然为主，产业转型水平较低。同时，减少了基础设施的投资，使其严重滞后于提升经济复杂度的需求，制约出口竞争力提升，这些都是靠举债投资来推动经济增长，在债务危机下难以为继。

第三节 巴西经济复杂度的测度及分析

巴西经济在第二次世界大战结束后的演变是一个结构变化但非结构升级的过程，经历了加速和减速的交替时期。到 20 世纪 80 年代中期，巴西工业实现了一体化和多样化。但是，1980 年数据显示，巴西制造业占全球制造业的 2.5%，2000 年降至 1.8%，2014 年降至 1.5%。在 1980 年至 2014 年领先的制造业国家中，它的排名从第八位降到第十二位。这种状况导致经济复杂度停留在中等水平难以攀升。

一、巴西的经济复杂度

由图 4-10 可以看出，巴西中等收入阶段历年经济复杂度及 LN_{GDPPER} 波动较大，而且相较于下中等收入阶段，经济复杂度在上中等收入阶段内其值较低。

二、巴西六类产业显示性比较优势

从图 4-11 来看，巴西在 1975—1995 年的下中等收入阶段：产业 1 的显

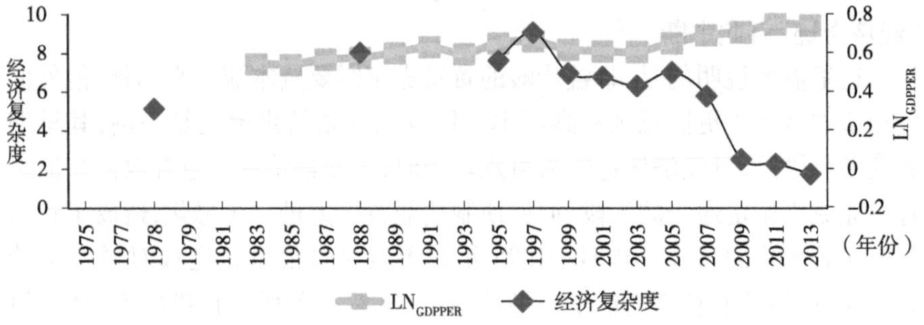

图 4-10　巴西 1975—2013 年经济复杂度及 LN_{GDPPER} 演进

资料来源：联合国商品贸易数据库。

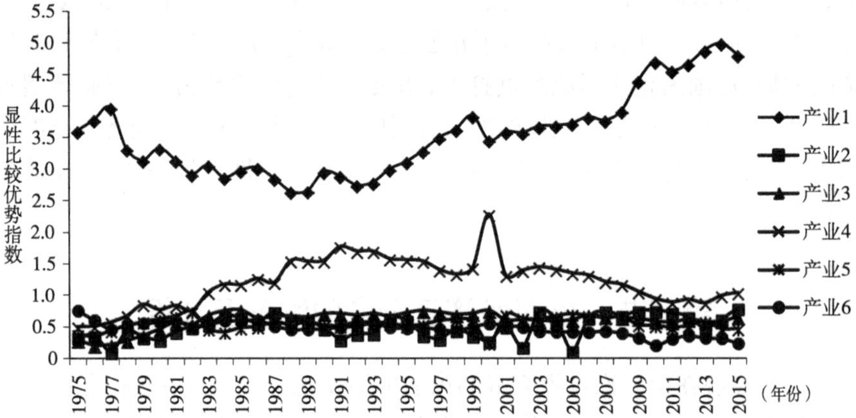

图 4-11　巴西 1975—2015 年六类产业显示性比较优势

资料来源：联合国商品贸易数据库。

性比较优势在 2.6—3.9 波动，并处于略微下降的趋势，保持较强的竞争力；产业 2 的显性比较优势不断上升，并在 1987 年达到 0.71，后又逐渐下降，竞争力一直不强；产业 3 的显性比较优势在 0.19—0.74 浮动，基本处于上升的趋势，在 1985 年达到最大后开始稳定在 0.65 左右；产业 4 的显性比较优势由 0.48 上升至 1.75，并稳定在 1.50 以上，上升趋势比较明显，产业竞争力由弱变强；产业 5 的显性比较优势在 0.32—0.72 浮动，并趋于上升趋势，产业竞争力依然较弱；产业 6 的显性比较优势在 0.46—0.75 浮动，产业竞争力很弱。由上可见，低复杂度的产业 1 的竞争力一直很强，中低复杂度的产业 2、3 的竞争力一直较弱，产业 4 的竞争力不断提高，并变得较强，中高复杂度的产业 5 和产业 6 的竞争力很弱。整体上看，巴西的产业结构不合理，低复杂度的产业竞争力强，中高复杂度的产业没有实现顺利升级，不过中低复杂度的产业 4 的竞争力由弱变强，实现了升级。

巴西在 1996—2015 年的上中等收入阶段：产业 1 的显性比较优势一直高于 3，竞争力很强；产业 2 的显性比较优势处于 0. 1—0. 77，整体呈上升趋势；产业 3 的显性比较优势处于 0. 55—0. 73，竞争力一直较弱；产业 4 的显性比较优势由 1. 55 下降为 1. 00 以下，2015 年又勉强超过 1. 00，竞争力由较强逐渐变得一般；产业 5 和产业 6 的显性比较优势处于 0. 20—0. 68，一直较弱。到 2015 年，巴西具有较强比较优势的产业主要是产业 1，其他产业竞争力均较弱。相较于下中等收入阶段，巴西的产业结构更加不合理，低复杂度的产业 1 的竞争力偏强，中高复杂度的产业 2、3、4、5、6 的竞争力都不高，都没有实现产业升级。

三、巴西产品空间的产业态势

巴西在 1975—1995 年的下中等收入阶段：产业 4 实现产业成功转型，未升级产业为产业 2、3、5 和 6，保持持续优势产业为产业 1，无升级失势产业。在 1996—2015 年的上中等收入阶段：没有转型升级产业，未升级产业为产业 2、3、5 和 6，保持持续优势产业为产业 1，升级失势产业是产业 4。在整个中等收入阶段中，巴西各产业均未实现升级。

四、巴西六类产业密度

密度也是衡量产业竞争力及升级潜力的一个重要指标。从图 4-12 来看，巴西在 1975—1995 年的下中等收入阶段：历年六类产业的密度均在 0. 07—0. 54，并整体处于上升趋势；产业 1 的密度由 0. 10 上升至 0. 28，产业竞争力由一般变较强；产业 2 的密度由 0. 39 上升至 0. 54，产业竞争力由较强变很强；产业 3 的密度由 0. 15 上升至 0. 46，产业竞争力由一般逐渐变较强；产业 4 的密度 1989 年达到 0. 45，但一般稳定在 0. 25 左右，产业竞争力较强；产业 5 的密度由 0. 07 上升至 0. 41 以上，产业竞争力由较弱演变为较强；产业 6 的密度由 0. 2 上升至 0. 5 左右，产业竞争力变得很强。由上可见，下中等收入阶段巴西的产业 1、2、3、5 和 6 逐渐由弱变强；产业 4 产业升级潜力较强。

巴西在 1996—2015 年的上中等收入阶段：产业 1 的密度由 0. 28 下降至 0. 04，尽管 1995 年上升至 0. 25，竞争力由较强变较弱；产业 2 的密度由 0. 24 上升至 0. 50，产业竞争力整体处于较强，2015 年变得很强；产业 3 的密度由 0. 42 下降至 0. 18，竞争力由较强变一般，2015 年上升为 0. 26，变得

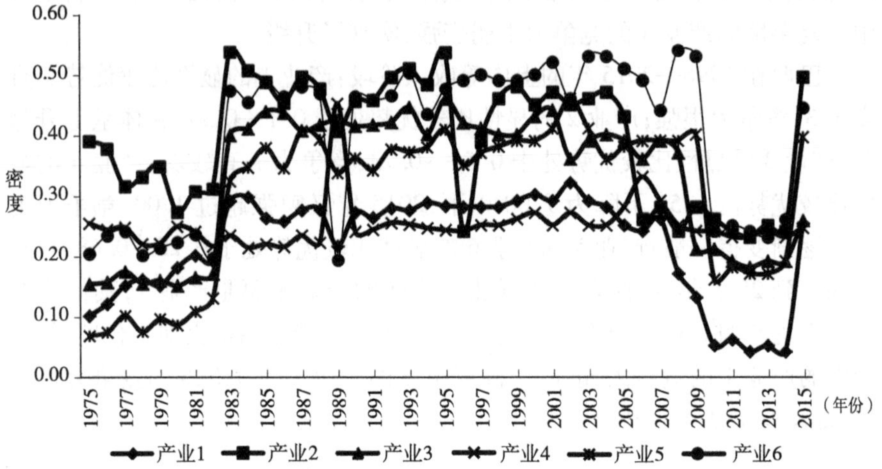

图 4-12 巴西 1975—2015 年六类产业密度

资料来源:联合国商品贸易数据库。

较强;产业 4 的密度在 0.24—0.33,竞争力较强;产业 5 的密度为 0.16—0.46,2010—2014 年一般,其他时间竞争力较强;产业 6 的密度在 0.23—0.33,产业竞争力一直处于较强水平。

相较于下中等收入阶段,巴西的产业结构变得相对合理,尽管产业 5、6 的竞争力一段时间变强,但后来有些下降,产业 4 比较稳定,产业 1、2、3 的竞争力都有所下降。从整体上看,上中等收入阶段比下中等收入阶段的产业结构有所改善。

第四节 巴西经济转型升级不力的根源

19 世纪末至 20 世纪的前 80 年,巴西是世界上经济增长最快的国家之一,尤其是在 20 世纪六七十年代创造了举世瞩目的"经济奇迹",但此后巴西进入了"失去的十年"①。1981—2003 年,经济出现负增长的年份就占到了 11 年。这部分从经济史视角探讨巴西近年来的经济社会的发展历程,首先解析其长时间处于中等收入阶段的一般特征、背景条件和发展成效,然后提出经济复杂度的解释。

① 1967—1973 年,巴西国内生产总值以年均 11.5%的速度增长,1980 年,巴西的人均收入要高于当时的中国香港、韩国、新加坡以及中国台湾地区,被誉为战后继日本"经济奇迹"之后出现的巴西"经济奇迹"。

如前所述，生产率提升与否、全要素生产率的表现是决定能否顺利实现经济发展阶段性跨越的关键。但是，进口替代工业化下，全要素生产率增长率滞后。军人执政后，巴西政府通过经济整顿稳定了物价，完善了金融体系，并以利用外资和鼓励出口推行外向型进口替代，改革带来的制度红利释放推动巴西全要素生产率大幅上升并创造了“经济奇迹”。但进口替代战略对提升全要素生产率有着诸多局限性：为保护国内产业，限制国外产品参与本国竞争；国家垄断经营，影响企业效率。研究指出，在 21 世纪第一个 10 年结束时，巴西的劳动生产率约为发达国家的 25%。更早时候，1995 年美国的生产率是巴西的 6. 6 倍，到 2009 年已达到巴西的 7. 1 倍。可见，巴西工业的许多部门在生产率方面严重落后，这与“幼稚产业”保护论的推断截然相反。

一、巴西经济转型升级不力的一般解释

第一，初级产品出口模式的增长根源悠久，且“产品初级化”倾向有持久影响。①

早在 1822 年巴西获得独立，基于比较优势，秉承初级产品的出口导向型政策。在可可、咖啡等初级产品出口模式的驱动下，出口部门迅速扩张，并带动了非出口部门劳动生产率的提高。1870 年后的 20 年，巴西成为拉美地区最大的经济体。虽然到 1890 年和 1892 年相继被墨西哥和阿根廷超越，但 1922 年巴西又回到南美第二位，只是人均国内生产总值远远落后于南美富国如阿根廷。和大部分拉美国家一样，第一次世界大战、大萧条以及第二次世界大战后，初级产品出口条件的恶化，促使巴西下决心走上进口替代的工业化道路，但初级产品出口模式从未退场。

21 世纪初，随着世界初级产品需求增加，得益于外部需求旺盛，特别是新兴市场对大宗商品的需求上升，贸易条件得到极大改善，自然资源部门和采掘业部门比例上升，加之工业内部结构的变化，也促进了巴西商品出口结构的变化，初级产品出口额也由 2000 年的 255. 39 亿美元上升至 2011 年的 1642. 55 亿美元，占全部产品出口的 2/3。在相对有利的外部环境刺激下，巴西又一次加速了“初级产品化”，这虽然促进了中短期快速的经济增长，但决定了其经济的脆弱性和较差的可持续性，巴西经济增长深受国际初级产品价格影响，但“产品初级化”倾向有持久影响。

第二，进口替代工业化战略的影响利弊参半，发展资本密集型产业的企

① 江时学：《拉美发展模式研究》，经济管理出版社 1997 年版，第 73 页。

图并不成功。

第二次世界大战后初期巴西一度取消对进口的限制,但在第二次世界大战期间积攒的大量外汇储备很快消耗殆尽,又开始采取外汇管制等一系列措施。进入 20 世纪 50 年代后,由进口限制升级的进口替代战略不仅是防御外部冲击,更是实现现代化和提高经济增长速度的基本方式。在进口替代战略的指导下,巴西政府加大了对经济的干预力度,并采取了保护国内市场、扶植幼稚工业、大力投资基础设施建设、利用外资等一系列措施,工业得到了快速的发展,并成为支持经济增长的重要动力。工业在增长中所占份额稳步增长,并于 1957 年达到 24.4%,首次超过农业的 22.8%。这标志着巴西从一个农业国顺利转型成为工业国。此后,1961 年巴西工业占 GDP 的比重为 41.75%,历史上首次超过服务业,成为巴西经济发展的支柱。巴西的工业化取得了巨大的成绩,制造业以年均 12.9%的速度增长。与此同时,在 1967 年到 1973 年国内生产总值以年均 11.5%的速度增长,创造了"增长奇迹"。

不过巴西的进口替代发展也存在很大的问题,其越过劳动密集型产业发展资本密集型产业,使产业发展失调,并存在很高的失业率,导致经济增长的后劲不足。巴西曾经在多个全球价值链中扮演角色,如食品、自然资源密集型产品来源和区域航空扮演重要角色,于是,巴西政府踌躇满志地规划"要在世纪末融入发达国家行列"。但产业发展失调这一问题暴露,20 世纪两次石油危机使巴西快速的经济增长戛然而止。爆发于 1973 年的石油危机,此时作为贫油国的巴西,其国内生产总值年增长率从 1973 年的 14%下降到 1974 年的 9%。1974 年盖泽尔政府上台,采取负债发展策略,希望通过增加投资来维持经济的高速增长和社会稳定,虽然取得一些成效,但是繁荣背后是债务的大量增加,为后面危机埋下伏笔。1979 年爆发第二次石油危机,加上内部的原因,1982 年巴西爆发严重的债务危机,拉开了历史上"失去的十年"的序幕。危机使巴西年均增长率由 1970—1980 年的 8.6%降至 1980—1990 年的 1.6%,同期人均 GDP 增长率由 6.1%降至-0.5%,制造业的年均增长率由前 10 年的 9.0%降至后 10 年的-0.2%。此后,制造业就难以作为拉动经济增长的主导部门了。

第三,后进口替代阶段(1993—2002 年)的"去制造业化",导致制造业投资不足和停滞。

严重的债务危机、新自由主义的思潮开始风行以及国际货币基金组织的推动,使巴西寻求改革的呼声越来越大。20 世纪 80 年代后期的萨尔内政府和 1990 年科洛尔政府进行了改革探索。1992 年年底佛朗哥执政后,巴西经济改革进入以实施“雷亚尔计划”为中心的自由化改革的实质性阶段,使巴西的经济在 90 年代稳定增长,控制了通货膨胀,经济初步实现恢复。

在这一过程中,虽然国有企业改革提高了企业的效益,减轻政府的财政负担,同时,金融自由化提高了银行效率,资本市场得到迅速发展。但是,伴随着“产品初级化”重新抬头,又出现“去制造业化”的趋势(2003 年至今)①,尤其是“过早脱工业化”等政策拖累经济增长(无论是就业、出口、增加值等绝对指标的度量,还是在世界制造业中的地位均表明如此)②。根据生产过程的技术密度(Technological intensity applied in its productive process),虽然巴西科技、工程和知识类制造业有所攀升,但劳动密集型产业、自然资源产业有所下降。虽然整体服务业上升很快,但是,在下中等收入阶段,低人均收入(第 1 章分析框架)限制了具有高收入弹性的复杂服务部门的扩张,这些部门并没有吸收制造业衰退所造成的就业损失。在这种情况下,经济抛弃了有活力的劳动密集型产业部门,而没有承接部门,陷入低增长的陷阱。另外,在世界范围内的比较中,巴西 1980—2002 年是新自由主义发展的热切拥护者。“以市场为导向”的改革被引入发展模式,以期通过市场提高灵活性和效率。在西方主流经济学的错误政策影响下,巴西消费率偏高(80%左右),远远高于跨越“中等收入陷阱”的典型国家如韩国,且其中大部分是私人消费,而制造业投资率偏低,长期不足 20%,其靠消费驱动经济增长是很难长久的。

巴西经济“初级产品化”和“去制造业化”使其经济结构出现倒退,过度依赖初级产品和资源产品的出口,易造成经济的周期性波动。与其他拉美国家类似,巴西政府“有形之手”不断“越位”,对产业结构调整和经济持续增长不利。巴西军政府对经济的干预造成产业结构畸形化和经济增长的债务化,而且制定和实施政策不力,没有促进经济结构升级。

早在军事政权末期,巴西第一次关于国家干预的辩论是在一些著名企业家的领导下,发生于费尔南多·科洛尔·德·梅洛(Fernando Collorde Melo,1990—1992 年)民选总统当政不久。巴西国家干预的主张一直根深蒂固,政治阻力与经济必要性也并没有导致干预消失。虽然新自由主义议

---

① 吴国平、王飞:《浅析巴西崛起及其国际战略选择》,《拉丁美洲研究》2015 年第 1 期。

② 一般分析将非工业化定义为制造业绝对水平的持续下降和/或其对总就业和/或 GDP 的贡献下降。也有文献将非工业化定义为国际收支的恶化,尤指制造业贸易收支的恶化。而早熟的去工业化是指,在该国人均收入达到 2.5 万美元(按购买力平价和 2015 年不变价格计算)之前,制造业占国内生产总值(GDP)的比重就会下降。

程或对市场作用的强调有所抬头，但是后来，在卡多佐总统（1995—2002年）的领导下，又实施"真正的计划"。庞大的官僚机构、僵化的财政法规和庞大的公共部门，是其政府干预经济的突出表现。虽然国内市场较大使其在高保护主义壁垒实现后工业化的可能性持续存在，扩大国有企业网络，引导外国投资进入特定行业（如消费品以及汽车工业）的法规都是干预经济的重要渠道，但是，巴西产业政策的制定和实施问题众多，工业化水平与20世纪末相比，甚至出现倒退，巴西的"初期产品化"和"去制造业化"值得深思，结构性改革任重而道远，依然没有找到适合自己的经济增长点。

二、巴西经济转型升级不力的复杂度解释

从经济复杂度看，巴西一直没有提升整体经济的技术能力和复杂度。尽管巴西早期有所谓手工业替代和进口替代的做法，出现了圣保罗和里约热内卢等新兴工业中心，但是，巴西学者普遍认为，咖啡出口是其工业化的直接来源。巴西的工业化中蕴含着很强的资源依赖色彩，虽然取得了一些成效，但是，初级产品出口导向隐含产业升级缺乏，对大众的创业创新精神有所抑制，而且造成区域发展差距拉大（东南部和其他地区的差距）。

第一次世界大战是其制造业发展的一个机会。当时，巴西认为国际经济因战争或危机而陷入瓦解之时，正是在"巨浪"中推进工业化的契机。此后，巴西在20世纪六七十年代曾经创造了经济增长的奇迹，但石油危机后陷入债务危机。为摆脱债务危机，面对复杂的国际环境实施了一些改革，尽管取得一些成效，但是没有适当把握时机和机遇，实施有效产业政策，提升技术能力和复杂度。这表现为以下几点：

第一，资源依赖的产业升级路径单一，能力积累有限，不足以带动整体经济提升复杂度。

巴西独立后一度发挥自身的比较优势，依靠出口初级农产品获得一定的经济发展，但没有如同北欧、澳大利亚那样实现资源行业的产业内升级。与其他拉美国家类似，第二次世界大战后迫于压力实施进口替代战略，尽管提高了自身的工业化水平，但是放弃自身的资源与劳动力比较优势，试图直接发展资本密集型工业，由于在产品空间中跳跃距离太长，造成效率低下，产业间升级也不理想。比如，新结构经济学文献测算，巴西1963—1999年技术选择指数平均值为5.373，远远高于一般国家，说明巴西产业发展严重偏离比较优势。进口替代战略时期，巴西长期致力于发展资本和技术密集型产业，以服务于富人的需求，由于缺乏面向穷人的劳动密集型生活必需品行业，造成产业的畸形化，且没有发挥劳动力资源优势，出现较大的失业率，

拉大了贫富差距,制约社会能力提升,也使经济发展后劲不足。

巴西采掘业比重的增长一般有两种重要影响。一是国际市场价格的上涨提高了采掘业的产值,于是加大初级产品出口换取外汇,解决工业化发展过程中的资金缺口。尤其从进口替代工业化实施到第二阶段时,中间品和资本品的进口导致巴西面临巨大的资金缺口,因此加大了对初级产品出口的依赖。二是采掘业的过度兴盛,挤占了制造业发展的资源,从而使制造业的比重下降(荷兰病)。巴西第二产业所占比重呈下降趋势,工业,尤其是制造业发展迟缓。而采掘业占工业产值的比重从 1996 年到 2006 年翻番,而制造业比重则在同一时期萎缩了 1.8%。巴西经济出现了较高的资源依赖性特征,并出现了早熟的去工业化征兆。

21 世纪初,巴西又出现"去制造业化"和"产品初级化"现象。遵循比较优势发展经济具有一定的合理性,尽管短期内使巴西经济迅速增长,但制造业不发达也导致其工业化水平下降,容易受到外部环境的影响,经济发展异常脆弱。从资源类产业的内在升级看,虽然对于一些小国而言,单一经济结构发展存在一定的可能性,巴西的"去制造业化"短期也发挥了自身比较优势,但没有超越一般小国进行资源行业的产业链升级,长期内不利于跃升到密集产品空间。总之,巴西具有强比较优势的产品与其丰厚的资源优势没有互相促进和有效衔接,资源类产业的价值链升级和产业内升级不力。

但是,巴西在农产品经济的技术升级上有一些相对成功的探索,在中等科技含量制成品中获得一定比较优势。比如,巴西通过发展中间技术机构,首先跟上了发达国家初级农产品技术变革的步伐。近年来,巴西作为橙汁、糖、咖啡、大豆、牛肉、猪肉和鸡肉的最大生产国和出口国之一,已赶上传统的五大谷物出口国。巴西实施一揽子改革政策,建立了一个以巴西农业研究公司(Embrapa)为中间机构的网络,促进了农业的技术变革、多样化和升级。该网络成立于 1972 年,弥补了传统国家农业研究和实验室(Dnpea)的缺陷(传统国家农业研究和实验室是典型的进口替代战略的产物,存在研究人员对农业基本需求缺乏认识,研究人员、技术推广者和农民之间缺乏部门内部和外部互动,研究工作无效重复,缺乏激励,人才培训水平低,财政资源不足等问题)。通过巴西农业研究公司网络对国家农业研究和实验室的替代,巴西开发了通用技术和产品专用技术,投资于基础技术(如测试设施、计量和数据系统),加强了组织能力和系统流程建设(如标准和认证流程),进行了内部培训并提高了技术能力,也改进了激励措施。

该网络的制度改进及对农业部门的影响是长期的。最初,巴西建立的国家商品中心和区域中心网络,重点关注主要种植和动物生产系统以及生态区域等主题。20 世纪 80 年代后期开始，农业研究越来越受到先进制造业研究的影响。巴西农业研究公司开始参与一系列与农业研究和技术相关的活动，包括植物育种、病虫害管理、食品安全、卫星监测和可持续农业发展等，在农业和制造业研发、教育、市场和农业生产之间发挥关键的中介作用。这一网络为巴西农民创造并推荐了 9000 多项技术，促进了巴西大草原（Cerrado）现代农业的发展。它还通过跨部门沟通和转让知识、技术解决方案和创新，促进各种形式的跨部门学习。类似地，在自然资源加工业和食品生产部门工业化进程中，其技术和创新能力在专门提供技术服务的中间机构网络促进下较为成功。比如，设立巴西研究和工业创新公司这一联邦公共机构的社会组织，自 2013 年以来，通过降低企业研发项目的风险来支持技术研究。到 2018 年，其拥有 28 个单位，集中发展了信息和通信技术、机械和制造、材料和化学、生物技术和应用技术等技术平台。

第二，制造业国内附加值难以提高，劳动生产率下降，是陷入“中等收入陷阱”的重要因素。

巴西作为拉美大国，不仅需要完整的工业体系，而且需要具有国际竞争力的制造业，但制造业升级乏力、竞争力丧失的问题根深蒂固。巴西曾通过丰富的农业资源推动食品饮料、纺织服装等资源和劳动密集型制造业发展，此后利用优势资源和外资转向大力发展石油化工、汽车等重型制造业。但是产业政策促进生产能力提升不力，导致资本密集型产业持续发展受到很大制约。与阿根廷出口集中度较高不同，巴西产业结构包括出口结构较好实现了多元化，但制造业多元化并没有提升复杂度，不仅产业内升级不力，结构变迁的深度也不够。

工业生产与需求之间的差距表明巴西制造业竞争力丧失尤其是效率缺口持续存在。自 2005 年起，巴西工业生产增长 33. 9%，总需求增长 55. 3%，这两个比率之间的差异导致期末出现“鳄鱼嘴形状”（见图 4-13），其中的差距由进口填补。于是，巴西约 55%的需求增长通过进口流入其他国家，反而带动别国发展。

在对制造业进行分类时，可以观察到对应两组工业技术强度（中高技术产品和中低技术产品）的不同演变模式。据帕尔马（2019）测算，中高收入阶段巴西对中高技术产品的需求远远超过对中低技术产品的需求（2. 7 : 1），中高技术行业的总需求和工业生产之间差距很大，尤其是更大的需求差距发生在技术上更先进的制造业，说明先进制造业竞争力丧失尤其显著。

21 世纪初，巴西制造业竞争力的缺失可以进一步通过贸易系数、贸易

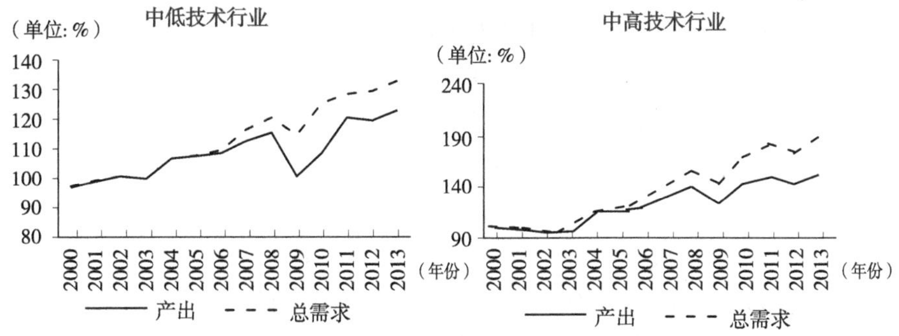

图 4-13　2000—2013 年根据技术强度划分的生产与制造业需求

资料来源:世界银行 WDI 数据库。

平衡和劳动生产率的演变来评价。2003—2013 年,制造业的进口渗透系数翻了一番,达到 26.8%,其中中低技术行业的进口渗透系数低于中高技术行业。原因有二:第一,巴西在自然资源产业方面具有竞争力,这主要影响中低技术行业;第二,中高技术行业产业是组装密集型,国际价值链更加分散。投入品和零部件进口有利于提高生产效率和增加出口,从而提高了其生产效率。然而,在技术含量较高的部门,出口系数保持不变,甚至有所下降,也就是说,进口对出口竞争力没有贡献。总之,无论是从生产乘数还是从 Hirschman-Rasmussen 部门间联系指数看,巴西工业终端环节疲软,甚至有生产结构空心趋势。

由此导致的后果是劳动生产率下降且与国外缺口长期存在,导致巴西 20 世纪 80 年代后人均收入增长停滞。需要注意的是,由于在 1981 年后整个时期,巴西人口增长一直低于就业率,因此,人均收入增长的下降几乎完全是由于劳动生产率增长放缓所致。1981—2017 年,虽然每名工人的人力资本增长更为显著,但由于投资占国内生产总值的比重降低,导致人均资本增长缓慢得多。于是,工人难以转移到生产率较高的工作岗位,结构升级停滞,全要素生产率增长率很低。

熊彼特增长理论认为,一个国家要摆脱"中等收入陷阱",需要有一个阶段国内增值在出口总额中的份额提升来减少对全球价值链的依赖,寻求与外国主导全球价值链分离和独立,通过增加国内增值在其出口总额中的份额来减少对全球价值链的依赖,是摆脱"中等收入陷阱"的必要环节。分析显示,巴西没有顺利解决进入、连接和返回国内外价值链的转换衔接问题,本国产品空间缺乏复杂度提升,也就没有为持续发展提供长久动力。

巴西经历了产业政策的三个主要阶段(Andreoni 和 Chang,2019)①。第一阶段是20世纪80年代前,其特点是对重要部门的发展(如钢铁、石化和可再生燃料)进行贸易保护和国家指令性规划。产业政策的主要目的是创建新的工业部门,摆脱初级商品的专业化,促进技术密集型活动。80年代起是第二阶段,开始从产业政策和进口替代转向结构调整。最初是贸易自由化和公共企业市场化,而从90年代中期开始,更多关注宏观经济稳定。这一时期与东亚形成鲜明对照的是,巴西对于与第二和第三次技术革命有关的产业,第四产业,以及对当时出现的技术没有有效的政策,结果影响工业的宏观经济调整措施成为“隐含的负面产业政策”(An Implicit Negative Industrial Policy)。进入21世纪后,选择性(特定行业)产业政策又回归巴西,进入第三阶段。2003年11月,卢拉政府颁布《工业、技术和外贸政策指导方针》,旨在通过促进关键部门(半导体、软件、医药和资本货物)的发展,提高工业竞争力,从而促进高附加值产品的出口。

20世纪50年代至70年代,巴西政府的主要政策是以从价税为基础的保护主义。按照巴西的《相似性法则》(Leido Simplified Nacional),产品只有在能够证明巴西没有生产类似产品的情况下,才能进口。1960—1980年,这些措施在进口替代工业化时期得到加强。这种战略的主要目的是发展国内生产系统并使其多样化,尤其是建立自己的内循环产业空间。为此,巴西在战略制造业发展了一些重要的国有企业,如巴西国家石油公司(1953年)、巴西米纳斯公司(1956年)、巴西电力公司(1962年)、巴西航空工业公司(1969年)和巴西开发银行(1952年)等,这些构成巴西工业和金融体系的支柱。例如,班德斯(Bandes)是巴西主要的长期融资金融机构,也是以资产、权益和支出衡量的世界最大的银行之一。但是,巴西国有企业没有发挥促进产业内升级的牵引作用,也没有支持发展出配套的生产系统,形成优化的内循环产业空间。由于缺乏战略性出口促进战略,单纯采取进口替代战略,使巴西无法在全球产品空间建立联系,虽然进口替代可以实现多样化,发展一些当地生产系统联系,但国内公司未能跟上技术变革的步伐。宏观经济危机和随后的结构调整期进一步扰乱了巴西本已不连续的工业化道路,使巴西国内产品空间较为幼稚化。

随着21世纪后产业政策回归,巴西颁布一些促进生物技术、纳米技术

① Andreoni, A., Chang, H. J., "The Political Economy of Industrial Policy: Structural Interdependencies, Policy Alignment and Conflict Management", *Structural Change and Economic Dynamics*, Vol. 48, March 2019.

和可再生能源科技基础的技术政策和法规,以解决工业研究不同资助计划之间的错位,消除重复和分散项目,并重新调整财政激励和其他有关知识产权和公私合作关系。虽然这些技术是跟上石油和天然气、农业和制药行业技术变革的关键,但主要依靠特定的融资计划如制药(Profarma)和软件(Prosoft),以及整合若干部门基金来实现。巴西的产业政策一揽子计划,分别称为生产发展政策(2008—2011 年)和巴西大计划两项。其中,生产发展政策涉及四个方面,包括保持投资增长率高于 GDP 增长率、升级和多样化出口篮子、促进技术投资和创新、调整产业体系尤其是支持中小企业。这是一个复杂的产业政策一揽子计划,包括 425 项政策措施。但是,这套复杂干预措施存在缺乏重点的问题,其管理和实施极具挑战性,有时产生负面影响。巴西大计划(Plano Brazil Maior)于 2011 年推出,标志着巴西政府最近在实施产业政策以摆脱"中等收入陷阱"和实现持续增长方面的又一次尝试。其中确定了一些相互依存的原则。一是加强生产能力、企业研发和工业技能方面的关键能力;二是通过生产系统的结构升级和重组来增强价值链;三是超越初级商品专业化,扩大国内外市场;四是提高社会和环境的可持续性。这些做法既包括基础设施建设等长期措施,也包括需求方干预的短期措施(例如政府采购政策),在一定程度上提高了巴西公司与国际接轨和与当地生产系统接轨的能力。例如,巴西大计划加强了生产链,通过税收减免使出口多样化/升级,并为出口商(特别是中小企业)提供贸易救济(例如反倾销措施)、融资和贷款担保。尽管这些尝试有其积极意义,但仍存在产业政策倡议的实施和执行缺乏连续性和重点、利益联盟的升级不巩固等问题,未能解决巴西工业体系的系统性弱点,特别是与全球经济的互动问题。巴西工业部门未能打入全球市场,尤其是在制造业附加值有所恢复后,工业表现在 2007 年之后停滞不前,最终在 2015 年之后再次开始下降。

第三,跨国企业的角色匹配错误以及产业政策不当,国家生产体系与全球产品空间缺乏动态衔接。

在新自由主义影响下,因为过度举借外债和通货膨胀目标制导致汇率升值,造成巴西制造业的国际竞争力丧失。在 2004—2013 年制造业生产最快增长时期,制造业劳动生产率每年下降 0.5%,而 GDP 和就业率每年分别增长 2.8%和 3.3%。对于任何一个人口不断增长的发展中国家来说,最好的情况是生产率随着就业数量的稳定或增加而提高,最坏的情况恰恰相反。巴西处于一种中间状况,虽然几乎每个部门的新工作岗位数量都有所增加,但生产率增长率较低,这就导致经济中等技术复杂度陷阱。

跨国企业的角色错误是经济中等技术复杂度陷阱的一个重要因素。

2008年国际金融危机后，来自发达经济体的需求大幅下降。跨国公司开始在巴西更多设立子公司，将生产和工业库存转移过来。但其全球生产规模优化战略却促使2008年后危机期间巴西国内工业投资减少。于是，外国跨国公司在技术密集型行业占主导地位，但国内制造业转型失败，导致巴西难以生产中高技术行业产品，而只是进行组装。除了极少数例外，跨国公司的巴西子公司只是将调整和执行具体改进和质量控制程序作为其高级活动，并且还进口了大部分技术零部件。这些公司在巴西的研发获得仅为在本土国进行的一小部分，与巴西国有企业相比，技术投入较低。由于主要进口高科技组件，结果外国跨国公司为其本土国带来了收益，但在巴西这些公司为生产部门带来有限的利益，技术发展有限、复杂度提升有限。其后果是，虽然自20世纪90年代后期以来，随着大量的正规就业岗位创造、实际最低工资增长、信贷繁荣、人口增长和社会支出项目增加，但巴西国内制造业生产总是处于波动中，缺乏稳定性和韧性增长。比如，制造业生产在80年代和90年代没有出现任何显著增长，特别是在中高技术行业(高技术行业)。但在2004—2013年，制造业生产增长了33.9%，中高技术行业增长了53.1%。同样，就业在绝对和相对方面虽然有所增加，但对就业总量的贡献总是在波动中。

总之，从一些数据看巴西的产业结构有所优化，但探究第二产业变化与采掘业的关系，则可以很明显地看到巴西的产业结构具有资源依赖性的特征。① 最关键的是，巴西的工业结构向高加工度和技术密集化升级过程并不顺利。在由资本密集型产业向高加工度和技术密集型产业升级过程中受到很大阻力，造成对低复杂度活动的依赖等，巴西经济在中高收入阶段每次获得高速增长，但也因此埋下了很多隐患，很快就由“经济奇迹”成为供人吸取教训的失败典型。

为了增加国内经济中的附加值和价值获取，复杂度提升中必须发展本地生产系统或国内价值链，提升国内产品空间的复杂度，这被称为“衔接和回归”(linking up and back)。只有在国内经济中建立一体化产品空间链才能使产业生产率持续增长。因此，产业政策的重点，如吸引跨国公司或建立出口促进区，必须与支持工业化的其他政策措施充分协调。

从产品空间看，制造业仍然是巴西实现再工业化和技术发展的基石。协调一致的产业政策一揽子计划，这对于塑造超越中等技术陷阱的新结构轨迹至关重要。巴西的实践强调促进公共技术中介机构的重要性，强调对

---

① 沈艳枝、刘厚俊：《资源依赖型经济体的可持续发展研究：以巴西为例》，《现代管理科学》2013年第8期。

技术的吸收、适应和传播，特别是在技术发展的中间阶段。巴西农业研究公司案例表明，对中等收入国家而言，在先进技术、农业与制造业之间的接口上有技术发展和增值的机会。巴西农业的工业化为提高生产率、升级全球市场和实现多样化开辟了新路径。其中，公共技术中介机构提供关键技术和产品服务，帮助提升质量标准，并将农业转变为高效工业活动。总之，为使其产业政策与其所面临的需求保持一致，随着技术变革的结构周期和不同部门的产业组织重组，以及全球产业格局的变化，巴西政府努力改变其政策方针和目标，不断增加帮助发展和积累技术和创新能力的投资，并设计和协调相应的制度和治理水平。

巴西发展中依赖于各种工业政策工具和制度，其构成互补性的国家生产体系（以及国家创新体系），在推动进入全球市场、连接全球价值链、连接本地生产系统以及跟上技术变革方面发挥着不同的功能，但也具有高度互补性。虽然也与一般中等收入国家存在共性，巴西在具体的产业政策和制度特征方面与拉美国家比较有其独特性。这主要表现为：巴西的国家生产体系及其支持政策并非全都依赖财政奖励、租金和其他货币转移，而是提供生产、技术和工业服务，包括为出口提供中间技术、培训和市场服务（更多依靠政府但并非金融支持），但这些政策与东亚国家相比效果比较有限。

但是，巴西公共部门和机构在各自的利益上存在分歧，有时各自为政，缺乏必要的集中协调，有时会为了控制资源而展开斗争，导致出现多重治理结构和体制，以及政策碎片化风险。尽管巴西农业研究公司为管理复杂技术中介中心网络而采取的复杂体制安排较为成功，但巴西产业政策与其他相关政策领域（宏观经济政策、研发和创新政策、技能发展等）协调程度不高，在政策的系统性和实施上问题较多。另外，政府与私营部门之间的关系不协调，产业政策在转变私营部门和实现更平衡的权力分配方面的作用有待发挥。经验表明，如果要使政策充分知情和切合实际，双方必须不断对话和交流信息。同样重要的是，政府不要受制于企业，面临“被捕获”的危险。由于公共和私营部门权力分配不当，组织之间的关系不协调，巴西的产业政策没有为私营部门的生产力提升调动资源，也没有为本地生产系统的技术升级和建设创造激励，产业政策没有使生产性投资可行且有利可图（Wade，2016）①，其设计、实施和执行更没有考虑到不同部门价值链上的不同参与

① Wade, R. H., “Industrial Policy in Response to the Middle-Income Trap and the Third Wave of the Digital Revolution”, *Global Policy*, Vol.7, No.4, 2016.

者需要哪些具体资源和激励措施，这些正是巴西提升复杂度中产业政策失灵的重要症结。有证据表明（Hartmann 等，2021）①，巴西最近的产业政策，如《工业、技术和外贸政策指导方针》、生产发展政策和巴西大计划，在促进经济复杂性方面无效，因为它们促进的是更简单的经济活动。最终结果是工业化不彻底，在电子或数字技术等领域缺乏先进技术能力。

本书对墨西哥、阿根廷、巴西拉美三国的“中等收入陷阱”分析发现，尽管存在差异，但拉美国家有一些共同特征，其进入中等收入阶段初期时增长表现高于世界平均水平，但 20 世纪 80 年代后恶化，没有缩小和发达国家间的差距（但从“中等收入陷阱”绝对标准看不能认为其停滞）。拉美三国始终无法将其经济转变为主要生产高复杂商品，因而与发达国家存在巨大的生产率差异，加之工资上涨，消费过度与投资不足的失衡、历史上长期存在的不平等和资源依赖以及外部环境的剧烈变化，导致其陷入“中等收入陷阱”。其中一个特征性事实是，即经济复杂度与产品复杂度、产品空间密度之间呈 S 型曲线关系（Hartmann 等，2021）。

根据 1970—2010 年的数据，不同国家的经济复杂程度，也就是出口产品组合的多样性和复杂性，与未来的经济多样化和成熟的机会密切相关（用产品复杂度和机会密度之间的相关性，或者出口组合与复杂产品的距离大小表示）。有文献研究发现，除了少数高度发达的经济体如德国（韩国也拥有接近非常复杂产品的生产组合）外，几乎所有拉丁美洲经济体都接近简单产品而远离复杂产品。S 形曲线表明发展不是线性的，而是存在生产复杂性的不同阶段。虽然在经济发展的大部分过程中，经济都在多样化方向演进，但一般都生产相当简单的产品。当进入中等收入阶段时，开始向更复杂的产品多样化。不过，这些中等收入国家既有可能保持惯性接近简单产品，也有可能接近复杂产品，甚至有可能跳入不相关且更复杂的活动（跳出比较优势陷阱）。但要减少旧的经济活动和增加新的经济活动，就要进行转变经济发展范式或制度、采取明智且扶持的产业政策的重大挑战。否则，将极易陷入“中等收入陷阱”。

由于巴西发展的主要是中低技术产业，经济快速扩张期之后总是会出现停滞甚至衰退。即使一些复杂的行业，如石化和飞机产业（专栏 4-1），发展一度良好，但无法在更多样化的复杂产品中获得比较优势。尽管初级商品一直是出口的核心，并继续成为其经济的重要驱动力，且其探索解决信

---

① Hartmann, D., Zagato, L., Gala, D., et al., “Why Did Some Countries Catch-up, While others Got Stuck in the Middle?”, *Structural Change and Economic Dynamics*, Vol.58, 2021.

息失灵问题的企业家努力有所成效（如拉美国家的专栏所示），但这些促进早期提升到中等收入地位的条件现在成为负面因素。这些国家的产业政策始终缺乏一致性和长期视野中［在巴西军政府时期（1964—1985 年）中期的 1975 年后已经进入“中等收入陷阱”。虽然国家发展计划（1972—1974 年）旨在促进生产耐用品和基础设施，而巴西主要政府部门此后优先考虑能源和资本货物领域，产业政策针对的行业太多，加之政府未能避免寻租，没有对外国直接投资类型及其分布格局加以限制，产业部门无法将外国借款转化为内生技术创造］，缺乏解决协调失灵问题（如人力资本外部性问题、制造业的工资溢价、基础设施、专业化的中间投入、与财富分配相关的溢出效应等）的有效举措。

总之，进入中高收入阶段后多次出现经济动荡，巴西等拉美国家并没有恢复其经济多元化和复杂化的道路，而是面临着强烈的、早熟的去工业化进程。这与贸易和金融自由化的新自由主义思潮有关，带来了严重的不利后果。

第五节　巴西的人力资本陷阱

贫富差距和教育不公平等社会能力不足是困扰巴西长期发展的重要问题，具有复杂的历史原因。葡萄牙等级森严的僵化文化遗产传承给了巴西，使其精英阶层和非精英阶层两极分化严重，而巴西实施的发展政策和教育政策，使这一现象更加恶化。

历史上的初级产品出口时期，财富集中在少数贵族和农场主等精英手中，巴西成为世界上教育最不平等、分配最不平衡的国家之一。① 实行进口替代战略时，在巴西军政府“先发展后分配”思想的影响下，经济高速增长没有改善国内的收入分配，反而加大了贫富差距和教育差距。尽管军政府执政后对政治、经济进行了一系列改革，但巴西当时的经济主导思想是“大饼”理论和“节”理论，先将饼做大然后再分配，先解决增长再解决分配，以吸引外资来发展的负债发展理论。这造成财富进一步集中，贫富悬殊加剧，政府支出偏低，导致教育、医疗卫生等社会问题严重，进而陷入“非正式就

① 直到 1920 年，几乎 80%的女性和 70%的男性是文盲。执政者认为土著下层阶级是不可教育的，教育投资更偏于识字率较高的欧洲移民。中产阶级也缺乏生产技术教育。1873 年有 2 所帝国农业学校，但对农业耕作几乎没有影响。虽然早期的机器生产中巴西有所技术创新，但建立制造业和商业企业所需的组织能力，主要是由移民提供的。

业”陷阱，严重影响政治社会稳定。[①] 新自由主义同样没有解决贫困问题，穷人仍然被排除在外，处于更加不利的“脆弱性”陷阱中。总的来说，巴西的教育体系类似于许多低收入国家，不如其他中上收入国家在学前教育和净初等教育入学率方面已经赶上了拉丁美洲，但是初中净入学率比拉美平均水平低40%。在高等教育方面的表现也很差，落后了13%（The World Bank，2013）[②]。

巴西接受教育的机会高度不均衡不仅除了与地点和种族有关外，更与收入等级有关。巴西精英阶层及其附属群体不合理的教育特权的存在有不公平的制度根源，使社会阶层出现严重固化。由于基础教育和中等教育的优质资源集中在私立学校，不同阶层之间的教育水平出现严重不平等，贫困家庭在公立学校初等教育中所占比例较高，富家子弟和中产阶级子弟进入私立学校。其政治利益是支持对私立学校补贴，而不是政府对公立学校投资。虽然富家子弟要通过入学考试，而大学教育却是免费的，中产阶级倾向于对高等教育而不是基础教育提供补贴，教育拨款有一半流向这些国立大学。这种偏斜的教育政策，使贫民无法获得良好的教育机会（贫穷家庭的孩子除了质量很差的私立大学外，因为负担不起学费很少选择接受高等教育），阻碍了社会流动，贫富差距越来越大（Kenyon 和 Kapaz，2005）[③]。近年来，尽管政府一再强调教育优先，但巴西人力资本积累仍显著不足。

巴西教育体系的问题较为显著。由于自然资源丰裕地区，人力资本不断地被资源产业所“挤出”，同时，由于缺乏组织良好的商业协会协调企业主的教育需求，技能教育也受到阻碍。比如实施出口初级产品战略后，巴西东北部的纺织制造商大多以低工资雇佣低教育水平的工人，降低了教育需求，消除了在教育方面的公共行动需要。文盲率、入学率、教育投资、毕业率都很落后，据联合国教科文组织报告（2010），巴西小学生留级率在拉美国家中最高（18.7%），辍学率更是名列前茅。从巴罗和李（Barro 和 Lee，2013）构建的全球教育程度指标看，巴西不仅落后于拉美国家，更是远远落后于韩国等东亚国家（15岁以上人群的文盲率是：1900年为65.3%，1950年为50.6%，2010年为9.6%。21世纪初巴西仅接近1900年的日本），因此要摆脱资源依赖，将更多自然资源收益用于加大对人力资本的投资，通过

---

① 吕银春：《巴西教授谈巴西经济奇迹时期的经验教训》，《经济学动态》1994年第8期。

② The World Bank，“Beyond Oil：Kazakhsan's Path to Greater Prosperity through Diversifying”，*World Bank Publications*，No.16720，2013.

③ Kenyon，T.，Kapaz，E.，“The Informality Trap，Tax Evasion，Finance，and Productivity in Brazil”，*Public Policy for the Privote Sector*，No.301，2005.

改善不合理的教育投入体制、加强成人教育和培训，吸引外来技术人才和知识人才等，并催生出一个有能力消费且掌握现代技能的新兴中产阶层。目前，巴西拥有充分发挥人口红利优势的机会，尽管人口正在老龄化，但巴西仍然是一个"年轻的"国家。从 2004 年到 2013 年，巴西人口增长了 11.3%，劳动年龄人口与受抚养人口（儿童和老年人）相比（16 岁至 64 岁）有所增加，从 1.15 亿人增加到 1.34 亿人，有一定能力增加资本形成。为此，除了掌握先进科学技术，进而实现自主创新，最终产生大量核心专利的创新政策外，还要进行相应的教育政策、社会政策改革和加大相关投资。虽然企业创新性在进入中等收入阶段后显著加强，公共教育支出虽有增加并没有带来相应的质量提高，从振兴大学系统等人力资本维度看，均需大幅度加强。①

知识创造和交流或人力资本形成与配置是现代经济发展的主要驱动力，人力资本的主要载体是工人，技能通过正规教育和经验发展等形成。人力资本既包括通用技能，可用于执行各种任务，可以应用于多个行业，但人力资本也具有专用性特征，无论是否提升复杂度，多样化依赖于路径，因为新产业建立在现有能力的基础上，这又体现和反映在劳动力技能上，劳动力技能分解为技能相关性和复杂性指标（或者技能空间），技能相似性以及劳动力流动性是促进相关多样化以及长期转型的重要因素。

从巴西的职业复杂度空间看，复杂度不能提升的多元化带来的是结构不发展而不是升级，以往遵循比较优势的相关性多元化过度加剧了穷人的人力资本特征（比如甘蔗种植需要的技能是忍耐、接受批评，冷静处理压力等），但近年来巴西经济结构变化开始为建立在资源和能力基础上的多样化演进提供了机会，也为人力资本提升推动复杂度提升战略提供了机遇。有文献（Galetti 等，2021）②按照美国职业信息网络（O* NET）数据库的做法分析巴西职业结构（CBO），推断巴西工人职业中的技能类型和水平，分析技能相关产业对经济多元化影响，发现在这样一个以地区不平等为特征的发展中国家，经济结构变化的一个重要因素是技能相关性这一经济复杂度度量。除在位企业的调整外，新企业的进入、退出依赖当地相关行业的人力

---

① 中国高技术产业发展促进会知识产权战略研究课题组：《巴西"静悄悄崛起"的若干思考》，《科技促进发展》2013 年第 4 期。

② Galetti, J. R. B., Tessarin, M. S., Morceiro, P. C., "Skill Relatedness, Structural Change and Heterogeneous Regions: Evidence from a Developing Country", *Papers in Regional Science*, Vol.100, No. 6, 2021.

资本或技能资源(Boschma等,2016)①,也是结构变迁的两个重要渠道,其概率与相关技能的区域存量分别显著有关(见表4-5),这说明技能相关性是影响区域结构转型升级的重要因素。需要注意的是,创新能力较低的区域更多地依赖技能相关性来吸引低复杂度产业并保护它们免于退出本区域。

表4-5 区域进入模型:按人均GDP和人口分类

自变量	人均GDP			人口		
	落后地区(1)	中等地区(2)	发达地区(3)	稀少(4)	中等(5)	丰富(6)
技能相关性密度	0.0191*** (0.0019)	0.0140*** (0.0018)	0.0175*** (0.0016)	0.0142*** (0.0019)	0.0164*** (0.0020)	0.0207*** (0.0016)
复杂度指数	-0.0002 (0.0020)	0.0177*** (0.0032)	0.0223*** (0.0030)	0.0052*** (0.0020)	0.0131*** (0.0025)	0.0213*** (0.0028)
工资	0.0233*** (0.0036)	0.0291*** (0.0028)	0.0212*** (0.0024)	0.0331*** (0.0045)	0.0321*** (0.0037)	0.0160*** (0.0018)
公司	0.0147 (0.0100)	0.0102 (0.0084)	0.0013 (0.0013)	0.1691*** (0.0308)	0.0940*** (0.0169)	0.0006 (0.0012)
公司规模	0.0842*** (0.0343)	0.0441*** (0.0190)	0.0095* (0.0050)	0.1008* (0.0548)	0.0829* (0.0461)	0.0140*** (0.0062)
人口	-0.0814*** (0.0211)	-0.0289 (0.0354)	-0.0242 (0.0150)	-0.0277 (0.0372)	-0.1498*** (0.0631)	-0.0230* (0.0135)
人均GDP	-00076*** (0.0037)	-0.0108*** (0.0044)	-0.0011*** (0.0005)	-0.0016*** (0.0005)	-0.0101*** (0.0044)	-0.0118 (0.0092)
观测量	516485	157833	152531	515078	162482	149289
R^2	0.0605	0.0619	0.0593	0.0614	0.0661	0.0569

资料来源:巴西经济部《社会保障信息年度报告》。

第六节 结 论

20世纪60年代后,当全球化开始为发展中国家创造更多的出口机会

① Boschma, R., Coeren, L., Frenken, K., et al., "Towards a Theory of Regional Diversification", *Papers in Evolutionary Economic Geography*, Vol. 16, No. 17, 2016.

时,巴西开始从农业出口经济向有限工业化经济转型,进入经济复杂度的一个重要变革阶段。随着开始实施进口替代战略,经济发生结构性调整(减少了一些主要消费品的依赖,尽管资本、技术品和中间货物进口仍然较多),并缩小了与发达国家的收入差距(1967 年经历 1 次增长加速),进入高收入阶段。

石油危机爆发后,巴西出现宏观危机,开始实施贸易自由化和市场化,并着重引进外资来促进经济增长,开始一轮较长的结构性调整,但未能维持趋同。虽然当时国际环境改善,巴西试图像东亚国家一样调整发展战略,强调利用自身比较优势,发展出口导向型经济。但是,巴西没有把复杂性的增长作为结构调整的关注点,没能把握住此前积累的成功追赶基础,其发展没有遵循本国资源类产业按一般过程依次升级的需要,依靠自然资源适当定位于全球经济,但没有迭代和累积的协同效应,也没有以此取得竞争优势和提升复杂度,经济轨迹"增长而不发展"。巴西没有提升工业价值链的国内附加值和产品空间中的经济复杂度得分。后来在"去制造业化""产品初级化"的路上越陷越深,虽然中低复杂度产业竞争力增强,但是中高复杂度产业并没有实现升级,甚至不如下中等收入阶段,反而出现退步(20 世纪 80 年代后生产率水平尚可但增长率低)。国家生产和创新体系没有巩固有限的追赶时期成果。

顺周期的宏观经济政策加剧而不是抑制其他对生产活动不利的冲击,造成超级波动(excess volatility)。制造业在中等收入阶段逐渐失去了对中高技术环节生产的参与,缺乏部门间联系,不能推动创新和传播新技术,因此无法对生产率增长作出重大贡献,总之,由于在制成品方面并没有提升能力,也就出现了高贸易逆差。制造业没有缓解国际收支下降压力(Thirlwall,2011)①,这是其长期陷入"中等收入陷阱"的重要因素所在。

经济复杂度、生产结构简单化与巴西职业空间简单化和教育不平等长期共存。由于利益集团干扰下统治集团的政策失误,出现严重的贫富分化问题,更加剧社会不平等。巴西长期不注重人力资本的投资,教育体系和技能形成体系的人力资本积累没有动态匹配,没有满足产业结构提升中多样化的需求,也更难言满足人力资本积累的异质性要求(第 1 章所说的配置效率效应)。教育不公平、低效率及其与低复杂度经济的动态交互,带来的是人力资本锁定在低水平—低技能陷阱,无法满足产业结构升级对高素质

---

① Thirlwall, A. P., "Balance of Payments Constrained Growth Models: History and Overview", *Moneta E Credito*, Vol. 64, No. 256, 2011.

人才的需求,这阻碍了经济复杂度的提升。

从截至本章的三个拉美案例看,这些经济体接近并缩小其与发达国家的差距时,存在有限的赶上期,但接着进入有限的落后时期,这增加了相对于领先经济的差距。因此,既不落后也不赶上就是拉美的“中等收入陷阱”,是在有限的追赶和有限的落后之间交替的周期钟摆组合。

在一个全球化的开放环境里,一个中等收入国家是否跌入“中等收入陷阱”,取决于自身的经济复杂度能否动态提升,技术进步和人力资本积累能否互相促进以抵消劳动要素禀赋数量的不利变化。拉美三国的产品空间生产模式是为了从自然资源中获得利润,而不是在人力资本的发展和生产部门结构变化的基础上建立创新能力。出口对自然资源的依赖性增加,导致外部脆弱性增加。对自然资源和欠发达工业或相对落后工业的锁定,造成创新体系和生产体系的不完整性质。拉美三国的外部脆弱性具有复杂度不能提高的缘由,对增长周期性地发生结构性外部限制。以往技术革命的持续落后对于经常账户有影响,因为不断需要从上次的技术革命中进口新产品和工艺。缺乏制度来推动企业进入新行业,拉美出口的技术内容在与当代技术革命相关的每个特定时间,都是具有低需求弹性的产品,而进口的则是具有高需求弹性的产品。因此,经常账户危机和汇率危机反复出现。实际上,生产体系的不完整性形成(包括相对的技术落后)是外部脆弱性或者增长坍塌的一个结构性来源。

抑制资源以一种“掠夺性”的方式被使用,防止其他对生产活动的不利冲击,还表现在拉美需要调整人力资本的积累上。历史上,土地所有者不赞成教育劳动力,因为他们担心教育会建立工人的能力,从而削弱他们的政治权力,也因为他们更倾向于利用非熟练劳动力,而不是利用教育作为提高生产力的手段。传统出口模式,主要由商品出口,包含相对较低的附加值,但确实产生了经济租金和一个高水平的人均收入(相对于教育水平)。但是,高收入者反对为全民公共教育而纳税。于是那些自然资源丰富但所有权高度集中、人口很大的部分没有受过教育、几乎没有政治权利(部分原因是种族歧视)的国家,在教育方面进一步落后。因此,尽管拉美国家已作出坚定的努力,实质性地提高教育水平,但这些努力与东亚等比较来得太少、太迟(2000 年,拉美人口平均完成了 7.1 年的学校教育,发达国家为 12.5 年)。尽管已经进入中等收入阶段多年,它还没有达到充分的教育水平(突破上中等收入陷阱的门槛值)。

如果说存在一种特定的结构现象,导致拉美在追赶和落后之间相互交替,那么,人力资本问题就是一种结构性现象,历经经济和政治变革,教育不平等导致缺乏亚当·斯密归纳的市场增长和复杂的劳动力分工之间的动态增长，导致追赶过程失去动力和自我耗竭。产品空间的路径依赖和资源锁定的特定模式，是具体条件下政治、行动和斗争导致的结果，对拉美陷入“中等收入陷阱”有重大影响。

专栏 4-1　巴西支线飞机产业

巴西航空工业公司，前身为一家国有企业，是当今世界第三大民用飞机制造商，仅次于波音和空中客车公司。自1999年以来，它一直是巴西最大两个出口商之一，2005年国际销售额超过30亿美元，主要销往美国。当时雇佣了16500多名员工，其中85%的员工来自本国。巴西航空工业公司是工业领域的一个例外，它证明巴西产业政策成功也有可能性。该公司之所以进入国际机身生产商严守的寡头垄断市场，既有在新自由主义出现之前就已经确立的产业政策的原因，也有对世界市场规律的深刻洞察。

建立一个为民用和军事需要服务的尖端国内飞机工业，是巴西技术精英早在第二次世界大战时期就有的国家雄心。巴西航空工业公司成立后就是一家由联邦政府控制并向航空部报告的国有公司，负责制造一些尖端飞机原型的变体，后来被称为班代兰特（Bandeirante）。1968年，巴西已开发并成功试飞了一架八座涡轮螺旋桨飞机的原型。

根据当时的进口替代战略，最初的重点是国内市场。当时，国际领先的机身制造商重视更大的飞机，它们可以在高负荷系数的密集市场高效运行，但这不适合巴西的条件。为了服务于其规模更小、分布更为分散的市场，巴西航空工业公司集中精力设计能够在相对较短的航线上以较小的载荷经济地提供可靠、频繁服务的飞机。机身行业的项目开发成本非常高，加之将重点放在国内市场并不与外国零部件制造商的合作以及增加出口冲突，通过与发动机和其他关键部件的生产商分享成本，公司可以自由地专注于飞机设计，机身生产、总装。到1975年，巴西航空工业公司开始出口，三年后，该公司进入美国市场。

20世纪80年代起，随着奥齐雷斯·席尔瓦博士（巴西航空工业公司的独立首席执行官）退休，政府开始更直接地干扰公司决策。随着20世纪90年代初世界经济衰退的到来，销售额急剧下降，亏损激增。到1994年，巴西航空工业公司出售给一个由银行和养老基金组成的财团。市场化和随之而来的资本注入振兴了巴西航空工业公司。此后，在其细分市场中处于领先地位，相对较低的劳动力成本也增加其优势。

总而言之，巴西航空工业公司(Embraer)建立了一个平台，几乎从一开始就将其与关键零部件的主要生产商以及其最终产品的成熟国际市场联系起来，依托相对较低的劳动力成本，这是其成功之处。更普遍地说，产业政策和地区民用航空的严格监管等，创造了一个很大程度上被垄断的市场，此外，与巴西空军在补充项目上的合作，都可以为这种平台建设作出不可或缺的贡献。这些举措在新自由主义出现之前就已经进行，虽然政府有时过度干预，治理结构叠床架屋，重要的决定往往需要得到巴西联邦政府的行政和立法批准，但是其产业政策作出了不可或缺的贡献。

(资料来源：笔者根据泛美开发银行有关工作论文整理)

第五章　印度:经济复杂度分割中的错位增长

印度是陷入“中等收入陷阱”(更准确地说是准“中等收入陷阱”)国家中值得关注的特殊大国。一方面,印度工业体系部门齐全,具有一定自我循环增长的能力,加之向外向型经济转变,经济发展的平台条件改善,目前作为“金砖国家”之一,充满机会。另一方面,经济发展与其他案例相比较差,要素积累、体制转型等尚未解决的问题很多,大部分时间属于中低收入阶段,面临着如何跨越贫困陷阱的问题,但也要未雨绸缪避免中等收入陷阱。本章突出印度跨越“中等收入陷阱”中需要关注的几个特殊问题,如服务业尤其是信息技术出口及能否促进制造业升级、人力资本积累困境以及劳动密集型制造业落后等问题。

第一节　印度准中等收入阶段发展特征的描述

印度人均GDP呈现高速增长势头,尽管其发展步履蹒跚,但将其作为中低收入国家探讨“中等收入陷阱”问题而非低收入国家也有理由。自2009年起,印度人均收入约为3600美元(“国际美元”),这一数字符合国际货币基金组织对中等收入国家的定义。

本书的测算表明,印度在2009年处于跨越“中等收入陷阱”的第一时点[见表5-1,印度学者沙(Shah)认为是2007年],但考虑经济发展过程的连续性,我们需要联系此前20世纪80年代的市场化改革启动时期、1990年以来市场化改革的加速期(可以称1980年后为准中等收入阶段),尤其关注其内在的“制度性”难题,联系其经济不断变换的约束条件,如人口转变将提高劳动年龄人口的比例,分析自2009年起印度经济发展情况。

表5-1　印度跨越中等收入阶段的不同时点

国家	第一时点	第二时点	第三时点	下中等时长	上中等时长	中等收入阶段
印度	2009年	—	—	11年	—	2009年至今

资料来源:世界银行WDI数据库。

一、人均 GDP 及其增速变化

印度在 2009 年的人均 GDP 为 1090 美元,我们可以判断其已经从低收入国家跨越至下中等收入国家。2015 年印度的人均 GDP 为 1598 美元,在下中等收入经济体中表现优异。从 1990 年到 2015 年印度准中等收入阶段和下中等收入阶段经济发展看,自 1991 年实行经济改革以来,人均 GDP 持续增长,人均 GDP 增长速度虽波动较大,但总体处于正向增长态势,经济增速维持在 2%到 8%之间(见图 5-1)。

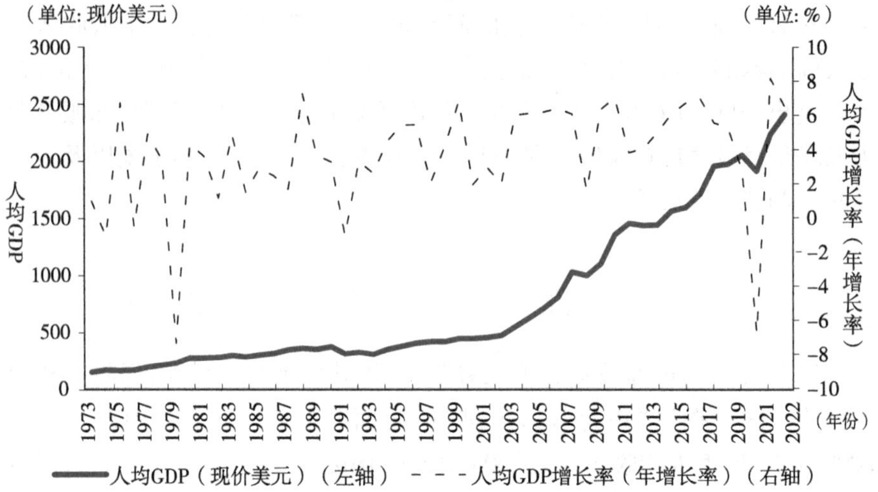

图 5-1　印度 1973—2022 年人均 GDP 及其增长率变化

资料来源:世界银行 WDI 数据库。

二、三次产业结构及其演进

发展经济学区分了“劳动推动”与“劳动拉动”(labor push or labor pull)结构变革。前者是指农产品需求收入弹性小于现代部门商品,因此农业劳动生产率的增长将把劳动力从农业领域推向现代部门。后者是指工业部门劳动生产率的增长导致先进部门的工资高于农业部门的工资,把劳动力从农业中牵引出来。印度看起来是后一种情况。与劳动力推动因素相比,尽管农业生产力有所提高,但劳动力拉动因素仍是印度经济结构变化的更重要的决定因素。

但是,印度产业结构转变主要是从农业到第三产业,而不是转移到制造业,遵循一种特殊的逆向式发展路径,比拉美国家更为极端,经历了"一、二、三""三、一、二""三、二、一"的发展路径。笔者的计算发现(见图 5-2),1990—2009 年的经济起飞阶段,印度第一产业占比逐渐下降,从 30%逐渐下降至 20%左右,第二产业占比平稳,第三产业占比除 2006 年有所下降外均逐步稳定增长,维持在 45%到 52%之间。2009 年后进入下中等收入阶段以来,第一产业占比在 20%左右,第二产业占比保持在 30%以上,第三产业占比缓慢平稳上升,维持在 50%左右,且很有活力。整体来看,印度第一产业占比持续下降,第二产业占比在波动中略有攀升,第三产业占比逐渐提高。

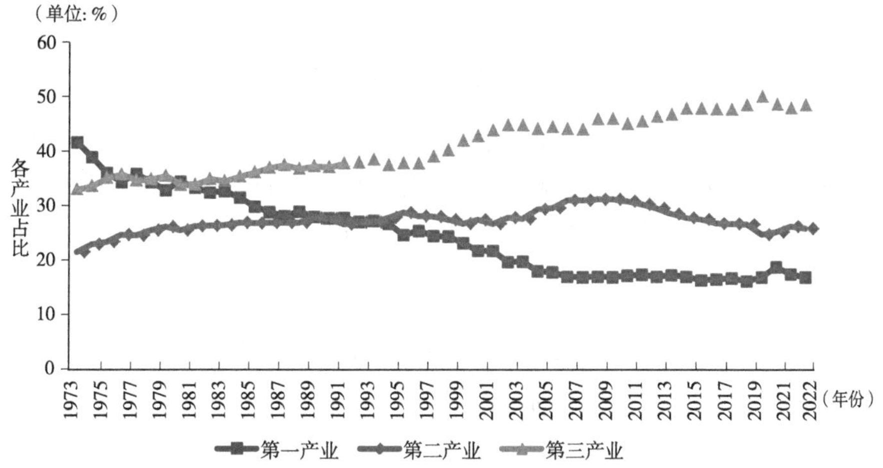

图 5-2　印度 1973—2022 年三次产业结构占比演变

资料来源:世界银行 WDI 数据库。

三、印度的出口结构

从表 5-2 中可以看出,20 世纪 80 年代起逐步走向自由化,出口的作用大为提升,农副产品、纺织品等产品显现资源禀赋优势和竞争力。自 1990 年起劳动密集型产品占据主导优势,食品原料型产品出口次之,资本与技术密集型产品出口占比较低。自 2009 年起,劳动密集型产品出口占比显著下降,资本与技术密集型产品占比显著提升,尽管占比仍然居于末位。截至 2015 年,印度劳动密集型产品出口占比持续下降,但仍居于首位,约为 42.68%,资本与技术密集型产品出口占比显著提升占比增速远高于食品,位居第二。可以看出,从 1990 年至 2015 年,出口结构不断优化,尤其是资本与技术密集型产品发展迅速，为推动印度经济发展提供了强大的动力。

表 5-2　印度 1990—2015 年出口结构　　（单位：%）

年份	食品原料型占比	劳动密集型占比	资本与技术密集型占比
1990	27.07	57.48	15.45
2009	28.46	45.99	25.55
2015	26.22	42.68	31.10

资料来源：世界银行 WDI 数据库。

四、印度的需求结构变化

从表 5-3 中可以看出，印度的消费率处于波动状态但巨大的国内市场是其优势。1990 年消费率较高，虽然逐渐降低，到 2009 年仅有 64.90%，但进入下中等收入阶段逐渐增加，2015 年为 70.17%，表示印度的消费能力逐渐增强。

表 5-3　印度 1990—2015 的需求结构演变　　（单位：%）

年份	消费率	投资率	货物和服务净出口占 GDP 的比例
1990	76.47	24.91	-1.38
2009	64.90	40.64	-5.55
2015	70.17	32.37	-2.53

资料来源：世界银行 WDI 数据库。

投资率在印度进行经济大改革前的 1990 年为 24.91%，在 2009 年进入下中等收入阶段时达到峰值，之后逐渐下降，2015 年印度投资率为 32.37%。因为劳动年龄人口的比例预计会上升，所以储蓄率有望继续提高并支持投资。

需要注意的是，印度的货物和服务净出口一直为负值，处于贸易逆差状态。在进入中等收入阶段以前贸易逆差逐渐增大，但进入中等收入阶段起 2010 年到 2015 年逐渐降低，出口能力逐渐增强。可见，在需求结构中，消费始终居于主导地位，其次是投资，货物和服务净出口最低。

五、印度的劳动力和人力资本

通过减少贫困促进平等的政策对于印度的发展一直至关重要。但有观点认为，政府对居民收入平等过度关注，他们采取的手段是向高收入人群征收高额税收，而目标通常是财富的创造者，他们恰好是不平等最明显的象征，印度政府将政策向有利于小企业家和反对大公司的方向倾斜，使大企业被压制，而小企业因为糟糕的营商环境和高成本的准入门槛无法完成促进贫困工人就业的目标，这种政策实际上削弱了促进人力资本、减少贫困人口的努力。

根据世界银行数据整理计算（见图 5-3），可以看出印度出生时预期寿命呈现快速增长态势，1990 年为 57.94 岁，2009 年为 66.1 岁，2014 年为 68 岁，其间出生时预期寿命提高了约 10 岁。1990—2014 年劳动年龄人口占比也持续增长，抚养比持续下降，从 71.71%下降至 52.45%，综合以上三个指标，印度在实行经济改革后劳动力变化良性演进，2009 年进入下中等收入阶段以后，劳动力发展态势良好，劳动力基本质量也有提升。

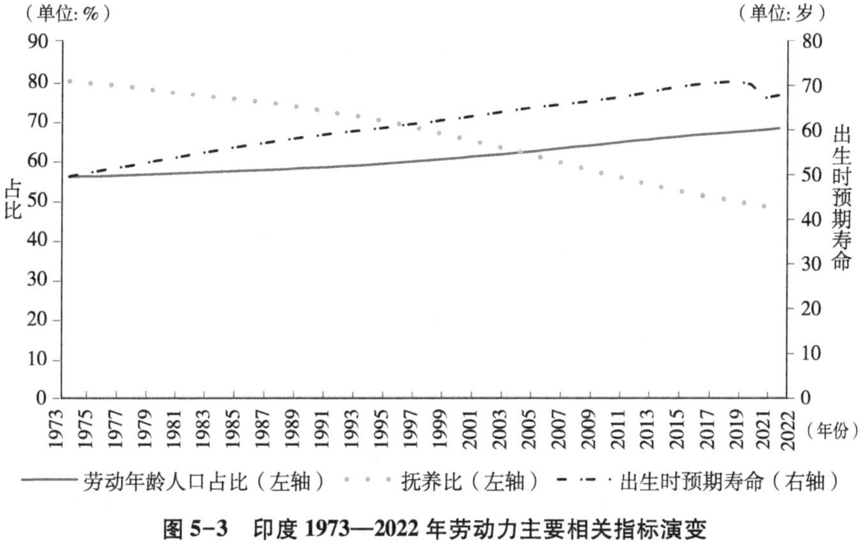

图 5-3　印度 1973—2022 年劳动力主要相关指标演变

资料来源：世界银行 WDI 数据库。

从印度教育等公共服务方面的状况看，2000 年至 2007 年，公共教育支出占 GDP 比例处于缓慢下降趋势，2007—2014 年处于持续增长态势（见图 5-4）。自 2001 年开始实施全民初等义务教育，各级入学率中，小学入学率在 2004 年之前持续增长，之后保持平稳，且基本上处于 80%以上。中学入学率与高等教育入学率持续增长，中学入学率从45.1%上升至68.9%，高等教育入学率从9.55%上升至23.89%。但富裕家庭现在把更多支出花在接受国外更高质量的高等教育上。

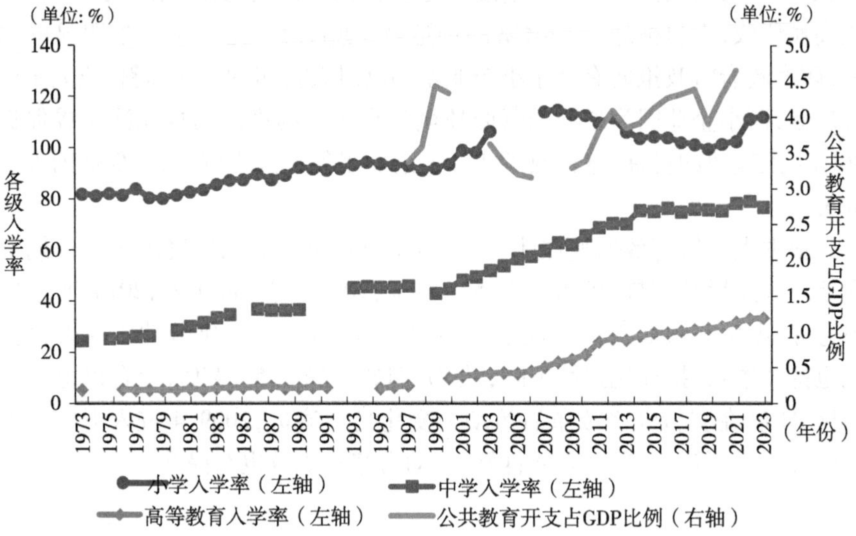

图5-4　印度1973—2023年人力资本主要指标演变

资料来源：世界银行WDI数据库。

需要注意的是，印度公立学校的教育质量较差。教师缺勤现象严重，高等教育质量堪忧。私立教育机构在培养员工技能中不得不发挥主要作用，但并没有为经济发展带来新动力。由于缺乏政府的支持导致私立教育机构发展缓慢，一些人无法在国内得到很好的教育，所以他们更倾向于移居海外（但信息技术领域的人才回流缓解了这一问题），出现“人才外流”问题。

六、印度的技术创新能力

研发方面的数据显示（见图5-5），1990年印度居民专利申请量为1147项，2009年为7262项，2015年为12040项。高科技产品出口额1990年为4.98亿美元，2009年为107.28亿美元，2015年为137.51亿美元。居民专利申请量与高科技产品出口额均呈持续快速增长态势。2002年开始，增长速度显著提高。尽管2008年之后受国际金融危机影响，高科技产品出口额出现波动，但整体仍处于增长态势。因此，可以看出印度的技术创新能力增长迅速，加之研发人员数量巨大，为经济增长特别是科技信息产业快速发展提供了积极推动力量。近年来随着研发基础设施、信息通信领域技术发展迅速,印度在加入全球研发平台、吸引跨国公司建立研发平台和现代技术的应用上成效显著,但仍存在私人企业研发投资不高、国际性专利数滞后等问题。

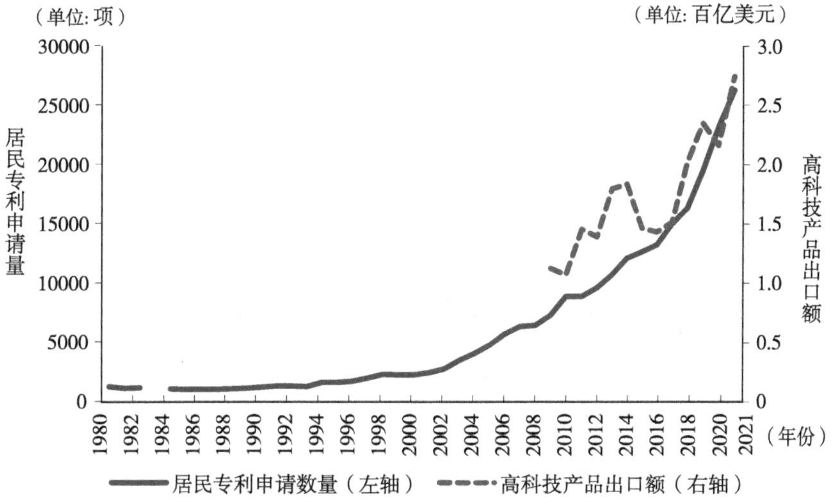

图 5-5　印度 1980—2021 年科技创新产出变化

资料来源:世界银行 WDI 数据库。

七、印度的城镇化率

从世界银行有关数据整理计算中可以看出(见图 5-6),印度的城镇化率显著持续增长,但总体水平较低,且地区差异明显。1990 年城镇化率为 25.55%,2009 年为 30.59%,2015 年为 32.75%,低于下中等收入国家城镇化率的平均水平(1990 年下中等收入国家的平均城镇化率为 29.85%,2015 年为 38.96%),高等收入国家的城镇化率 1990 年为 74.45%,2015 年为 81.17%。可以看出,印度的城镇化率与高收入国家相比还有很大的差距。地区差异方面,喀拉拉邦、马哈拉施特拉邦、旁遮普邦等较为发达,比哈尔邦较为落后。

综上分析,印度进入中等收入阶段之前及下中等收入阶段的多个经济指标和社会指标反映出,印度在转变经济发展方式、调整产业结构和需求结构、信息技术产业发展、技术创新上取得一定成绩,而且城镇化率逐渐提高,人力资本素质改善(与拉美国家比较而言,印度还维持了相对较低的通货膨胀率,阻止了对穷人的通胀税),这些均为印度中等收入阶段的发展提供了一定的经济社会支撑。

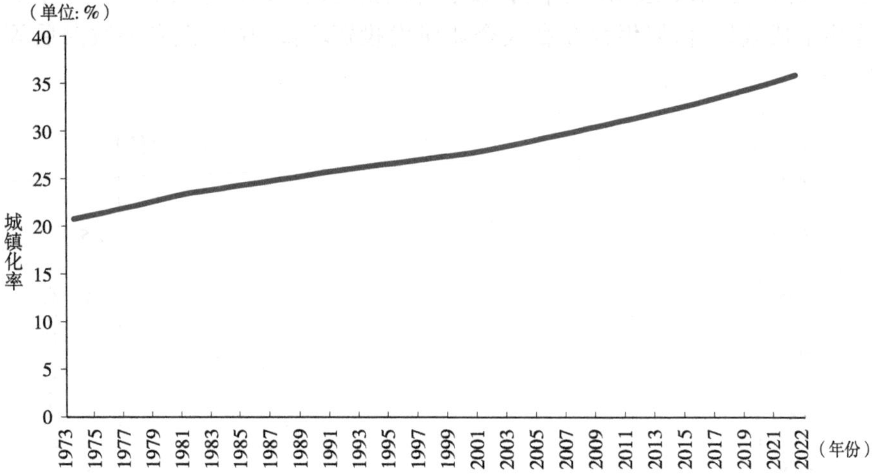

图 5-6　印度 1973—2022 年城镇化率变化

资料来源：世界银行 WDI 数据库。

第二节　印度准中等收入阶段发展的驱动因素

两个关键因素驱动印度进入中等收入阶段前的增长，即发展能力建设以及市场化改革（此外，规模巨大、多样性、政府作用等对其也有重要影响）。与仅靠进口替代进入中等收入的拉美国家不同，进口替代和市场化改革共同作用才帮助其摆脱"印度式均衡"的僵局，促成走出低收入阶段，且对 21 世纪初进入中等收入阶段有重大影响。

一、独立后的内向型战略属于黑暗时代吗

印度进入中等收入阶段前涉及进口替代和市场化改革两个时期。一些文献认为，进口替代没有带来足够的物质和人类发展利益。目前来看，这一观点显然过于偏颇。

印度独立后，改变前殖民地经济的制度框架（英国殖民后上层种姓与官僚融合，接受自由主义经济思潮，放弃产业保护等），进入控制和进口替代时期。第二个和第三个五年计划期间，作为当时进口替代战略不可或缺的一部分，促进了重工业的发展。虽然进口替代工业化在 10 年多的时间里产生了回报，但随后是经济放缓，于是，被有些文献称为"黑暗时代"。其依据主要是，尼赫鲁时期内向型经济政策是一种扭曲，政策管制过于严格且国

大党的既得利益色彩与低效率都是明显例证。这一时期产业政策的特点是对私人投资实行多重控制,限制私人投资者可以经营的领域、经营的规模、新投资的地点,甚至使用的技术等。进口替代政策造成了长期的效率损害尤其是阻碍了劳动密集型制造业的发展,国内生产的高成本和低质量商品导致制造业增长的潜力耗尽,劳动密集型制造业的比较优势被忽略和缺乏出口造成贸易赤字,这一政策最终走到了尽头。

这一观点之偏颇主要是因为:首先,虽然尼赫鲁政府试图建立高度集中的政治和经济制度,使印度成为一个法治、财产权得到充分保护的民主国家,但是其结果并不成功(尤其是政治冲动限制了经济政策转型到后来东亚成功的方向),印度这些制度的质量存在很大的不确定性。同时,印度的国家能力本就偏弱,又受到既得利益、时间和政治变迁的冲击和削弱,出现了政府失灵问题。但是,发展能力建设打下了一定的基础。例如,通过技术、管理和研究机构建立熟练人力资本池,成为超越民主、法治、新闻自由和技术官僚机构的元制度及推动后来增长的重要因素。

其次,经济权力的巨大集中并非都是负面的(比如工业许可制度有增进区域公平的作用)。而且此后信息技术行业的繁荣表明,20 世纪 90 年代以前并不全是黑暗的,那时重要的累积元素(基本面)已经建立,虽然产生的是滞后的回报。比如,纳亚尔(Nayyar,2013)①通过研究具体的产业部门对经济增长、国际收支、就业、以服务为主导的增长的可持续性、贫困、不平等的影响得出结论,认为"社会主义政策"而不是亲市场的政策产生了最重要的结构变化,因为 1951—1980 年的 3%到 4%的增长率比 1980 年之后要大得多。

二、两次改革的驱动与能力建设的曲折推进

尽管前一时期的重工业政策为多元化和自力更生经济奠定了基础,但由于农业在 1965 年和 1966 年连续歉收、美国援助冻结和随之而来的货币贬值,使"重工业化"战略难以继续,出现加剧的通货膨胀和国际收支危机。此后两次市场化改革则成为发展能力建设的进一步驱动因素(Ramaswmi 等,2011)②,尽管其过程曲折艰辛。

---

① Nayyar, G., "Inside the Black Box of Services: Evidence from India", *Cambridge Journal of Economics*, Vol.37, No.1, 2013.

② Ramaswmi, B., Kotwal, A., Wadhwa, W., "Economic Liberalization and Indian Economic Growth", *Journal of Economic Literature*, Vol.49, No.4, 2011.

（一）20世纪80年代改革

第一次改革可以追溯到1980年，这为其后来的经济增长打开了大门。由英迪拉·甘地（Indira Gandhi）领导的国大党政府对私营部门的态度发生了重大变化，从敌视转变为有所支持（独立后对商人、交易商和其他中介机构有普遍怀疑）。当时的财政扩张主义或凯恩斯主义政策，伴随着经济活动放松管制出现自由化贸易和工业改革，这包括汇率自由化、关税降低、放松监管等，标志着经济政策制定的新阶段，尤其是对以国家为中心的经济计划的突破。

但是，在这种转变中实际的政策变化采取非常随意和渐进的方式（主要动机是获得商业组织政治支持）。虽然国大党转变和有限的政策变化是有利于商业的，但并不是有利于竞争的，主要做法使正规工商业部门的现有企业受益。市场化改革本应侧重于消除市场障碍，并旨在通过经济自由化来实现这一目标，需要鼓励新进入企业和消费者。而亲商导向专注于提高已建立的工业和商业机构盈利能力，有利于现任者和生产者。亲商业导向意味着经济改革不彻底，缺乏具体的改革手段和有效的配套措施。于是，20世纪80年代增长加快，但这是通过借贷获取资金和透支未来实现的。结果是，外债与GDP比率在80年代翻了一番，其中短期债务占比不断上升。然而，国际债权人不愿意将过去的债务展期并拒绝提供新的债务，从而导致外汇储备崩溃和危机，于是90年代初期不得不进行改革。

从跨越发展陷阱角度来看，由于没有进行产品和劳动力市场的内部改革，加之基本条件并未根本改善（如农村社会结构僵化、劳动效率低下、存在歧视商业态度、种姓制度等），这次改革没有使其抓住发展劳动密集型产业的机遇，使其失去此后类似于东亚国家的有利全球经济体系定位，造成延续至今的缺憾。

（二）20世纪90年代改革

鉴于20世纪80年代的自由化是在投资、进口许可、价格和分销控制等基本框架下的零碎措施，1991年的改革放弃内向型传统框架，作为早在1975年就开始进程的延续，不仅以减少财政赤字为当务之急，更是朝着以市场机制取而代之的方向发展。

产业和贸易政策改革是这次改革的核心内容。改革之前的进口替代形成的工业结构效率非常低，需要高度保护的贸易政策来支持，通常为工业的每个部门提供量身定做的保护。所以这次改革通过放松管制来引导市场发挥资源配置作用。与此相配套的金融自由化改革，导致投资组合资本流入印度股票和债务市场，以及外国直接投资和商业银行信贷的流入。为协调国际市场的游戏规则与本国市场规则，印度把复制“盎格鲁—撒克逊模式”的金融自由化作为关键，很快被外国投资者“发现”并成为资本投资激增的目标。流入印度的外国投资翻番，大企业采取银团贷款的方式，以相对较低的利率向国外借款。这次改革后的前五年，经济增长达到6.7%，之后五年放缓至5.4%。

对于20世纪90年代的改革评价同样充满分歧。有些学者强调90年代改革对保持长期增长的作用。尤其是改革后经济增长率加速，2003—2007年实现超高增长率引人注目。如果没有90年代的改革，很难想象印度会保持21世纪初期的高速增长。至于此后的增长放缓，赞成者阿鲁瓦利亚（Ahluwalia，2002）[①]认为这不是由于改革的影响，而是由于改革未能有效实施。印度改革的渐进主义策略不奏效，改革的执行速度太慢。贬之者的观点是，制造业实现增加值增长自1991年以来的8年未能超过90年代之前的15年。90年代改革期间的增长状况比80年代改革期间更糟糕。改革并未解决持续存在的深层次问题，比如政治权力分散所产生的离心力。改革以来获取的不对称补贴，导致一些区域经济更加落后、中产阶级和技术人员退出，政府能力进一步空洞化、内部不稳定等问题。

从本书框架看，产业基础或经济复杂度与前一阶段相比变得薄弱，这些当然与财政和金融政策之间缺乏足够的配套性，导致私人投资下降有关。但经济复杂度提升无论是在进口替代阶段还是市场化改革阶段都缺乏协调一致性（李根，2019），甚至有时被忽略。在1990—1991年和1997—1998年，超过一半的增长来自消费品，基本中间产品仅占16.34%，资本品占11.81%。这意味着对基本中间品和资本品进口的更大依赖。20世纪90年代中期以来，出口增长一直令人失望，就业情况更糟。最为奇特的是，就结构变迁而言，由于取消了许多进入壁垒和许可证，在1990—1991年至1997—1998年，制造业的劳动强度逐步下降。不仅资本密集型产品的劳动强度下降了，而且劳动密集型产品也如此。虽然印度试图通过政策环境的相对较小变化产生较大的增长影响，结果却是与比较优势（复杂度的自然演进）相反，劳动密集型产品在产出中的相对重要性下降。在占总产出一半以上的部门，资本密集程度的上升与资本取代劳动力有关，但并不是普遍的技术升级。于是，劳动生产率在1990—1991年和1995—1996年期间稳步增长，但此后停滞不前。

---

① Ahluwalia，M. S.，“Economic Reforms in India since 1991：Has Gradualism Worked?”，*Journal of Economic Perspectives*，Vol. 16，No. 3，2002.

综上所述，生产率增长在20世纪80年代后加速，代表着增长轨迹的“结构性”转变，此后印度一直是世界上增长最快的经济体之一，“印度奇迹”一词开始在国际学术界使用。但是，经过长期的发展能力建设以及市场化改革的漫长历史，才使其摆脱低收入陷阱，这比拉美国家更加艰辛。政府长期以一个渐进性改革的姿态来面对“中等收入陷阱”，缺乏足够的动力在迈过低收入贫困陷阱后通过增长和社会发展的良性循环迈入中等收入阶段。2010年后，也就是印度迈入中等收入阶段不久，全球化面临被逆转的趋势，气候变化、环境恶化等因素对其发展也造成新的制约，在改革未使劳动力要素市场更加灵活、产品市场改革缓慢等不利影响持续存在下，印度跨过“中等收入陷阱”的路程仍很漫长且概率并不确定。

第三节 印度经济复杂度的测度

一、印度的经济复杂度

根据笔者的整理计算（见图5-7），可以看出，印度经济复杂度处于波动状态，1995—2008年持续波动，2009—2014年，除2012年有微小下降以外，其余年份均呈增长态势，且增速较快。1995—2015年人均GDP持续增长，维持在5.9%至7.4%，可以看出人均GDP的增长速度逐渐提高。进入

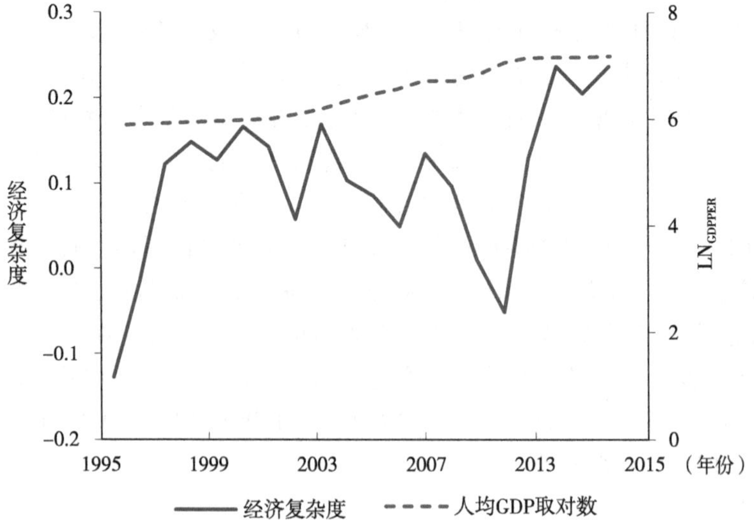

图5-7 印度1995—2015年经济复杂度及LN_{GDPPER}演进

资料来源：联合国商品贸易数据库。

下中等收入阶段以来，经济复杂度出现显著增长，人均 GDP 持续增加，表明印度经济增长态势良好，产业升级竞争力逐渐增强。

二、印度六类产业显性比较优势

对产业显性比较优势的计算发现（见图 5-8），对于六大类产品（分别为：1 食品和除燃料外非食用未加工材料、2 原料与燃料、3 未列名的化学及有关产品、4 主要按材料分类的制成品、5 机械和运动设备、6 杂项制成品和未列入其他分类的货物及交易）而言，总体来看，印度的第 2 类产品和第 5 类产品的显性比较优势值较低，基本处于 1 以下，第 3 类和第 6 类产品的显性比较优势值处于 1 左右，第 1 类产品和第 4 类产品的显性比较优势值较高，处于 2 左右。

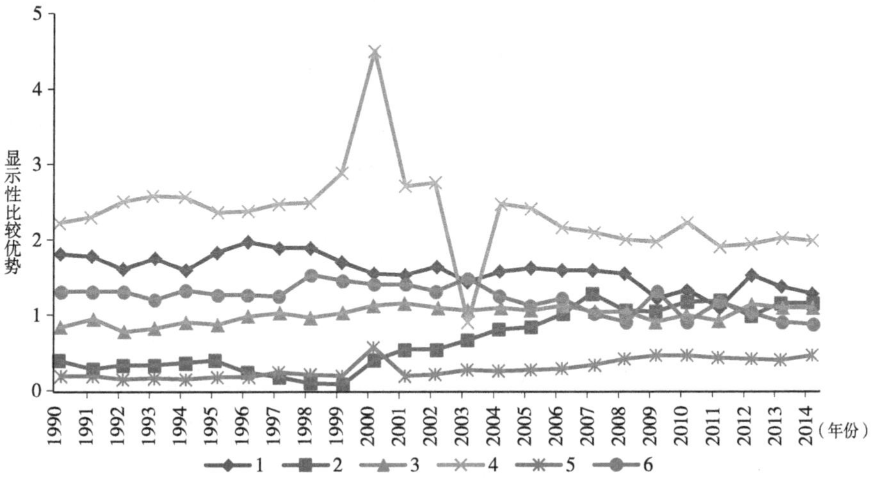

图 5-8　印度 1990—2014 年六类产业显性比较优势

资料来源：联合国商品贸易数据库。

1990—2008 年，印度经济改革至下中等收入阶段之间，第 5 类产品和第 2 类产品产业升级竞争力较弱，第 2 类产品的产业升级竞争力从 1999 年开始显著增强，第 3 类产品和第 6 类产品的产业升级竞争力一般，第 1 类产品和第 4 类产品的产业升级竞争力较强，第 4 类产品的产业升级竞争力在 1998—2003 年存在较大波动。步入下中等收入经济体后，即 2009—2015 年，第 5 类产品的产业升级竞争力较弱，第 2 类产品、第 3 类产品、第 6 类产品的产业升级竞争力一般，第 1 类产品和第 4 类产品的产业升级竞争力较强。

总之，印度第 1 类产品和第 6 类产品的显性比较优势值在波动中小幅下降。第2类产品的显性比较优势值从2000年开始出现较大幅度的增长，产业升级竞争力逐渐增强。第3类产品的显性比较优势值始终在1上下波动，未出现大幅度的增减变化。第4类产品的显性比较优势值在1999—2003年出现了大幅波动，2004—2015年显性比较优势值逐渐降低，产业升级竞争力逐渐降低。第5类产品的显性比较优势值持续缓慢上升，产业升级竞争力逐渐增强。总之，第1类产品、第4类产品的产业升级竞争力较强。第2类产品、第3类产品、第6类产品的产业升级竞争力一般，第5类产品的产业升级竞争力较弱。可以看出，印度的中高复杂度产品中第3类产品的竞争力一般、第5类产品的竞争力较弱，低复杂度产品中第1类产品的竞争力较强、第2类产品的竞争力从较弱逐渐发展为一般，中低复杂度产品4、6的竞争力都较强。因此，总体来说，印度中复杂度产品的产业升级竞争力较强，低复杂度产品的产业升级竞争力也较强，中高复杂度产品的产业升级竞争力较弱。

三、印度六类产业密度

根据笔者的计算（见图5-9），印度产品空间密度在1990—2014年经历了较大的波动。1990—2008年，六大类产品的产品空间密度约在0.3—0.85，2009—2015年六大类产品的产品空间密度约为0.4—0.9，可以看出，进入下中等收入阶段印度六大类产品的产业升级竞争力有所提升。六大类产业在2002—2007年密度均有较大幅增长，2007—2010年有所下降，2011年开始又持续上升。1990—2015年，第1类产品的产品空间密度波动较大，2010—2015年持续增长，密度约在0.5—0.7波动，产业竞争力很强。第2类产品的产品空间密度约在0.6—0.8，产业竞争力很强。第3类产品的产品空间密度波动较大，2009年之后，基本稳定在0.6左右。第4类产品的产品空间密度在1990—2007年持续增长，2008年开始下降，2010年之后基本稳定在0.6左右，第5类产品的产品空间密度在0.5—0.8波动，产业竞争力很强。第6类产品在1990—2003年在0.3—0.5波动，2004—2014年在0.55—0.9波动，产业竞争力很强。

2009年进入下中等收入阶段以来，除2010年外，其余年份六大类产业的产品空间密度均大于0.5，表明进入下中等收入阶段以来，这些产业的竞争力很强。另外，从出口产品的技术含量和路径分布看，根据亚洲开发银行的测算（Felip，2012），印度高技术含量和高路径分布的产品占比为7.4%，高技术含量和中路径分布的产品占比为6.2%，高技术含量和低路径分布的产品占比为5.0%，中技术含量和高路径分布的产品占比为12.4%，中技术含量和中路径分布的产品占比为12%，中技术含量和低路径分布的产品

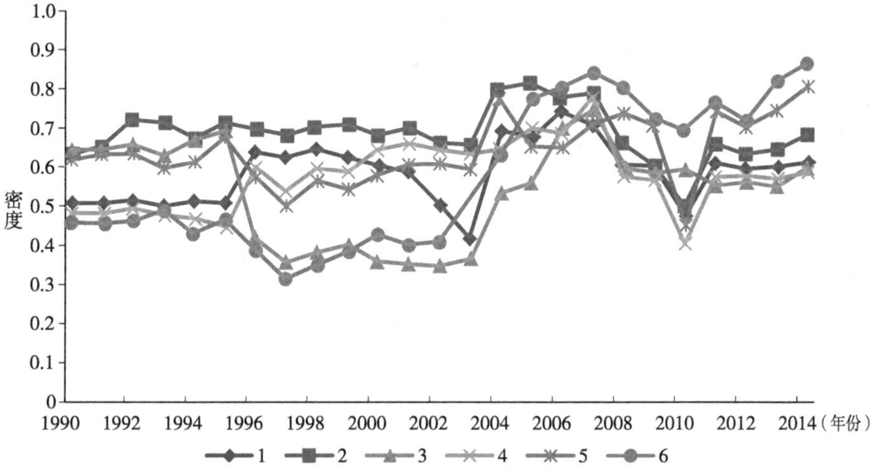

图 5-9　印度 1990—2014 年六类产业密度

资料来源：联合国商品贸易数据库。

占比为 3.5%，低技术含量和高路径分布的产品占比为 14%，低技术含量和中路径分布的产品占比为 22.9%，低技术含量和低路径分布的产品占比为 16.7%。由此分析得出，印度产品空间的态势存在缺陷，以无复杂度提升的多样化为主，难以为快速增长提供能力基础。

第四节　印度经济复杂度分割演变的缘由

如前所述，就政府作用看，虽然印度的外部参与强调自主，外部借款和援助数量和作用有限，其持续稳健的货币管理和金融中介，比收入水平相似的国家稍好。但是，印度提升经济复杂度的目标并不明确，对经济发展并不非常专注，可选择的政策工具受政治制度等制约和经济民族主义影响，政策措施僵硬。就进口替代工业化阶段而言，虽然当时世界普遍存在"出口悲观主义"，印度政府尤其强调发展是一个基于进口替代的自给自足过程，经济民族主义泛滥，这导致出现所谓"进口替代陷阱"。由于制造业的国内需求水平低且缺乏弹性，本土生产者在国内市场无法实现规模经济，在寻求国外市场时面临高昂的分销成本、政治风险和汇率波动，这导致印度虽然具有劳动力成本优势却难以发挥。由于赋予政府巨大的自由裁量权，资源从生产性投资和创新转移到寻租，加之政府决策严重拖延，政府能力低下，导致出现不能促成持续增长的"制度陷阱"。公共投资在过度支出和持续不足间摇摆，其背后是低效率导致的成本性通胀和政府决策拖延导致的成本上升，这又使政府为自己制造了一个“债务陷阱”。再此后的改革战略，也处处脱节且陷入误区。1980 年后英迪拉 · 甘地再次执政 20 世纪 90 年代拉奥执政后，面对“亚洲四小龙”的快速发展，虽然在结构变迁方面试图探索，但在新自由主义思潮影响下，印度一味寻求国际货币基金组织帮助，又抛弃改革前发展战略合理成分，最终走向了忽视积累的生产能力的“新自由主义陷阱”。印度在结构变迁方面的决策与实施都极为艰难。比如，虽然劳动密集型出口是整个亚洲增长的引擎，但带有政府管制的贸易政策削弱了具有劳动力成本优势的产业，长期面临改革滞后陷阱。以往经历证明，印度在经济战略调整上虽然有一定主动性与前瞻性因素，但政府冲动对于积累能力的缺陷明显。

本章把复杂度作为解释为什么印度不能持续高速增长，面临陷入“中等收入陷阱”的基本视角，结合市场化改革、政府作用等，从农业、工业和服务业三个领域加以具体论述。

一、有限的农业基础提升，缺乏技术复杂度提升，使跨越“中等收入陷阱”的门槛条件薄弱

从地理条件角度看，印度自然条件复杂多样，气候条件恶劣、能源短缺；从社会条件看，传统社会结构复杂停滞，劳动效率低下，过度拥挤的农业经济陷入贫困的恶性循环，这些历史地理因素构成农业经济复杂度提升的特殊障碍。

就农产品和农业内升级而言，能否满足不断增长的人口压力带来的挑战，是印度进入中等收入阶段后仍然悬而未决的基本问题。尽管农业技术快速发展，在绿色革命中接受了新的植物品种、灌溉项目和化肥项目，但是印度农业的命运仍然由季风状态等决定。即使当今，尽管农业份额有所下降，农业仍然是最重要的部门，雇用超过 50% 劳动力。通过农业与工业的联系，季风状态还决定了其他经济部门的活动水平。在近年快速增长中，农业劳动力的百分比变化小，但规模实际上仍在增加。在此期间农业生产率却没有增加（农业劳动生产率估计美国大约是 4 万美元，印度仅达到 1000 美元），工资实际上下降，贫困线以下的人口数字增加，减贫和摆脱低人力资本陷阱的任务艰巨。鉴于经济作物的国际贸易条件不够稳定、进口增加以及经合组织国家的竞争，前景不容乐观。

由于政策未能应对挑战，农民对外部经济冲击越来越敏感，农业的脆弱性加剧。一方面，高增长率在制造业创造的就业机会很少，刘易斯式的劳动

力转移过程已经停滞。而服务业的发展,更多表现在产出而非就业上。在创造就业机会方面,以缓解贫困和满足基本生存需求为导向的活动占比很大,这使三次产业间升级的基础更加脆弱。另一方面,由于缺乏投资,农村部门资本存量实际下降。印度农村地区公共基础设施相关投资下降也导致其发展停滞。自 20 世纪 80 年代以来,政府认为食品问题已经得到解决,因此减少了在绿色革命性技术上的支出,导致科学和技术投入不足。但 2008 年年初袭击亚洲发展中国家的粮食危机对其仍产生了重要影响。

从土地制度看,印度存在土地资产碎片化、土地市场的不完善问题(逆向和/或隐藏租赁)。平均农场规模从 20 世纪 70 年代的约 1.5 公顷下降到约 0.5 公顷。除了人口增长因素外,尖锐的、根深蒂固的地主制度也深刻影响印度的发展。这些地主阶级早就受到执政党的保护,早在印度独立初期就试图挫败集体土地改革,后来又垄断了绿色革命的大部分收益,因此,政府推行的绿色革命虽然改善了整体农民的生活,并带来了新的生产观念,但大部分农民并不是它的主要推动者或受益者,而且它的传播过程断断续续,远非普遍。目前,虽然有一小部分农村家庭拥有足够的土地,仅靠农业就能赚取贫困线收入,但农村人口土地权受到非农业活动的扩大、城市化以及环境资源恶化等威胁。随着企业、跨国公司和金融公司进入农村市场,农业出现了商业化和资本化的迹象。农村地区正规和非正规信贷市场蓬勃发展,有些创业农民转向新的/商业作物,取得了成功。但政府在农业市场(土地、劳动力、投入品和产品)改革中几乎没有提供支持。农民一直处于要素、信贷和产品市场的接受端。虽然世界新作物品种的产量已达到稳定水平,但印度仍然大大低于前沿技术的潜在产量,农业产业间多样化仍然有提升潜力。除了使用更好的化肥、新机器外,新种子等产业内升级仍然可以提高产量,但供应方面的因素(例如,对新技术的投资、研发努力、教育和技能培训)制约出口需求的收入弹性,也制约了农业出口和收入的增长。

二、工业部门产业间升级缓慢、劳动密集型制造业滞后制约能力积累

印度独立后的崛起,一直把工业增长作为发展的基本动力,但这一过程漫长而崎岖。1950 年以来的工业增长仅与发展中经济体的平均水平大致相当(但明显低于东亚),制造业出口复杂度提升缓慢,人均产值也很低。自 20 世纪 80 年代以来,随着公共基础设施投资和工业再次成为经济的“主导”部门,增长率回升到了前期较高水平。近年来制造业占印度商品出口的约 67%,占总出口的 43%。随着实际汇率的贬值,80 年代印度卢比开始

显著贬值[在90年代进一步加速,几年后汇率主要由市场决定,但印度储备银行(中央银行)也有干预],放松对进口、国内产出和投资的控制以及对外国资本和技术的更大开放,制成品出口有所改善。

但是,印度遵循的增长路径的特点是资本和技能强度与其他人均收入水平相似的国家不符,违背复杂度演进的“自然”路径。内向发展和进口替代时期,印度侧重于高度的自力更生(受到民粹主义思潮的影响),例如在电子硬件行业,印度政策过于强调本土创新,更愿意通过外国专利获得更先进有效的技术,这与东亚恰好相反,没有东亚式的政府强制业绩要求,因此其很少强调在国际市场上竞争,彻底的进口替代政策,辅以高关税和全面的进口管制。这使工业企业获得了可观的利润。印度的制造业也偏向技术劳动密集型制造业,这与倾向于高等教育超前发展也有关联。一些制造业在50年代和60年代相对快速增长,但培养了一个主要由国内企业组成的特权寻租阶层。随后是长期停滞。这些制造业的高资本强度是由于与控制制度有关的资本使用效率低下造成的。改革后一度放弃产业政策,许多疲弱的资本过剩企业破产,并暴露了严重的竞争力缺陷。实际上,企业增长和多元化战略决定于许可证政策和管理人员游说获得许可证、获取稀缺外汇和银行融资的能力。虽然印度的投资率有所上升,但不相关的多元化是常态,出现无复杂度提升的多样化,虽然没有加入劳动密集型行业出口和简单多样化,但国内企业之间有时陷入竞争的“底层之战”。

印度现在能够设计和制造复杂的资本设备,包括原子能、空间通信和国防设备等。在以知识为基础的行业(如制药),过程专利制度等隐性保护促进了本土研究和开发,尽管主要是模仿的。这一发展使印度一些企业积累了一定的研究能力。当时更多积极的国家工业政策计划得以实施(如2011年国家制造业政策和2014年印度制造倡议),产业政策钟摆在一定程度上又回来了。于是,印度的增量资本产出比有所下降,表明资本利用效率提升,显著的和快速的无条件收敛发生在沿垂直维度和产业内升级上。目前,印度产业构成复杂性开始上升,消费品和中间产品的份额上升,资本货物较为重要。

但是,劳动密集型制造业出口不足,创造就业机会的能力仍然有限,尤其是对农村劳动力的吸收有限。造成上述问题的原因之一是印度的基础设施存在严重缺陷[这包括三种类型:物理缺陷(道路、电力、港口、灌溉等),社会(特别是健康和教育)和监管(在合同执行方面)],对劳动密集型制造业影响尤其严重。存在严重缺陷的物理基础设施造成的问题包括,电力成本高、港口船舶的周转时间长、运输出口所需的时间长、电话和互联网用户数量少,以及总体运输状况不佳等。其中许多问题都属于政府的范围。在社会基础设施方面，特别是教育和卫生方面，印度也落后于许多其他国家。在监管层面，印度商业法规的不利影响显著，开办和关闭制造业企业的程序和成本都是世界上最高的。同时，其在监管机构评价中的排名也很低。

此外，还与以下因素有关。第一，小规模工业的许多产品“保留”的负面影响上，阻碍了规模经济的利用。由于金融部门的弱点而造成信贷限制阻碍了中小型企业扩张，并导致其长期资金不足。第二，印度独立时的发展战略虽然把长期增长潜力最大化的约束因素判断为缺乏国内资本产品，经济长期增长潜力最大化的约束是缺乏国内机械制造能力。但是，为了满足就业目标，采用财政和行政措施保护传统的生产方法和生产组织，这被称为“许可证制度”。第三，严格的劳动法的不利影响，抑制了公司进入和退出市场。这一法律对非熟练工人比对熟练工人影响更严格。社会分层（种姓制度）运作了2000年，并通过殖民化加以加强，对劳动密集型制造业方向形成歧视。在推动市场契约合同代替习俗规范上，正规部门的劳动力雇佣僵化，造成了劳动力市场新的社会分层，这种社会分层与传统的种姓制度某种程度上重合且互相强化，构成向现代社会秩序转变的障碍。虽然早已出现合同制用工形式，但劳动法使企业很难因为需求的变化，甚至不合格而解雇工人。于是，企业也不愿雇佣员工，因为他们害怕在经济不景气的时候困在这些员工身上。工业劳动力市场仍然是二元的：一方面，工厂工人是有组织部门的正规就业者，有许多保护他们的法律，保护范围随着工厂规模的扩大而增加。然而，随着竞争的加剧，越来越多企业将低附加值工作分包给未注册的工人。另一方面，伴随着电力的普及，获得信贷增加和有形基础设施发展，有组织的工业劳动力在制造业就业中的份额有所下降。未登记部门的工人是城市无组织（非正式）劳动力市场的一部分，由于劳动力从农业转移以及有组织劳动力的份额下降，其数量正在显著增长。

以纺织业为例，尽管印度几乎在英国之后不久就发展起了纺织工业，但它从20世纪50年代开始就退出了世界市场。与此同时，投资率和质量改进率也有所下降。国内市场除了受到非常高的关税的保护外，并不提供高质量的产品，因此生产者没有质量和产品改进竞争的压力。其中政府政策在促使企业从出口向国内市场转移方面影响恶劣。在1950年至1985年实施的纺织业政策中，为了保护手工织机免受竞争，通过限制使工厂瘫痪。面对疲软的市场和技术选择的限制，纺织厂退出了出口，小型织布厂则占领了国内市场，对新技术的投资停滞不前。直到20世纪80年代末，统治棉纺织业的技术范式是使用非常古老的纺织机器，以非常便宜的价格生产纺织棉布，且只能迎合国内市场。纺织行业的竞争力受到低技术的限制，尤其是行业无组织性质（即分散、规模小、未注册、低投资技术）和更高的电力费用。于是，纺织业遭受了供应链两端低生产力的影响——低农场产量影响了棉花生产，加之由于规模和保留地的限制，服装行业的经济效率低下。虽然改革后相关贸易政策有所转变，但管制产品的生产权仍握在利益集团手里。虽然审查产业政策的阿比德侯赛因委员会建议完全取消限制政策，但却未受政府重视，印度选择退出世界传统劳动密集型商品的大众市场。进口替代战略的改变不彻底，使印度面临着将自己限制在无法与世界任何劳动密集型国家产业竞争的可怕危险中。印度的企业甚至比泰国同行规模要小，而且大型企业也更少。同时，该行业存在三个人力资本积累问题：一是技术人力匮乏，纺织研究生专业工程只有 30 个项目，大约有 1000 名学生毕业，这不足以给该部门带来技术变革；二是在培训现有劳动力方面投资很少，技能仅限于现有流程；三是训练有素的操作员和监督员严重短缺（Basu 和 Maertens，2010）①。同时，信息技术对提高生产力的普及率特别低，政府的技术升级基金缺乏管理制度的变化衔接（技术能力与管理能力脱节）。于是，纺织企业没有利用巨大的国内市场来创造规模经济，在出口市场上获取成本优势。

从能力建设角度看，对于一个庞大而多样化的国家来说，“事前”可能很难确定其动态的比较优势实际上在哪里。因此印度政府提出进口替代战略，但是，印度能力积累中的一个主要矛盾是：既寻求通过投资重工业来实现工业化，又在一系列传统工业、技术和公司周围筑起围墙来保护就业。其结果是，竞争普遍被扼杀，并未能通过这些政策以任何重大方式实现效率、增长或公平目标。经过 20 年的自由化改革，国家干预政策被削减，工业开始变得更具竞争力；国产产品质量和品种显著提高；出口构成更加多元化。然而，即使工业增长率有所改善，但却并非如理论所预期，出口的份额并没有朝着有利于劳动密集型产品的方向发展。

总之，一方面，印度向更多技术和劳动密集型部门的转变有所进展，但目前被困在这类产品的生产和出口中，速度缓慢，追赶的空间有限。另一方面，跨越“中等收入陷阱”需要多样化，需要提升复杂度的多样化，但专业化模式往往是不确定的，是由特质因素塑造的“异常”复杂度演进模式，而不是由要素禀赋自然形成的。印度在新产品加入其生产和出口结构上的速度缓慢，关键在于进入新产品的生产领域，从质量阶梯的底部开始也未奏效，于是其产品空间演进脱节分割。

---

① Basu，K.，Maertens，A.，*The Concise Oxford Companion to Economics in India*，Oxford/New York：Oxford University Press，2010.

三、服务业产业内升级虽有亮点，但难以推进整体经济复杂度提升

一般中等收入国家是由结构性变化的模式推动资源转向服务业，但后者生产率增长低于工业部门，面临经历“结构性负担”的问题。但是，印度服务业的发展在20世纪90年代后更加有力，作为该国最近增长的引擎之一，自90年代以来，该行业贡献了GDP增长的一半以上，由于出现一些服务业诱导的生产率增长迹象，围绕服务业与跨越“中等收入陷阱”关系的问题受到很多关注。

就国际贸易而言，服务业的重要性、可贸易性和独特性正在增加。现代服务对所有国家的总体生产率增长的贡献最大（相反制造业在中等收入国家的就业再分配影响为负），将其纳入经济复杂度分析可行性和必要性则增强。当时全球经济中服务业增加值占GDP比例已达60%，服务业出口占GDP比例达6%。信息技术和业务流程外包等服务业的增长和出口业绩使印度登上了全球出口大国的宝座。印度经济中服务增长具有出口导向型性质。多年来，印度的服务贸易顺差有所上升，这在一定程度上抵消了其持续存在的和不断增长的商品贸易逆差。

有学者基于产品空间方法的扩展测算了各国包含服务贸易在内的竞争力，并对可贸易服务的复杂度排名（Mishra等，2020）①，印度表现优异，服务业占印度GDP的份额高于人均收入水平相似的国家，通过贸易和资本流动促进了印度与世界经济的融合。印度的服务业产品空间稠密，在从计算机软件服务到信息服务的转型升级中，受益于服务出口的整体多样化和独特性，复杂的活动相对容易获得专业化，占有较优位置，在研发上也有比较优势。印度的服务出口结构已从运输和旅行等传统服务转向商业服务等领域，其中计算机和信息服务占主要部分。金融、保险、通信和建筑服务等部门的出现，表明其服务出口篮子在多样化。

通过贸易和外国直接投资进一步一体化的服务也表现出了更快的增长，并对经济的其他部门产生了积极的溢出效应。软件等高新技术产业对其经济增长的贡献，表现为服务自由化为经济带来了效率收益。麦肯锡的估计表明，由于全球和国内竞争以及所有权变化等因素，技术外部性、知识溢出、改进管理实践和技术传播成为可能，电信和软件服务的生产率水平比

---

① Mishra, S., Tewari, I., Toosi, S., “Economic Complexity and the Globalization of Services”, *Structural Change and Economic Dynamics*, Vol.53, June 2020.

印度其他服务部门高得多,在增长、效率和竞争力方面产生特定部门和整个经济的收益。服务业有助于提高其他经济部门的生产力,从而有助于提高经济体的整体竞争力。证据表明(Mishra,2020),制造业对服务的使用增加,提高了印度制造业的生产率。软件开发行业的成功包括与业务客户建立直接的关系,并开发管理专业知识,这两个因素导致了溢出效应,产生了信息技术支持服务行业,此后促进了汽车零部件等领域的成功,以及基于信息技术的金融服务发展。印度软件行业的世界级评级也被认为提高了印度受过良好教育的年轻人的整体信心水平,并增加了获得特定培训和教育的激励。总之,可以说,印度信息技术行业的重要性已经大大超过了它对增长的直接贡献。

专栏 5-1　印度软件业

1991 年的经济改革为印度软件行业的发展奠定了基础。改革将权力下放到地区和邦办事处,提高了组织决策的效率,并且减少了业务摩擦。此外,改革还允许跨国母公司拥有子公司 100%的所有权,带来了世界一流的技术以及客户和员工为导向的经营理念,从而改善了竞争环境,迫使印度本土公司以全球标准为基准来提升自身。首次公开募股(IPO)的市场定价机制使股权成为企业可行的融资选择。经常账户可兑换使聘请外国顾问变得更加容易,并促进了国际品牌建设和海外旅行的便利性。自由化的另一个有益结果是使数据通信设施更容易和更便宜,这为离岸外包业务提供了可能性。良好的通信基础设施的可用性帮助印度公司有效地实施了离岸开发模式。电信部门的一些政策举措,包括私有化,进一步降低了数据通信的成本。例如,E1 线路的成本在过去五年中下降了近 50%。

软件和服务行业的增长主要得益于知识专业人士的推动。印度拥有一批高素质、英语流利、分析能力强的技术人才。根据有关数据,印度拥有近 350 所高等教育机构和大约 17000 所各类培训学院。他们每年共培养 49.5 万名技术毕业生、3230 万名其他毕业生和超过 30 万名研究生。尽管印度的大学研发水平较低,产学合作也很薄弱,但印度公司从世界各地最好的大学招聘人才来弥补这一不足。印度还拥有强大的知识产权(IPR) 制度和法律框架,还是伯尔尼公约、世界版权公约(UCC)和与贸易有关的知识产权 (TRIPS) 的成员国之一。

全球化是印度信息技术增长的关键驱动力:使印度成为信息技术

服务的首要离岸目的地。印度软件业的基本商业模式建立在全球化的基础上。全球化是从最便宜的地方采购资本，在最划算的地方生产，在最赚钱的地方销售，且不受国界的限制。印度软件和服务出口行业开创了全球交付模式（GDM），利用世界不同地区的人才和基础设施。印度和北美之间的时差在9.5—12.5小时之间，印度信息技术公司利用这一时差提供24小时虚拟工作日，实现了高效的项目执行和更高的项目生产力。因此，印度开创了全球交付模式，并在印度大量增值，在世界范围内被广泛接受。它使印度公司能够快速执行，优化成本效率。软件开发生命周期任务被分解为多个任务，使其能最大限度地在印度等具有成本竞争力、人才丰富、流程驱动的目的地进行，并尽可能避免其必须在客户现场完成。全球交付模式允许印度供应商利用印度和客户所在地之间的时差来实现高效的项目执行。无缝集成的跨境团队全天候处理项目，从而缩短了周期时间。因此，全球交付模式利用异步性的力量来实现快速高效的发展。

软件和信息技术支持服务从一开始就以出口为导向，遵循了经典的发展路径。印度软件公司已经显著提升了其在价值链上的位置，现在提供着更广泛、更复杂的服务。软件和服务出口是印度信息技术行业整体增长的最主要部分，信息技术和业务流程外包服务部门一直是印度服务业的增长驱动力。

印度公司早就意识到，要获得客户的信任，它们需要拥有比全球竞争对手更好的世界级质量流程。超过440家印度公司获得了质量认证，其中90家公司获得了SEICMM 5级认证。随着印度向知识型经济的转变，保护知识资本变得至关重要。印度公司正在向价值链上游移动，外包关系已成为具有长期战略意义的伙伴关系。印度服务提供商正在从编程商店转变为专利创造者和关键任务解决方案提供商。通过进军工程服务、生物信息学和纳米技术等新兴和高增长领域，印度公司正在迅速扩大其业务范围，这些领域代表了信息技术行业的全球增长前沿。在印度，业务流程外包行业从1999财年的5.5亿美元增长到2007财年的超过80亿美元。2010年，该部门的价值达到180亿—200亿美元，为超过100万印度人提供直接就业机会。

（资料来源：Bacu, K., Maertens, A., *The New Oxford Companion to Economics in India*, Oxford/New York: Oxford University Press, 2012）

在上述背景下，印度产业结构有所调整，第一产业比重迅速下降，第二、第三产业比重迅速提升。这引发人们对其能否成功地绕过第一、第二和第三产业依次升级更替的传统路径的诸多猜测。服务业能不能反向刺激工业的发展？以信息软件产业为代表的服务业在制造业没有得到充分发展基础上得以发展，继而以信息技术业和软件业等现代服务业对传统工业的生产、经营环节进行变革，能否使印度钢铁、汽车零配件生产、制药、服装加工等行业实现跨越式发展？虽然印度错失类似促成东亚奇迹的劳动密集型制造业出口机遇，但它现在能不能用劳动密集型的软件服务和（甚至更劳动密集型的）信息技术服务来复制这一现象，产生摆脱中低收入陷阱的导向性？一个服务于国内市场和出口的软件行业，一个能够生产低成本接入设备的硬件行业，以及为外国市场提供信息技术支持服务的硬件行业，是否足以摆脱“中等收入陷阱”？

曾有学者认为，印度经济增长选择的是“逆向发展模式”，即“率先服务化”，进而能借助新兴技术成果反向刺激工业化的发展与跨越，即“重点发展服务业，利用金融市场刺激国际资本进入本国资本市场，刺激消费，刺激制造业，刺激基础设施建设和经济全面发展”。但另一些学者认为，印度信息技术增长对国内经济的其他部分没有产生积极的溢出效应，信息技术部门可能很特别仅是一个“迷思”，其实不过是另一个出口飞地（墨西哥例子）。

印度服务业的特殊性是新技术的现成可用性和利用这些新技术所需的熟练人力同时存在的巧合，其在复杂度演进中的曾经的优势并不牢固。首先，服务业在经济增长中的重要性有其特殊的历史基础。独立后的印度在非市场性服务业（政府行政领域）发展上形成一定基础，加之一些人力资本积累上的历史因素，服务业的结构在20世纪80年代后改善，市场性服务业加强，表现为生产率、全要素生产率和增长提高；增长方式也从以前的资本积累驱动转变为效率驱动与资本驱动并重。

其次，新技术的现成可用性导致了人均收入仍然相对较低的国家对服务业需求的增加，随着经济开放度的增加及对外贸易作用的提升，印度形成特殊的服务业生产制度模式。印度服务业增长较快的部分主要为软件业、商务服务业、银行业和通信业，而不是教育、医疗、交通等行业。这些行业的共同特点是属于知识、技术和资本密集型的服务行业，是对信息技术革命反应敏感的行业。例如，印度银行业保持着快速发展态势，属于技术密集型的服务业。因此，技术进步对印度服务业的推动作用不断加强，服务业全要素生产率的增长率在近几十年来一直很高（几乎每年都是5%），而资本贡献率仅为1.4%。

印度服务业的迅猛发展离不开开放条件下国家相关产业的支持互动，机缘巧合地解决了能力投入的“协调失灵”问题。比如印度承接国外服务业帮助其提升了服务业竞争力。信息技术强国美国利用印度廉价而高技能含量的劳动力使其成为美国软件业加工厂，继而升级为软件研发基地，使印度企业在此过程中提升了研发能力，逐渐向“全球服务链”高端攀升。再比如，外资企业在印度设立研发中心（据印度国家软件和服务公司协会统计，自2001年以来共有290家跨国公司在班加罗尔设立研发中心），激励了印度服务业的快速成长。金融体系保障了服务业的健康发展。由于印度沿用英国金融制度，因此，印度金融体制的基础较完善、市场秩序较好、资源配置较能体现市场导向。

以信息技术产业为例，信息技术作为增长和发展的引擎，具有一定的经济理由，如经济复杂度自然演进（比较优势）、互补性（协调失灵）和全球经济动态。经济复杂度提升必须在增长中赋予内生创新发挥核心作用，这包括差异化资本投入、垄断竞争、通过研发生产新投入，以及最终实现整体经济增长的回报，从而实现持续增长。因此，新古典增长理论和印度独立后经济政策核心特征对资本积累的关注是不够的。强调内生创新的重要性意味着，除了制造业部门和传统部门外，研发部门或因素的重要性。但是，信息技术的作用是综合的。软件的设计和开发可能具有研发的特点，而信息技术支持的服务更像是使用现有的技术进行生产的制造。强调内生创新意味着与垄断竞争相关的信息技术外部性使政策在影响比较优势的演变或复杂度“明智”演进方面发挥重要作用。

信息技术的特别性可能是印度模式的一个优势。通用技术的以下关键特征为普遍性、技术活力和创新的互补性。信息和通信技术作为一种特别具影响力或基本通用技术的理由，在于降低网络中的通信成本。首先，普遍性似乎是信息技术的一种潜在的自然属性。但是，在印度成本和获取问题限制了普遍性。服务自由化需要的国内监管、改革和发展监管框架和监管能力仍有待提升。其次，技术活力指的是新的通用技术所带来的持续创新的潜力。通用技术的互补性是垂直的互补性，因为通用技术刺激了下游部门的创新和降低了制造成本，并对通用技术本身产生了积极的反馈效应。两者也存在横向互补性，因为下游部门在充分扩张以鼓励改进通用技术方面可能面临协调问题。与更先进国家进行国际贸易可能是克服这些外部性问题的一种方法。这是印度信息技术部门发展的先动优势。最后，就互补性而言，由于水平和垂直互补性所起的作用不同，由于技术互补性、需求互补性等的不同影响，以及历史和预期对平衡结果和增长的影响方面的差异，其中一种或两者都可能不利于发展和增长，通过阻止协调走入一个“坏”均衡，增长可能被抑制或持续，以及可能会出现某种低效率。印度信息技术的发展是最初的比较优势（基于软件和语言技能的复杂度自然演进）的结果，但摆脱政府控制，在20世纪90年代的繁荣时期，与世界经济的整合，具有偶然性。

印度信息技术部门的增长，特别是软件行业的成功，往往倾向于使政策向该行业倾斜，并正在实施或推荐有针对性的激励措施。作为一个增长引擎，信息技术在未来可能面临的各种问题，例如与提供其他投入或使用信息技术的下游部门的潜在协调失败和能力失灵仍然存在可能性。首先，随着软件开发更加自动化，以及其他低劳动力成本的信息技术技能竞争来源的出现，印度可能导致出口增长下降，甚至逆转，因为全球对印度编程服务的需求因自动化而放缓或下降。其次，国内信息技术产品和服务市场并非独立于出口市场，二者具有互补性。但是，印度国内基础设施差，依赖进口硬件，缺乏规模经济，从而大大减少甚至消除印度软件公司相对于外国竞争对手的任何优势。尽管在印度设计和构建低成本接入硬件的可能性可能为国内信息技术行业提供了一个机会，但由于缺乏规模和基础设施以及对印度商业的普遍限制，尽管印度自20世纪80年代以来一直试图发展国内硬件行业，但它未能成功地建立一个高效且具有全球竞争力的行业。这也制约了印度信息技术的整体发展。

另一个问题是，印度服务业中传统服务业的比重仍然很大，现代服务业对就业增长的总贡献并不高，带动整体就业机会不足。尽管金融服务以及旅游和呼叫中心等有一定技能，但贸易和运输的技能密集程度较低。就业趋势显示，通信和金融服务等非常快速增长的服务部门的就业弹性相对较低，这表明它们的增长主要是基于生产力的提高和技术的改进。大部分的就业机会集中在贸易和分销、建筑、酒店和餐厅，以及社区和个人服务部门。信息技术业务外包部门的就业虽然也快速增长，2010年，该行业估计直接雇佣230万人，另外还间接雇佣820万人，但仍微不足道。

目前来看，发展服务业是中等收入国家产业结构演进模式中“早熟的去工业化”的共生趋势。具有同质化或同构性的经济结构演化没有促进经济复杂度的提升，反而加剧了所谓“非正规陷阱”（另一种观点是，印度制造业基础的削弱导致生产服务业质量的下降）。尽管印度经济自由化改革后，其服务业增长势头进一步加快，但就业率呈下降趋势。一般认为，以知识密集为特征的服务业吸纳的是印度精英阶层的劳动力，而把低教育程度、低素质的农村剩余劳动力排斥在外。由此可见，服务业远不如工业发展所引致的就业需求增幅大。因此，印度缺少工业来承接大量教育程度低下、劳动技能低下的农村剩余劳动力，使农业劳动生产率难以提高，印度7亿农民的收入状况难以改变。由于人口的迅速膨胀，劳动者工资没有大幅提高，多数学者认为，印度的结构变迁与土耳其等国家类似，主要表现为向建筑业的劳动力转移，虽有助于贫困问题的解决，但属于“无复杂度提升”的多样化，仅仅维持低水平消费。印度经济复杂度无提升的演进也就导致“无就业的增长”问题。

目前来看“率先服务化”模式并不乐观。一方面，服务业和制造业之间的区别变得更加模糊，制造业的重要性并非正在减弱，现代服务的需求仍来自制成品的生产，一国所需的服务类型和提供更多生产性服务的能力本身可能取决于一个国家的制造业历史。服务业带动复杂度提升的前提是，拥有庞大工业基础。另一方面，印度服务业的增长中有许多是兼职和临时工作的增加，对国内需求的增加并无太大作用，尽管有信息技术支持的服务承诺比软件开发等活动更能直接创造就业机会，但缺乏更广泛的劳动法改革导致信息技术部门增长的好处没有得到充分实现。进入下中等收入阶段以来，各种服务业占GDP增长的68.7%，对GDP增长的最大贡献来自金融保险和房地产（30.9%）以及公共管理和国防（12.5%），这些很难成为未来稳定增长的良好基础。因此，“跳过一个阶段可能并不太可行”（Yokokawa和Chandrasekhar，2017）①。

第五节　印度的人力资本陷阱

印度陷入人力资本积累恶性循环的典型特征是：一方面，低资格和低技能要求派生于其经济结构和产品空间的简单化，虽然随着复杂度提升和制度改革会有所提升，但存在“低技术—低技能”陷阱；另一方面，印度在人力资本的需求和供应匹配方面的问题被人口趋势变化所恶化，尽管优先在正规部门寻找工作，但劳动力供应是“无限的”又造成持续的低收入、低教育乃至人类发展水平所谓“非正规陷阱”。随着印度快速增长的经济财力，政府采取有针对性的反贫困计划和增加教育支出。例如2005年印度推出的就业保障计划，通过金融市场提供资金，推动实施扶贫方案。益贫式增长有助于提高贫困家庭收入，也提高了其获得教育和医疗等公共服务的能力。

① Yokokawa, N., Chandrasekhar, C., “Structural Change in Asia: Can the Services Sector Lead Growth?” *The Japanese Political Economy*, Vol.43, No. 1-4, 2017.

但是，印度人口年轻化和抚养比下降，人口还在继续增长中，但更多的人口是构成经济机会还是负担并不确定，这关键取决于其质量或人力资本能否跨越临界数量人力资本限制，以及经济发展是否能够创造足够的就业机会。

一、贸易自由化和劳动力市场改革的人力资本提升效应

人力资本的形成是指人力资源受教育程度、技能和经验的提高，最终对经济增长起到显著作用的过程，这首先受到劳动力市场的直接影响。在灵活的劳动力市场中，雇主可以了解不可事先观察的技能，根据生产率奖励工人，或者以低成本终止雇佣关系。因此，灵活劳动市场为各类型技能提供了准确的生产率信号，从而鼓励有效的人力资本积累。从劳动力市场改革看，印度的劳动力市场一向较为僵化，雇主缺乏终止雇佣的自由裁量权，而且其雇佣决定需要更可靠地传递能力教育信号，如教育年限、考试分数和班级排名等。雇佣不可测试技能工人的风险更突出，因为发现工人缺乏技能时解雇的代价高昂。因此，作出招聘决定较为谨慎。这导致人们倾向于牺牲未显示类型的人力资本，关注的是获取可测试技能的信号，导致人力资本扭曲积累和较低水平。

印度经济增长对减少教育不平等问题产生了显著改进作用。增长导致的主动“拉升”效应，降低生活在特定贫困线以下的人口比例，迅速吸收穷人从事工资更高的工作。工资的不断上涨、劳动力需求的增长超过了供给、高经济增长率等导致大量人口从贫困转变为中产阶级，使受过大学教育的城市人口就业和收入激增。

进一步而言，由于印度的经济增长与贸易自由化和市场化改革结伴进行，尽管贸易自由化的影响有相当争议，但实证研究验证了国内改革一些具体措施对人力资本的显著影响。

查马巴格瓦拉等（Chamarbagwala 等，2011）①的研究显示，印度 20 世纪 80 年代和 90 年代的工业取消许可以来，企业可以利用规模经济、更有效地投入组合和新技术，可以自由进入无许可的行业，加之企业由于竞争加剧导致质量提升，由此对制造业技能升级积累的正面影响是显著的。如表 5-4 所示，在取消许可证行业的工厂中，熟练劳动力占比比未取消许可证行业的工厂多出 0.5%，这证明了取消许可证能够促进技能升级。总之，这类研究

① Chamarbagwala, R., Sharma, G., “Industrial De-licensing, Trade Liberalization, and Skill Upgrading in India”, *Journal of Development Economics*, Vol. 96, No. 2, 2011.

显示,印度加强贸易开放进程,取消许可证等来促进竞争和贸易开放,创造更多白领工人就业等,对于吸引人力资本和促进增长是有益的。

表 5-4　取消许可证对技能升级的影响

变量	估计系数	白领工人所占雇佣比例	白领工人所占工资比例
DL_{jt}	β_1	0.005** (0.002)	0.004 (0.003)
控制变量	控制	控制	控制
行业固定效应	控制	控制	控制
地区固定效应	控制	控制	控制
时间固定效应	控制	控制	控制
样本量		498582	498286
R^2		0.23	0.28

注:计量模型为:$Y_{ijts}=\alpha+\beta_1 \cdot DL_{jt}+\delta_j+\gamma_t+\lambda_s+\varepsilon_{ijts}$,其中,$Y_{ijts}$衡量 t 年的工业部门 j 中的工厂 i 对熟练劳动力的相对需求,具体有两种衡量熟练劳动力相对需求的替代方法,即工厂雇佣的白领工人的比例和工厂雇佣的白领工人的工资份额。DL_{jt}为行业是否取消许可证的虚拟变量,如果 j 行业在 t 年或之前被取消许可,该指标值为 1,否则为 0。控制变量未列出。

资料来源:转引自 Chamarbagwala, R., Sharma, G., "Industrial De-licensing, Trade Liberalization, and Skill Upgrading in India", *Journal of Development Economics*, Vol. 96, No. 2, 2011。

二、种姓制度对人力资本积累的不利影响

一个国家对技能的需求和供应状况,取决于企业和个人在其周围的特定法律和体制框架内所作出的理性决定。劳动力的教育选择、知识、技能和态度是由现有的社会制度塑造的,但印度社会存在根深蒂固的缺陷。已经超过 2500 年的种姓制度在印度经济社会的诸多环节扮演着重要角色,其作为印度的"元制度"之存在、影响和动态是复杂的,本身也在变化之中。一方面,1991 年之后印度政府推进平权行动(Affirmative Action Programme),特别是市场化改革后诸多种姓网络都在利用机遇谋取发展,种姓之间存在一定的趋同效应。另一方面,在中等收入阶段转型时期,种姓的消极后果仍然不能忽视。

种姓最初是职业范围,在英国殖民者入侵之前,所有印度人都必须在自己的种姓职业范围内工作。随着殖民统治的到来,海外贸易随之兴起,随后工业制造业也随之兴起。制造业集聚的城市发展带来了非传统劳动力的需

求,这使本来的低种姓阶层可以通过寻找这些非传统劳动力部门来改变自己的生活。但是印度的种姓制度和政府管制使产业对非传统劳动力的需求很少,作为一个传统经济占主要部分的国家,这里关注其通过劳动力市场扭曲对人力资本积累产生的消极影响。

穆恩希等(Munshi 等,2006)①的系列研究揭示了种姓制度在下中等收入阶段对人力资本积累所存在的严重不利影响及其机制。这一研究运用的是孟买现代混合经济体的调查数据。孟买的大学教育完全使用英语,但学生入学时可以在英语和马拉地语(当地语言)之间选择。马拉地语的教育是免费的,但学生将来更可能从事蓝领工作,英语教育增加获得白领工作的可能性但要支付昂贵成本。学校选择是职业选择结果的一个重要决定因素,反映了预期职业回报。职业选择基于在白领和蓝领工作中获得的工资预期,并扣除教育成本。同时,每个人根据预期随后将从事的工作类型来作出教育决策。虽然经济发展后低种姓和中等种姓在学习英语的比例上在改革后大有进步,也就是低种姓更可能通过加大教育投入来改变自己低收入的处境,但还是受到种姓身份的很大限制。

在印度市场网络中,工头负责劳动力招聘,工人就业时依赖工作场所之外的社会关系,如亲属关系和社区关系,种姓作为一个自然的社会单位来招募劳动力,已经就业的员工为其所在社会群体或者种姓中的潜在新员工做推荐,社群内的社会联系为在职员工提供了有关新员工偏好、质量的信息,大大减少了新员工寻找工作所带来的机会成本。但是,低种姓人群要选择英语教育就要付出更大的成本,尽管英语教育选择有助于未来更多回报。

穆恩希(2006)认为,种姓制度阻滞了低种姓人群学习英语的比例。通过一项家庭调查(涵盖 1982—2001 年涉及主要改革前后时期的 20 年男性就业信息),实证分析发现,种姓对英语学习有阻碍作用,进而对选择白领职业有阻碍作用。穆恩希(Munshi,2019)②认为,印度的种姓外部性非常强大,由于种姓在人力资本积累过程中具有外部效应,相互间的技能分化可以持续数代而不会消失。表 5-5 展现了种姓制度对印度人力资本的影响,首先蓝领工人阶级的工作与更高水平的推荐(网络)有关,蓝领阶层的工作与较低的英语教育水平有关,因此,这种低种姓网络与选择英语学校负相关。

① Munshi, K., Rosenzweig, M., "Traditional Institutions Meet the Modern World: Caste, Gender, and Schooling Choice in a Globalizing Economy", *American Economic Review*, Vol. 96, No. 4, 2006.

② Munshi, K., "Caste and the Indian Economy", *Journal of Economic Literature*, Vol. 57, No. 4, 2019.

同时，组群效应为正且显著，这意味着随着时间的推移会转向英语学校，因为印度改革后的英语学习回报率增加。由表5-5可以看出，在自有家庭资源等因素后，基于种姓的网络关系显著影响男孩是否在英语学校的就读决定。当然，收入能够突破种姓制度的制约，因为低种姓人群中的高收入者也可以实现人力资本的快速积累。同时，父亲或母亲受教育程度较高，男孩更有可能在费用较高的英语学校就读。总之，种姓制度是一个重要约束，种姓制度之所以对人力资本积累起到了作用，主要是因为种姓制度带来的外溢效应。

表5-5　人力资本积累与种姓网络

变量	男生的入学选择	男生的入学选择
基于种姓网络的推荐	-1.106*** (0.164)	-0.377*** (0.148)
组群(Cohort)	0.013*** (0.002)	0.009*** (0.002)
父亲在英语学校学习	0.32*** (0.037)	0.236*** (0.033)
母亲在英语学校学习	0.351*** (0.041)	0.22*** (0.028)
父亲的教育年限		0.023*** (0.004)
母亲的教育年限		0.023*** (0.003)
家庭收入		0.005** (0.003)
样本量	2405	2286
R^2	0.173	0.274

注：计量模型为：$Pr(E_{ij}=1)=\alpha P_j+X_{ij\beta}+wj$，当属于种姓$(jati)_j$的个人选择进入英语学校则$E_{ij}=1$，进入本地语言学校则$E_{ij}=0$。$P_j$是上一代种姓中从事蓝领工作，因此能够获取推荐就业的比例。

资料来源：转引自Munshi, K., Rosenzweig, M.,"Traditional Institutions Meet the Modern World: Caste, Gender, and Schooling Choice in a Globalizing Economy", *American Economic Review*, Vol. 96, No. 4, 2006。

三、印度教育部门的总体滞后与局部成功

一些学者认为,印度的教育人力资本增长较为优秀。比如,殖民时期产生的少数受高等教育者,主要从事政府服务业工作,使政府这一非市场服务业生产率与英国相比的差距得以减少。但多数发展研究认为,即使如此,印度教育部门总体是滞后的,尤其是教育系统存在分割性。这被称为杰出毕业生和功能失调系统悖论。

这一悖论突出表现为,农业的教育水平低,种姓金字塔中低种姓者几乎没有受教育。即使在 1991 年改革之初,其教育等社会指标落后于 20 年前韩国开始快速增长时达到的水平。2014 年,超过 1/3 的 15 岁以上印度人不会读写,2. 81 亿成年人文盲,占到全球的 1/3。印度弥合教育差距,提高其福利,为经济快速增长创造基本条件的任务艰巨。

一方面,印度公共部门对教育发展的支持仍然不足,中等和高等教育入学率很低。由于缺乏资源、农村学校教师缺勤和教学质量低下,基础教育在发展中国家也名列榜尾。农村地区学童的基本阅读和算术水平以及出勤率近年来都有所下降。由于缺乏积极性和更高质量的教师,伴随着较为严重的教师缺勤问题,这导致教育质量低下。比如,15 岁学生的平均成绩不仅远低于经合组织的平均水平,还远远落后于其他新兴经济体。虽然在 20 世纪 80 年代后有变化,教育系统中私人部门的重要性增强,但整体依旧非常薄弱。近年来,政府颁布的国家技能发展政策制定了提高技能培训质量和相关性的宏伟目标,但其实施并不理想。15—59 岁的劳动力中只有 10%接受过职业培训。制造业中估计只有不到 1/4 的毕业生拥有足够的技能,就业者中只有 10% 的受训者接受过正规职业教育,其余人仅接受非正规在职培训,庞大的非正规培训说明存在技能赤字,反映了无组织部门的庞大规模,以及低薪、低生产率工作所谓“非正规陷阱”问题之严重。

另一方面,独立后印度选择了高度集中的高等教育体系,主要依据于 1956 年的大学资助委员会(UGC)法案。尽管这种制度有一定合理性,通过少数精英高等教育机构加大优质教育投资,但民营学校被排除在外。市场化进程使政府公办学校教育的质量有所提高,教职工和学生的缺勤率也迅速降低。2005—2006 年,印度有 20 所中央政府大学、215 所州立大学、100 所“认定”大学和 17625 所学院。根据联合国教科文组织报告,印度高等教育的毛入学率从 2000 年的 10%上升到 2004 年的 12%。但是,高等教育支出占 GDP 的比重(最低时仅为 0. 6%)仍然很低,绝对数字更是少得可怜。总体上高等教育的质量很低。印度全国认证和评估委员会报告,90% 的大学

和 70% 的学院质量一般或较差。尽管少数精英高等教育机构较为成功地培养了高技能的毕业生,但这个过程的严重问题是市场忽略了教育系统的绝大多数毕业生,没有充分减少不平等和社会排斥。印度本土大学的学术水平不佳,教职员工几乎没有前沿研究。除了极少数例外,比如印度理工学院和印度管理学院等顶级研究机构,印度高校无法产生与美国顶级大学教员相匹配的研究成果。在美国顶尖大学获取终身教职的印度学者,几乎都没有在印度国内机构连续工作较长时间。虽然教育系统总体上功能失调,但可以培养出不少学生能够与世界上最好的学生竞争,熟练专业人员的60%尤其是在信息技术部门的移民趋势不断增长。这些学生不仅来自大学资助委员会范围所涉及的顶级、运行良好的学府,如印度理工学院和印度管理学院,而且还来自较小的大学和学院。

我们要看到,这个系统的成功和失败之处并存,仍有诸多待改进之处。首先,印度拥有超过 10 亿的年轻人口,并且有着高度重视教育的传统,拥有大量愿意接受的教育者。由于高等教育在需求方面发生了巨大的变化,很多学生现在已经充分认识到了教育的私人价值。其次,得益于一大批优秀的民办学校和基本完备的中学体系,中学毕业生为接受高等教育做好了充分准备。最后,印度在小规模教学的质量控制方面做得很好。因此,高校优秀学生外流与高校课堂内低附加值并存。优秀学生可以在工作中表现出色,但教育对成绩差的学生价值很小,因为雇主知道,这些学生在课堂上学到的东西很少,且学习意愿低下。

第六节　结　　论

印度进入中等收入阶段时间较短,是因为其在此前阶段的发展时机,导致其长时间处于低收入阶段,陷入所谓“印度均衡”的低收入发展陷阱中(印度式增长率,Hindu rate of growth,自我持续的低速增长,生产率增长在1%—5%)。不过,经历过至少 3 次增长加速后,印度虽然进入中等收入阶段,但仍面临迈过“中等收入陷阱”的问题。印度尚未完全摆脱低收入陷阱(尤其是贫穷和中等收入地区),劳动密集型产业的起飞问题仍需解决,印度独特的增长路径带来了解决“复杂度悖论”的两难境地。

印度的基本制度条件仍有欠缺(比如营商环境的改善不够、财政与金融政策的配套性不够,导致私人投资下降)、基础设施缺乏和“早熟的去工业化”,是其复杂度提升错位的基本因素。在农业方面,过早的大规模自由化导致农村资本投资下降,农村就业受到影响。尤其是随着私人企业、跨国公司和金融机构进入农村市场,在剩余劳动力大量供给下,这虽有一定积极意义,但是鉴于印度经济作物的国际贸易条件恶化、农业生产资料进口增加,以及在大量补贴支持下与经合组织国家的竞争,农业生产能力受到冲击,跨越“中等收入陷阱”的农业基础并不稳定。在工业方面,由于基本条件欠缺,进口替代战略使印度政府以及特权部门利用手中权力进行寻租活动,政府效率低下,基础部门建设停滞不前,劳动密集型产业发展缓慢并且无法与国际市场竞争。虽然有人口优势,但劳动密集型产业迟迟不能起飞。与其他样本国家不同,印度的制造业并没有积累劳动密集型产业的发展能力,未能为农业劳动力转移提供出口也没有为现代服务业提供支撑。在劳动力如此丰富的国家,有组织的制造业增长缓慢,形成了一个悖论。在服务业方面,一些服务部门已成为印度表现最好的部门之一,一些发达的邦和城市通过贸易和资本流动促进了印度与世界经济的融合,也提高了其他部分的生产力。但目前来看,印度依靠服务业带动跨越“中等收入陷阱”很难实现。

此外,印度种姓制度等社会因素对人力资本积累等仍存在较大制约。对教育人力资本的全面均衡投资缺乏,制约了劳动密集型产业的发展。但更有特殊原因。在种姓制度的约束和缓慢变化下,只有少数人能接受高等教育,尽管这些人在信息技术等领域甚至可以走在世界前列,但是普通人并没有接受更高教育的强烈愿望。人力资本低下且不均衡,难以发展制造业,在出口市场很难立足。

在以上每个领域,从硬件故障、软件故障和动能故障视角看,印度均存在与拉美国家类似的问题。尼赫鲁政府所采取的进口替代策略确实有所成效,但是其内在缺陷到了20世纪70年代后期开始暴露无遗,使整个经济增长出现停滞。这与一些拉美国家类似。同时,过度接受自由放任的经济自由主义也造成宏观经济政策的缺陷以及“早熟的去工业化问题”,除外债危机、通货膨胀等使经济政策疲于应对稳定问题外,没有针对特定产业的政策缺失更是浮出水面。这再次与拉美国家类似,陷入“新自由主义陷阱”,尽管程度较轻。

印度要解决“复杂度悖论”的两难境地(跨越贫困陷阱中创新过早,吸收过多促进增长所需的资源,增加不平等而破坏发展),一方面,要发挥国内市场规模的优势,为庞大的国内市场生产以避免发达国家需求条件不确定,但如何有力纠正进口替代政策的陷阱(Rajan,2014)①,持续纠正种姓制

① Rajan,R.,“Make in India, Largely for India”, *The Indian Journal of Industrial Relations*, Vol. 50,2014.

度的不利影响等特殊自身因素,促进人力资本积累确定每个部门需要的公共产品,由政府提供,推进改革以及消除低效率问题,这一进程绝非易事。另一方面,在面对全球化时印度需要立足国情,恰当运用产业政策,加入全球产业链,但又不过度依赖或警惕出口热潮。如何处理印度独特的增长路径将给政策制定者带来双重挑战(高产和动态的部门——注册制造业和高技能信息和通信技术服务——都使用相对稀缺的熟练和半熟练劳动力,属于高复杂度的转型部门;非正式的制造和服务使用简单劳动力,但缺乏复杂度潜力)。双重挑战的时间窗口不利于印度,印度必须迅速促进制造业发展,并继续支持服务业,将尽可能多的非熟练劳动力转变为半熟练和熟练劳动力,这是其跨越"中等收入陷阱"的重要挑战。

第六章　土耳其:制度黏性中的波动性增长

目前土耳其属于上中等收入国家,多年前即达到中等收入阶段门槛,是经济合作与发展组织及二十国集团成员。该国地理位置优越,在主要依靠短暂而有限的技术进步(全要素生产率增长)特别是物质积累进入中等收入行列后,有时发展很快但有时又持续停滞,可以说存在一定陷入“中等收入陷阱”的风险,其中有诸多值得关注的问题(2013 年曾有过关于“土耳其是否存在‘中等收入陷阱’①的争论)。

第一节　土耳其中等收入阶段发展特征的描述

1950 年土耳其人均收入约为 210 美元,尽管远低于较富裕的拉丁美洲国家,也低于其他欧洲国家,但可以说已经处于“中等收入”发展中国家行列。从当时的状况和条件看,土耳其被认为是所有发展中国家中最有希望的国家之一。根据世界银行 2015 年收入水平的划分标准,本章测算界定土耳其在中等收入阶段所处时段为 1975 年至今(见表 6-1),其中,下中等收入阶段时长 28 年,2004 年进入上中等收入阶段。这与萨西克等(Saçik 等,2016)②等的测算一致。

表 6-1　土耳其跨越中等收入阶段的不同时点

国家	下中等收入阶段	上中等收入阶段	中等收入阶段
土耳其	1975—2003 年	2004 年至今	1975 年至今
总计时长	28 年	—	—

资料来源:世界银行 WDI 数据库。

① 郭长刚、刘义:《土耳其蓝皮书》,社会科学文献出版社 2014 年版,第 39 页。

② Saçik, S., Ceylan, O., “Middle-Income Trap: Case of Turkey”, *Economy & Business Journal*, Vol.10, No.1, 2016.

一、人均 GDP 及其增速变化

1975 年至今,土耳其人均 GDP 持续递增,但增速呈现"U"型波动,呈现"过山车式"的发展(见图 6-1)。其中增长速度最快的是 1976 年,增速为 7.94%,增速最慢的是 2001 年,因为国内爆发经济危机,增长速度跌落为-7.08%。自 2002 年,土耳其经济保持了 6.5%的年平均增长率,2008 年由于国际金融危机的爆发使经济增长率下降到 0.82%,并在 2009 年出现负增长,随后又保持了强劲的经济增长。2019 年第四季度同比增长了 6%,超过了市场预期的 5%,2020 年在新冠疫情的冲击下依然保持 1.8%的增长。

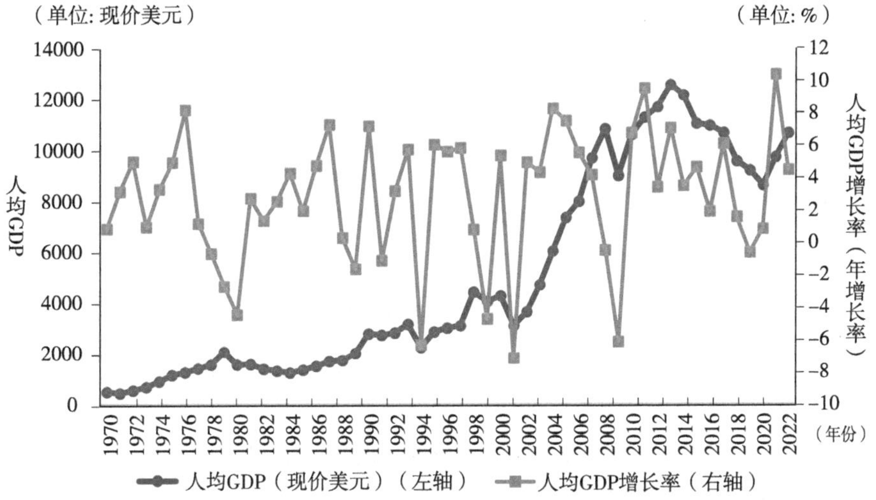

图 6-1　土耳其 1970—2022 年人均 GDP 及其增长率变化

资料来源:世界银行 WDI 数据库。

根据历史平均数,中等偏下收入国家在未来 42 年内应成为高收入国家,截至 2013 年,土耳其进入中等收入阶段的时间为 38 年,其中 9 年为中高收入阶段,仍未进入发达国家行列。因此,罗伯逊和叶(Robertson 和 Ye,2016)①、胡永泰等(Woo 等,2012)②等认为其已经跌入"中等收入陷阱"。

① Robertson, E. P., Ye, L., "On the Existence of a Middle-Income Trap", *Economic Record*, Vol.92, No.297, 2016.

② Woo, W. T., Lu, M., Sachs, J. D., et al., "The Major Types of Middle-Income Trap that Threaten China", *A New Economic Growth Engine for China*, Vol.3, No.39, 2012.

二、三次产业结构及其演进

1975—2020年的中等收入阶段,第一产业增加值占GDP比例基本呈持续下降态势;第二产业增加值占GDP的比例呈现倒"U"型波动趋势;第三产业增加值占GDP的比例呈显著递增趋势。总体可见,土耳其处于中等收入阶段中,呈现出以第三产业为主导、第二产业次之、第一产业占比逐渐减小的一个动态演进结构(见图6-2)。

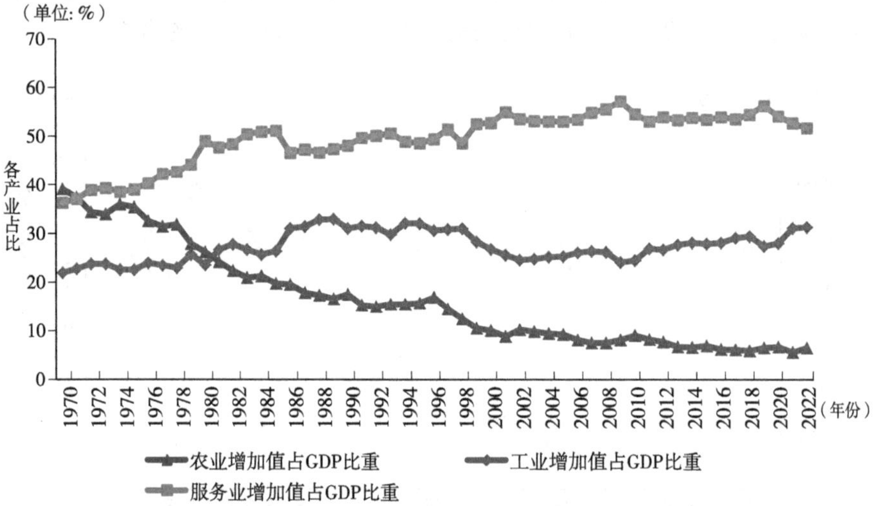

图6-2　土耳其1970—2022年三次产业结构占比演变

资料来源:世界银行WDI数据库、全球宏观数据经济库。

具体来看,农业一直是土耳其国民经济的基础产业,虽然增加值占GDP的比例持续下降,但占有很大的就业份额,并且这一比例的下降速度比其他国家要慢得多。20世纪50年代,土耳其经济表现出了高度的农业特征。目前,面临去农业化的挑战,即将农业工人转移到可以产生显著生产力和人均收入增长的高生产力活动中,使土耳其的经济发展不再依赖农业部门。土耳其在20世纪80年代初彻底改变了工业化战略,开始采取逐步的结构调整,农业部门的生产在GDP中逐渐萎缩。工业主要以加工业为主,纺织、食品、烟草、建筑材料、钢铁和机械行业是主要部门,其中,纺织和服装行业规模大、创汇多,土耳其纺织业的技术水平居世界领先地位。汽车和电子行业是土耳其近年来发展最快的产业,正逐步取代纺织业成为龙头产业。土耳其的服务业比较发达,约占GDP的60%。其中,金融、电信、旅游、交通等行业发展较为突出。总的来说,服务业占比过高,工业发展停滞,农业发展缓慢等导致土耳其经济下滑。

三、土耳其的出口结构

经济发展初期，土耳其在农业上有比较优势，土地相对丰富，气候条件多种多样，农产品和矿产品出口重要（但缺乏石油），制造业占出口比例不高。进入中等收入阶段后，出口产品结构有所优化。在下中等收入阶段，出口产品以食品原料型产品为主，劳动密集型产品为辅，资本与技术密集型产品占比低。2003 年后进入中高收入阶段，转为以劳动密集型产品为主，食品原料型产品占比 13. 91%，资本与技术密集型产品占比为 29. 73%。2015 年，出口产品以劳动密集型和资本与技术密集型产品为主，其中纺织品及原料、机电产品、贱金属及制品、运输设备和矿产品占据主要地位。总体上，劳动密集型产品占比下降，资本与技术密集型产品占比提升，出口结构正在合理化，但初级产品和低附加值制成品仍很重要（见表 6-2）。

表 6-2　土耳其在三个时点的出口结构变化　（单位：%）

年份	1975	2003	2015
食品原料型	75. 87	13. 91	17. 79
劳动密集型	20. 48	56. 36	47. 65
资本与技术密集型	3. 65	29. 73	34. 56

资料来源：世界银行 WDI 数据库。

四、土耳其的劳动力和人力资本

预期寿命是衡量人类发展和生活水平的重要指标，像大多数发展中国家一样，土耳其预期寿命迅速增长，自 1950 年以来日益接近发达国家水平。土耳其历年预期寿命呈现递增趋势，1975 年、2003 年和 2014 年分别为 55 岁、71 岁和 75 岁。劳动年龄人口占比在 32%—36%波动，1990 年、2003 年和 2014 年分别为 36%、33%和 36. 53%；抚养比基本呈现递减趋势，1975 年、2003 年和 2014 年分别为 83%、55%和 50%。2014 年以后，劳动力指标变化不大，较为稳定。综合以上指标，劳动力资源处于良性演进中。

土耳其教育历史上就较为落后，成年人口的平均受教育年限在 1950 年仅为 1. 5 年，农村地区尤其落后。随着城市化和经济增长，此后得到迅速改善，1980 年和 2010 年分别增至 4. 2 年和 7 年。1950 年总识字率为 33%，

1980年达到68%,2010年上升到94%;其中1950年,15岁以上女性的识字率只有19%,1980年为55%,2010年上升到89%。教育性别差异趋于平缓,这有利于劳动参与率和潜在劳动力供给的提升。此外各级教育入学率呈良性变化趋势。根据有关数据(见图6-3),小学入学率一直维持在98%以上;中学和高等教育入学率基本呈递增趋势;尤其是高等教育入学率从6.8%演进到近79%。2010年以后,人力资本指标小幅增加,相对稳定。从整体上看,有利的人口变动和教育表明,人力资本提升较快,为经济增长提供了较好的支持。

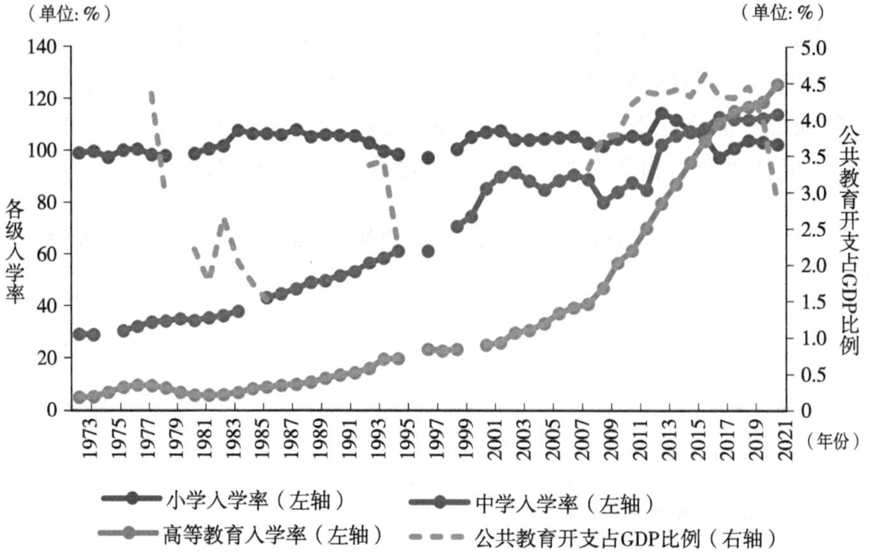

图6-3　土耳其1973—2021年人力资本主要指标演变

资料来源:世界银行WDI数据库。

土耳其公共教育开支占GDP比重在1987年之前有递减趋势,但1997年后呈递增趋势,但从劳动力质量看,表现却不尽如人意。该国15岁以下人口所占比例在经合组织国家中最高,但与相关国家比较,土耳其平均受教育年限是最低的,不仅低于韩国、新加坡等东亚和东南亚国家,低于希腊、葡萄牙等南欧国家,甚至差于巴西。此外,土耳其存在阻碍提高生产力的技能不匹配和短缺等问题,这些技能的差距是"中等收入陷阱"固有的生产率下降的核心(Doner和Schneider,2019)①。比如2003年以来,受教育程度较

① Doner, R., Schneider, B. R., "Technical Education in the Middle Income Trap: Building Coalitions for Skill Formation", *Journal of Development Studies*, Vol.56, No.8, 2019.

低的失业人口在失业总人口中所占的比例一直在下降，但受教育程度较高的失业人口所占比例一直在上升。从整体上看，土耳其人力资本提升较快，为经济增长提供了支持。同时，土耳其在服务业方面的人才需求显著上升，而在农业和工业方面的人才需求随时间反而减少，说明在过去的20年里，生产力增长的主导因素是劳动力从农业转向制造业和服务业，土耳其正在"向价值链上游移动"。受过基础教育、中等教育和高等教育的劳动力依次增加，历年来保持比较稳定的水平。

五、土耳其的技术创新能力

从投入视角的技术创新能力衡量指标（研发支出和研发人员）看，1996年土耳其研发支出占GDP的比例为0.45%，每百万人中研发人员为304人。到2014年，研发支出占GDP的比例提升了1%，每百万人中研发人员为1156人。从研发支出占GDP比例来看，土耳其研发支出有所上升，与其他中等收入国家相比，仍然低于平均水平。尽管研发人员数量逐步提高，但仍低于成功毕业"中等收入陷阱"国家的数字。从产出视角的技术创新能力衡量指标中的居民专利申请和高科技产品出口额（经济产出）看（见图6-4），居民专利申请量在下中等收入阶段基本呈递增趋势，并在上中等收入阶段递增趋势加快。高科技产品额在持续波动中有递增趋势，上中等收入阶段增速高于下中等收入阶段。2014年以后，技术创新能力衡量指标略有增长。以上指标变化趋势表明，土耳其技术创新基本呈持续递增趋势，为经济增长提供了积极推动力。

六、土耳其的收入分配

基尼系数是国际通用的判断居民收入分配公平程度的代表性指标，数值在0—1变动，低于0.2、0.2—0.3、0.3—0.4、0.4—0.5和0.5以上，分别表示收入绝对公平、收入比较公平、收入相对合理、收入差距较大和收入差距悬殊。根据世界银行WDI数据，土耳其在中等收入阶段内，基尼系数在0.38—0.43浮动，基本呈波动趋势。2021年，土耳其国内最高收入群体（前20%）收入在总收入中的份额同比下降0.8个百分点，占比46.7%，最低收入群体（后20%）收入的份额上涨了0.2%，达到6.1%。同年，土耳其基尼系数约为0.401，同比下降0.9%，说明土耳其的收入分配差距正在逐渐缩小。

综合以上分析，土耳其在中等收入阶段的多个经济指标和社会指标均反映出，土耳其经济发展有自身特点，但推动技术创新、提高人力资本、提升

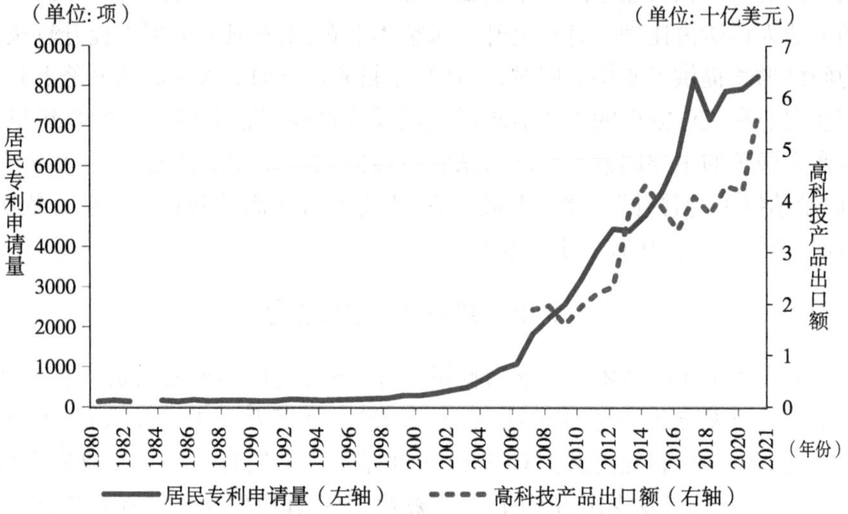

图 6-4　土耳其 1980—2021 年技术创新产出变化

资料来源：世界银行 WDI 数据库。

产业结构的道路漫长崎岖。

第二节　制度政策因素对土耳其陷入"中等收入陷阱"的影响

土耳其平均长期增长是典型的中等收入国家代表。作为中等收入国家其发展显示了资本主义国际经济制度下外部调整与内部失衡之间明显的矛盾，必要的制度改革和政府政策也就成为其跨越"中等收入陷阱"的主要驱动因素。

一、制度因素

土耳其拥有 7200 万人口，一直在欧洲和中东两个巨大而异质的地区之间寻找自己独特的位置。一方面争取获得发达国家技术转让等帮助，争取加入欧盟；另一方面不得不面对历史遗留问题，如贫富差距加大等。20 世纪 60 年代和 70 年代，土耳其采用了以进口替代为基础的工业化战略，随后一段时间内实现强劲增长，但此后遭遇国际收支危机而以失败告终。在出口补贴和货币贬值的推动下，出口导向型的增长时期，最终在 1996 年加入欧盟建立的关税联盟达到顶峰。此后的贸易发生结构性转变，制造业份额急剧上升，在多次遭受外部冲击时，虽然表现不稳定但能够恢复增长。

一般认为,尽管地理位置和资源禀赋是影响土耳其发展的重要决定因素,比如历史上洲际贸易路线向大西洋的转移对土耳其产生了不利影响,但却不是主要原因,制度是比自然增长率、人力资本积累和研发等更基本的因素。

土耳其的发展呈现出从多民族、多宗教帝国向民族国家、现代国家的转变以及与西欧的制度收敛的特征,其发展的进程崎岖不平。一方面,制度变迁经常被外部重大事件所打断。低收入阶段发展中的金本位制度、布雷顿森林体系和进口替代战略,进入中等收入阶段以来的新自由主义等外部力量,在塑造社会的制度和经济发展方面发挥了重要作用。另一方面,现代土耳其建国后试图否定奥斯曼帝国的大部分制度遗产,进行彻底的改革,但制度和发展没有真正具有包容性,显示出路径依赖的特征。比如制度变革采取自上而下的方式,军事和官僚精英过于强大,民众受到压制。有些制度一旦建立便具有高度稳定性,在可预见的时间范围内推进制度的大幅度改革不现实,甚至是不可能的。与印度类似,土耳其深层次的社会传统观念是对私人经济活动高度怀疑。社会普遍相信国有企业的作用和必要性,对私人经济活动却有着长期存在的怀疑,认为需要进行详细的监管和控制,且没有任何重要团体推动市场友好型政策转变。随着 1950 年后的经济增长和收入增加,权力开始从建立民族国家的政治精英转移到新兴群体手中。第二次世界大战后的时代见证了私营部门的崛起,尤其是实业家的崛起,反映了国家和私营部门之间出现了新的分工,但制度整体上还是呈现出黏性和缺乏包容性,大部分增长极不稳定,增长与衰退继起并行。

在土耳其中等收入阶段发展中,新的制度促进了一些经济增长,同时在进一步增长和发展的道路上也制造了障碍。由于民粹主义长期存在和再分配的需要,以及建立于脆弱的政治联盟基础上的政府,为了解决本国经济问题,总是通过预算赤字、借贷和融资来满足不同群体的短期需求,导致土耳其经济总是出现经常账户失衡。比如 20 世纪 80 年代,土耳其为了向国际货币基金组织借钱,不得已放弃了关税壁垒,开放金融市场,使外资进入国内市场,此后长期奉行举债发展战略,使本国经济更加脆弱,将本国货币置于随时被取代的地位,货币政策失效。不过,虽然出现制度环境恶化、法治和产权受到损害等问题,但一段时间后也能够实现宏观经济稳定和经济体制的显著改善。

这一点可以从正式制度和非正式制度相互作用上理解。正式制度是由从上到下的立法或法律通过执行合同、保护财产权、监督各方等来确保执行的，而非正式制度可能是小规模、自下而上的安排，比如家庭、亲属关系、宗教网络和联盟等，来调节和减少经济活动的不确定性，并发展个人和群体的合作。非正式制度存在的原因在于长期存在的信仰、规范或价值观，也可能是服务于具有政治权利的社会群体的利益。一方面，某些关于合作、信任、诚实和公平的行为规范对于确保良好的市场运行总是必要的，非正式制度往往自下而上出现并结合价值观等，这也是社会行为者有效捍卫利益的必要条件，但正式制度有时会挤出非正式制度，正式制度对非正式制度施加变革压力；另一方面，非正式制度通常是自下而上建立的，可以影响正式制度的路径。正式和非正式的制度相互作用和适应，往往将决定出现什么样的新制度，以及将是促进增长还是抑制增长。正式制度可以迅速变化，有时在一瞬间就可以改变，但非正式制度（比如社会规范和价值观）变化缓慢，这些制度深深根植于该社会的历史中，在潜移默化中不断积累并不断被人们认可和接受的，很难在短时间内改变。

作为中东国家的典型，土耳其的制度总体上变化缓慢，尤其是非正式制度存在黏性制约实质性制度变迁，没有探索出中等收入阶段发展所需的制度安排。政治和宏观经济稳定一直是土耳其经历中缺失的关键因素。虽然土耳其的人均 GDP 不断增加，但其政局不稳定，政策多变，成为制度环境改善缓慢的主要标志，也成为经济发展停滞的重要因素。自 2001 年正义与发展党执政后，土耳其更快开始现代化转型，国际货币基金组织和欧盟的双锚帮助显著地改善了土耳其的政治和经济体制环境。但是，总体上，土耳其的制度环境不鼓励提供基础广泛、高质量的公共物品，使教育和技能投资不足，社会能力停滞；没有为制造企业制定长期的支持政策，而是转向支持建筑业（比如 2002 年之后的正义与发展党政府）；同时，中央银行缺乏独立性、金融监管薄弱，有时外国直接投资实际上受到当局阻挠，没有作为工业技术升级的一个直接渠道发挥应有作用。

二、政 策 因 素

与拉美国家不同，土耳其在跟随主导发展话语的浪潮中，采取了类似的行动（如低收入阶段世界银行建议的农业发展战略得到执行，土耳其向新自由主义框架的过渡在国际货币基金组织和世界银行），但是，对土耳其政策不当的指责充斥于主流文献。比如，安妮 · 克鲁格认为，20 世纪 80 年代土耳其贸易政策的改革是迫于国际收支危机的需要而被迫进行的，缺乏要获得竞争优势的长期考虑。土耳其 80 年代大力推行出口导向型增长战略，但是，采取的是大量的出口补贴和不断的实际汇率贬值（ready-made tools,

现成工具),缺乏要获得竞争优势的长期考虑。1983年,出口奖励占出口收入的36%,1979年至1984年土耳其里拉对美元实际贬值100%,短期结果出现了出口繁荣。土耳其传统上实行货币贬值(基本上是为了适应高通胀),希望通过降低成本来提高其国际竞争力,但实证研究表明往往并不真正奏效。正如经济合作与发展组织指出,外部竞争力对于从内需到外需的经济再平衡以及维持就业、收入和国内储蓄增长至关重要。但土耳其的出口繁荣过度依赖货币贬值和出口补贴等现成工具实现,没有制定连贯的技术政策和国家发展战略,推动固定资本投资增长,并从根本上提高生产力和国际竞争力。

20世纪50年代的农产品出口导向时期,土耳其几乎没有自觉的"工业化"政策,但是,外贸制度为国内供应商提供了一个受到高度保护的国内市场。由于没有自觉的"工业化"政策,土耳其低收入发展阶段的出口繁荣有时表现为以制造业为基础,但是缺乏投资驱动。20世纪60年代和70年代的进口替代工业化形成了大量的制造能力,但外汇危机使之闲置。这种产能在很大程度上依赖于受保护的国内市场,但成本太高。土耳其一度出现的出口繁荣依赖于这种产能,导致钢铁行业成为主要出口行业等违背比较优势的反常现象或者经济复杂度的"异常"变迁。1977年,当公共部门主导的投资热潮因外汇危机而崩溃时,经过两年探索,80年代上半期出现了一些成功调整的迹象。但在10多年后,债务更为沉重,宏观经济稳定难以实现,由于过度外国借贷的战略内在地破坏稳定,加剧了危机,直到90年代初,外汇危机逐渐消除,国际收支改善,才实现了向外向型经济的显著转变。

然而,通货膨胀仍然存在,公共部门预算失控。应对不稳定资本流动的同时,降低通货膨胀,避免实际汇率过度升值,一直是其面临的难题。尤其是,土耳其平均通胀率一直居高不下,具有跳跃的时间特征,呈现出一些拉美化特征(Celâsun和Rodrik,1989)。通胀预期已根深蒂固,类似于阿根廷。比如,1988年后,工业活动受到严重挤压,成本推动效应凸显:企业家对需求减少的反应是希望提高价格,因为平均成本在衰退中上升。同时,汇率规则和价格之间的反馈助长通胀,这些因素导致难以降低通货膨胀率。加之金融自由化和美元化,迫使其不得不采取一套激进的财政整顿方案成为解决经济不稳定的唯一办法,且代价高昂。更重要的是,由于民粹主义因素,劳工接受真正的减薪困难,导致劳动力成本优势的自我削弱。宏观经济不稳定尤其通货膨胀是造成私人投资不能增长的重要原因。土耳其私人制造业投资在顺周期增长时,也没有抵消总投资的下跌。比如,进入下中等收入阶段中期,制造业的实际资本总体上呈急剧下降趋势,私营部门的实际资本形成仅略有上升。土耳其通货膨胀和实际利率相当可变,制造业投资对这些变量的不确定性非常敏感,因而总是受到抑制。此外,实际利率水平过高,不仅通过其对资本成本的影响,而且通过其对高杠杆企业资产负债表的负面影响,抑制了投资。此外,从整个中等收入时期的政策制度框架看,土耳其缺乏韩国那样的增长目标,也缺乏经济的基本激励结构的变革,如关于出口产品和进口替代的激励。贸易政策发出不断变化和相互矛盾的信号,进口关税和出口补贴经常被任意操纵,加剧了不确定性。总之,土耳其的通货膨胀和外债负担等因素导致不同的能力积累方式均难奏效,且与产业政策的互相切换不衔接。

政府推动改革,以改善宏观经济环境为目标,降低投资风险,打造稳定的发展环境,是跨越"中等收入陷阱"的基本条件。不过,尽管表现最好的国家都以高质量的宏观经济管理为特征,但是,无法辨别长期增长和任何单一的宏观经济变量之间的统计关系,虽然政策对于决定增长具有重要性。有时候,糟糕的政策可以被其他因素抵消。如有些举措一方面是为了满足国际债权人的要求,以恢复贷款和外国援助;另一方面,也有纠正短期宏观经济失衡,推进进口制度合理化的成分。又或政府清楚认识到经济政策需要发生根本性变化,但民众不接受这些变化。这些方面都是理解制度政策制约"中等收入陷阱"的跨越中所需注意的。

高通胀、高失业、高赤字、高外债等结构性问题,严重影响着土耳其的经济发展。新的工业中心也无法在更高技术、更高附加值的产品方面取得太大进展,构成土耳其(以及印度)制度和政策改善缓慢的因素。虽然出口导向型工业化的继续进行正在改善这一点,但这在2007年后由于加入欧盟受阻而停滞,随着出口的停滞,制造业在GDP中的份额继续停滞。另外,其经济活力直接受到欧洲的影响,但仅靠邻近欧洲位置优势吸引研发投资是不够的,需要增强研发投资的产业基础(也包括产业政策等层面支持)。

第三节　土耳其经济复杂度的测度

一、土耳其的经济复杂度

豪斯曼研究团队基于出口数据构建的经济复杂度指标体系剔除了收入信息,可以更好地反映出口产品的技术含量,从知识和能力视角解释并预测经济增长。笔者的计算发现(见图6-5),土耳其中等收入阶段历年LN_{GDPPER}基本呈递增趋势,历年经济复杂度也在波动中呈现递增趋势,二者演进方向一致，而且相较于下中等收入阶段，经济复杂度及 LN_{GDPPER} 在上中等收入阶段内的增幅更大。土耳其 1995 年经济复杂度为-0.05，2003 年经济复杂度上升为-0.01，2014 年经济复杂度上升为 0.42。

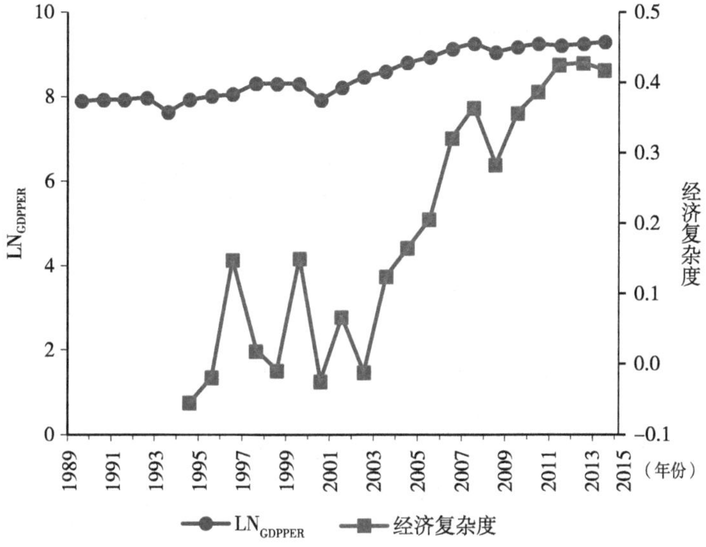

图 6-5　土耳其 1989—2015 年经济复杂度及 LN_{GDPPER} 演进

资料来源：联合国商品贸易数据库。

二、土耳其六类产业显示性比较优势

笔者的计算发现（见图 6-6），土耳其在 1975—2003 年的下中等收入阶段：产业 2、3、5 的竞争力一般或较弱，产业 2 的显性比较优势在 0.04—0.53 浮动且呈先上升后下降趋势，产业 3 的显性比较优势在 0.12—0.88 浮动，也呈先递增后递减趋势，产业 5 的显性比较优势在 0.00—0.72 浮动且基本呈现递增趋势；产业 1 始终保持较强竞争力，其显性比较优势呈现递减趋势；产业 4、6 的显性比较优势均呈现递增趋势，产业竞争力由一般转变为较强。由上可见，低复杂度的产业 1 的竞争力强、产业 2 的竞争力较弱；中低复杂度的产业 4、6 的竞争力较强；中高复杂度的产业 3、5 的竞争力较弱。中低收入阶段土耳其的产业结构相对合理，以中低复杂度产业为主，产业升级竞争力较强。

土耳其在 2004—2015 年的上中等收入阶段：产业 1、4、6 的竞争力一般或较强，这些产业变化态势基本相同，而且均呈现波动性。产业 1 的显性比

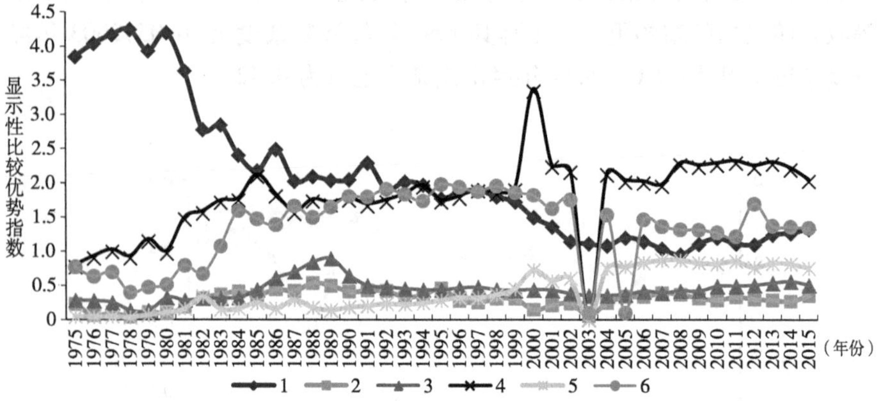

图 6-6　土耳其 1975—2015 年六类产业显示性比较优势

资料来源:联合国商品贸易数据库。

较优势波动幅度为 0.94—1.3,产业 4 的显性比较优势波动幅度为 1.94—7.92,产业 6 的显性比较优势波动幅度为 0.09—1.68。产业 2、3、5 的竞争力一般或较弱,它们的变化态势也基本相同,且也呈现波动性。2015 年,土耳其具有较强比较优势的产业仍然是劳动密集型产品,即主要按材料分类的制成品和杂项制成品和未列入其他分类的货物及交易,食品和除燃料外非食用未加工材料产品的竞争力一般,其他产业的竞争力均较弱。在中高收入阶段,土耳其产业结构相对不合理,低复杂度的产业 1 的竞争力较强,中低复杂度的产业 4、6 的竞争力较强,中高复杂度的产业 3、5 的竞争力均较弱,但是竞争力有逐步上升的趋势。

三、土耳其产品空间的产业态势

笔者的计算发现(见图 6-6),土耳其在 1975—2003 年的下中等收入阶段:产业 4、6 转型升级成功、产业 2、3、5 未进行产业升级,产业 1 保持持续优势。土耳其在 2004—2015 年的上中等收入阶段:未升级产业为产业 2、3、5,保持持续优势产业为产业 1、4、6。在 28 年的下中等收入阶段中,土耳其实现了中低复杂度产业 4、6 的转型升级以及保持持续优势的产业 1,但原料和燃料产品未实现升级,虽然其中高复杂度产业 3、5 具有较强的升级潜力。

四、土耳其六类产业密度

我们的计算发现(见图 6-7),土耳其在 1975—2003 年的下中等收入阶段:历年六类产业的密度基本均在 0.2 以上,产业竞争潜力较强或很强,且均有波动中上升的趋势,其中产业 3、4、5 上升的速度快,产业 1、2、6 上升幅度较慢;此外,产业 1 的密度在 0.12—0.48 浮动;产业 2 的密度在 0.20—0.53 的浮动;产业 3 的密度在 0.14—0.65 浮动;产业 4 的密度在 0.21—0.70 浮动;产业 5 的密度在 0.06—0.60 浮动;产业 6 的密度在 0.20—0.53 浮动。由上可见,土耳其低复杂度的产业 1、2 和中低复杂度产业 6 的竞争力较强;中低复杂度的产业 4 和中高复杂度的产业 3、5 的竞争力升级潜力较大。

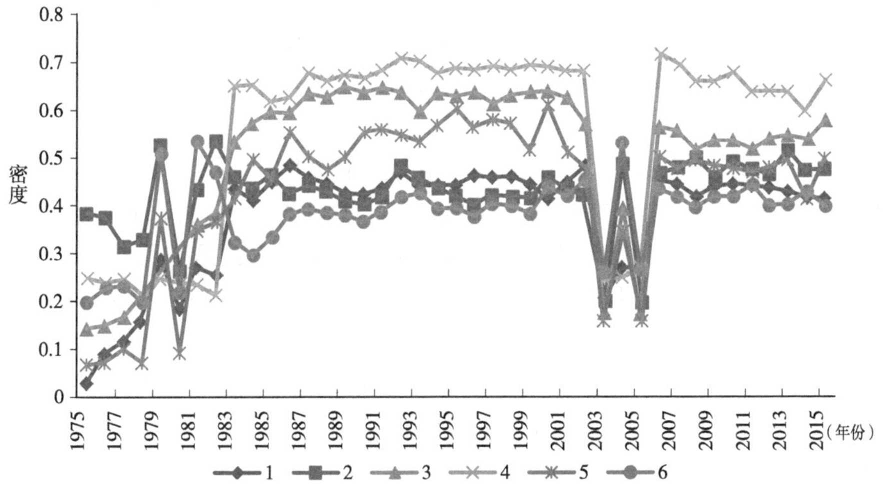

图 6-7　土耳其 1975—2015 年六类产业密度

资料来源:联合国商品贸易数据库。

土耳其在 2003—2015 年的上中等收入阶段:六类产业的密度除 2005 年出现大幅降低外,其他年份均与下中等收入阶段波动幅度基本相同,一直保持轻微波动趋势,密度均在 0.2 以上,产业竞争潜力较强。从数据来看,土耳其相对具有竞争潜力的是产业 3、4、5,且中高复杂度的产业 3 和产业 5 具有较强的升级潜力。从整体上看,土耳其的产业结构在中等收入阶段有一定的优化,产业结构演变较为合理,产业创新能力逐步提高,但仍然困难很多。

第四节　土耳其经济复杂度演进乏力的根源

与大多数中等收入国家相比,土耳其早在 1996 年就与欧洲建立关税同盟,且力争成为欧盟成员,但经济复杂度仍相对停滞,经济发展较为缓慢。以下将从农业、制造业和服务业等角度对经济复杂度演进乏力的根源进行阐述。

一、以农业为主导的增长昙花一现,产业内升级不足,复杂度提升不能突破瓶颈

农业生产力增长在土耳其相对收入缺乏追赶或相对“中等收入陷阱”上起着重要作用。这是由于其农业要素禀赋丰富,产业内升级对于推动复杂度提升存在有益影响。虽然农业对整个经济全要素生产率增长的贡献份额下降,但在支持减贫方面发挥关键作用,农业领域经济复杂度提升通过产品升级和制度改革等支持包容性增长和福利提升,这也是跨越“中等收入陷阱”的重要方面。

低收入阶段的发展尤其是进入下中等发展阶段时,农业为主导的增长曾具有重要作用。总统杰拉勒 · 拜亚尔和总理阿德曼 · 曼德列斯领导的民主党赢得了选举并于 1950 年上台,因为超过 3/4 的选民是农民,因此其经济政策的核心就是农业部门,开启了以农业为主导的增长,农业部门有所扩大。农业得到了两项政策的支持,一项针对小农,另一项针对大农。就前者看,尽管 1946 年的《土地改革法》包括了重新分配大宗土地的条款,但分配的是国有土地,并向没有土地的农民开放公共牧场。这有助于加强整个安纳托利亚地区的小农所有权。就后者看,马歇尔计划援助资助进口农业机械,尤其是拖拉机。其中大部分是由较富裕的农民购买,通过农业银行获得了优惠信贷。但拖拉机由小农租用,通过分享作物来支付使用费。此外,有利的天气条件、需求增加和贸易条件改善等对农业释放出积极信号。由于国内价格开始有利于农业,世界市场对小麦、铬和其他出口商品的需求增加,外部贸易改善了 40% 以上。但是,此后国际需求放缓,出口开始下降。

不过,传统农业部门的弱点毕竟是无法忽略的,如依赖旱作,几乎不使用化肥,生产效率不高,农业的集约化耕作薄弱、很少使用改良植物品种以及增加化肥投入和扩大灌溉土地。因此,土地生产率和劳动生产率增长相当缓慢。与人均 GDP 相似的西南欧国家类似,农业劳动力占比偏高。20 世纪 60 年代,土耳其农业就业率为 76%,希腊为 57%,葡萄牙为 44%,西班牙为 42%。而且此后土耳其农业就业份额下降速度缓慢。2005 年,农业人口比例接近 34%。此外,存在农场规模小、土地分割(农场在兄弟姐妹之间碎片化继承,土地市场和租赁安排不发达)、灌溉基础设施差、用水效率低、

农民教育水平低等问题(Dudu 等,2015)①。改革举措和中央集权促进了农村条件改善,促进了农业生产,特别是面向市场的生产。同时在农村和城市之间的交通网络成型,随着对外贸易的扩大,对欧洲的农产品出口稳步增长,越来越多产出导向城市和出口市场,农民更强烈卷入市场关系。

作为一个人口相对稀少的国家,土耳其历史上拥有大量未开垦土地,发展农业的资源禀赋较好。直到 20 世纪 70 年代,主要采取粗放型方式增加农业生产。农业发展速度快于人口增速,能满足粮食需求增长,且有出口。农业较为成功地保障了粮食安全,在全球范围内也有启示意义。直到 90 年代,土耳其对农业虽然有一定的农业补贴,但进口替代又有一定歧视农业成分,其政策影响中的协调失灵值得特别关注。进口替代和高估汇率直接阻碍了中间投入的有效使用,导致农业生产率下降。此外还有很高的间接税和工业保护税也有类似影响。因此,影响农业收入的政府政策,虽然有对农产品价格的直接干预(政府定价、对投入的补贴、影响运输和营销成本的政策)力图提升农业地位,但间接干预(如实际汇率影响农产品相对于非贸易品价格等)却有反作用。为评估进口替代政策导致农业发展滞后,进而使经济复杂度提升缓慢的影响,有研究着眼于土耳其与欧洲邻国之间的收入差距(Imrohoroğlu 等,2014)②,进行反事实实验,发现虽然直接政策在 1961—1983 年以 5.3% 的速度补贴农业,但农产品价格相对于非农产品价格平均下降了 37%,造成农业生产率下降和产业内升级迟缓。

随着新自由主义占据主流地位,土耳其采取了各种措施,减少政府支持计划和对农业干预。尽管其力度和步伐强弱不一,但农业部门放松管制的范围更广,力度更大。土耳其加入欧盟的候选资格以及政府对加入世界贸易组织的承诺发挥了关键作用。许多农业支持政策基本停止,农业投入品补贴和信贷普遍取消,大部分国有农业企业私有化,农业贸易体制在很大程度上自由化。农产品营销和质量管理的权力和责任也开始从公共机构转移到私人机构,同时,跨国公司进入土耳其后,放宽进口管制导致种子行业以及其他领域的迅速商业化和国际化。在产出方面,大型国际零售商和食品制造公司大量参与组织采购网络。这一时期,农业部门继续拥有最高的就业份额,但劳动生产率仍然较低。1980 年后,农业产值增长放缓并开始落后于人口增长。

---

① Dudu, H., Cakmak, E., Öcal, N., "Drivers of Farm Efficiency in Turkey: A Stochastic Frontier Analysis", *World Journal of Applied Economics*, Vol.1, No.1, 2015.

② Imrohoroğlu, A., Imrohoroğlu, S., Üngör, M, "Agricultrual Productivity and Growth in Turkey", *Macroeconomic Dynamics*, Vol.18, No.5, 2014.

这些变化给中小农户带来了不平衡的机遇和挑战。对于安纳托利亚内陆的谷物、豆类和甜菜农民来说，因为其作物不是劳动密集型的，沉没成本导致转换困难，影响尤其不利。而在沿海地区，特别是在地中海和爱琴海地区，以市场为导向、劳动密集型农业的机会往往促进就业和收入。同时，随着更多劳动密集型作物引进，农业总产量再次增加。但是，尽管非农业活动中使用剩余劳动力，去农业化带来结构性变化和生产率的提高，但没有流向在高生产率和知识密集型制造活动就业，农业劳动力转移速度缓慢，主要流向建筑业等低复杂度行业，不能充分利用结构转型成果，实现部门间升级。

二、制造业投资不足，创新能力欠提升，陷入中等技术复杂度陷阱

1996 年土耳其与欧盟建立关税联盟，受此推动，土耳其在生产技术处于中等复杂水平的产品方面表现得以改善。作为一个多样化产品空间的国家，其目前的生产结构是专门生产不太复杂的产品。然而，土耳其似乎至少在与高复杂度部门非常接近的地方生产一些产品，其低普遍性表明土耳其有能力生产一些独特产品。正如经济合作与发展组织所言，虽然在本国出口（后向参与）中增加了一些附加值，但对其他国家出口（中间产品）的参与能力仍然有限。因此，1994—2008 年，中间产品进口增长是制造业产出增长的 2.5 倍，这些不断扩大的进口涵盖了许多中间投入和原材料，造成其国内附加值仍较低。

一个国家保持竞争力的战略方法是比提高工资更快地提高劳动生产率，提高经济复杂度。竞争力取决于两者之间的差异，而不是绝对工资水平。一个未能创造这些环境的国家将被挤在低工资的贫穷国家的竞争对手和富裕国家的创新者之间，并将被困在一个低增长率的中等收入阶段（Erkan 和 Yildirimci，2015）①。这正是对于“中等收入陷阱”，附加人力资本的经济复杂度研究所定义的创新背后的机制。一方面，由于生产力增长的主导因素使劳动力从农业转向制造业和服务业。土耳其正在“向价值链上游移动”，但过渡似乎在高端停止了。虽然制造业是发展的切入点，产业内升级意味着升级生产技术和在全球分工中执行更复杂的任务，进一步，在价值链创造的“U”型曲线［在前期制造或后期制造中具有更高价值的活动，而在价值链的中部（制造和标准化服务发生的地方）附加值较少］中，制造业需要增加无形活动或服务的增值，但土耳其在这些方面进展不足。同时，高

① Erkan，B.，Yildirimci，E.，“Economic Complexity and Export Competitiveness：The Case of Turkey”，*Procedia Social and Behavioral Sciences*，Vol.195，2015.

科技生产和出口的份额变动不定，制造业出口复杂性在2007年之前有所改善，但随后停滞不前。另一方面，面临低成本优势国家的激烈竞争，加之原料供不应求，价格提升，土耳其在低技术生产方面的竞争力也开始丧失。例如，纺织品出口减少，虽然家用耐用品和车辆出口增加，但出口的技术密集度低于墨西哥，仅与巴西、阿根廷相当（Coşkun 等，2018）①。这种缓慢转变的原因是创新绩效低，以及资源分配不当、竞争薄弱、公司治理缺陷等。比如，资源配置效率低的背后是竞争环境方面的不完善，高生产力和低生产力的公司并存（二元经济的变形），而且一些存活的企业是由于更容易获得土地和资金，并非其生产率具有优势。

在创业这一产业间升级的成本发现方面（对于低收入阶段来说，通过劳动力从农业转移到现代部门的增长，创新还不是增长过程的重要组成部分。在中等收入阶段，投资者试图弄清如何在国内生产现有的盈利商品，而信息外部性正在发挥作用），虽然创办率较高，但是新企业员工人数很低，生存率和增长率也很低。初创企业增长的障碍表现为诸多限制因素，如技术吸收率低、薄弱的竞争政策、缺乏连贯的创业监管框架、劳动力市场僵化以及教育系统的缺陷等协调失灵问题。

土耳其从现有经济结构提升复杂度的困难很多，除了提高资源配置效率（快速增长的制造业的工资上涨可能会增加对农产品的需求，从而刺激农业生产）外②，这种转型需要在技术上加大投资，并完善国家创新体系，以加快生产率增长。目前，土耳其"国家创新体系"薄弱，研发支出在国内生产总值中所占份额微不足道，研发从业人员数量也远远低于成功跨越"中等收入陷阱"国家③，且近年来因为政治因素等，试图增加对研发和创新的投资，立法的改进也导致用于创新的私人融资增加，风险投资和天使投资也有增长，但土耳其在科学和创新体系的绩效指标方面与其他经合组织国家相比较差。

到目前为止，在理论文献研究中，只有关于"中等收入陷阱"的普遍讨论。这与实证文献形成了鲜明对比，在实证文献中，中等收入国家通常被分

① Coşkun, N., Lopcu, K., Tuncer S., "The Economic Complexity Approach to Development Policy: Where Turkey Stands in Comparison to OECD plus China?" *Topics in Middle Eastern and North African Economies*, Vol.20, No.1, May 2018.

② 与土耳其具有可比性的波兰进行了重大的经济和政治改革，部分原因是加入了欧洲联盟，从而避免"中等收入陷阱"。这些体制改革带来了生产力的快速增长以及技术进步。

③ Yilmaz, G., "Turkish Middle Income Trap and Less Skilled Human Capital", *Iktisat Isletme ve Finans*, Vol.30, No.346, 2015.

为下中等收入国家和上中等收入国家，正如在本书中所做的那样。介于在成熟行业中占主导地位的低工资国竞争对手和在经历快速技术变革的行业中占主导地位的富国创新者之间，将适用于下中等收入陷阱。主要反映在对于两项出口复杂程度指标即出口复杂度和经济复杂度上。但从上中等收入陷阱看，其出口复杂性指标改善，上中等收入国家可能已经能够生产出高度复杂的商品。那么，一个上中等收入国家面临的挑战就是成为领导者，引领技术趋势。成为一个高收入国家的最后阶段将包括获得创造新产品并引领全球市场趋势的能力。与进入上中等收入阶段的国家相比，“处于高收入群体陷阱的国家不那么多样化，是更标准产品的出口商，进一步升级的挑战更大”。汽车产业就是一个分析产业内升级发展的案例（见专栏 6-1）。作为具有强大制造业务的资本密集型行业，对生产的大量投资伴随着产品开发和研发能力逐步扩大。除了需要进行调整以服务于当地市场外，汽车行业更需要对出口产品进行投资，并让本国企业有更多机会作为合作伙伴和供应商参与进来。20 世纪 80 年代后至今，土耳其国内制造商越来越融入国际市场，成为国际价值链的一部分，虽有陷入中等技术复杂度陷阱的风险，但进入上中等收入阶段后必须应对进一步升级所带来的挑战。

三、服务业生产力较低，制约复杂度提升和结构转型

自 1980 年以来，土耳其努力将其经济结构从以农业为主转变为由复杂的工业和服务活动组成的经济。在过去 50 年中，土耳其经济结构发生了巨大变化，服务部门的作用开始凸显。农业产出占国内生产总值的份额从 1950 年的 43.3%下降到 2005 年的 12.3%（但在 2005 年从事农业生产的劳动力仍占总劳动力的 29.5%），制造业在国内生产总值中的份额从 1950 年的 11%上升到 2005 年的 30.2%，服务业的份额从 1950 年的 43.5%上升到 2005 年的 56.2%。

1980 年以后，全要素生产率的增长发生了质的变化，服务业等非农业部门的全要素生产率有所提高，主要是由于贸易和金融自由化，服务部门开始为农业部门提供一些中介服务，如分销和零售。但是，土耳其服务业生产率较低，尤其是与制造业相比。尽管很难单独计算服务业的全要素生产率，有研究通过分析工人收入以及服务公司的工资单等显示劳动生产率状况（Haven 和 Leendert，2018）①。土耳其在这两项指标上的表现都低于大多数

① Haven, T. E., Leendert, V. D. M. E., “Servicification of Manufacturing and Boosting Productivity through Services Sector Reform in Turkey”, *Policy Research Working Paper Series*, No.8643, 2018.

可比国家,低收入与工资账单比率反映了工人相对较低的收入和较高的劳动力成本,可见土耳其的服务市场存在明显低效率。此外,土耳其制造业的“服务化”或者制造业的“大而全”也是其服务业生产力低的一个制约因素。服务可以提高公司绩效,然而土耳其提供内部服务的附属公司往往生产力较低,全要素生产率增长缓慢。制造公司内的大多数服务活动都处于制造后阶段,其大部分由更多传统服务组成,相应的制造公司生产力低,而从事制造前和后台服务的人尽管生产率较高却比重很低,服务业没有发挥其潜力。总之,由于进口替代时期对服务投入市场的监管受到政策扭曲的影响,这些监管制约了增加服务对生产力增长的贡献。

第五节　土耳其的人力资本问题

在如何改善人力资本问题上,一般观点主要从供给侧入手,探讨增加资金、改进教学和教育管理等。这固然很重要,但更要看到需求因素的重要性。“中等收入陷阱”国家缺乏需要技能的好工作,加之劳动力市场政策和研发政策对教育需求的引导功能较弱,这降低了教育需求。供给与需求因素共同造成人力资本陷阱。

下面将从教育、技能联盟等方面分析土耳其的人力资本问题。

一、中等收入阶段教育问题的缓解及经济复杂度制约

教育是人力资本投资的基本手段并直接影响经济增长。但是,历史上土耳其境内人口增加的主要渠道是移民。与拉美国家如阿根廷吸引西欧移民不同,进入土耳其的移民的教育程度比本国人更低,其中,妇女、库尔德人和农村人口获得的教育和技能水平更是落后。比如以库尔德人为主的东南部地区与其他地区之间教育机会不平等和人类发展指标存在巨大差距。根据经济与合作发展组织报告,土耳其教育有很大改进,但与其他中等收入国家比较仍然落后。尽管青年人的受教育程度和技能水平越来越高,但超过一半的劳动年龄人口(占失业人口的 64% 和非正规就业人口的 65%)仍然没有接受基础教育。识字人口的比例在 2005 年接近 89%,低于拉丁美洲和东亚国家,这对其生产和分配不平等都产生很大影响。土耳其多年来还存在教育质量不高和可及性差等问题。在经合组织 27 个成员中,土耳其儿童数学和分析能力一直处于最低水平,仅优于墨西哥。同时,职业教育毕业生“技能门槛”低,面临青年的技能特征与雇主所要求的技能不匹配等问题。

从教育体系构成看，土耳其义务教育由小学、初中和高中三部分组成，职业教育体系包括：一、职业技术高中；二、学徒培训；三、非正规教育。高中职业教育学校包括 9—12 年级，涵盖年龄 14—17 岁。土耳其高等教育系统由大学和高等技术学院组成。大学和高等技术学院分为公立和私立（基础）大学两类。随着工业和服务业的现代化需要增强技能，发展教育系统，尤其是高等教育以及提高教育质量的重要性增加，高等教育近年来有相当大的扩展，特别是在工程和科学方面。大学毕业生显示出稳定增长态势，药剂学、健康科学专业的硕士生数量从 2000 年增加到 2009 年，增长率高达 100%和 147%，技术科学的博士生同比增长 126%，翻了一番，包括机械工程、电气电子工程、电子通讯和电信以及计算机工程专业。但是，在增加资金、加强教育管理上，在课程改革、阶段性现代化教学实践推广，加强国家和国际评估学习成果，以及加强监测和评估系统上仍有很大差距。

在如何增加人力资本的问题上，除了关注供给侧（基要条件效应）外，从不同教育程度者的失业率变化看，不难发现，土耳其经济中缺乏需要技能的体面工作，以及忽视针对受教育者的劳动力市场补充政策，即经济复杂度低和政策因素引发高等教育失业问题。

随着融入全球经济使进出口大幅增长，高强度出口也促进了技能升级。帕穆库（Pamukcu，2003）①研究了企业技能供给与技术努力的关系，使用二项式概率模型来评估人力资本对创新概率的影响，发现尽管企业技术努力存在非正式性和渐进性，但开始与技能水平相关。尤其是出口企业更有可能进行创新，劳动力技能水平与创新正相关，开始对人力资本投资产生积极反馈。

表 6-3 中，因变量为企业的创新决定，LN_{WAGE}可以表示劳动力技能水平，与创新决定有显著正相关。企业规模（用员工数量衡量）、市场结构等为控制变量，进口普及率、资本性商品进口等用来衡量国内市场竞争程度和外部因素影响，出口变量为自变量，是否私企等为虚拟变量。由于平均工资和工资水平与员工技能正相关，其对创新的积极影响揭示了技术吸收对土耳其创新的重要性，以及中高级技能人员在技术吸收方面的重要作用。

---

① Pamukcu, T., "Trade Liberalization and Innovation Decisions of Firms: Lessons from Post-1980 Turkey", *World Development*, Vol.31, No.8, 2003.

表 6-3　土耳其企业出口决策的单方程 Probit 分析

变量	模型 1a	模型 1b	模型 2a	模型 2b
企业规模	0.095***	0.096***	0.099***	0.100***
企业规模的平方	-0.00009***	0.00009***	0.00010***	-0.00010***
市场结构	0.232**	0.228**	0.226**	0.219**
销售利润	0.182***	0.174**	0.187**	0.179**
工资的对数	0.088***	0.092***	0.090***	0.092***
私人公司的虚拟变量	22.707***	24.155***	23.312***	24.599***
出口	24.310***		24.379***	
出口虚拟变量 1		24.244***		24.279***
出口虚拟变量 2		17.001***		17.502***
出口虚拟变量 3		15.668***		16.232***
出口虚拟变量 4		26.750***		26.581***
出口虚拟变量 5		17.856***		17.500***
进口普及率	0.141	0.147		
有效保护率	-0.011	-0.132		
资本性商品进口	0.676***	0.684***	0.684***	0.094***
工人人数	-0.037	-0.040		
外国资本虚拟变量	-1.114	-27.480		
许可协议虚拟变量	9.971	10.750		
国际技术	0.141*	0.150*	0.118*	0.125*
对数似然函数的最大值	-575.05	-572.25	-576.31	-573.72
卡方	300.30***	305.89***	297.77***	302.95***
麦克法登 R^2	0.2071	0.2109	0.2053	0.2089

资料来源:转引自 Pamukcu, T., "Trade Liberalization and Innovation Decisions of Firms: Lessons from Post-1980 Turkey", *World Development*, Vol.31, No.8, 2003。

二、技能联盟的分析:职业教育

关于中等收入国家经济发展的论著大多强调技能短缺和技能不匹配,强调技能水平不足是“中等收入陷阱”固有的生产力放缓的核心(Doner 和 Schneider,2019)。不过,在强调技能发展的必要性之后,对于为什么缺乏有效技能形成的问题却鲜有分析。要认识到人力资本形成的全过程,既包括普通教育体系也包括职业技能培训体系,也要认识到市场失灵和劳动力市场不完全对于技能形成的阻碍作用①。

政治经济学分析强调,提升经济复杂度中面临的普遍挑战是,如何基于利益联盟组建持久的技能联盟来支持教育升级和技能培养。其中涉及中等收入阶段复杂的利益协调问题,对此加以分析能够更好把握中等收入阶段人力资本积累的本质。人力资本形成的政治经济学框架认为,在全球化时代,技能形成联盟的基本因素包括生产者群体利益和偏好、经济组织(如工会和商会)表达和汇总其偏好的方式以及贸易开放的性质和好处。首先,在发达国家技能体系中,大公司和小公司对培训具有不同偏好。大公司更偏好内部培训,中小企业更偏好公共技术和职业教育,因为这些企业负担不起培训费用,面临更大的“人才偷猎风险”。其次,在工人中,内部人士(有稳定的、正规部门的、加入工会组织者)会站在大雇主一边,反对提供职业教育培训。公共的、大规模的技术技能联盟以及积极的劳动力市场政策,需要吸引小公司和劳动力市场的局外人(非正规就业)②。最后,贸易开放产生了对教育的更多需求。一般认为贸易开放与教育需求存在“良性循环”,在这种循环中,工业制成品出口的压力会导致企业进行技能投资。扩大生产导致工资上涨,在国际竞争背景下,这促使出口企业雇佣更多的技术工人和组织技术培训。不过,虽然全球价值链为中等收入国家的企业提供了机会,但如果生产商陷入了价值链中附加值较低的环节,这些机会就会成为低技能陷阱。

由于职业教育是制度和协调密集型的,强大的联盟对中等收入国家高

---

① 经济学分析强调,技能需求的雇主方通常不愿意培训员工,因为被培训工人可能会流失给竞争对手(挖墙脚),加之劳动力市场存在信息不对称、摩擦,就会出现技能短缺。从克服市场失灵看,解决技能短缺的方法和机制在于集体行动。这些集体行动涉及多个行为主体,需要参与者协调、获取和共享人力资本配置的实时信息,拿出解决方案。

② 在日本和美国等发达经济体,大公司/内部人联盟占了上风。相反,在协调市场经济国家如德国,大企业及工会支持公共供给,并且技能联盟可以将培训成本转移到公共部门,同时仍然保持重要的控制(学徒制)和减少人才偷猎(工资谈判)。这样,瑞士、德国中小企业也成为技能联盟的一部分。

质量技能形成的持久投资至关重要,但这些国家的技能形成环境发生了一些不利变化。首先,跨国公司除了支付更高的工资从较小的国内公司雇佣工人外,并不愿意加入教育联盟中。寻求市场和资源的跨国公司通常是资本密集型的,雇佣的工人相对较少,所需要的技能可以通过内部方案解决。其次,“中等收入陷阱”国家的市场和政治发生了对技能需求提升的不利变化。类似历史上韩国、日本等大众教育友好型的政治运动和社会转型并不存在。最后,从提升技能复杂性和改善职业空间角度看,技能的专业化提升更加重要。通常,穷人从事多种工作以分散风险,因为其往往不具备从事更稳定、报酬更高的工作所需的专业知识。穷人需要社会保障才能从事增值活动和更高收入机会所需的专业化工作。为了使这种技能的专业化成为可能,推进职业空间复杂性提高,还需要一个强大的社会保障体系,但中等收入国家这方面均很薄弱。

虽然一些因素能帮助其摆脱贫困陷阱并提升到中等收入国家,例如,外国投资、低技能和低薪工作、不平等和非正规性,但却阻碍了中等收入阶段政策升级和建立必需制度。从中等收入阶段技能升级政策所固有的挑战看,建立应对这些挑战所需的制度和克服相应的政治障碍,需要众多的条件。这包括:政治意愿、政治领导人的长期视野、广泛的社会共识、企业与政府合作以及某种程度的包容性政治等。

技能联盟制度建设的主要政治障碍是社会群体的碎片化和由此导致缺乏强有力的升级联盟。以往的增长轨迹分裂了社会群体,尤其是商界和劳工。尽管升级联盟是实现复杂度提升的核心之一,但是大企业在国外和国内公司之间断裂,劳动力在正规和非正规部门之间分断,整个社会因不平等而四分五裂,分裂利益使联盟构建更加困难。

非正规陷阱也更容易导致民粹主义。从经济学角度理解为民粹主义实际上是某种形式的个人主义,采取价格控制、消费补贴、通货膨胀和汇率高估等进行不可持续的再分配,以应对广泛但无组织的不满。民粹主义得到了非正规部门的重要支持,这些部门在跨越“中等收入陷阱”时不断变大,从农村非正规性向城市非正规性持续转变。非正规性阻碍了贫穷工人的教育投入,贫困家庭的教育回报往往不确定。工人在教育方面也存在分歧,尤其是低技术或非正规工作中需要很少技能的人与资本密集型公司的劳动精英之间。尽管劳动力精英拥有更多技能,但许多人是在工作中获得的,因此并不支持提高税收以提供更多教育。而且,从人力资本数量到质量的转变需要克服官僚短期视野、克服教育机构的既得利益约束。

在大多数中等收入国家,大企业主导着与政府的关系,中小企业几乎没有影响力。土耳其存在类似工业化国家如德国的法团主义或半法团主义的技能培训安排,也是少数几个在技术(相对于普通)教育上花费更多的中等收入国家之一,尤其是中小企业在2000年后集中参与扩大和提高技术教育,时任总理埃尔多安和正义与发展党越来越疏远大企业。因为土耳其大企业由家族企业、多元化企业集团和跨国公司主导,组成了大企业专属协会——图塞亚德协会(Tusiad)。在这种情况下,埃尔多安争取穆斯林商业协会(Musiad)和其他中小企业协会的支持,政府增加了对技术教育和职业培训的资助,并让这些商会的代表进入董事会,促进技术和职业教育发展。虽然以图塞亚德协会为代表的大型公司在劳动力发展中有很大发言权,但关键的私营部门中介机构是半公共协会土耳其商会和商品交易所联合会(Türkiye Odalar ve Borsalar Birliği,TOBB)。鉴于大多数公司规模较小,中小企业在土耳其商会和商品交易所联合会中的发言权更强。土耳其商会和商品交易所联合会的影响力体现在其作为政府三方安排中所处的关键成员地位上,其在土耳其所有主要城市都开设了分支机构,这与正义与发展党扩大全国公民宣传的愿望恰好契合(Doner 和 Schneider,2019)。在这种背景下,土耳其技能型人力资本积累得到改善,但其仍主要是政治因素所致,需要获得制度层面支持。

土耳其在技能形成方面长期存在严重问题,主要有:一是没有系统关注政策转变中固有的困难。旨在提高当地技术能力的措施,例如,职业培训,与许多早期的投资驱动型增长政策相比,在关键方面更具挑战性。它需要更多时间来实施,需要更多参与者(例如教师)参与,并需要更多的技术和特定地点的信息。这些特点需要更复杂的制度安排。二是缺乏与此配合的针对性产业政策。三是技能政策方案的制度密集型性质以及对此类制度的社会需求疲软造成困难。

与后社会主义转型经济体(如波兰、哈萨克斯坦),以更完善的教育制度、更低的不平等和非正式性进入中等收入阶段,面临的挑战更多是向市场经济过渡不同,也与石油出口国面临着克服资源依赖的独特危险不同,尽管近几十年来取得进展,但土耳其高等教育差距明显(不到经合组织60%),社会分裂特别是不平等、外国直接投资和非正规性造成的分裂,构成各种技能形成的制度挑战和社会政治障碍。与历史上的构成和潜在利益不同,社会群体的分裂除传统纵向的(高度不平等)外,也有水平的(在商业和劳动力中)。尤其是商业和劳动力的分割达到碎片化程度,不同经济领域的企业和工人有不同策略,在教育等关键领域的改革也就停滞不前了。

为攀登收入高墙,需要应对高度和持续的不平等、非正式性和对外商直接投资依赖造成的综合分裂。除企业和劳动力内部和之间的利益差异,外国—本地、正式—非正式的社会分裂持续存在,构成当今土耳其人力资本积累脱节的制度条件。因此,必须关注社会和经济群体的长期演变。无论是依靠市场的欧美型发展模式,还是依赖国家(如产业政策、官僚机构和教育机构)的德国模式都不充分,把握改善技能联盟基础和"机会窗口"才更为根本。

第六节　结　　论

长期以来,土耳其在经济增长方面的表现略高于发展中国家,是典型的世界平均水平。土耳其与墨西哥、印度尼西亚和尼日利亚被称为"薄荷糖国家"(MINT),尽管在21世纪初表现出了良好的增长势头,当时也有观点认为土耳其正在向高收入国家靠拢(Yeldan等,2012)①,但不久之后的困局又表明其前景充满不确定性。土耳其经历了多次繁荣—萧条周期(20世纪80年代初的重大复苏进程,在20世纪90年代不可持续),经济发展战略多变,2010年后增长缓慢,甚至出现萎缩和生产率停滞,"中等收入陷阱"问题确实带来了一定风险。

不少人将土耳其看作是陷入"中等收入陷阱"的北非中东国家的重要样本。第二次世界大战后经济发展的内容发生了变化,发展观念也发生了改变。类似于韩国、印度的经济规划和拉美的进口替代在进口替代工业化中流行,土耳其从1963年开始制订发展计划并一直持续,但其缺乏明智且具有长期视野的产业政策。低研发活动直接导致了增值问题,并间接使降低进口依赖率复杂化。同时,其缺乏强大的教育体系和研发活动支持下的复杂度提升。

土耳其在1980年之前采用了进口替代战略,但无法产生维持经济稳定增长所需的外汇资源。工业精英们强烈依赖政府,寻求补贴和关税保护,反对与欧洲的经济一体化。20世纪80年代初土耳其成为新自由主义原则的试验场,大企业从国内市场转向出口,成为实施新自由主义计划的新官僚主义的核心部分。土耳其改变为以出口为导向的战略,并在10年内将其出口增加了6倍。增长的实现是由于制成品的出口增加。然而,进口增长更快,对外贸易赤字几乎增加一倍。尽管2000年出口大幅繁荣,但仍未能取得对

---

① Yeldan, E., Taşci, K., Voyvoda, E., et al., "Turkey on Her Way out of Middle-Income Growth Trap", *Turkish Enterprise and Business Confederation*, Vol.1, 2012.

外贸易顺差的增长,经常账户赤字仍然巨大。尽管出口实现多样化(工业多样化程度较高),但复杂度不高。虽然技术含量中等的产品份额有所增加,但技术含量的高产品份额仍很低。中低技术产品的出口带来了低收入,其国内后向联系较弱,主要进口相对较大比例零部件投入,这不仅反映其经济复杂度不高的现实,也反映了制造过程中存在一个增值低的问题。在进口依赖和低增值下,尽管土耳其公司越来越意识到新技术的重要性,那些更成功的企业,尤其是那些大公司,试图通过采用更多最新的技术来生产高技术产品,但生产率没有显著提高。面临亚洲工资较低的发展中国家的制造商竞争(Utkuismihan 和 Pamuku,2020)①,土耳其将难以获得外贸顺差,更易受到外部冲击影响,这与拉美国家类似。

土耳其面临陷入“中等收入陷阱”风险的一个重要原因在于其严重的人力资本问题。虽然进入中等收入阶段时,土耳其成功地满足了劳动密集型产业的教育需求,但 1980 年后,随着经济体制转变为出口导向,教育体制开始转变,且在数量上有所提升,但其教育质量不高(如缺乏高素质教师)。促进早期提升到中等收入地位的条件现在成为技能积累的负面因素,尤其是低技能和低薪工作、不平等和非正规性的分裂加大、劳动力市场非弹性结构和过度保护等。旨在提高当地技术能力的措施,例如,职业培训政策更具挑战性,需要更多时间来实施和参与,并需要更多信息和相应的复杂制度安排。

不同国家跨越“中等收入陷阱”的紧约束不同,根据经济复杂度方法诊断,可以发现,薄弱的政府作用比如宏观政策是阿根廷和土耳其等国经济表现相对较差的原因,但主要是影响能力积累而不仅是营商环境。尽管在缺乏适当的监管框架的情况下,财政不稳定和资本账户过早自由化(这不仅比印度更为逊色,而且逊色于巴西和墨西哥),导致 1994 年、2000 年和 2001 年连续爆发经济危机,但 2001 年土耳其发生危机后,过度接受了新自由主义。政府多次表现出反应性行为或适应性调整,但仍未能将难得的增长激增转变为复杂度提升和持续的经济增长过程,也就难以跨越“中等收入陷阱”。

专栏 6-1 土耳其汽车产业

汽车产业是一个典型的资本密集型产业,且本土制造历来发挥着

① Utkuismihan, F. M., Pamuku, M.T., Determinants of Growth Performance of High Growth Firms: An Analysis of the Turkish Manufacturing Sector, Dokki, Giza, Egypt: *Economic Research Forum* (ERF), 2020.

重要作用。由于激烈的成本竞争,欧洲跨国公司积极寻找可以用作出口基地的低成本地点,逐渐从西欧地区向东南欧地区移动。

进口替代时期,跨国公司开始在土耳其设立制造基地并开办合资企业。这一行动得到了政府的大力支持。“1960 年,土耳其采用进口替代战略,汽车工业被选为启动该进程的主要候选者之一,因其作为‘领先’部门,具有刺激钢铁、玻璃、塑料、纺织品、橡胶和化学品等其他工业增长的巨大潜力。此后,从针对国内客户转变为欧洲市场制造具有竞争力的车型。在经历了一段艰难时期后土耳其汽车产业实现了转型,并在 1992—2000 年吸引了数十亿美元的外国投资,成为土耳其第二大出口部门。2005 年,土耳其的汽车总产量超过 100 万辆,菲亚特等主要汽车公司增加了制造能力的投资。

在本地研发方面,国际公司内部存在显著差异,这与公司战略、制造业务规模以及本地合作伙伴相关。克赤家族是该行业一个特别积极的合作伙伴,与福特和菲亚特建立了长期合作伙伴关系,进而逐步提升了生产能力和开发能力。福特奥托桑(Ford Otosan)于 1959 年在土耳其成立,作为福特的装配厂。1967 年开始生产运输小巴。1997 年,克赤控股公司和福特汽车公司通过签署合作协议将其股份平分,并将公司的正式名称更改为福特奥托桑。此时福特奥托桑已经开始发展出口业务,到 2007 年,其 30 万辆汽车总产量的 70%以上用于出口。最初,该公司成立了产品开发部门,主要解决生产中的问题。虽然福特的主要目标是在土耳其进行生产,而非合作研发。但当地合作伙伴仍不断努力提高合资企业的研发能力。随着福特内部对控制产品开发成本的需求日益增长,且土耳其政府采取的产业政策对汽车工业给予支持,1997 年福特奥托桑开始认真开展本土研发。十年后,福特奥托桑在新产品开发方面具备了综合能力,加大了对新车知识产权的参与力度。2007 年推出的运输货车就是一个例子,所有许可、设计和工程权利由福特和福特奥托桑共享。虽然福特奥托桑先后增加了大量研发投入,但与开发新车型平台的高昂成本相比,仍处于较低水平。在政府补贴的支持下,福特奥托桑还在伊斯坦布尔南部盖布泽的一个研究园区开设了一个新的工程中心,为进入高级工程活动创造了机会,包括原型混合动力电动汽车的开发。通过临时合同雇用美国工程师并将自己的工程师派往美国的福特,土耳其业务与福特的全球研发组织联系在一起,尽管此类交换只涵盖了少数工程师。

菲亚特托发斯(Tofas)合资企业的发展与福特奥托桑的流程有一

些相似之处。克赤家族作为关键合作伙伴参与其中。托发斯成立于1968年,是克赤控股公司和菲亚特汽车公司的合资企业,为当地市场生产轻型商用车。此后,托发斯超过70%的产量用于出口,总产能已增加到400000辆/年。托发斯研发部成立于1994年,最初,菲亚特的主要目标是在土耳其生产,但没有计划让托发斯参与菲亚特的研发活动,但是,托发斯非常雄心勃勃地开始在土耳其进行研发。托发斯坚信,建立研发不仅可以提高产品质量,还可以增加新模型的附加值。尽管托发斯的经理们相信能够成功地为双方的研发活动作出贡献,但跨国企业方面认为,与当地合作伙伴进行研发不会有任何实质性的贡献。因此,托发斯独自进行研发。不过随后菲亚特改变态度并允许托发斯建立自己的开发团队。其能力从生产支持、工艺验证、样机生产、新产品开发等方面逐步发展。因此,托发斯在新的开发项目中被赋予了更多的责任。2009年开始生产的轻型商用车“新布多罗”就是一个很好的例子,其知识产权和特许权使用费属于托发斯。土耳其的开发活动与菲亚特在意大利都灵的中央研发部门紧密结合,大量土耳其工程师前往意大利进行培训和项目参与,同样大量的意大利工程师前往土耳其支持托发斯。托发斯于1994年成立研发中心,当时只有8人,耗资3000万美元,但15年后,已有450名工程师,其预算相当于公司营业额的5%。面对2001年菲亚特集团的财务危机,公司经过全面的管理改革,包括管理干部的全面国际化和重新关注小型车和商用车的成本效益开发,才得以幸存。

托发斯还从2008年颁布的《研发支持法》中受益匪浅。福特奥托桑和托发斯的研发活动得到了业内其他参与者的间接支持。例如在泰姆萨的开发活动。许多公司已经在土耳其汽车行业建立了研发中心,在新的研发激励法的鼓励下,福特奥托桑和菲亚特托发斯仍然是迄今为止最重要的参与者。各种汽车公司及其供应商共同创建了一个专业的劳动力市场,并得到了各种政府研究和合作计划的支持。不过,虽然土耳其拥有相当大的汽车行业,但是仍以外国汽车品牌和技术为基础,附加值非常低。

与韩国相比,土耳其为发展该部门而采取的产业政策,雄心和专注度较低。汽车制造始于20世纪60年代,相对较小的国内市场和低出口限制了生产水平。20世纪80年代的重大经济改革,特别是贸易自由化,促进了汽车国内需求和出口(以及进口),生产开始起飞,土耳其实施了发展汽车行业的具体政策。

但是,随着20世纪80年代经济自由化,这些政策被一般出口激励和外国投资自由化所取代。尽管对国际贸易的开放以有限的方式使该行业受益,从其欧洲许可方获得更新型号的许可。该领域优秀的蓝领和白领专业人士的产生帮助制造质量迅速提高,并说服欧洲许可方在菲亚特试运行后将一些较新车型的生产转移到土耳其。结果,国内产能扩大,土耳其开始将这些车型出口到欧洲,土耳其工厂的制造质量在欧洲和北美名列前茅。但是,由于生产完全处于许可状态,国内制造商虽然融入国际市场,成为国际价值链的一部分,但许可方大多不愿意在其当地工厂开展研发活动。

有文献认为,国家能力和经济发展与长期增长结果密切联系。特别是,引导能力可能以工业化为目标,决定了政策设计和实施控制外生因素的质量,并最终决定了经济发展的速度。在打造本土品牌、加大技术升级力度时,土耳其出口导向的时机也有问题,导致其"出口学习"效应较低,政策设计、重点和适应性、精准度上较弱。同时,土耳其的政治不稳定加剧了政策承诺的缺乏。产业政策没有持续,也没有灵活应对挫折。落后的产业政策生态系统差异也促成了土耳其的不利绩效。

(根据Yülek,M.A.,Lee,K.H.,Kim,J.,et al.,"State Capacity and the Role of Industrial in Automobile Industry:Corrparative Analysis of Turkey and South Korea",*Journal of Industry Competition and Trade*,Vol.20,2020等整理)

第七章　哈萨克斯坦:资源依赖与转型的双重挑战

地处中亚内陆的哈萨克斯坦独立的同时即实行体制转轨，经济发展虽有波动但在苏东国家中名列前茅。近年来，该国增长速度快、失业减少，成为中亚地区经济发展的“火车头”。该国克服中亚内陆国位置制约的做法，对地理因素锁定国家的发展有重要启示意义，同时，作为世界上自然资源密集度最高的国家之一，尤其是在石油财富动态管理背景下，依靠制度改革和人力资本提升，探索提升经济复杂度，实现结构转型并跨越“中等收入陷阱”之路值得关注①。

第一节　哈萨克斯坦中等收入阶段发展特征的描述

根据世界银行2015年收入水平划分标准，我们界定哈萨克斯坦1990年独立伊始即进入中等收入阶段，此后自2006年起进入上中等收入阶段，但目前一般认为尚未进入高收入阶段。

一、人均GDP及其增速变化

哈萨克斯坦在中等收入阶段所处时段为1990年至今（见表7-1），其中，下中等收入阶段16年。哈萨克斯坦自2006年起进入上中等收入阶段已超过10年。这一过程中，人均GDP持续递增，但呈现典型的“U”型波动特征（见图7-1）。如1990—1995年在经济转轨初期，人均GDP增速为负，且绝对水平也有下滑；1998年前后遭受亚洲金融危机、俄罗斯危机考验；2008年经受国际金融危机冲击，经济增长均明显滑坡。

---

① 哈萨克斯坦国官方坦承，过去十年经济增长的“惯性速度”低，有陷入“中等收入陷阱”风险。https://cn.dailyeconomic.com/2023/04/22/47227.html。学术界也有认为其已成为高收入国家的观点（如Ocampo,2020）。

表 7-1　哈萨克斯坦跨越中等收入阶段的不同时点

国家	第一时点	第二时点	第三时点	下中等时长	上中等时长	中等收入阶段
哈萨克斯坦	1990 年	2006 年	—	16 年	—	30 余年

资料来源:世界银行 WDI 数据库。

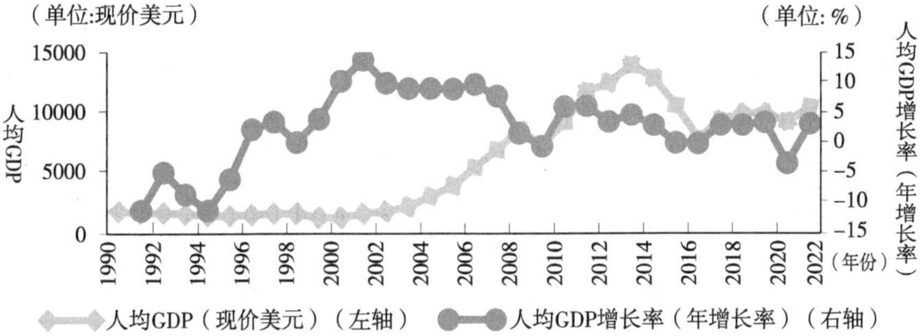

图 7-1　哈萨克斯坦 1990—2022 年人均 GDP 及其增长率变化

资料来源:世界银行 WDI 数据库。

二、三次产业结构及其演进

1990 年至今,第一产业增加值尤其是以资源开采为主导,农业占 GDP 的比例基本呈持续下降态势;第二产业增加值占 GDP 的比例呈现波动中递减的趋势;第三产业增加值占 GDP 的比例呈递增趋势。由上可见,哈萨克斯坦在中等收入阶段的产业结构,呈现出以资源开采为主导,第三产业、第二产业次之,农业占比较小的动态演进结构(见图 7-2)。

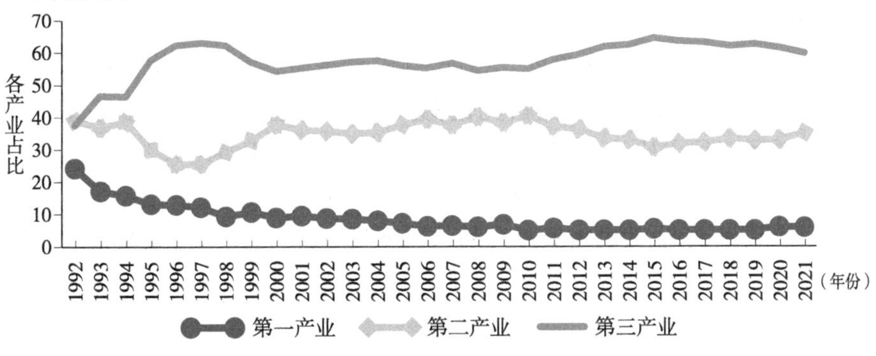

图 7-2　哈萨克斯坦 1992—2021 年三次产业结构占比演变

资料来源:世界银行 WDI 数据库、全球宏观经济数据库。

农业有一定的比较优势。转轨初期,农业改革和发展滞后。2001年后,农业农村的情况好转。随着土地改革加快,东南部地区家庭农场发展较快,同时,政府实施农业与粮食计划,农业基础设施完善,产品质量提升,尤其是谷物、肉类、棉花、羊毛等出口开始显示较强的比较优势,经济地位有所加强。但种种因素制约其发展,尤其是转轨时期破坏了以前积累的生产能力。这表现为两点:一是水资源问题。除牧区和哈萨克斯坦北部以外,所有农业发展都与水密切相关,但缺乏市场对水定价。水资源产权不明确、灌溉使用浪费,灌溉系统缺乏维护。灌溉系统维修由缺乏经济能力的农民承担,农民在灌渠非法取水,特别是在上游地区。下游农民陷入了恶性循环,特别是水流量减少增加了维护灌溉设施的成本,难以应对灌溉系统退化和盐渍化加剧,农业产量和农村收入大幅下降。二是棉花问题。改革后取消国家采购。20世纪90年代的自由放任棉花生产重组产生了良好的表现,2004年和2005年产量水平较高。然而,在2004年卡特尔化和2007年新政府法规出台后,哈萨克斯坦的棉花产量、出口和种植面积均有所下降。

从第二产业发展来看,苏联时期强调重工业,油气产业和采矿业是哈萨克斯坦国民经济的支柱产业。虽然苏联留下重工业基础,但加工制造业薄弱;对外来商品依赖性很强,科技产品、生活日用品、轻工产品主要依赖美国、德国等。

服务业增长速度非常快。2015年服务业增加值占GDP比重已超过60%,主要有房地产、商业、交通、金融、教育培训、通信等。尤其是哈萨克斯坦银行业较为成功,并向欧盟看齐。且在2007年出现金融和房地产发展热潮(Samruk-Kazyna)。①

三、哈萨克斯坦的出口结构

1995—2015年,哈萨克斯坦的出口产品结构(不含服务业)略有变化(见表7-2)。下中等收入阶段,出口产品以食品原料型与劳动密集型产品为主,资本与技术密集型产品占比偏低。2006年进入上中等收入阶段时,食品原料型产品占比为76.91%,劳动密集型产品占比为17.20%,资本与技术密集型产品占比仅为5.89%。此后开始变化。2015年虽然仍以食品原料型产品为主,但劳动密集型产品占比下降,资本与技术密集型产品占比略有提升。

---

① Samruk-Kazyna(萨姆鲁克—卡泽纳)国家基金,是哈萨克斯坦国家福利基金机构。

表 7-2 哈萨克斯坦跨越三个时点的出口结构 (单位:%)

年份	食品原料型	劳动密集型	资本与技术密集型
1995	42.26	41.42	16.32
2006	76.91	17.20	5.89
2015	76.61	14.62	8.76

资料来源:世界银行 WDI 数据库。

总体而言,中等收入阶段出口多样化结构不够合理,主要出口商品是矿产品、贱金属及制品和化工产品,其出口能源和工业原料的产品附加值低。按照国际经验,石油、天然气财富难以管理,要从资源丰富中获益攀升价值链,需要克服一系列障碍,尤其是制度变革和资源依赖问题。

四、哈萨克斯坦的劳动力和人力资本

广义的劳动力是指全部人口,狭义的劳动力仅包括具备劳动能力的人口。狭义的劳动人口占比具体为 16—64 岁人口占总人口比例。抚养比指 16 岁以下和 64 岁以上人口与 16—64 岁劳动人口的比例。出生时预期寿命可以反映人口和劳动力的基本质量。从图 7-3 来看,转轨初期哈萨克斯坦预期寿命在波动中一度递减,但很快递增。劳动年龄人口占比呈现递增趋势;抚养比基本呈现递减趋势。综合以上三个指标,哈萨克斯坦在中等收入阶段的劳动力供给良性演进。

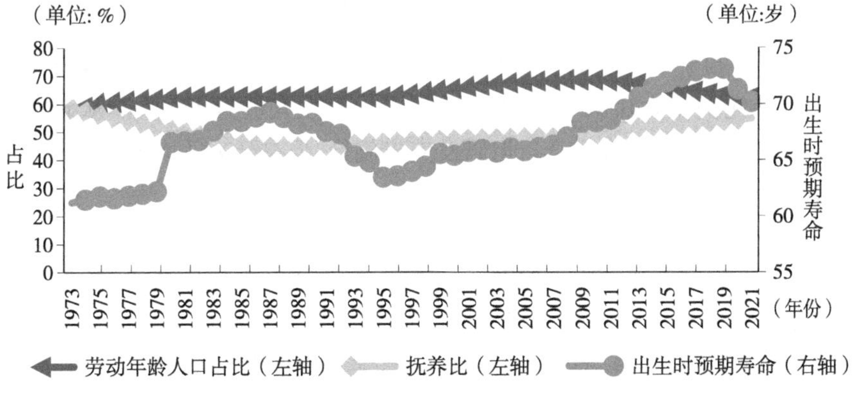

图 7-3 哈萨克斯坦 1973—2021 年劳动力主要相关指标演变

资料来源:世界银行 WDI 数据库。

人力资本指劳动力通过教育、培训、实践及保健等途径的投资而积累的知识和技能,更能反映劳动力的质量,其衡量指标主要有各级教育入学率和公共教育开支力度。从图7-4来看,哈萨克斯坦公共教育开支占GDP比重在下中等收入阶段有递减趋势,2006年后有递增趋势。各级教育入学率变化趋势存在差异。小学入学率在96%—125%之间浮动;中学和高等教育入学率基本呈递增趋势;初等教育入学率较高,高等教育入学率也从25%提升到近71%。从整体来看,哈萨克斯坦人力资本提升较快,为经济增长提供了较好的支持。

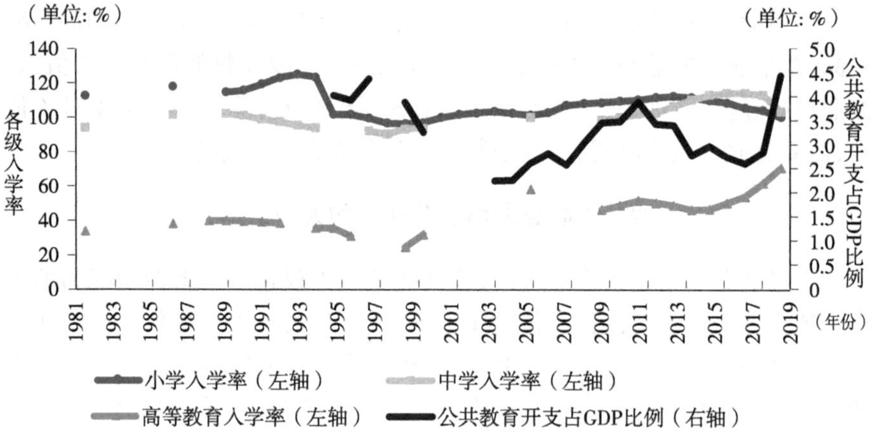

图7-4　哈萨克斯坦1981—2019年人力资本主要指标演变

资料来源:世界银行WDI数据库。

五、哈萨克斯坦的技术创新能力

1997年哈萨克斯坦研发支出占GDP比例仅为0.29%,2013年研发支出占GDP比例仅为0.17%,当年每百万人中研发人员为734人。从研发支出占GDP比例来看,哈萨克斯坦研发支出偏低,但是研发人员在2006年增长速度逐步提高。

从图7-5来看,居民专利申请量在下中等收入阶段呈递增趋势,在上中等收入阶段呈现波动中下降趋势。高科技产品出口额持续波动,上中等收入阶段增速高于下中等收入阶段。这表明,哈萨克斯坦努力推动技术创新,增速虽然相对较慢,但也为经济增长提供了积极推动力。

六、收入分配状况

基尼系数是国际通用的判断居民收入分配公平程度的代表性指标,从

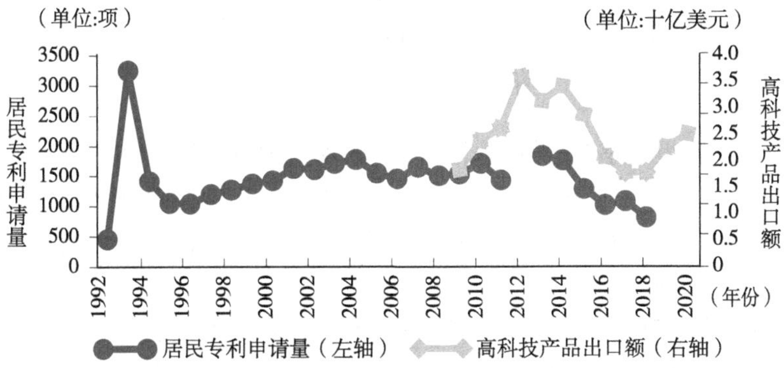

图 7-5 哈萨克斯坦 1992—2020 年技术创新产出变化

资料来源:世界银行 WDI 数据库。

图 7-6 来看,哈萨克斯坦在中等收入阶段内,基尼系数基本呈递减趋势,在 0.27—0.40 浮动,说明国内收入分配比较公平。但该国贫困问题仍较为严重,尤其是移民到俄罗斯短期工作的人数一度持续较高,说明该国减少贫困的任务仍然很艰巨。

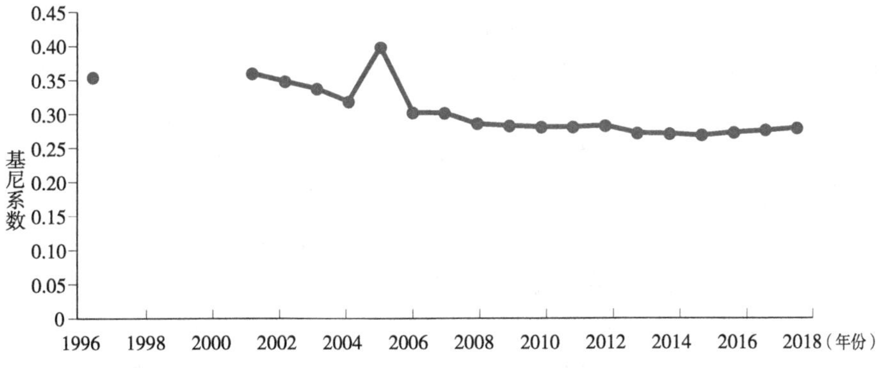

图 7-6 哈萨克斯坦 1996—2018 年基尼系数变化

资料来源:世界银行 WDI 数据库。

综合以上分析,哈萨克斯坦在中等收入阶段的多个经济指标和社会指标均反映出,哈萨克斯坦不断转变经济发展方式、调整产业结构,取得一定成效,但也存在不容忽视的问题。

第二节　哈萨克斯坦跨越“中等收入陷阱”中的转型问题

哈萨克斯坦跨越“中等收入陷阱”中的动力因素可以归纳为三点：一是政府作用；二是地理特殊因素；三是外部环境因素。这些因素从硬件故障、软件故障和动能故障等方面（胡永泰等，2012）①造成哈萨克斯坦面临“中等收入陷阱”的风险。

首先，从宏观经济政策来看，哈萨克斯坦主要采取以货币政策为基础的反通货膨胀战略，但受制于国际货币体系而缺乏足够自主权。20 世纪 90 年代的政策制定被一些文献批评为漫无目的，但近来其信贷体制改革不断推进。建立了国家银行、商业银行及私人银行同时并存的双层金融管理体系，并与欧盟就伙伴关系与合作达成强化协议（2015 年）。在试图与欧盟趋同的背景下，确定在国家监管框架中实施国际标准机制，推进金融体系与国际标准接轨，在准备金计算方法、启动对“银行集团”的监管等货币政策上与欧盟标准趋同。但是，受到金融体系发展有限的制约，利率变动对总需求的影响有限。此外，中央银行影响市场利率水平的能力有限，货币政策对通胀的影响更多地来自于其对汇率的影响，货币政策的自主权较为有限。哈萨克斯坦丰富的石油和天然气储量，造成高消费和高投资，尽管政府谨慎行事，将大约 1/3 的石油收入存入主权财富基金，尽管有预算盈余、紧缩性很强的货币政策和坚戈（哈萨克斯坦货币）升值，但哈萨克斯坦仍遇到了通胀上升的问题。公共部门储蓄的一部分最终流向私营部门，这导致私营部门行为发生变化，哈萨克斯坦银行业的对外借款受到主权资产抵押品的推动，借来的外国资金被投入到大规模建设热潮中。尤其私营部门的外债规模较大，从而可能破坏政府政策，曾导致 2007—2008 年严重崩盘。一些微观经济政策（例如农业或集群形成）也没有成效。围绕市场化过程和能源合同授予的低效率，是典型的资源依赖症结。为改善商业环境而设立的机构以及公共服务机构中，官僚主义仍然较为严重，这曾经是一个比对标国家更大的问题，目前仍有待改善。

其次，外部环境中，尽管总体周边区域基本稳定（这与中亚国家独立时外界的普遍政治和军事安全担忧相反），但从发展的动能故障看，周边国家

① 胡永泰、陆铭、杰弗里・萨克斯等：《跨越中等收入陷阱：展望中国经济增长的持续性》，格致出版社 2012 年版。

的政策变化、政治动荡等总是造成相应冲击。比如 1997 年爆发的亚洲金融危机对正处于恢复阶段的哈萨克斯坦经济以严重冲击。再比如,1998 年 8 月俄罗斯危机时,哈萨克斯坦多边实际汇率急剧飙升。当时,俄罗斯和哈萨克斯坦都采取盯住美元的汇率制度,但俄罗斯突然取消盯住美元导致卢布大幅贬值,进而导致哈萨克斯坦多边实际汇率突然升值。当哈萨克斯坦结束了盯住政策,允许坚戈贬值时,情况才有所好转。相对价格如此剧烈的波动,与实际基本面完全无关,造成不稳定的有害的经济环境,它们导致贸易商品生产者的利润波动,并向投资者发出混乱信号,尤其影响第二产业发展。

最后,从地理因素看,哈萨克斯坦对自然环境变化应对不力,也是陷入“中等收入陷阱”的风险因素。由于土壤盐渍化、空气和水污染、咸海周围荒漠化以及生物多样性破坏,“中亚的自然资本存量正在下降”,苏联留下的能源系统大量用于推动工业生产和城市服务(例如区域供热),但能源效率不高,环境退化严重。

需要说明的是,与前述案例不同,宏观环境很大程度上属于所谓“荷兰病”问题(后文详论),与前述案例类似,基于复杂度提升的国家的竞争力和多样化目标是制约和帮助宏观环境的不应忽视的因素。然而,其与中国这一新兴经济体蓬勃发展和“一带一路”倡议邻里相连,这使其如何利用其地理位置优势,为降低高昂国际贸易成本创造条件,面临挑战。这一转变需要的试错过程是提升能力的企业家市场发现活动,以寻找客户愿意为中国和欧洲之间的铁路服务付费的路线。需要说明的是,企业家发现在中国宣布“一带一路”倡议之前几年就开始了。比如,从中欧大陆桥概念出现和实践发展看,2010 年以来中欧铁路主要通过乌鲁木齐、阿斯塔纳和明斯克到达欧洲,其较为成功。最初需求来自德国汽车制造商为其中国组装厂提供欧洲零部件,2008—2009 年进行试运行[应富士康(重庆)、惠普(重庆)等重庆电子企业的需求,2011 年开始向杜伊斯堡提供货运服务],企业家行为在这一基础设施投资中具有信息外部性作用,这符合经济复杂度提升中的“企业家发现”概念。

第三节　哈萨克斯坦经济复杂度的测度

一、哈萨克斯坦的经济复杂度

从图 7-7 来看,哈萨克斯坦中等收入阶段历年 LN_{GDPPER}(人均 GDP 取对数）基本呈递增趋势，但是，经济复杂度呈现递减趋势，二者演进方向不一致。1995 年经济复杂度为 0.43，1999 年经济复杂度下降为-0.21，2006 年经济复杂度下降为-0.34，2013 年经济复杂度达到最低水平，-0.91。

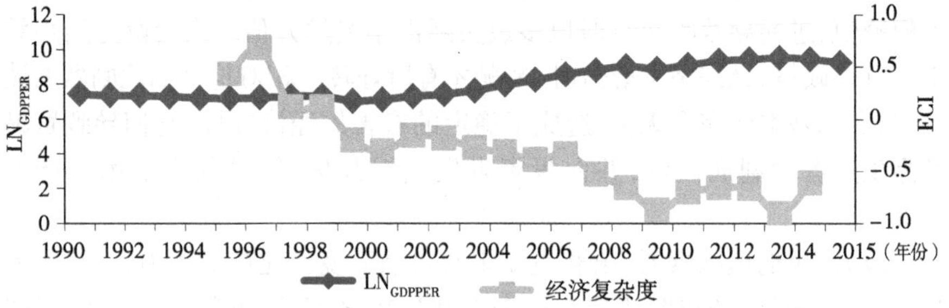

图 7-7　哈萨克斯坦 1990—2015 年经济复杂度及 LN_{GDPPER} 演进

资料来源：联合国商品贸易数据库。

作为独立后中亚地区经济发展成就最大的国家之一，哈萨克斯坦不仅 GDP 总量、人均 GDP 总量迅速增长，外贸也得以快速发展，实现了巨额的贸易顺差。不过，虽然贸易额有大幅增长，但对外贸易竞争力却并不强，主要是因为出口产品是以原材料和初级产品为主，所以其经济复杂度难以提升，甚至出现负值或下降的状况。

二、哈萨克斯坦六类产业显示性比较优势

从图 7-8 来看，哈萨克斯坦在 1995—2006 年的下中等收入阶段：产业 5、产业 6 的竞争力均较弱，产业 5 的显性比较优势在 0.03—0.17 浮动且基本呈下降趋势，产业 6 的显性比较优势在 0.04—0.15 浮动也基本呈递减趋势；产业 2、4 的产业竞争力很强或较强，产业 2 的显性比较优势在 4.05—6.29 浮动，呈现先增后减再增中不断波动的趋势，产业竞争力很强，产业 4 的显性比较优势在 1.20—3.04 浮动，基本呈现在波动中下降趋势，产业竞争力较强；产业 1 的显性比较优势在 0.92—1.83 浮动，基本呈现下降趋势，产业竞争力由较强转变为一般；产业 3 的显性比较优势在 0.13—1.07 浮动，也呈现下降趋势，产业竞争力由一般转变为较弱。由上可见，低复杂度的产业 1 的竞争力一般、产业 2 的竞争力很强；中低经济复杂度的产业 4 的竞争力较强、产业 6 的竞争力较弱；中高复杂度的产业 3、产业 5 的竞争力较弱。受资源禀赋结构的制约，整体来看，哈萨克斯坦的产业结构较不合理，产业结构较为低级，以低复杂度产业发展为主，产业升级竞争力较弱。

哈萨克斯坦在 2007—2015 年的上中等收入阶段：产业 1、3、5、6 的竞争

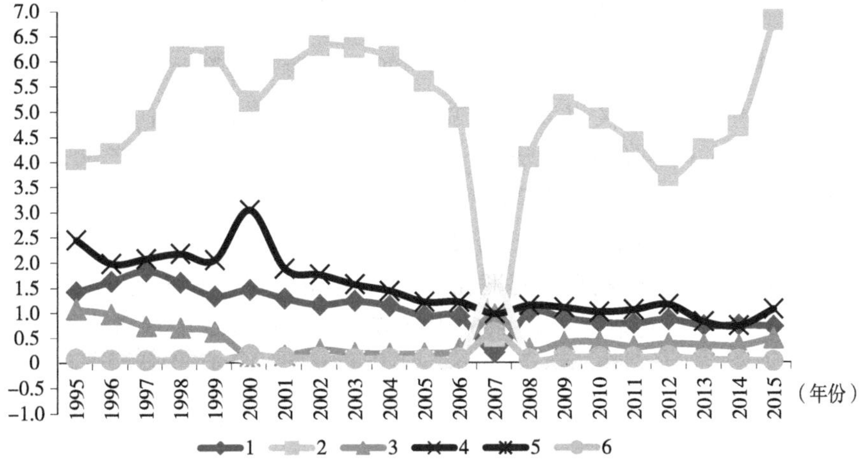

图 7-8　哈萨克斯坦 1995—2015 年六类产业显示性比较优势

资料来源:联合国商品贸易数据库。

力较弱,变化态势也基本相同,均呈现波动中递减趋势。产业 1 的显性比较优势波动幅度为 0.20—1.00,产业 3 的显性比较优势波动幅度为 0.26—0.96,产业 5 的显性比较优势波动幅度为 0.02—1.59,产业 6 的显性比较优势波动幅度为 0.02—0.59。产业 4 的竞争力一般,显性比较优势波动幅度为 0.73—1.15,且也呈现递减趋势。产业 2 的显性比较优势始终保持着较强的竞争力。到 2015 年,哈萨克斯坦具有较强比较优势的产业仍然主要是原料与燃料,主要按材料分类的制成品竞争力一般,其他产业竞争力均较弱。

总体而言,中等收入阶段哈萨克斯坦的产业结构不合理,低复杂度产业 2 的竞争力很强,中低复杂度的产业 4 的竞争力一般,中高复杂度的产业 3、5 的竞争力均很弱,哈萨克斯坦以原料和初级产品为主,是较为典型的资源型国家。

三、哈萨克斯坦产品空间的产业态势

哈萨克斯坦在 1990—2006 年的下中等收入阶段:无转型产业、但产业 5 的发展势头接近于转型产业,未升级产业为产业 1、2、3,保持持续优势产业为产业 4、6,无升级失势产业。哈萨克斯坦在 2007—2014 年的上中等收入阶段:转型产业为产业 5,未升级产业为产业 1、2、3,保持持续优势产业为产业 4、6,无升级失势产业。在中等收入阶段,哈萨克斯坦出现了复杂度较高的转型产业 5 以及保持持续优势的产业 4、6,食品原料型产品均未实现升级。

四、哈萨克斯坦六类产业密度

从图 7-9 看,哈萨克斯坦在 1995—2006 年的下中等收入阶段:历年六类产业的密度均在 0.2 以上,产业竞争力较强或很强,但均有下降趋势,其中产业 2、4、5、6 下降的速度快,产业 1、3 下降幅度较慢;此外,产业 1 的密度在 0.41—0.67 浮动;产业 2 的密度在 0.25—0.74 浮动;产业 3 的密度在 0.41—0.66 浮动;产业 4 的密度在 0.25—0.69 浮动;产业 5 的密度在 0.31—0.72 浮动;产业 6 的密度在 0.35—0.86 浮动。由上可见,低复杂度产业 1、2,中低复杂度产业 4、6,中高复杂度产业 3、5 的竞争力升级潜力均较小。

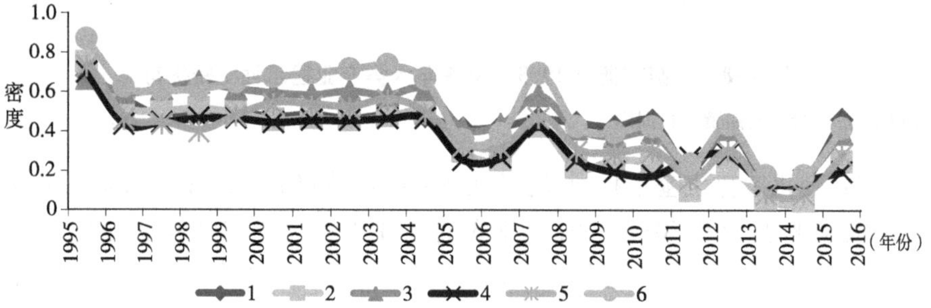

图 7-9 哈萨克斯坦 1995—2016 年六类产业密度

资料来源:联合国商品贸易数据库。

哈萨克斯坦在 2007—2014 年的上中等收入阶段:六类产业的密度均出现下降趋势,且密度在 2014 年均降到 0.20 以下,产业竞争力由较强变为一般或较弱,其中产业 1、3、4、6 的竞争力一般,产业 2、5 的竞争力较弱。2015 年有了新的趋势,六类的产业密度具有上升的趋势,其中产业 1、3、6 的密度上升至 0.40 左右,产业 2、5 的密度上升至 0.20 以上,只有产业 4 的密度为 0.19,还低于 0.20 的水平。由此看来,截至 2015 年,哈萨克斯坦相对具有竞争力的还是产业 1,即原料类产品。整体来看,哈萨克斯坦的产业密度结构在中等收入阶段没有优化,产业结构演变得较为不合理,产业创新能力较差。

第四节 哈萨克斯坦经济复杂度演进不力的缘由

在跨越“中等收入陷阱”中,如何实现经济多元化并提升复杂度,哈萨克斯坦汇集了“资源依赖”与“中等收入陷阱”双重挑战。石油财富动态造成了产业多样化的抑制，但又提供通过人力资本投资等提升经济复杂度的财力条件。成功管理石油财富，为提升经济复杂度积累金融资源，通过外汇市场改革，以及坚戈汇率的适当贬值（Hausmann 等，2011）①与石油工业同时发展了一个充满活力的农业和制造业出口贸易部门，是通过产业内升级提升复杂度的关键。

一、资源依赖对提升吸收能力始终是一个挑战，决定其能否促进发展能力提升

在资源财富对发展的动态影响中，石油开采及其租金使用②主要涉及以下问题：（1）石油财富的使用应集中在当前消费还是投资？根据持久收入假说，在发现一种可枯竭的自然资源后，消费应随资源财富预期年金价值的增加而增加，预期财富增加为消费的增加提供资金。（2）对于石油财富的投资构成，应集中在获取哪些金融、实物资本和人力资本上？这些问题是否妥当处理，将决定其是否陷入资源依赖。如何看待"资源福音"还是资源依赖问题？帕皮拉克斯和格拉格（Papyrakis 和 Gerlagh，2004）③的实证研究发现，在腐败、投资、开放和教育作为控制变量时，丰富的自然资源并不会降低潜在的增长，反而会促进长期增长。这支持"资源福音"说。但是，吉尔法森（Gylfason，2001）④认为，陷入低技能密集型自然资源的风险行业会构成"荷兰病"的温床，即由自然资源繁荣带动实际汇率升值，造成制造业出口和生产萎缩，加之寻租、政府管理不善和人力资本水平低下，政策不明智（比如新自由主义陷阱），由此出现所谓资源依赖问题。对于哈萨克斯坦这样一个中等收入的资本稀缺国家来说，当务之急是适当控制当期消费，建立国内的发展能力，根据对机会的判断等提高本国经济的吸收和赶超能力。

① Hausmann，R.，Deep，A.，Tella，R. D.，*Growth and Competitiveness in Kazakhstan：Issues and Priorities in the Areas of Macroeconomic，Industrial，Trade and Institutional Development Policies*，Cambridge：Harvard University，2011.

② 资源财富动态管理中，涉及点源资源和片散资源的区别问题。前者指从狭隘的地理或经济基础上开采的自然资源，如石油、矿物、咖啡和可可；后者涉及在地理或经济上分散的资源，如农产品。资源繁荣对不平等的影响取决于资源的性质。理论上看，片散资源对维持经济增长的贡献更大。石油或矿产等点源资源的租金容易被少数人攫取，而"片源"资源如大米或小麦则不太适合寻租，因而更有利于包容性增长。依赖石油等"点源"资源也使哈萨克斯坦面临严重的"资源依赖"挑战。

③ Papyrakis，E.，Gerlagh，R.，"The Resource Curse Hypothesis and its Transmission Channels"，*Journal of Comparative Economics*，Vol. 32，No. 1，March 2004.

④ Gylfason，T.，"Natural Resources，Education，and Economic Development"，*European Economic Review*，Vol. 45，No. 4-6，2001.

（一）哈萨克斯坦应对“荷兰病”提升吸收能力的问题

一般而言，应对资源依赖挑战涉及以下问题，不能正确应对障碍，将陷入这些障碍所伴随的潜在陷阱。

第一，资源发现和开发带来复杂的技能和监管制度挑战。由于地质条件和价格不确定性，石油等不可再生资源的发现和开采具有内在风险。显然，有些国家如蒙古国曾经过多限制国外投资者参与导致产量受限，错过开采机会和国际市场价格上升的机遇，反过来，吸引外国投资者而缺乏治理会催生体制问题，例如强化官僚主义，存在造成资源依赖的渠道。同时，矿产和能源资源的开发需要专业技能，而哈萨克斯坦本身不具备这种技能。吸引外资可以带来技能但需要建立监管拍卖制度，既使外国投资者获得正常的回报率，又使资源所有者获取正常回报率甚至超额租金。

第二，资源发现和开发带来产权保护和分配制度挑战。资源租金通常由国家掌握，但个人试图攫取租金，除了公地悲剧外，过度竞争可能导致反公地悲剧（Tragedy of the Anti-commous，即支离破碎的产权划分导致资源闲置或使用不足，生产回报不足），或狭隘的精英阶层攫取，这两种情况都会导致制度退化。反公地悲剧的现实形态是“资源民族主义”，即在某些情况下由国有资源公司接管外国投资者，或者把重新签订合同作为策略来减少外资的租金份额。需要看到资源民族主义短期有利于东道国，但其毕竟破坏信用承诺，降低对外国投资者的吸引力，其危害也不应忽视。

第三，石油租金积累尤其是主权财富基金可能有助于宏观政策制定，将“荷兰病”效应降至最低，或使收益流平稳。但受到利益集团影响，政府支出未必合理。因为石油财富的公共收入来源较容易，往往与公共政策不力和缺乏问责制相伴随，政府支出缺乏公众监督和约束，石油收入滥用、支出结构不合理，采取顺周期的财政政策，不适合长期经济发展。目前关于主权财富基金的共识是，公共支出应侧重于改善软硬件基础设施和人力资本投资。因此在发展中增加公共支出是很自然的，尤其是对这些能力积累更为可取。

（二）哈萨克斯坦资源开采中应对“荷兰病”提升发展能力的经验教训

在苏联时代，哈萨克斯坦虽然不是主要石油产地，但苏联历史上最大的外国投资合同，开发腾吉兹（Tengiz）油田（雪佛龙是该油田的主要生产商）发生在哈萨克斯坦。虽然于20世纪90年代开始开发，但由于哈萨克斯坦不断调整所有权结构以换取私人资金，开发进程较为迟缓。其中，1992—1998年，世界能源价格停滞不前，而且石油和天然气出口必须使用俄罗斯管道网,而俄运营商收取高昂的运输费,也是重要的制约因素。受益于1998年后世界石油价格上涨,哈萨克斯坦将其能源部门的所有权结构进行调整,国有能源公司哈萨克斯坦国家石油公司(KMG)不断加大参股力度。更重要的是,与国外及时订立合同,才使哈萨克斯坦得以在1998年后10年里,从世界油价上涨中获益。尤其是新管道的建成(2001年通往黑海的CPC管道和2005年巴库—第比利斯—杰伊汉至地中海的管道)使90年代外国投资带来的好处得以凸显。

与乌兹别克斯坦和土库曼斯坦的国内所有权和控制权的做法不同(这两国政府沉迷于攫取之手如棉花),同时与精英阶层之间自相残杀的冲突挑战社会凝聚力(如吉尔吉斯共和国)导致资源依赖也不同。虽然20世纪90年代哈萨克斯坦曾面临体制退化危险,当时授予勘探权和重新分配财团的股份造成不公平配置,资源依赖在哈萨克斯坦几乎成为现实,但随着2000年收入的飙升,由于当时政府强有力领导,相关制度不断建立和发展,资源依赖问题在一定程度上得到改善。由于油价在1998年之后开始上涨,然后在2003年之后飙升,收入远远超过了国内的吸收能力,哈萨克斯坦成立了主权财富基金,并且在偿还外债、应对金融部门问题、刺激中小型企业和公共投资上加强管理,发挥了积极作用。

哈萨克斯坦在决定如何和以多快速度开发其自然资源,如何在公司和国家之间分享收入,以及如何使用石油收入上积累了一些重要经验。首先,政府不断完善有关投资税收法律的政策。1993—2012年,34.8%的外国直接投资用于地质调查和勘探,在原材料生产中占30.2%,其中碳氢化合物占最大份额,促进了后续的资源开采发展。由于位于石油资源丰富的里海东北部,吸引了里海地区最多的外国直接投资,总体而言,这些投资提高了本国的生产能力。其次,哈萨克斯坦创立了主权财富基金并加强管理。由于哈萨克斯坦主权财富基金和储蓄较多,可以用部分储蓄来解决私营部门低效率的问题。国家的公共财政负担基本可以承受,实体部门也从这些基金资助中获益。虽然油价有时飙升、有时跌落,但对收益波动加以妥善管理用于提升生产能力,也就不是资源依赖的根源。

总之,哈萨克斯坦主导产业以能源资源的采掘业为主,其经济结构是典型的能源资源依赖型,石油天然气开采成为支柱产业,虽然其产业结构特征存在采掘和原料工业比重过大,尤其是制造业发展缓慢,产业深加工链很短等问题,但相关制度不断建立和发展,并没有陷入资源依赖,正在依据资源优势进行跨越“中等收入陷阱”的进一步探索。

二、哈萨克斯坦无复杂度提升的结构多样化进程

理论上看，资源依赖与“中等收入陷阱”是两个不同问题，但在不少国家中等收入阶段的发展中，这两个问题事实上交织在一起，资源依赖在新自由主义陷阱下加剧经济多样化的困难，这使哈萨克斯坦成为一个有意义的分析对象。

（一）哈萨克斯坦第一产业内升级的滞后

该国存在多样化的农牧业结构。作为中亚经济体中风险最高的部门，农业生产受到严重限制，因为气候条件不利，国内市场小，而且该国是内陆国家。哈萨克斯坦是苏联的粮仓，虽然家庭用地（一种非登记的自给农业生产形式）在农业和畜牧业中很普遍，但是，中央计划经济遗留下来的主要农产品产量很低，在小麦种植中，国有企业和权势资本精英的参与限制了基础设施的投资，生产率很低、过度依赖传统市场且缺乏向更大的新兴市场多元化的趋势。

农业部门明显收缩，石油资金能否有效用于投资农业始终是一个挑战。哈萨克斯坦研发和其他与科学相关的支出尤其是农业教育支出并不高。由于效率问题，应用研究和实际生产之间尚未建立明确的联系，农业私营部门完全不是研发来源。农业劳动生产率仍较低（Yormirzoev，2021）①，不过，未利用的土地（占可耕地面积的近15%）也有很大的机会提高农业劳动生产率。加之地理位置优越，服务于该地区不断增长的传统市场以及中国、印度和中东的新市场。从复杂度演进导致自然路径和比较优势角度看，农业是其具有强大增长潜力的关键贸易部门之一，尤其是出口导向型私营部门参与度提高，对国内外投资者具有潜在吸引力。转型以来，农业租赁发达，农场可以从农业部以优惠条件租赁设备，包括运输设备如飞机、卡车和汽车。考虑到其仍存在的贫困问题，通过提高其农业部门的竞争力和通过加工增加产出附加值，对于提高农村收入、创造就业机会和促进经济多样化方面具有巨大潜力。

近年来，哈萨克斯坦通过主权财富基金来管理石油收入，并且开始加大对农业投资，这提供了加速农业多样化进程的有利条件。在农产品这一很重要部门的出口多元化和质量提升进程中，表现参差不齐。行业分析表明，哈萨克斯坦出口产品集中在质量差异化空间有限的产品组中。这些产品的

---

① Yormirzoev, M., “Economic Growth and Productivity Performance in Central Asia”, *Comparative Economic Studies*, No.3, 2021.

复杂程度和质量规模处于低端，但产品篮子内的集中度在增加。2005 年，农产品行业的复杂性排名较低，最复杂的产品仅排名第 76 位，中位数产品仅排名第 579 位。2010 年，哈萨克斯坦参与了产品复杂性指数涵盖的 104 种农产品出口中的 74 种，其前五名产品（占出口的 84%）平均排名为第 605 位。排名最高的出口仅列第 163 位。一些产品虽然出口快速增长，但在产品复杂性指数中的复杂度排名很低。①

（二）第二产业的多样化发展滞后，产品复杂度几乎无提升

哈萨克斯坦和人均收入水平相似的土耳其比较，出口结构多样化和工业多元化水平明显更低。资源转移效应挤出了附加值高的加工业和高新技术产业发展，而以能源、原材料为主的经济结构易受国际市场的影响，从产品空间看，自然资源行业的产业链条短，无法成为经济持续稳定增长的动力，且这种“一业独大”、加工业落后，没有产业创新，靠资源驱动的工业结构带来复杂度停滞的风险。

尽管产品空间理论提示哈萨克斯坦产业结构调整，按照比较优势，沿着能源行业的价值链进行提升，但在产品空间的位置仍然较差。根据亚洲开发银行的一份报告，哈萨克斯坦有显示性比较优势的产品有 92 种，由于石油产品的低接近度，尽管其数量度高，但哈萨克斯坦出口产品中高复杂度—高路径的产品，仅占 5. 4%；高复杂度—低路径的产品，占 3. 3%；中复杂度—高路径的产品，占 8. 7%；中复杂度—中路径的产品，占 16. 3%；中复杂度—低路径的产品，占 9. 8%；低复杂度—高路径的产品，占 6. 5%；低复杂度—中路径的产品，占 25%；低复杂度—低路径的产品，占 25%。从经济复杂度看，哈萨克斯坦非资源部门在差异化有限的简单产品方面表现出专业化。但是，这种非能源产品出口篮子的集中趋势并没有反映复杂度提升过程，也没有提高专业部门的生产率以及提高产品质量和增加种类。

实证研究表明（The World Bank，2013）②，出口产品主要是尚未转化为高附加值和质量差异化的产品。目前，产品复杂度缺乏提升仍然是哈萨克斯坦工业多样化中的薄弱环节。从表现最好的化工产品在产品复杂性指数复杂性范围内（8—661）的评估看，产品的中位数为 256，也较为一般。其出口约占全部化学品产品的 60%，其前五名出口平均排名为第 521 位。尽管

---

① 对于质量的评估，这些产品（比如鱼类）的质量阶梯相对平坦，因为其价格差异较小。近年来，哈萨克斯坦已经不再是质量最低的供应商之一，但仍然排名相对较低。

② The World Bank，“Beyond Oil：Kazakhstan’s Path to Greater Prosperity through Diversifying”，*World Bank Publications*，No. 16720，2013.

产品组合似乎发生了重大变化，但该国一直没有大量出口任何复杂的化学产品。而其最复杂的产品价值偏低（聚氨酯），出口额较低，仅为350万美元（在经济复杂性指数中排名第98位）。① 从另一重要的部分金属出口的复杂性和质量看，哈萨克斯坦出口了大部分被编入产品索引的金属产品（涵盖63种产品中的56种），但其出口集中在低复杂度端，尤其是产品集中度更高。哈萨克斯坦金属产品出口的中位数为第338位，略微有所下降。尤其是其前五种产品的平均排名从2005年的第500名大幅下降到2010年的第605名。哈萨克斯坦最复杂的金属出口量最大的是“3—4.75毫米厚度钢板”，在生产能力指数中仅排名第70位。②

哈萨克斯坦出口比较优势产品及经济复杂度高的产品有所下降的原因，主要有以下几点：（1）与自然资源丰富的经济体（前述拉美国家）类似，在制造业提升竞争力方面存在实际汇率高估等障碍（荷兰病）；（2）在高油价背景下，多元化的动力不足。石油经济的不利影响是，非石油贸易型部门伴随着油价高涨，往往出现投资与发展不足；（3）政府虽然选择特定部门和特定公司进行公共支持（产业政策），但焦点并不是促进创新、技术升级和新产品的开发；（4）哈萨克斯坦国内市场的竞争框架不稳定，产业升级方面的动力存在不足。因此，出口许多既不复杂也不核心的产品。

转型开始后，哈萨克斯坦的市场经济制度框架逐步形成，一定程度促进了经济结构的健全。哈萨克斯坦在2010—2014年实施了《2010—2014年哈萨克斯坦共和国加快工业创新发展国家纲要》的第一个五年计划，以促进制造业发展和创新，并吸引制造业领域的外国投资。此后制造业在第一个五年计划中吸引了160亿美元投资，高新技术产品占制成品出口比重从1995年的4.46%增加至2014年的37.17%。2010年之后，哈萨克斯坦工业内部的多样化指数一直在增加，从2010年的2.08增加至2015年的2.37。目前哈萨克斯坦已开始生产400多种全新的产品，如汽车、铁路机车、基本化工产品、钛产品以及稀土产品。工业内部的多元化调整明显，但发展进程仍然比较缓慢，外国直接投资是实现产业多元化的重要因素，但农业、运输和物流等劳动密集型领域的外国直接投资不足，流入领域主要是采矿业、地质勘探等，而这些领域对于多元化的直接帮助有限。

① 化学品质量尤其是最大的出口产品组是无机化学品，其产品阶梯非常平坦，表明市场上几乎没有价格或质量差异。哈萨克斯坦在2000年有更高质量的位置，到2008年，虽然排名下降，但质量相对稳定。

② 从金属行业的出口产品质量看，哈萨克斯坦仍是质量最低的国家之一，不过在竞争日益激烈的市场中，它的相对质量地位略有提高。

Ecspe公司基于自身层面的数据,分析不同类型的公司是如何进行试验的(出口到经济复杂度产品空间的附近产品还是跳转到新的行业),结果发现哈萨克斯坦在一些国际性"热门"产品方面取得成功(这既包括锌、精炼铜线和化工行业的铀等资源产品,也包括食品和饮料等劳动密集型产品),是这类新产品份额最高的国家之一。① 但是,该国出口中现有产品存活率为79%,而新产品的存活率仅为27%。虽然试验率或新尝试在某些产品类别中的份额很高,尤其是在金属、纺织品和制成品中,但是总体存活率较低(主要是某些食品、化学品)。这些低存活率或死亡率抵消了企业家创新实验对出口篮子的贡献,意味着经济复杂度理论探讨的信息外部性问题并未有效解决。由于失败率很高,哈萨克斯坦出口商品的存活率普遍较低(见图7-10),只有30%的产品—市场关系能够维持两年以上(仅为韩国出口商生存率的一半,而且低于表现并不优异的智利、墨西哥等拉美国家)。退出市场的产品主要是一些出口价值很大,但市场覆盖面很少的产品。这类产业都有特殊因素,反映的是特定的客户关系,并不意味着竞争力出现提升趋势。从加总数据看,退出产品主要是肉类部门尤其是劳动密集型部门,

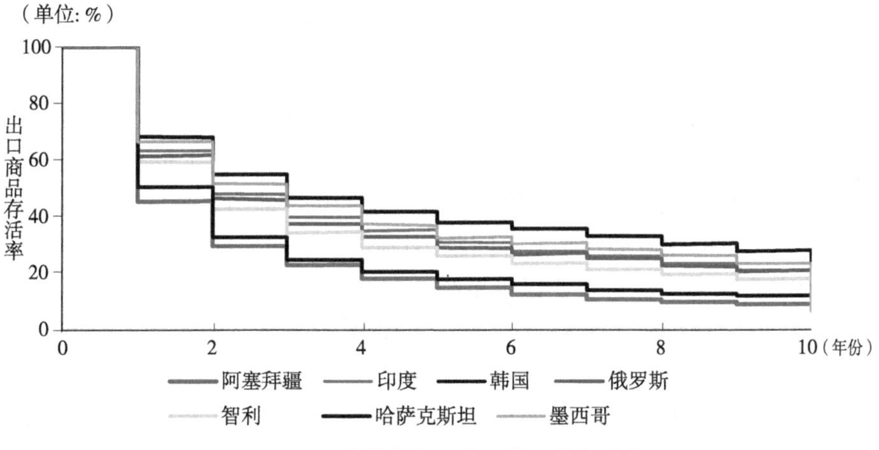

图7-10 哈萨克斯坦出口商品的存活率

资料来源:转引整理自Vashakmadze, E. T., *Kazakhstan-Taking Advantage of Trade and Openness for Development: Second Report under the Studies on International and Regional Trade Integration (Russian)*, Washington, D.C.: World Bank Group, 2012。

① Vashakmadze, E. T., *Kazakhstan-Taking Advantage of Trade and Openness for Development: Second Report under the Studies on International and Regional Trade Integration (Russian)*, Washington, D.C.: World Bank Group, 2012.

而衰退部门则更加多样化(主要包括预制食品和纺织品等)。因此,创新的尝试没有对出口部门多样化改善产生太大影响,中等收入阶段以来的出口结构升级是有限的。

与本书拉美三国的案例研究类似,产品集中度的增加并不反映出口商缺乏探索。虽然出口的产品种类大大减少,但来自新产品或从很小的基数增长的产品的这部分出口仍取得了一些成功。由于市场准入或供应方因素可能会阻碍出口多元化和竞争力,以及没有利用专业化来实现商品差异化和提升质量获得收益,哈萨克斯坦的出口越来越集中于不太复杂的产品,这些产品的质量差异化空间有限,并且往往在质量阶梯底部附近的主要市场上竞争。这种专业化模式反映了自然资源、资本密集型活动的上升和劳动密集型活动的下降(其人口较少,缺乏劳动密集型产业的比较优势)。劳动密集型行业(纺织品和服装、鞋类)在下降,低技术产品在出口中的占比也在下降,技术密集型产品(机械和电子、运输设备)更是在苦苦挣扎。

目前哈萨克斯坦成功的非资源出口(如加工金属、无机化学品和冷冻鱼)都具有短的价值链,对运输时间不太敏感,依赖自然资源,并且都是资本密集型的。这些产品通常不是由中小型企业生产的,通常较少依赖服务和商品之间的联系。其依赖于既存的专业化趋势,表明供给侧结构性政策和境内障碍仍是阻碍非传统出口增长的障碍。

在转向鼓励更具活力、以出口为导向和生产性部门参与中之所以滞后,还与以下因素有关。20 世纪 60—80 年代,计划经济体制下形成了重工业发达、加工业有所发展的经济结构,具备一定的生产能力。虽然存在经济结构不完整和工业化发展水平低等问题,但制造业发展的重要基础建立,其所形成的产业基础设施为企业提供系统性支撑,此后 2008 年,哈萨克斯坦能够减轻国际金融危机的影响,制造业功不可没。但是,传统工业不能直接响应全球和国内市场信号,由于计划经济时期所存在的一些根深蒂固的制约,不能吸引人力资本,培育企业能力(见专栏 7-1),缺乏生产商进一步融入全球价值链的有效努力。

专栏 7-1　哈萨克斯坦的机械制造业的即兴创新

哈萨克斯坦的机械工程公司具备符合国际石油和天然气行业标准制造先进技术组件的能力。由于在专业供应商商品类别中的交易很少,虽然哈萨克斯坦的顶尖公司能够制造高度复杂的人工制品,但它们通常无法生产涉及高复杂度设计和相互关联的复杂人工制品系统的组件。

截至2002年,哈萨克斯坦有1046家"机械制造"公司(比1998年减少45.3%),其中小型919家、中型93家、大型34家。在2002年的公司总数中,8家为国有企业,21家为外资企业。其余均为私人所有(一些拥有少数非控股国有股权)。工程类行业的就业人数呈下降趋势,2002年从1998年的90300人减少至74900人。在20世纪90年代初和中期急剧下降之后,这些行业的总产值在1998年至2001年实现强劲复苏,但在2002年下降了2%。工程类产业在工业总产值中的比重从2001年的3.4%降至2002年的2.9%。尽管如此,这些工程类行业的整体财务状况还算不错。自1999年以来,电气、电子和机动车辆行业的平均利润率从接近零或更低的水平上升到8%—9%。然而,在这些行业中,近1/3的公司处于亏损状态,大多数公司的竞争力仅能维持基本水平。机械设备行业的盈利能力目前接近于零,该行业近一半公司亏损。

这种模式背后的关键因素之一是缺乏投资。2002年机械和设备制造子行业的资本存量比1998年减少了30%。这一数字表明了一种本质上即兴创新的模式(Dyker,2005)①。面对来自外国生产商日益激烈的竞争,以及销售主要基于预付订单进行的情况下,公司进行了小规模且表面的创新,以满足特定客户的特殊需求,抑或只是为了生产创新的外观。这些产品层面的表面创新与工艺创新没有直接联系。这种模式在中欧和东欧的转型国家中很常见,而且有据可查。工程型产业创新模式的另一个特点是自给自足,引进的少量新技术中,没有一个来自国外。哈萨克斯坦以工程为基础的行业总体上呈现出公司之间几乎没有联系,与更广泛的工程世界也几乎没有联系的状态。

制造业等也吸引了一些外资,主要以出口为导向,虽然外国投资的公司在哈萨克斯坦国内销售额有所增长,但主要是几个外商直接投资孤岛。韩国的乐金集团在哈萨克斯坦制造电视和个人电脑,但这纯粹是组装,所有部件都是从韩国进口的。韩国大宇公司在哈萨克斯坦组装汽车。这些工厂并没有对整个哈萨克斯坦经济产生网络影响,也没有显著提高其他哈萨克斯坦公司的竞争力。外资公司似乎具有与国内公司相同的封闭特征。

---

① Dyker, D. A., "Technological Change, Network Building and Dynamic Competitiveness in the Engineering Industry in Kazakhstan", *Post-Communist Economies*, Vol.17, No.4, 2005.

总之，削弱哈萨克斯坦公司竞争力的主要潜在因素之一是计划经济历史条件下的孤立趋势，这在很大程度上排除了网络效应。出口模式在很大程度上排除了公平贸易的显著学习效应。在以工程为基础的部门，遵循国内模式，根据特定订单安排生产，实行要求对方预付款项的一次性出口交易。出口中难以产生学习效应，虽然进口状况的连续性尚可，但模式的不稳定限制了学习效果。

（资料来源：Dyker, D. A., “Technological Change, Network Building and Dynamic Competitiveness in the Engineering Industry in Kazakhstan”, *Post-Communist Economies*, Vol. 17, No. 4, 2005）

在产业政策上，哈萨克斯坦尽管采取有针对性的部门支持政策，以建立具有竞争力的商品部门，但缺乏改革以支持而不是阻碍贸易和开放的水平的政策，妨碍了竞争力提升。选择性投资不能替代创造广泛的贸易有利环境。

（三）服务出口成熟度较低，第三产业的发展滞后且不平衡，制约产业间升级

如果一个国家的出口篮子主要由高收入经济体出口的服务组成，则被视为相对复杂，如果主要由低收入经济体出口的服务组成，则被视为相对不复杂。虽然新兴国家出口尖端服务在增加，但还是由高收入国家生产。根据这一衡量标准计算，哈萨克斯坦的服务出口成熟度保持相对稳定，低于其收入水平的预测水平，这使其成为影响复杂度提升的一个瓶颈。

根据一些文献研究的测度，可以判断出交通运输与通信业、房地产和建筑业也是促进哈萨克斯坦经济增长的主要产业，但相比一般中等收入国家整体服务业仍然落后。服务业占哈萨克斯坦 GDP 的 50%以上，这使该国略低于中高收入国家的平均水平，但高于其他中亚国家。

服务出口显示出哈萨克斯坦向现代服务业的初步多元化，虽然起点很低，但商业服务和电子商务有所增长。但是，哈萨克斯坦现代服务出口仅占服务出口总额的 10%，而中等收入国家这一比例约为 35%。哈萨克斯坦存在大量的服务贸易逆差，其构成表明，它在通过多样化和增值来加强和维持贸易和增长所必需的现代中间部门缺乏能力。其服务出口以传统领域（尤其是运输服务）为主，而进口则集中在现代中间服务领域。由于是内陆国家，哈萨克斯坦的服务出口篮子以运输服务为主。该国在运输贸易方面存在顺差。哈萨克斯坦的服务赤字在以下类别中最为重要：其他商业服务（如信息与通信技术）、专业和其他商业服务以及金融服务。自 2000 年以

来,专业、信息通信技术和其他商业服务的进出口之比大多在 15 : 1 以上,金融服务进口也一直高于出口。信息与通信技术以及商业和商业服务进口的增加反映了高质量、低成本服务作为生产投入的重要性日益增加,尽管对经济发展的必要性在增强,但此类服务的国内基础尚不充分。国内服务业的规模和效率尤其是骨干服务业规模偏低,按照国际标准,电信和运输中的某些子行业等骨干服务既昂贵又低效。

其原因包括管制制度以及对就业的限制越来越严格,阻止了工人的临时流动等。跨境贸易所需的大量程序缺乏优质高效的中间服务投入、与其他经济体的服务联系不紧密以及服务出口乏力也是服务业缺乏竞争力的症结。不可靠的交通基础设施,物流产业滞后,低效的运输和物流基础设施限制进入区域市场的机会。

哈萨克斯坦很幸运,丰富的自然资源使其能够利用全球经济提供的知识、技能和最先进技术的宝库。尤其就生产力和竞争力的积极影响而言,开放的好处是巨大的。尽管全球环境瞬息万变,但哈萨克斯坦有可能利用其丰富的资源禀赋,通过区域贸易一体化和国际一体化扩大和深化复杂度提升。与此同时,商品和可贸易服务出口要打开国际市场并非易事,要推动在关税政策、非关税措施和贸易便利化方面的进展,更好获得有竞争力的投入和国外市场,必须作出艰苦努力来实现更高的质量标准和有复杂度提升的多样化。

第五节　哈萨克斯坦跨越“中等收入陷阱”中的人力资本问题

按照产品基尼系数测算,哈萨克斯坦的石油产品位于价值链的起始部分或者终端,它们要么是采掘活动,要么是组装活动,其产品基尼系数很高。同时,棉花的产品基尼系数虽优于石油但也不很大。在哈萨克斯坦出口产品中,容易导致高不平等的产品或高产品基尼系数产品,如棉纱、黄麻纤维、黄麻机织物和蓖麻油等片源资源占有比重太高、液化石油气等点源资源更是高产品基尼系数,这些与人力资本积累激励不足、收入分配恶化密切相关的问题随之产生,也是资源依赖的一个方面。更广泛地说,这是经济增长有益过程或租金的不完全传播(正外部性)所致,有时还伴随着主动排斥或者不平等伤害的扩散,对公民的社会需求关注不足,也加剧了教育和人力资本的积累不足等问题。

随着经济增长,资本结构的复杂性增加,人力资本的异质性和复杂性也随之增加。人力资本的积累是一种市场过程，人力资本投资过程受制度、市场信号和企业家精神的指导而演化，于是，人力资本必定是一种技能结构——一种异质性的结构。人力资本随着时间推移而不断形成。因此，需要关注劳动力的技能形成全过程，包括普通教育全过程和职业技能体系等。这需要确保运作良好的市场经济制度的发展。市场竞争性地奖励和有效地分配人力资本（如使用学校教育和培训指标大致加以衡量），使其用于生产活动。虽然人力资本形成的重要性得到普遍认可，但哈萨克斯坦这方面的公共政策却比较无效（第一节所说的基础条件门槛效应）。由于发展的波动性，政府在支出项目方面一般受到严格限制，转型初期出现的困难，很难要求政府持续增加借贷，以增加政府赤字为代价增加教育和培训支出。哈萨克斯坦20世纪90年代教育和卫生支出大幅下降。从1994年到2003年，公共预算中的教育支出每年占GDP 3%—4%，由于当时经济增长乏力，支出急剧下降，直到1999年以后GDP增长才开始有所改观。

目前哈萨克斯坦教育水平不断提高但教育质量仍然存在严重问题。公立学校、专门学校、“纳扎尔巴耶夫育智学校”、私立学校多种类型并存，但一般缺乏合格的教师、激励性薪酬结构差、不受社会尊重等表明教育改革和发展仍要持续努力。随着经济复苏后教育支出有所增加，石油繁荣的收入专门用于高等教育等。与中亚其他地区一样，公办教育下降尤为明显，质量较差的民办教育机构应运而生，甚至延伸到提供职业培训和高等教育领域。

哈萨克斯坦教育机会不平等是一项重大挑战。比如教育过程的不均衡发展，加之福利状况等差异，入学率在居住地上存在重要差异，一度加剧了入学不平等。比如，16岁及以上的学生中，贫困人口的入学率下降。18岁时，贫困家庭的入学率为58%，富裕家庭的入学率为89%。16—17岁的贫困学生更有可能完全退出学习，而富裕家庭的学生则进入中等职业学校。对此，哈萨克斯坦采取的巴拉潘计划增加幼儿教育覆盖的人数，而且把学前教育变为强制义务性，现在覆盖了95%的适龄儿童。在中学阶段，纳扎尔巴耶夫育智学校约有20000名学生，但获得了超过20%的学校资金。这些精英教育机构具有严格的录取要求。高等教育入学率从2000年的28%扩大到2011年的41%，但与经济发展水平相近国家比仍然较低。高等教育学生快速增长，但教育质量问题同样存在。不过，最具声望的纳扎尔巴耶夫大学资金充足，享有“特殊地位”豁免，不受教育部条例和授权约束，且一定程度上可参照发达国家开展学术和管理实践。此外，巴拉潘计划为优秀学生在海外学习提供不菲帮助，并与世界银行等开展合作，以更好地融合教育、科学和工业。

人力资本禀赋是制造业部门竞争力的重要因素。对于计划经济时期哈萨克斯坦以工程为基础的一些制造业部门具有核心作用，但转型后人力资本存量遭到损失。1998—2002 年，以制造业为主的专业技术学校的入学人数下降了 17.7%。而制造业的车间工作无人问津，原因是报酬相对较低。大多数制造业工人使用过时的设备，条件自苏联时代以来变化不大，因此，哈萨克斯坦的大多数工程企业面临着与特定车间专业相关的劳动力短缺问题，计划经济时期工厂的人力资本存量大量消散。

与拉美国家不同，该国人力资本通过建立内部知识库，培训和再培训的形式而形成，一直是跨国公司在转型国家建立生产设施的投资战略的关键要素。在哈萨克斯坦，一些公司正在积极寻求发达国家伙伴，包括关键人员进行再培训。但是，如此造成的结果是，国内专业技能及高端人才领域由于对外高度依赖停滞不前，造成对国外人才引进形成刚性需求。而国外人才引进的规模有限，且带来的不是核心及先进技术，不能真正支撑哈萨克斯坦相关领域发展。同时，在以工程为基础的许多公司财务状况疲软的背景下，急需国家在培训方面发挥更积极的作用，但国家在人力资本形成升级过程中的作用并未很好发挥，结果专业技术学校体系基本崩溃，这与其创新产业发展战略，即实施“专门计划……为发展工业和高科技所需的不同专业培训专家”，存在严重的背离。因此，与一些发展中国家类似，技术和管理技能的短缺是影响哈萨克斯坦竞争力和服务贸易的主要因素①，劳动力市场的信息和搜索成本很高，阻碍了人们向高技能均衡地移动。为此，公司经常聘请外国顾问作为权宜之计，但这种做法效率不高，且不能在生产线的生产过程中替代技术娴熟的工程师和农业技术人员。

虽然哈萨克斯坦人口结构在短期和中期更利于经济增长，但目前就业主要受服务业和建筑业增长推动。石油和采矿业几乎不带来就业增长，制造业的工人数量稳定，但农业工人数量稳步下降。目前，就业市场中对于中高技能的人才需求更高，而对于体力劳动和技术熟练的农业工人的需求较少，报酬较低，因此，哈萨克斯坦青年人更愿意在服务业和信息技术行业寻找工作，并寻求参加与之相匹配的培训计划。

---

① 中等收入国家人力资本投资主要由国家驱动，但服务出口通常由私营部门驱动。一些国家正在经历市场所需的技能与教育系统正在产生的技能之间的不匹配。比如，由于马来西亚毕业生缺乏市场所需的技能，2008 年，大约 25% 的公立大学毕业生在毕业 6 个月后仍处于失业状态。因此，马来西亚缺乏熟练的人力资本，必须扭转局面，以加强知识型服务的出口。在印度，对技能的需求促使私营部门在教育和培训投资方面作出了强有力的反应。因此，可以修复企业所需技能与教育系统传授技能的不匹配。

目前哈萨克斯坦高等教育和职业教育劳动力供不应求，但是普通中学及以下教育程度的劳动力供给过剩，受过高等教育的劳动力数量在农村和城市都有增长，且在城市增长得更快。受过职业教育的劳动力数量仅在农村地区有所增加，而接受中学教育的劳动力比例在农村和城市地区都在收缩。总之，从不同教育水平的就业结构比较看，具有基本职业技能的工人比受过高等教育的工人更短缺。

由于对当前和未来劳动力市场需求缺乏透彻了解，当前毕业生掌握的技能与劳动力市场的需求之间较为不匹配。由于与其他中等收入国家相比，经济不成熟且缺乏多元化发展，哈萨克斯坦劳动力供给中低端人才多且可替代性强，高端人才和专业技术人才供给严重不足。每年有超过30万名工人进入劳动力市场，但这些年轻人缺乏足够的技能。加之，许多大学课程设置与企业劳动力需求专业并不衔接，造成劳动力市场的结构性失调。比如，哈萨克斯坦高等教育机构曾经在某些领域（如农业）培训的熟练专家超过了劳动力市场的需求。由于大学教育回报最高，通用教育比专业技术培训更有价值，一些部门的教育回报相当高，尤其是国有部门对受过大学教育的女性给予很高回报。但是，尽管劳动力整体受教育程度上升，但教育质量和相关性没有相应提高，大量毕业生每年进入就业市场后，缺乏与雇主要求相匹配的技能，不能适应劳动力市场的需求。因此，需要改进高等教育制度。

哈萨克斯坦在为劳动力市场提供训练有素的工人方面表现不佳。有调查表明，一半公司认为工人技能是企业发展的"主要"或"非常严重"的制约因素。虽然雇主对工人技能持担忧态度，强调技能不匹配的严重性，但是，与面临技能不匹配的其他中等收入国家相比，培训员工的频率较低。有研究发现，尽管51%的哈萨克斯坦雇主认为技能是主要限制因素，但只有41%的雇主提供正式培训（而波兰的情形更好一些），尤其是不愿意为此提供资金，存在明显的人力资本供给不足。专业技能职位空缺和人才供给不足并存的主要原因是当地培训质量不足，劳动力在知识和技能的测试中表现差，许多行业受过培训的员工比例仍然较低。政府试图提高就业质量和前景，提高生产力并加强劳动力技能培训。这些改革需要利益相关者的参与，特别是让私营部门参与制定技能标准和职业指导。为此，考虑到职业技术教育与培训在提高劳动力技能水平、填补基础教育和职业培训之间的差距、帮助工人提升技能或进入相关行业方面很有价值，哈萨克斯坦努力建立国家资格体系，从长远来看制定职业计划以系统地满足市场需求。

第六节　结　　论

哈萨克斯坦跨越“中等收入陷阱”的双重问题是改革是否彻底与“资源依赖”相交织。2003年以后哈萨克斯坦改革放缓,法律体系的完善停滞不前,缺乏有效的产业政策。这些制度失灵制约了经济复杂度的提升,减少了其作为中亚地区前沿经济体由于资源丰富而带来的优势。

一方面,尽管21世纪初资源价格急剧攀升,但丰富的自然资源未能促进潜在的制造业和服务业的出现,采矿业等仍是核心驱动产业,国家面临“不良政策诱惑”和忽视基础教育的问题。与其他地方一样,石油出口对坚戈/美元汇率的影响以及随之而来的非能源出口的盈利能力下降,即经典的“荷兰病”,虽然受到重视,但如何解决仍处于探索中。哈萨克斯坦设立专项储备基金以及主权财富基金,吸收部分资源收益用于投资,这冲销了部分资源出口收入波动,有利于平滑跨周期收入变动和预防意外紧急情况。尽管承诺保证治理透明,但基金的使用仍取决于高层管理人员的决策,缺乏有效治理结构的明确界定。与其他中亚国家主权财富基金类似,哈萨克斯坦共和国国家基金动因复杂,涉及稳定、代际转移和国家发展诸多方面,其与作为国有企业的投资者之间的区别含糊,这些问题仍有待完善。

另一方面,与中亚其他前计划经济体在以市场为基础的经济运行中缺乏经验,并且缺乏足够的制度基础相比,尽管哈萨克斯坦面临依赖石油资源所带来的不利物理性质(如资源易造成寻租),并且受制于世界价格,但其表现出的制度可塑性(The Malleability of Institutions,指初始决策的不利制度后果可以得到纠正)引起广泛关注。哈萨克斯坦虽然一度在转型中深陷石油相关的寻租问题,但后来表现出了“转型经济的灵活性”。虽然一度出现的政策不够完善,石油意外之财延迟了以人口为基础税收广泛共识,造成制度不完善,但这些问题并不持久。哈萨克斯坦快速开发其石油和天然气资源,允许外国公司直接参与,这在寻租预防“搁浅资产”出现的“时间窗口”上具备必要性,同时外国公司为能源部门的发展提供了直接刺激,并在财富管理上进行了有益的探索。虽然“荷兰病”和资源依赖使问题进一步复杂化,但当时缺乏有竞争力的制造业,高资源价格的不利影响并不显著,也没有发现石油出口与非石油产品增长之间存在显著相关性。

哈萨克斯坦发展的一个特殊问题是地理连通性差。作为一个内陆国家,哈萨克斯坦与世界上约一半的国家没有贸易往来缺乏加入国际价值链的有利地理条件。加之转型经济企业的能力积累滞后,企业之间进行协调和生产的互动网络幼稚化、过度封闭，这些因素导致经济复杂度降低。同时，独立后，由于产品和基础设施互联主要承接自转型之前，以及高贸易成本（比如海关机构官僚主义成本）等原因，中亚与独联体内部的贸易流量小、缺乏区域合作。虽然与区域外互补经济体的贸易机会更大，国际贸易有所飞跃，但迄今为止对于提升经济复杂度的影响有限。

资源开发只是实现资源恩惠、提升经济复杂度的第一步。林毅夫在《新结构经济学》(2016)中提出，转型经济体存在内生性扭曲，违反比较优势战略造成一些行业和企业不具备自生能力。如本章所述，哈萨克斯坦的企业缺乏创新能力，研发潜力低，缺乏有效的产业政策等使复杂度提升进展缓慢。与一般中等收入国家相比，除了结构、体制和政策受到关注外，其作为一个小型开放的转型经济体，严重依赖自然资源特别是石油，生产结构和出口结构严重偏向，显示性比较优势没有得到相应的均匀化，存在严重的风险（出口收入的不稳定性、“荷兰病”的可能性或政治俘虏的风险）。但是，国际投资较多、税收负担低、政府债务少、银行体系发达、公民具有创业精神，通过多元化降低风险并提高经济复杂度、包容度的可能仍存在。总之，资源依赖不是命运，需要采取明智而自主的发展政策，这决定了哈萨克斯坦跨越“中等收入陷阱”中的资源究竟是福还是祸。

第八章　波兰：经济转型、能力提升与“中等收入陷阱”

传统上波兰几乎没有登上过全球历史舞台，资源匮乏，与西欧发展路径大相径庭，是个长期落后的农业国。近年来，由于地处欧洲“心脏”的良好投资环境，加之在制度基础设施方面基本与欧盟趋同，向欧洲国家收敛绩效显著，被看作是中东欧国家经济转型的成功范例。从漫长改革到与欧洲收敛，由于收入分配相对公平等而有望幸免于“中等收入陷阱”，其人力资本积累和社会公正问题的探索较为成功，在人口老龄化等问题上所面临的挑战也有所启发意义。

第一节　波兰中等收入阶段发展特征的描述

1989 年以后，波兰推行“休克疗法”激进改革，一方面，促进经济自由化、市场化、稳定化，另一方面，实行紧缩的金融和财政政策，以期稳定经济、抑制通货膨胀、消除外债危机并进一步完成经济转轨的重任。此后一度被认为是失败典型（经济“酒鬼”）。没人料到波兰会在转型中如此成功，在自由化、市场化、稳定化基础上，波兰通过加入欧盟，推进产业结构调整，提高国家创新竞争力等有力举措恢复经济秩序，使宏观经济趋于稳定，发展绩效明显，被誉为欧洲的“增长冠军”。

一、人均 GDP 及其增速变化

可界定波兰在中等收入阶段所处时段为 1990—2010 年，其中，下中等收入阶段时长 8 年，上中等收入阶段时长 12 年，共 20 年（见表 8-1）。如图 8-1 所示，在中等收入阶段内，波兰人均 GDP 持续递增，经济增长速度高，且经历了 2008 年国际金融危机考验（当时欧盟 27 个成员中唯一正增长国家），人均 GDP 已达高收入范围。人均 GDP 增长虽小有波动（如 1990—1998 年、2004—2008 年的经济增长），但除 1991 年和 2020 年外，均为正增长且增速在 1%—7%。相对而言，波兰的经济增长相比其他转型国家更为稳定，较低的波动性有利于经济持续增长且降低了投资风险溢价，没有因为经济增长而被人为地提高债务。

表 8-1　波兰跨越中等收入阶段的不同时点

国家	第一时点	第二时点	第三时点	下中等时长	上中等时长	中等收入阶段
波兰	1990 年	1998 年	2010 年	8 年	12 年	1990—2010 年

资料来源：笔者根据世界银行 WDI 数据库、全球宏观经济数据库测算整理。

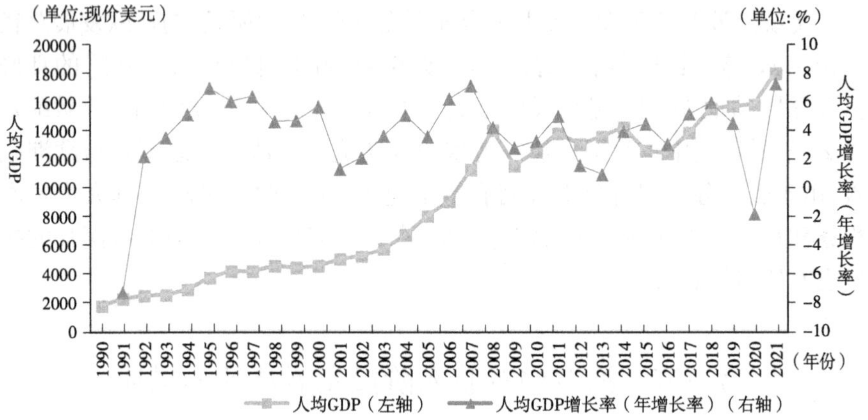

图 8-1　波兰 1990—2021 年人均 GDP 及其增长率变化

资料来源：笔者根据世界银行 WDI 数据库、全球宏观经济数据库测算整理。

二、三次产业结构及其演进

波兰呈现出以第三产业为主导、第二产业次之、第一产业占比较小的一个动态演进结构，更有优势的产业结构正在形成（见图 8-2）。1990 年波兰第一产业产值占比较小，约占 GDP 的 8.26%（但在就业中的比重近 30%），第二产业和第三产业占比较高，分别为 50.11%和 41.63%。至 2010 年，第一产业增加值占 GDP 的比例继续下降（就业占比则下降到 11%左右）；第二产业增加值占 GDP 的比例也呈持续递减（包括食品、烟草和饮料等劳动密集型制造业，以及汽车工业、电子工业等）；第三产业增加值占 GDP 的比例基本呈递增趋势（如电信、银行业、旅游业等），且增速较快。在产业结构优化升级的过程中，第一产业中的“隐匿”失业人口被释放出来，从而使人力资源得到了充分的利用，国民经济中各产业增加值比例与就业人口比例得以协调优化。

尽管伴随着转型，工业在国内生产总值中所占的份额急剧下降，但波兰没有发生早熟“去工业化”现象。有关论者认为，发达国家任何一个产业的重要性都不超过国民收入的 1/4，分析焦点集中于行业对整个经济的重要

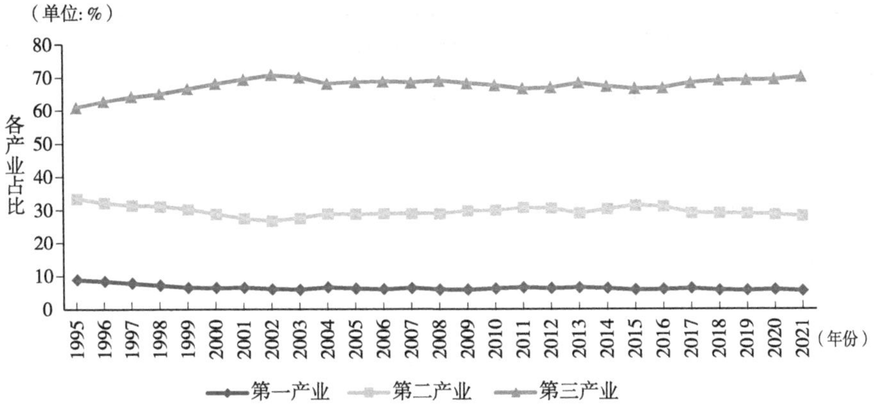

图 8-2　波兰 1995—2021 年三次产业结构占比演变

资料来源：笔者根据世界银行 WDI 数据库、全球宏观经济数据库测算整理。

性有限。事实上 2000 年后工业份额逐渐稳定，仍处于发达国家基本相当的水平（与德国、日本相当，高于欧洲联盟国家约 5 个百分点）。

三、波兰的出口结构

不像韩国那样得益于中国崛起而出口增加，波兰 80%以上的出口产品在力压韩国等出口竞争国中流向了欧盟市场。尽管欧盟大市场增长缓慢，但波兰在全球出口中的份额从 1990 年的 0.4%增至 2016 年的 1.2%，增长了两倍，且其在 1995—2009 年出口总额中的国内增加值增长速度超过了大多数国家。

1990—2010 年，波兰的出口产品结构（不含服务业）不断优化，资本与技术密集型产品占比不断增加，机电产品、运输设备、贱金属及制品成为波兰出口的前三大类商品。在 1998 年之前的下中等收入阶段，出口产品结构虽以劳动密集型为主，但资本与技术密集型产品占比不断增加，食品原料型产品占比逐渐降低，出口结构开始优化；1998 年之后的上中等收入阶段，出口产品结构转变为以资本与技术密集型产品为主，其中机电产品、运输设备和贱金属及制品最为重要，食品原料型出口产品占比进一步降低，虽然劳动密集型出口产品占比仍有约 1/3，但出口结构整体上得到进一步优化（见表 8-2）。波兰在中等收入阶段出口结构的不断优化体现了其不断提升的产品竞争力与技术创新能力。

表 8-2　波兰跨越三个时点的出口结构　（单位:%）

年份	食品原料型	劳动密集型	资本与技术密集型
1990	29. 11	37. 62	33. 27
1998	18. 72	46. 07	35. 21
2010	17. 03	33. 10	49. 87

资料来源:笔者根据世界银行 WDI 数据库测算整理。

四、波兰的劳动力和人力资本

1990 年后波兰所面对的主要问题之一是高失业率及带来的一系列社会问题,不仅 45 岁或 50 岁以上的劳动力受到了失业或难以参与进劳动力市场,甚至刚完成学业的年轻人第一年的失业率也很高,一度仅约 2/3 的劳动适龄人口就业,而邻国捷克共和国的这一比例为 3/4,西欧主要国家如瑞典或德国的这一比例接近 4/5。21 世纪初更是由于劳动力市场的困境波兰出现了较大规模劳动力迁移,使劳动力就业及抚养负担问题严峻,社会抚养比进一步提高。但另有研究发现,波兰劳动力迁徙也存在积极意义,一是移民后对本国的外汇流入增加,二是缓解了部分失业问题,在一定意义上发挥了人力资本“蓄水池”的调节作用(第一章框架部分有讨论)。2005 年之后,失业率开始呈现出系统性的下降趋势,并且在近年来由于乌克兰临时移民的补偿使波兰社会抚养负担问题有所缓和。

根据琼斯与克列诺(Jones 和 Klenow,2016)①的研究,预期寿命的改善是经济福利的一个重要部分,同时,预期寿命的持续增长,为提高有效退休年龄从而增加劳动力供给提供了可能。从图 8-3 来看,波兰历年预期寿命缓慢递增,截至 2014 年,男性预期寿命从转型期开始时的 66 岁提高到 74 岁,女性的预期寿命从 1990 年的 71 岁提高到近 82 岁,在全球范围内也表现相当不错;劳动年龄人口占比也基本保持平稳;在中等收入阶段,波兰的抚养比持续递减,综合以上三个指标,波兰在中等收入阶段的劳动力基本质量呈良性演进。但也由于出生率降低而存在一些隐患(从 1989 年每名妇女生育 2. 1 个孩子下降到 2015 年的 1. 3 个孩子,是欧洲和世界上生育率最低的国家之一),生育率的下降加剧了人口下降,加速了人口

① Jones, O. I., Klenow, P. J., “Beyond GDP? Welfare across Countries and Time”, *American Economic Review*, Vol. 106, No. 9, 2016.

老龄化。而生育率下降和整体寿命延长,对波兰的增长模式的转型造成了重大挑战。

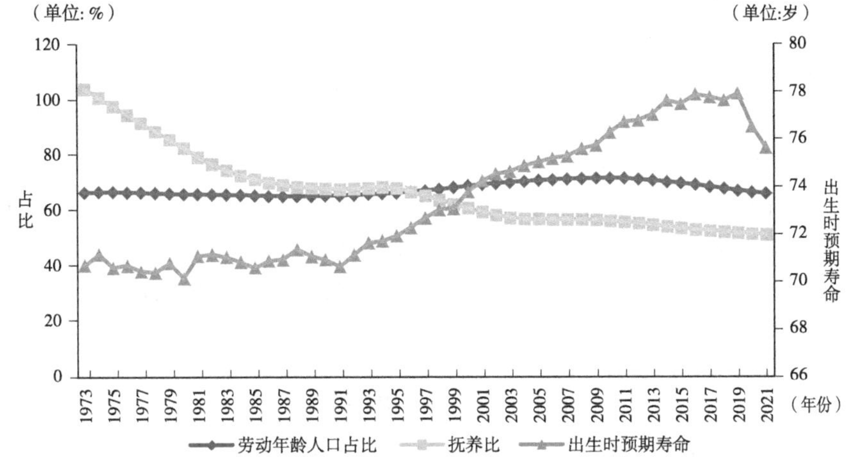

图 8-3　波兰 1973—2021 年劳动力主要相关指标演变

资料来源:世界银行 WDI 数据库。

在中等收入期间,波兰在人力资本培育上呈现出逐步推进的良好态势。1989 年以后,波兰经历了一次令人瞩目的教育繁荣,在继承转型前社会主义较为普及的高水准教育的基础上达到新的高度。如图 8-4 所示,各级教育入学率保持高水平,小学入学率一直维持在 90%以上;中学入学率从 80%

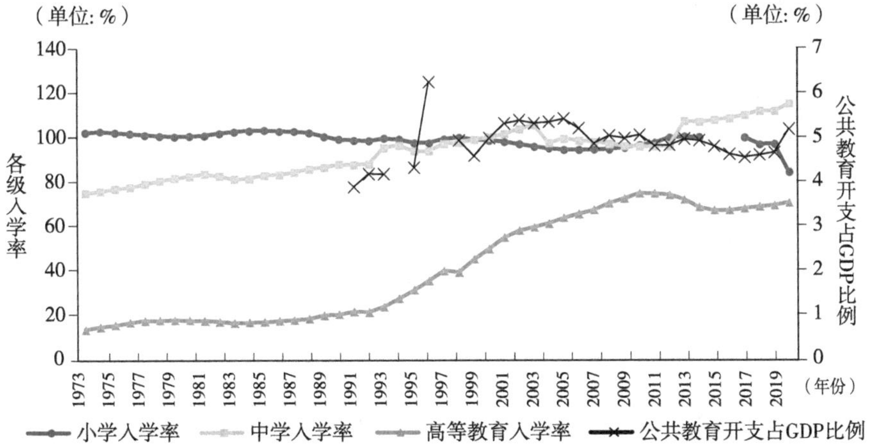

图 8-4　波兰 1973—2019 年人力资本主要指标演变

资料来源:世界银行 WDI 数据库。

上升到接近100%；高等教育入学率从1989年的20%到2015年接近70%；总体上均呈递增趋势，且下中等收入阶段的增幅大于上中等收入阶段，在经济合作与发展组织入学率中仅次于韩国。

从公共教育开支占比来看，波兰公共教育开支占GDP比例在下中等收入阶段递增较快，在上中等收入阶段基本维持在5%左右，大学学位的劳动力比例从1989的10%提高到2014的31%，总体上人力资本维持稳定高增长，为经济增长提供了较好的支持。此外，波兰中小学教育质量也大幅提高，根据国际学生评估项目对72个国家54万名学生进行的15岁儿童功能性识字能力排名，波兰的教育质量远远高于其收入水平和教育支出的对应值，即尽管公共投资相对较少，波兰年轻人的教育水平却比法国、瑞典或美国年轻人高。

五、波兰的技术创新能力

随着科学技术和教育等基础设施建设不断发展，国家创新竞争力有所提高（见图8-5）。从研发投入视角的指标来看，1996年波兰研发支出占GDP比例为0.65%，当年每百万人中研发人员为1359.44人；2010年波兰研发支出占GDP比例为0.72%，当年每百万人中研发人员为1672.37人；2014年波兰研发支出占GDP比例为0.94%（但欧盟的平均水平是这一水平的两倍多），当年每百万人中研发人员为2035.78人，总体上呈现出稳定上涨的态势。

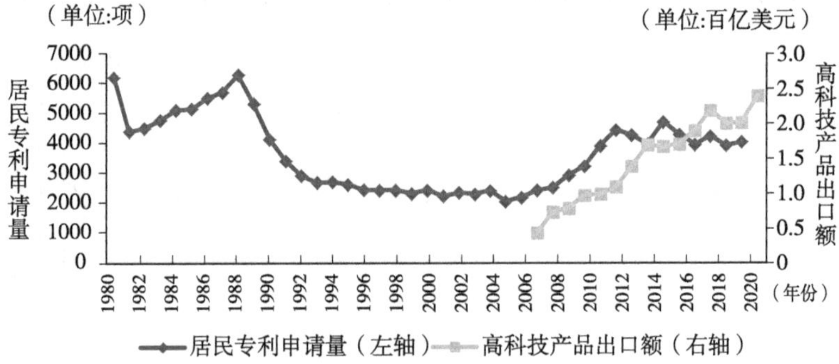

图8-5　波兰1980—2020年技术创新产出变化

资料来源：世界银行WDI数据库。

从技术创新产出视角的指标来看［即居民专利申请（知识产出）和高科技产品出口额（经济产出）］，如图8-5所示，在下中等收入阶段居民专利申请量基本呈现递减趋势，在上中等收入阶段呈现递增趋势；波兰高科技产品额在中等收入阶段持续递增，上中等收入阶段增速明显高于下中等收入阶段。以上变化趋势表明,波兰中等收入阶段的技术创新能力基本呈持续增强趋势,为经济增长提供了积极推动力。

六、波兰的收入分配变化

与其他处于转型中的经济体不同,波兰的经济转型惠及所有家庭,改善了数百万人的命运。在1990—1991年产出急剧收缩之后,波兰经历了持续的经济增长,相对于其他转型国家,波兰是最成功的,到1999年,波兰GDP比转型前高出22%,而其他国家表现较好的也仅恢复到转型前相当水平。并且,波兰的收入不平等程度仅略有增加。就其特征看,在经过国企私有化改革和产业重组之后,由于公共和私营部门的工资差异,也就是说,私营部门和公共部门的收入不平等程度大幅增长,归因于国有部门大量劳动力的重新分配,进入到充满竞争力和活力的私营部门,且私营部门内部呈现出了更大的收入不平等。

根据世界银行数据,波兰在中等收入阶段内,基尼系数基本稳定,在0.26—0.35浮动,国内收入分配比较公平,虽仍高于大多数欧盟国家,但优于大多数转型经济国家(见图8-6)。此外,波兰财富不平等程度也低于欧洲大多数国家,相对贫困率与西欧相差无几(2015年,相对贫困率降至3.3%),绝对贫困率于2013年接近于零。

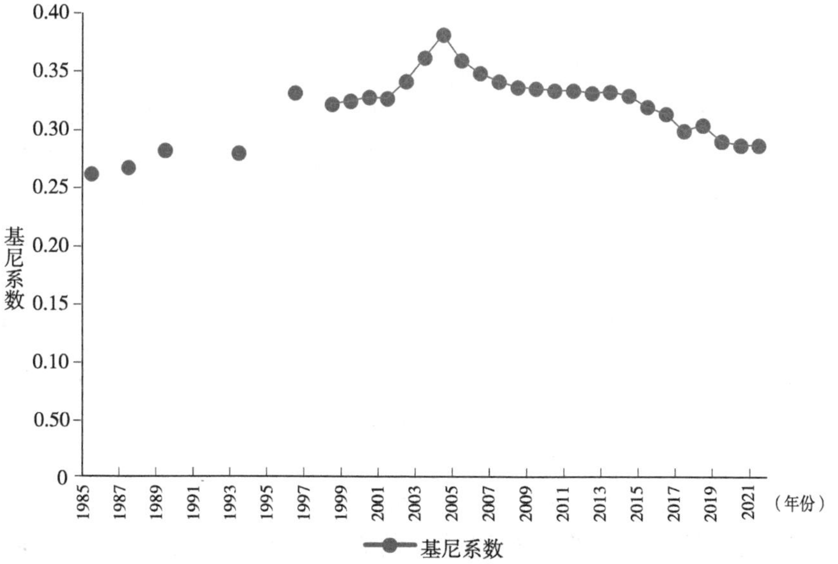

图8-6　波兰1985—2021年基尼系数变化

资料来源:世界银行WDI数据库。

有学者提出，为减少教育溢价可能产生的不公平影响，教育社会公平(social equity in education)指标可以进一步衡量公平程度。2015年，波兰最贫穷的20%家庭的孩子与最富有的20%家庭的孩子在理科成绩上的差距(约为2年)、没有基本技能的儿童人数，均优于大多数欧盟成员。同时，“弹性学生”指数良好，30%以上的贫困学生成绩优异，同龄人在教育程度上的地区差异也最小，意味着社会流动性较为乐观。

综合以上分析，波兰在中等收入阶段的多个经济指标和社会指标均反映出，通过转变经济发展方式、调整产业结构、注重技术创新，提高国家创新竞争力，同时控制国内收入分配差距、注重居民福利、完善各类基础设施建设等措施缓和了社会矛盾，使国民经济得到稳定并持续良好发展。这些均为波兰成功跨越“中等收入陷阱”创造了良好的经济社会支持条件。

第二节　制度转型对跨越“中等收入陷阱”的意义和不足

纵观波兰跨越“中等收入陷阱”成为高收入国家的发展历程，其迅速成功的成因有特殊性，进程也并不平坦，但相比其他东欧国家(如哈萨克斯坦)较为顺利，相比本书的其他案例国家可看出起到特别重要作用的以下几点。

首先是制度改革作用。对于波兰而言，学界普遍认为体制建设是1989年后波兰成功的关键。引进制度在波兰转型中发挥了积极作用。以银行业为例，欧洲银行于1993年开始以战略投资者的身份参与波兰银行业的市场化，此后不断有所发展，并产生积极影响(早些时候，波兰银行业严重不发达，直到1990年，两级银行业才诞生，商业银行才开始出现。波兰全国一度只有不到50%的成年人在银行开立账户，银行技术过时落后，只提供存款和信贷)。在欧洲银行推动下，外国投资者提供了国际会计标准和产品创新，推动电子银行领域的互联网和移动银行业务。这种制度引进使银行业经历竞争压力下的现代化，在信贷、流动性、利率、汇率和操作风险管理上取得进步，且在一定意义上经受了2008年国际金融危机考验。再以改变所有制结构为例，将国营企业市场化，一方面结构转型促使了资源的再分配过程，即资源从低生产率部门向高生产率制造业和服务业流动；另一方面国有企业在经济中的份额迅速下降，私营企业急速增长。其规模从1989年占国内生产总值的1/4增加到1995年占国内生产总值的2/3。由于引进了发达国家的企业管理制度或直接由外资控股,带来了生产技能的提高、管理实践的改进和技术手段的追赶,促使行业内生产力的迅速提高。

价值观变迁也被视为促进经济发展的非正式制度因素之一。波兰跨越“中等收入陷阱”的一个原因是其社会传统中有较强的工作伦理和价值观,在人口老龄化背景下,通过创造更具吸引力的工作,提高雇员的工作满意度,使劳动力参与度得到提高,也促进了发展。

其次,开放经济作为波兰经济转型的一个重要因素,得以充分发挥作用。根据蒙代尔—弗莱明模型中小型开放经济模式的条件,从不可能三角假设可以得出结论。在一个小型开放经济体中,经济政策有可能实现以下三个目标中的两个:外国资本流动的自由化、外汇汇率的稳定、中央银行货币政策的独立性。在实现这些目标的可能组合中,波兰在1990—1997年采用了控制外国资本流动、独立货币政策和稳定汇率的变体。自1997年以来,则采用了外国资本流动自由化、独立的货币政策和浮动汇率的变体。作为一个小型开放经济体,它主要以相对较高的利率吸引外国投资者。开放状态使波兰能够评估其产业在全球经济中的竞争力水平,吸引外资流入,促进提高生产率,对于跨越“中等收入陷阱”起到了重要作用。

波兰成功的一个特殊因素是欧盟(欧盟基本成为波兰引进制度的楷模和定锚)。一方面,欧盟被一些波兰学者看作人类历史上最大的制度成就,成为其改革的支柱并不断向欧盟国家收敛。另一方面,欧盟的资金流入对波兰也很重要(建设基础设施,像公路、铁路、大学和研发实验室等),同时外商直接投资在提高生产率方面也发挥了重要作用,主要通过建立新的高生产率公司,对国内公司的业绩产生了溢出影响。同时由于地理位置接近德国,传统计划经济积累的人力资本质量高,劳动力成本低,加之波兰的相关制造标准及法律制度主要采取欧盟的标准,波兰逐渐成为中欧制造业中心和欧洲价值链的关键参与者之一。因此,与大多数其他欧盟和经合组织国家的去工业化趋势不同,2000年以来,制造业在国内生产总值中所占的份额反而有所增加,这对于波兰成为高收入国家也有帮助。

我们不应忽略波兰在经济转型中付出的巨大代价,波兰的“休克疗法”长期来看虽然有成功之处,但转型后的确有经济衰退的迹象,恢复也耗时很久,社会成本很高,尤其企业生产能力破坏严重。转型初期,由于计划经济累积的问题(1990年波兰农业就业人数占1/4,缺乏竞争力的各类国有企业的就业人数占2/3以上),将劳动力从缺乏竞争力的重工业转移到现代制造业和服务业,在处理国有企业重组问题中,承受了失业和衰退的代价。波兰公共行政部门没有足够的能力执行产业政策和改革国有企业,特别是在保证国有企业或公共利益不被私人利益所俘虏等方面。转型初期具有明显的过度工业化导向特征,例如进口替代传统以及频繁的制度和市场失灵。由于长期采取的是以显性和隐性补贴为基础的产业政策,也不利于波兰企业竞争力的提升,其与加入欧盟的要求不相一致,对融入欧盟造成了阻碍。但是,实施经济转轨中的所有制结构改革时,对国有企业采取了不平等待遇,破坏了其生产能力,加剧了经济下滑的趋势。同时由于大爆炸的改革方式问题,政治局面缺乏稳定,尤其是受新自由主义经济学的损害,产业政策一度被搁置,后虽恢复但难以一贯实施与落实。波兰在转型开始时便开放了贸易和资本账户,但因忽略了国家的生产过程变得越来越分散,没有进行宏观经济政策的相应调整,在能力积累与更新上付出巨大代价。

第三节　波兰经济复杂度的测度及分析

一、波兰经济复杂度测度

根据笔者的计算(见图 8-7),波兰中等收入阶段历年 LN_{GDPPER} 呈递增趋势,经济复杂度呈现在波动中递增的趋势,二者演进方向基本一致;而且相较于下中等收入阶段,经济复杂度及 LN_{GDPPER} 在上中等收入阶段内的增幅更大。

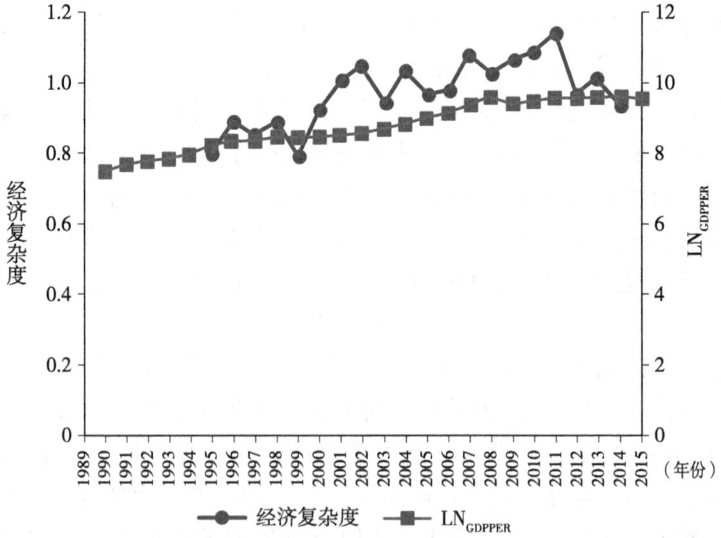

图 8-7　波兰 1989—2015 年经济复杂度及 LN_{GDPPER} 演进图

资料来源:联合国商品贸易数据库。

二、波兰六类产业显示性比较优势

根据笔者的计算(见图 8-8),波兰在 1990—1998 年的下中等收入阶段:产业 3 和产业 5 的竞争力均较弱,产业 3 的显示性比较优势指数在 0.68—1.01 浮动且基本呈下降趋势;产业 5 的显示性比较优势指数在 0.44—0.68 浮动,且在 1990—1998 年也基本呈现递减趋势;产业 2 以 1995 年为拐点、呈现递减趋势,其显示性比较优势指数由 1990 年的 1.43 下降至 1998 年的 0.89;产业 1 和产业 4 的显示性比较优势指数在下中等收入阶段处于大于 1 的状态,其中产业 4 的显示性比较优势指数在 1.42—1.76 浮动,基本呈现递增趋势,产业竞争力较强,而产业 1 的显示性比较优势指数在 1.17—1.72 浮动,产业竞争力较强,但是有波动中递减的趋势;产业 6 的显示性比较优势指数在 0.88—1.34 浮动,呈现显著上升趋势,产业竞争力由一般演变为较强。由上可见,波兰低复杂度的产业 1 的竞争力强,而产业 2 的竞争力一般,中低复杂度的产业 4、6 的竞争力较强,在中高复杂度的产业 3、产业 5 的竞争力较弱。整体来看,波兰在下中等收入阶段时,在中低复杂度产业上有较强显示性比较优势,总体的产业结构比较合理。

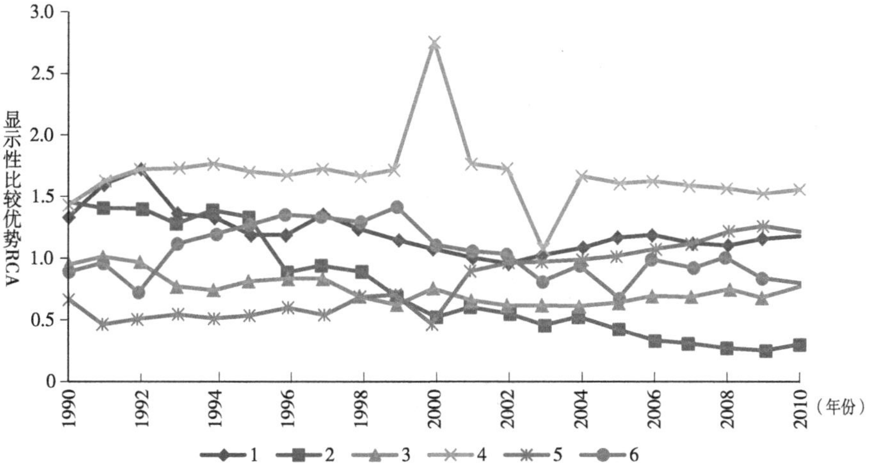

图 8-8　波兰 1990—2010 年六类产业显示性比较优势

资料来源:联合国商品贸易数据库。

波兰在 1999—2010 年的上中等收入阶段:产业 1、4、5 的竞争力较强,但显示性比较优势指数变化趋势略有不同,其中产业 1 和产业 4 的显示性比较优势指数呈现不断下降上升的小幅波动趋势,且产业 4 在 1999—2004

年波动幅度较大。产业5的显示性比较优势指数基本呈现递增趋势，由1999年的0.70上升至2010年的1.21，递增幅度较大，竞争力由较弱向一般演进，进步比较明显。产业2、3的竞争力均较弱，其中产业2的显示性比较优势指数呈现递减趋势，由1999年的0.68递减为2010年的0.29，递减程度较强，产业3的显示性比较优势指数波动幅度为0.61—0.77，产业竞争力较弱。产业6的竞争力由较强变为一般。到2010年，波兰具有较强比较优势的产业是食品产业、除燃料外非食用原材料、按材料分类的制成品以及机械和运动设备，其他产业竞争力较弱。相较于下中等收入阶段，波兰的产业经过了一轮升级，低复杂度的产业1保持优势竞争力，产业2的竞争力依然偏弱；中低复杂度的产业4依然保持竞争优势、产业6的竞争力有所下降；中高复杂度的产业3的竞争力偏弱，但产业5的竞争力呈递增态势。由中低复杂度产业逐渐向中高复杂度产业过渡，总体结构更加合理，经过改造升级的产业具有较强的竞争力。

三、波兰产品空间的产业态势

波兰在1990—1998年的下中等收入阶段：产业6为成功转型升级产业，未升级产业为产业3、5，保持持续优势产业为产业1、4，产业2为失势产业。波兰在1999—2010年的上中等收入阶段：转型产业为产业5，未升级产业为产业2、3，保持持续优势产业为产业1、4，产业6为升级失势产业。在20年的中等收入阶段中，波兰出现了复杂度较高的转型产业5，复杂度较高的产业3在中等收入阶段未进行产业升级，产业1、4在中等收入阶段始终保持竞争优势，产业2是失势产业。波兰在保持原有产业竞争优势的基础上进一步升级了高复杂度产业，使整体产业结构偏向合理与现代化，总体而言，其产业转型升级的良好进展成为其跨越“中等收入陷阱”的一个重要因素。

四、波兰六类产业密度

产业密度也是衡量产业竞争力及升级潜力的一个重要指标。根据笔者的计算（见图8-9），波兰在1990—1998年的下中等收入阶段：历年六类产业的密度均在0.20以上，产业竞争力较强或很强；产业1的密度在0.46—0.72浮动，产业竞争力较强，但在1995—1998年呈现递减趋势；产业2的密度在0.45—0.72浮动，产业升级竞争力较强；产业3的密度在0.62—0.90浮动，在1995—1998年呈持续递减趋势；产业4的密度在0.42—0.70浮动，产业竞争力较强，在1993—1998年呈持续递减趋势；产业5的密度在

0.49—0.81 浮动,产业竞争力较强,在 1993—1998 年呈持续递减趋势;产业 6 的密度在 0.47—0.83 浮动,1991 年之后基本呈现下降趋势,产业竞争力较强。由上可见,波兰的 6 大产业均有升级潜力,但是在下中等收入阶段,产业竞争力均有略微下降的情况。

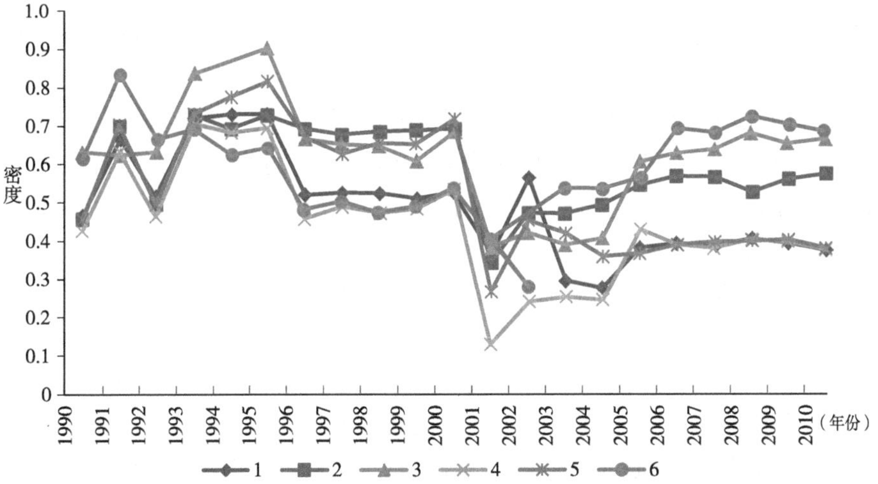

图 8-9　波兰 1990—2010 年六类产业密度

资料来源:联合国商品贸易数据库。

波兰在 1999—2010 年的上中等收入阶段:产业 1 的竞争力下降,但还维持在较强水平;产业 2、3、6 的密度基本呈现先递减后递增趋势,但仍稳定在较强水平;产业 4、5 的竞争力略微下降,但相对产业 1 竞争力还是较强的。从整体上看,上中等收入阶段比下中等收入阶段的产业结构有所优化,低复杂度产业 1、2 的竞争力降低,中复杂度产业 4 的竞争力略微下降、产业 6 的竞争优势提高,高复杂度产业 3 保持竞争优势、产业 5 竞争优势略微下降。

第四节　波兰经济复杂度良性演进的缘由

波兰在中等收入阶段仅停留了 20 年,并于 2010 年迅速迈进高收入国家行列,经济复杂度演进中的能力提升经历了从开始时聚焦于产业和禀赋,到此后聚焦于知识和文化变迁的转变,在“自然”演进与“明智”政策间基本获取动态平衡。在迅速建立市场经济体制后,1996 年起,波兰开始制定产业政策与贸易政策(如农业价格扶持;制造业产业结构调整;发展钢铁产业;推进高新技术的转让和商业化;发展新兴能源环保行业等)。同时,在社会政策上制定反失业政策，提高最低工资待遇和最低社会保障，并控制人力资本积累的不平等水平，从基础条件上为提升经济复杂度作准备。总之，尽管生产结构多样化的历程曲折，但仍然促进了复杂度提升。

本书的核心观点是，经济和出口的多样化在跨越"中等收入陷阱"中发挥了重要作用，这不仅是一种理论推断。实证文献表明，人均 GDP 水平的提高与产品多样化的关系可以用所谓倒"U"型曲线来说明，而转型国家波兰出口的变化与此基本相符。

各国人均收入的差异主要与各国全要素生产率的差异有关，因此，一个国家若要可持续缩小前者的差距，就需要缩小后者的差距，通过资源配置的日益优化，采取复杂度提升、更大附加值和更高增长潜力的"高连通路径"，使生产率得到持续的增长。

20 世纪 90 年代传统产业的消亡和服务业的兴起导致中东欧国家倾向于去工业化，但不久波兰再次意识到了工业的重要性，在制造业"再工业化"中取得了较好成果，新产业取代了缺乏竞争力的部门。研究表明，再工业化的强大动力来自出口复杂程度的提高，即基于复杂性和体现生产力提高的出口竞争力，而这主要归因于其制造业出口的部门结构调整和质量升级。研究表明，产业进步、生产率变化两者与经济复杂性紧密交织在一起，因为通过创新获得新产品和新工艺以及相应的外部经济和溢出效应出现在产品空间中，其各个路径链条上生产率的变化取决于对产业的识别、适应和加入国际专业化的能力，即其吸收能力，而经济复杂度能够更好衡量技术变革，融合了前沿技术的采用和新技术的获取。在经济转型开放的过程中，特别是在加入欧盟之后，波兰出口产品数量明显增加，出口贸易中出现许多新的农产品和食品。就产品数量多样化而言，波兰很快与发达国家相当，虽然生产和出口的技术水平不如中东欧的捷克和匈牙利或其他发达国家（鲜为人知的是，早在转型之前，除了来自德国的外国直接投资的贡献外，波兰在 1985 年已经拥有相对多元化的出口基础）。1985—2005 年，高显示性比较优势指数出口的数量增加了 50%，从 187 个增加到 287 个。

文献研究显示欧盟 28 国 191 个地区的结构变化和人均 GDP 的趋同模式（Buccellato 和 Corò，2020）①。根据这一研究，波兰华沙所在的马佐夫舍省和下西里西亚省等东欧地区的复杂度提升在推动收敛转型这一进程中作用显著。其生产结构反映了当地一级可用的知识、技能和诀窍，为长期经济

① Buccellato，T.，Corò，G.，*Capitalism，Global Change and Sustainable Development*，Environmental Berlin：Spring Proceedings in Business and Ecomonics，2020.

发展的学习过程奠定了基础,其中,表现最好地区(如马佐夫舍省和下西里西亚省)的汽车和机械制造的初始权重在2003年显著增加,2015年甚至更多。从2003年和2010年欧洲人均GDP与经济复杂性之间的关系看,经济复杂性很好地反映了知识和能力差异如何在各地区之间产生繁荣差距。波兰马佐夫舍省和下西里西亚省往往都低于拟合线。这表明,在其他条件不变的情况下,拥有一套与其表现出的收入相比高度复杂的能力,意味着与稳定状态有更大的距离。因此,增长率较高。从经济复杂性与人均GDP的年均增长率的关系看,扣除人均GDP初始水平的影响后,波兰这些地区往往比其他地区增长更快,从而产生趋同,因为它们从相对较低的人均GDP水平开始。包括在回归模型中的区域经济复杂性指标说明,在整个时期内,它的强度和重要性都很高。在2003—2007年,它仍然是正向的,尽管失去显著性,但在金融危机后,它表现出更强的规模和影响。总之,生产系统的经济复杂性有助于波兰在21世纪初迎头赶上。这表明,这些制造部门的初始能力在表现最好的地区的成功中发挥了重要作用,而这反过来又利用初始能力进一步扩大了这些部门活动的规模。与经济复杂性的假设一致,根据该假设,学习过程主要由制造业中使用的各种实用知识培育而成。按照经济复杂性理论关于社会积累、分享和创造生产性知识的能力发展的分析,这种能力倾向于受预先存在的经济结构影响,并通过边做边学的过程来实现。因此,如果有一个多元化的生产基础,使企业能够使用和结合复杂的知识,那么地区的经济增长将会更加强劲。

总之,伴随着深入持久的结构和社会变化,其经济复杂度总体成功演进,主要特征和根源可总结如下:

第一,既成功经济转轨,建立市场经济体制,形成自由开放的经济政策,优化复杂度提升的激励结构,又推行“二次改革”,制定发展政策,进行以“结构调整”为核心的制度变革。

1990年波兰开始实施“休克疗法”,建立以私有制为主的市场经济,全面放开商品和劳务价格,实行贸易自由化策略,促进了资源合理配置和经济结构的调整。在承担“休克疗法”的后果后,这些措施消除了计划经济时期的产品短缺问题,也消除了价格扭曲问题,使波兰迅速向国际市场靠拢,其产业结构也开始向提高国际贸易的竞争力水平及充分利用要素禀赋和促进复杂度自然演进的目标转变。

一方面,大幅度进行国有企业改革,鼓励私营经济的发展。这不仅是波兰经济成功转轨的重要因素,更是成为促进波兰经济复杂度提升的主要因素。私营经济占波兰国内生产总值的70%以上,数量众多,注册了超过300

万家运作灵活的中小型企业，带动了波兰劳动生产率的大幅提高，而且其增长速度高于平均工资的增长，成为发展的主要驱动力。另一方面，国有企业在波兰创新中的地位仍然不可忽视。改革初期中对国有企业采取不平等待遇，加剧了经济下滑的趋势。不过，当时数百家公司仍为波兰国有，其占国内生产总值比重在欧盟中最高，国有企业积极推动企业内部生产能力的发展，建立自己的研究实验室，并进行现有技术改造与自主创新。这些企业的创新研发对整体创新水平的提高是非常重要的。

波兰重新推行“结构调整”为核心的制度变革，制定与执行经济政策的方略发生了变化，产业政策等使经济得到稳定向好发展。转型初期工业部并入新成立的经济部，2015 年后，经济部更名为发展部，权限有所扩大。以前负责经济内部所有制结构转变的部门是所有权改革部，1997 年后赋权给财政部，由其作为国有企业所有者的国家代表，2016 年，该部所有权相关的职能移交给了其他各部，如发展部、能源部、建设部等，发展政策的作用再次得到重视。

第二，从政府“脱身”到强调结构性政策尤其是产业政策的作用，直接瞄准创新能力提升。

历史上，波兰低下的国家能力一直为经济史学者所批评，直到 1989 年之后，波兰才形成了较为有效的制度，成为实力强劲的国家，对波兰经济的好转起到了重要作用。

不过，其过程并不平坦。实际上，转型初期政府从经济生活中全面“脱身”的现象，使产业政策在波兰消失了。随着新自由主义潮流的消退，在结构性经济政策（Structure Economic Policy，SEP）范围内政府对经济进行刺激的必要性逐渐显现。受英国创新学者马祖卡托（Mazzucato）思想的影响，波兰学界提出，要把政府改变成为经济体系主要参与者之一，除了修复市场失灵，还要具备塑造和创造市场的额外功能。即国家还应更具创造性和企业家精神（因此得名企业家国家）。此外，国家应承担在市场和商业发展早期阶段进行活动的风险，这有利于积累新的知识，产生新的想法，并由私营部门将其商业化。由此，波兰开始重新强调政府产业政策对经济的调控作用，将使经济走出谷底和实现增长作为政府经济政策的首要目标。

充分发挥政府作为制度改革的领导者的作用，是波兰政府经济职能转变的重要特点。政府除了建立市场经济体制、竞争秩序以及保护市场竞争、保护市场激励的有效性等方面的重要职能外，波兰还强调政府在实行收入再分配方面的作用，并努力缩小贫富差距和控制人力资本积累的不平等。还尤其是，作为前计划经济国家，支持波兰企业创新体系的制度基础设施在一段时间内出现了碎片化现象,创新目标不明确且重复、创新信息封闭、创新职责分散,浪费了大量公共部门以及创新者的资金费用。针对创新生态系统不发达(与欧盟中的15个国家和地区相反,波兰大部分企业支出都投入到技术吸收上),市场竞争不足,诸产业部门创新不足等问题,为加快其收敛步伐,波兰政府出台了"创新白皮书",公布立法与组织建议来促进创新的商业环境,其发展创新经济重点有:改善教育体系;改善创新金融;优化商业环境;做好必要的技术准备;建立支持创新的基础设施。这些措施也有明显效果。

第三,加入欧盟和转轨的外部环境不仅有利于优化外资进入的投资环境,还创造了关键产业和产品空间的国内外衔接口。

1990年后波兰经济开放程度逐步提高,投资环境逐步改善,吸引了大量的外资。技术进步导致围绕全球生产和分销网络组织的国际分工日益重要,外资企业对波兰的国际贸易产生了重大影响。外资企业往往比本地公司更注重出口,并使波兰逐渐成为快速增长的全球生产和分销网络的一部分。波兰的外国直接投资主要集中于制造业和金融业,外资的引进加上较低的人工成本,使波兰制造业快速发展并成为出口产品中最具竞争优势的产业,也因此逐渐形成了多样化的出口结构。总体而言,波兰积极利用外商投资,调整产业结构,进行技术改造,从而使波兰的采矿、机械制造、钢铁、交通运输设备、化工、食品等支柱产业行业技术水平和竞争力得到较大提升,通过对外贸易迅速发展。可以说外国直接投资有力地促进了波兰复杂度提升,使其GDP多年稳步上涨。

加入欧盟后,波兰从2004年5月到2013年年底,共获得欧盟各种援助基金超过700亿欧元,主要用于基础设施建设。除了早期转型中国际金融组织为波兰转轨提供了10亿美元的稳定基金外,伦敦俱乐部和巴黎俱乐部减免了波兰所欠债务的50%。对波兰经济的净资金输入约为680亿欧元,主要投资于基础设施(与交通有关的基础设施占60%,对企业部门的支持占23%和人力资源开发占10%),成为提升经济复杂度中弥补政府生产性支出不足的有力补充,进行经济升级的同时不断吸收国内资金形成了良性循环。

以汽车工业为例,波兰经济积极融入欧洲供应链后,在汽车领域中外国直接投资政策的自由化导致了投资项目的大量增加。这使其成为一个适应行业内生和外生重大冲击的进化过程(Simona和Axèle,2012)①。波兰的汽

① Simona, G.L., Axèle, G., "Knowledge Transfer from TNCs and Upgrading of Domestic Firms: The Polish Automotive Sector", *World Development*, Vol. 40, No. 4, 2012.

车工业可以追溯到20世纪20年代，意大利汽车制造商菲亚特成立波尔斯基菲亚特，建立一个装配厂，而大萧条和第二次世界大战破坏了这些计划，菲亚特在1948年更新了牌照，但直到1967年才开始在Fabryka Samochodow Osobowch（FSO）工厂生产指定车辆。计划经济时期的汽车工业积累了一定的生产能力，但缺乏国际市场竞争力。在转型阶段和加入欧盟时，随着国有设施民营化与政府采纳欧盟贸易和竞争规则，施行优惠的外国直接投资政策，大量外国投资进入到汽车和零部件生产，汽车行业自身及上下游相关行业也得以发展。例如包括韩国大宇（Daewoo）、通用汽车（General Motors）和大众（Volkswagen）在内的诸多大型制造商开始在波兰投资，这也吸引了许多分包商进入波兰，汽车工业常常被视为跨国公司向波兰较小供应商传播新知识和技术的主要案例。

第四，立足本地创新能力与制造能力的提升，形成多样化本土生产结构和知识网络，提升产业的国内复杂度。

在波兰对外开放、引入外资的过程中，跨国公司在弥补转型经济体系统性缺陷时作了突出贡献（专栏8-1），促进了本地创新能力与制造能力的提升。信息革命和新技术使产业价值链缩小并可能完整外包给独立供应商，生产的碎片化使厂商可以向海外大型客户提供服务，此时融入跨国公司的生产和营销安排已成为利用全球经济提供增长机会的最有效方式。同时，跨国公司通过在整个价值链中传播精益生产等管理概念，并通过引入准时化生产（Just In Time，JIT）和全面质量管理（Total Quality Management，TQM）等方式来激励供应商提高质量和降低成本，从而对行业进行重组。

外国直接投资产生有利影响的关键在于有利于外国投资者建立与当地产业的联系并进行帮助，虽然技术转移是建立在当地企业间联系的基础上的，但企业的发展更多来源于企业自身的能力。外资企业经历了从“广告密集型”到“研发密集型”的转变（Kaminski和Smarzynska，2010）①。转型初期，研发强度低的外国企业更有可能在波兰进行外国直接投资，且主要属于消费品和生活服务业的“广告密集型”外资，这对提升计划经济所缺乏的营销技巧是有益的。此后，尽管外国独资增多，但国内企业从复杂的技术和卓越的营销技能中获益更多。此后，波兰对欧盟出口的要素内容已转向熟练劳动密集型和资本密集型产品。转型初期同样经历了贸易赤字高企的压力，其贸易成分非常明显地向制成品转移，尽管没有获取非熟练劳动密集型

---

① Kaminski，B.，Smarzynska，B.K.，“Integration into Global Production and Distribution Networks through FDI：The Case of Poland”，*Post-Communist Economies*，Vol. 13，No. 3，2010.

产品(如纺织品)生产商的公认品牌竞争力,但资本货物和汽车、零部件的进口份额明显扩大。外国企业实际上比国内企业更具有出口导向性,因此,并非像当时所想象的那样加剧了贸易赤字,相反,为波兰重新融入世界经济作出相对较大的贡献。

价值链网络驱动的贸易扩张有助于提高生产率,并将波兰融入全球市场。仍以汽车产业为例,本土汽车产业克服了计划经济时期的弊端,已大幅增长,并为波兰经济作出了重大贡献。从 2002 年到 2007 年,汽车出口增长了 27%以上。总体上,汽车供应商就业人员占行业总就业人数的 81%。2007 年,汽车行业出口的一半以上是零部件,并且本地制造业主要集中在关键和复杂的系统上,不仅仅是基本的子部件和附件。从 1996 年到 2006 年,波兰高附加值出口的份额从 4%上升到 33.3%,这反映了本地制造能力和经济复杂度的显著增强。虽然从外国子公司获得的知识提高了国内供应商的业绩,但为了创造新的产品从而提高竞争力,波兰国内供应商开始依赖于自己的研发能力进行升级。在与跨国公司互动之后,波兰国内供应商能够而且确实提高了竞争力,尤其是在工艺和产品升级方面。虽然依旧存在对外国公司的依赖,但在市场机制的影响下,当地供应商为了在市场上拥有足够的竞争力,被迫不断地进行创新发展,客观上促进了本地创新能力与制造能力的提升。

波兰在很大程度上推行有利于市场激励和跨国公司进入的政策,实现了汽车工业的重组和更新。该行业一级供应商通常由少数外国跨国公司主导,而二级和三级供应商中的国内供应商众多。一般认为,较低级别供应商的升级前景是一个关键问题,如果出现不利的市场结构,汽车工业高度集中的结构可能会挤压尤其是小供应商企业的独立流程和产品升级空间。但波兰汽车工业吸引了大量外国直接投资,对当地供应链的发展产生了积极影响。而外国直接投资提升经济复杂度的关键,在于其通过建立前后向联系接触当地工业、帮助国内企业通过向全球买家供货、扩大商业地理范围、扩大出口市场准入等,较为成功地获取了国际竞争力。这与一些国家的外国直接投资对东道国企业生产率产生不利影响的现象相反,其中,汽车产业全球供应链对技术的需求,以及工业对标准化零件和工艺的依赖,阻碍了当地企业的升级,使这些企业往往位于工业的较低层次。

总而言之,波兰在融入全球价值链中,较好地避免以往商业网络的破坏,克服了进入欧盟市场的障碍,进入了价值链的更高部分。这又反向刺激了国内制造业的再繁荣,形成经济良好发展的循环,对其跨越“中等收入陷阱”起到至关重要作用。

专栏 8-1 波兰的电动汽车产业

集中国家控制的力量,包括用于研究、开发、创新的资金,并将其分配给某些特定的目的,甚至是在全球范围内相对有限的资源,可以产生并创造一个创新和竞争性产业的预期效果。波兰的电动汽车产业发展被认为是该国跨越“中等收入陷阱”的关键产业之一。由于电力运输与供电行业之间的相互依存关系,电动汽车可能成为许多新商业模式和技术发展的杠杆,如储能或自主运输。电动汽车的潜在收益可分为三点。第一,这是一个具有潜在竞争优势的行业。第二,未来发展迅速。第三,对整个国家的经济和政治局势意义重大。这涉及许多经济和社会领域,比如安装一个覆盖全国所有领土并在国内外兼容的电池充电系统,基于数字化战略的新商业模式,确保回收利用废旧电池的可行解决方案,有效的数据管理等。

波兰还拥有传统上发达的电机工业和高水平的电气工程技能。当生产电动汽车所需的绝大多数部件制造技术成熟发展后,波兰已然成为欧洲主要的公共汽车生产中心之一,并相对较早地选择电气化路径和公共交通完全符合从柴油机向电机转变的条件。从传统工业进化的过程或复杂度演进的角度看,电动汽车的优点是容易制造,因为它们由大约1000件零部件组装而成。与之相比,传统内燃机汽车的零部件数量高达3500件左右,这有助于将车辆缺陷率降低20%左右。但是,这些零件制造商如何快速适应并进入电动汽车生产过程是一个重要问题。

作为发展电动汽车产业的条件之一,电动汽车在国内的普及离不开国家的积极参与。在监管领域,有必要界定新市场,并为开拓者提供有利条件,使他们能够测试新的解决方案。必须建设一个充足的基础设施,为电动汽车充电,最重要的是,私营部门和公共部门之间需要发挥协同作用。

(资料来源:笔者根据 Lin, J. Y., Nowak, A., *New Structural Economics for Less Advanced Countries*, Warsaw, Poland: University of Warsaw Faculty of Management Press,2017 整理)

除上述波兰制造业的变革外,一方面波兰农业与服务业在整个经济体中重新优化配置资源,另一方面推进产业内改造升级,这对其经济复杂度的提升也有重要影响。

首先是农业产业的优化升级。计划经济时期,农业所占的份额很大,但劳动生产率相当低，仅为制造业生产率的1/8。波兰农业由非常零散和弱小的半自给农场组成，在生产力最低的农业部门存在大量劳动力，实际上是一个隐藏的失业池。转型以后，通过推进部门间劳动力再分配或结构调整对经济复杂度的提升起到了重要作用，实证研究发现，推进多余劳动力各产业间流动再配置将增加约27%的收入，具有重要意义。

波兰服务业的发展也与农业类似，较为滞后。与其他后社会主义国家一样，在1990年服务业并不发达。传统社会主义经济学及其发展战略、激励制度限制了服务业发展，并且生活服务、零售和批发贸易以及知识密集型服务业长期被忽视。之后波兰通过市场化改革使服务业结构发生深刻的变化（Szczygielski和Grabowski，2014）①。这表现为以下几点：第一，转型之初，微型企业激增，填补了众多利基市场，尤其是在零售和批发贸易，以及酒店、餐馆和餐饮业。随着时间的推移，这些行业开始整合，许多微型公司退出。第二，商业服务的发展更加渐进，因为它一般伴随着私营公司的扩散，而外商直接投资主导了知识密集型商业服务（Knowledge Intensive Business Services，KIBS）的增长。第三，整个金融领域出现了大量外资流入。在20世纪90年代末和21世纪初，几乎所有大型的金融机构，包括以前的国有银行都被出售给了外来投资者，旨在“在银行中实现良好的治理结构并获得资本和技术注入”。第四，20世纪90年代中后期也出现了（主要是外资）超市和大卖场的进入，这极大地改变了批发和零售贸易的格局。目前，服务业由某些子行业中的外资公司、中型相对年轻的国内参与者和大量不涉及高固定成本的服务业中小企业和微型企业组成，但是，服务业的结构与发达国家有所不同，即低技能密集型产业[贸易、HORECA（酒店、餐馆和餐饮）、交通、住宿和仓储等]在就业和增值中所占份额相对较高，虽然创新不足，但吸纳了大量隐蔽失业劳动力，是经济稳定的重要支柱。

总体而言，波兰在中等收入阶段三次产业间趋势变动中，经济复杂度和经济结构发生了根本变化，接近于若干欧盟成员的水平。

第五节　波兰跨越“中等收入陷阱”中的人力资本问题

人力资本问题涉及健康和福利、教育（小学、中学和大学教育）、劳动力

① Szczygielski，K.，Grabowski，W.，“Innovation Strategies and Productivity in the Polish Services Sector”，*Post-Communist Economies*，Vol. 26，No. 1，2014.

市场、制度体制等方面(制约实现人力资本回报的法律框架、基础设施和其他因素等),限于篇幅及本书主题,我们主要讨论后三个方面。

首先,从制度体制方面看,波兰的人力资本保护实践值得关注。

新自由主义经济学认为,(最低)工资、工作保护和工作条件法律等提高了发展中国家的劳动力成本,降低其国际成本竞争力,不利于其(净)出口,故不应在各部门设置保护制度。但经济复杂度理论认为,劳动力市场保护制度未必是"寻租"的工具("内部人"以牺牲"外部人"为代价促使对其有利的收入分配),而是现实世界中解决(劳动力)市场不完善的办法。保护制度可以降低交易成本,产生"效率效应",促进人力资本积累,提高生产率。此外它们还可以作为风险分担和保险的次优工具,保护工人免遭失业和收入损失。

在波兰的社会经济发展进程中,人们对于机会不平等和因缺乏资源有效配置从而导致的人力资本浪费极为敏感。波兰存在强大的平等主义观念,经济增长一直强调保持包容性,收入差距扩大趋势被削减,并且社会流动性一直很高,即人力资本的有效配置和平等使用是其发展特征之一。波兰人力资本积累和平等使用的实践为此提供了重要的经验证据。

中东欧转型经济体初期普遍面临着生产率水平低、失业率高的矛盾情况,要同时促进生产率增长和就业增长是一项艰巨的任务。旨在提高就业率的政策可能会对生产率增长产生负面影响,而旨在提高生产率的政策可能至少在短期内会对就业增长产生负面影响。在这一问题上波兰表现相对较好。主要是通过一系列就业制度改革并建立起一个吸引众多劳动力的贸易部门解决了部分问题。从 1994 年起,波兰开始在三方委员会内建立工资集体协商制度,在 1999 年起推进教育、卫生和养老金制度改革,在 2013 年,放松对 250 个职业的管制,这些制度性变革鼓励了有效的产业结构调整和相应的有效人力资本形成。

有关转型经济学的研究发现,在劳动力重新分配的过程中,效率低下的国有企业不得不裁员,从而使大量劳动力流向新兴的私营部门,这有利于资源配置改善。即转型国家劳动力重新分配过程有两个主要特征,第一个特征是国有企业倒闭导致公共部门就业人数下降,随着新的私营企业的出现和旧的公共企业市场化,私营部门的就业人数增加。第二个特点是劳动力从制造业向服务业的重新分配。但波兰的劳动力重新分配却不尽相同,其作为中东欧转型经济体中失业率最高的国家,劳动力市场在这一再分配过程中起到了比其他国家更重要的作用。波兰大部分净就业调整是通过老年人退出和较低的青年进入发生的而不是通过大量的劳动力流动,这在很大程度上降低了失业的社会成本并促成了就业结构的改变。仿照北欧国家,波兰政府制定了有效的工人再培训和再安置方案作为社会人力资源优化配置的一部分,使总体劳动力可以匹配产业结构调整。同时波兰建立了相当完善的工人培训机构,以鼓励工人之间的知识积累和转移,其中包括专业培训机构、系统的在职培训计划、工作轮换和暂调制度等。

其次,从劳动力和就业方面讨论,人力资本积累和配置的成功经验和失败教训都值得关注。

虽然不断增强的服务需求结构削弱了对制成品的需求,波兰面临着一定的“去工业化”问题(但比绝大多数中等收入国家要轻微得多),因制造业将自动追寻转移到其他劳动力更廉价的国家,波兰不得不逐步转向在高端服务业创造就业机会,而高数量和高质量的人力资本是实现这一转变的关键。波兰工人以工作能力强、工作积极性高而闻名。相较于邻国,波兰的劳动者受教育程度高且生产力强。例如,波兰有超过 150 万的在校大学生,其大学培养出了 10 万余名拥有硕士和博士学位的劳动力。他们的薪资期望只有德国工资水平的 1/2—1/3,但作为人力资源的质量却与之不相上下。波兰的人力资本要素禀赋一直较好。1999 年,15—75 岁受过大学教育的人口比例为 9.2%,高于许多拉美国家,拥有大学学位的劳动力比例从 1989 年的 10%增至 2014 年的 31%,增长了两倍多。这些高素质的劳动力队伍推动了创新,促进了经济良好发展。

不过,波兰的劳动力市场也存在诸多问题,如临时就业问题。虽然波兰在就业方面的表现优于其他转型国家,但 1997—2007 年的净就业创造主要是临时就业,尤其是在低技能和年轻人中。从 2000 年年初到 2008 年国际金融危机,临时就业的比例一直在增加,在所有欧盟国家中临时就业占比最高,大约有 25%—27%的劳动者(约 320 万人)。此外,永久合同和临时合同之间存在持续的工资差距,并且跨合同类型的流动十分有限。比如,在 2008 年至 2013 年,只有 1/3 的持有临时合同的工人转为长期就业。虽然影子经济所占的份额下降,2013 年约占国内生产总值的 6%—24%,但是随着工会组织的削弱和资本力量增强,影子经济中临时就业合同也出现了前所未有的增长。临时合同(又称“垃圾合同”)的大量使用增加了就业市场的不确定性,削弱了对技能投资的激励,减缓生产率增长。这同样产生了从定期就业转型到长期就业,克服劳动力市场分割和“非正规陷阱”风险的问题。

再比如所谓“过度教育”和技能错配问题(专栏 8-2)。按照匹配模型和职业流动假设理论,过度教育问题是短期现象,不匹配的工作会导致劳动力流动到生产率更高的产业，同时出于就业竞争力考虑，人们自愿接受较他们教育水平低的工作以获得职业发展所需的经验和培训。但是，波兰在世纪之交时由于教育繁荣使技能型年轻劳动力快速增加，并且劳动力具有空间和职业流动性相对较低的特征，使进入劳动力市场的工人更有可能被困在与自己不匹配的工作中。一方面，从劳动力工资来看，因宏观上各行业的产品空间不同，劳动力构成各不相同，在波兰，有些行业的熟练劳动力比例高于其他行业，而贸易自由化对工人工资造成了冲击，且非熟练劳动力比例过高的部门的关税削减更大，使技术水平较低工人的收入出现更大的下降。另一方面，由于经济活动区域分布的缓慢变化，在新技术与全球化驱动的就业创造中，雇主在劳动力市场的灵活性方面遇到了挑战，在技能劳动力选择上尤其受到限制，就业错配较为显著。

专栏 8-2　波兰的过度教育问题

大量受过高等教育的劳动力被困在对教育要求低的工作中，这意味着个人和社会对教育的过度投资。波兰过度教育的总发生率，在转型的前 15 年中呈上升趋势，增长率是反周期的：在经济衰退时期 1988 年至 1993 年和 1998 年至 2003 年，过度教育工人的总比例分别上升了 6.4 个和 4.3 个百分点。1993 年至 1998 年，过度教育的发生率仅增加了 1.9%，在最繁荣的 2003—2008 年，这个数字下降了 0.7 个百分点。

在过度教育背景下，低于个人技能水平的工作会对生产力和工作满意度有负面影响，也会对刚进入就业市场即刚毕业的就业者造成心理压力。这种现象的原因是，如波兰教育繁荣的情况下，受过良好教育的工人供应突然急剧增加，这会导致他们的相对工资下降，反而使雇主雇佣更多良好劳动力到以前由相对较低教育水平的人担任的岗位上，在这种劳动力市场的不均衡情况下，过度教育就出现了。

不过，另一方面，技能低配与劳动力市场蓄水池一样有一定的积极作用。从长远来看，个人能够从事要求更高教育的工作，这种最初的人力资本浪费对于波兰可能不是一个严重的问题。一是因为影子经济在国内生产总值中所占的份额逐渐下降；二是由于结构升级与经济发展，企业开始调整生产工艺以容纳更多的技术工人；三是劳动力市场机制不断完善，使不对称信息和职业搜寻问题得到解决。大量研究表明，过度教育是一种职业生涯初期中的短期现象，控制得当，就是正常运转的劳动力市场的摩擦性现象。

（资料来源：Kiersztyn，A.，“Stuck in a Mismatch? The Persistence of Overeducation during Twenty Years of the Post-communist Transition in Poland”，*Economics of Education Review*，Vol. 32，2013；Kolasa，A.，“Macroeconomic Consequences of the Demographic and Educational Changes in Poland after 1990”，*Macroeconomic Dynamics*，Vol. 25，No. 8，2020）

第三，从人力资本供给方面看，波兰教育的发展表现较好。

从提升复杂度的角度看，人力资本对波兰经济增长的贡献主要来自劳动力质量提高和劳动力市场改进（第一章称之为配置效率效应），与其他国家通过提升劳动力数量获得经济增长形成对比，劳动力质量提高是由20世纪90年代中期开始的教育热潮推动的。在中等收入阶段，波兰的公共教育支出占GDP比例一直呈上升趋势，高等教育规模也在持续稳定扩张。1990年波兰的高等教育入学率已经为20%，2013年该比例提升为70%，在经合组织国家中处于最高水平，仅次于韩国。同时波兰是欧盟辍学率较低的成员之一，2015年辍学率为5.3%（欧盟平均指标为11%）。波兰教育的提高也快于同等收入水平国家，小学教育早在1989年之前已经普及，中学入学率也接近80%，近年来增加到接近100%。以经合组织的国际学生评估项目来看中学教育质量，波兰的国际学生评估项目分数自转型以来快速提高，在2000年时低于经合组织平均水平，在2003年达到经合组织平均水平，在2006年高于经合组织平均水平，在世界各国中排名第9，幅度和速度上都比其他转型国家更优。

1989年之后，波兰在教育领域出现的高度繁荣景象得益于20世纪90年代采用的自由教育法，通过建立私立大学，增加高技能劳动力的工资溢价，使大学教育越来越受到家庭的重视。波兰青年接受高等教育的比例从1990年10%左右增加到90年代末的50%以上，就业人口中大学教育的比例从1992年的10.2%上升到2014年的32.4%，大学毕业生人数从1990年的56000人增加到2012年的485000人，大学生人数从1990年的400000人增加到2012年的170万人。教育繁荣也同时促进了高技能职业的迅速增加，这一比例高于欧洲其他国家，人力资本的快速提高成为波兰生产力快速增长、生产结构改善和出口复杂度增加的关键。从1990年开始，波兰年轻劳动力的受教育程度较高的比例逐步上升，根据2013年波兰家庭预算调查（Household Budget Survey，HBS），50岁及50岁以上户主仅有不到20%拥有学位，而对于年龄在25岁到30岁的人，拥有学位的居民比例接近50%，这说明了波兰年轻劳动力生产力的提高，这意味着更多的有效劳动力供给和产出。

大量研究表明，目前波兰的人力资本已经达到了发达国家水平，将不再阻碍经济发展。比如高等教育的入学人数至少增加了四倍（O’Brien，Kaczynski，2006）[①]，义务教育年限提高到 18 岁，以占 GDP 的比例衡量，波兰的教育总支出达到经合组织国家中的标准比例。但是，与发达国家的第二次人口转型类似，波兰生育率的下降对人口年龄结构产生了明显影响，预期寿命的提高、人口老龄化，生育率下降也使人口老龄化问题逐渐突出，一些研究表明，人口年龄结构的变化还会影响一些宏观经济变量，包括总产出、消费和资产，其中包含积极成分。比如，有观点认为，随着教育程度的提高，人口老龄化对收入和消费的不平等也可能产生积极影响。相比之下，生育率下降对波兰人均产出的负面影响更大。目前，波兰现在是生育率最低的国家之一，总和生育率（Total Fertility Rate，TFR）仅略高于 1.3 的门槛值。虽然长期的低生育率以及预期寿命不断增长都对宏观经济变量产生了重大影响，包括实际利率的降低、人均产出与投资的恶化，但教育发展对生产力提高的积极影响持续，这能否抵消生育率下降和老龄化的负面影响，不影响其顺利跨越“中等收入陷阱”，仍有待观察。

第六节　结　　论

从 1990 年到 2010 年，波兰仅通过 20 年时间便成功跨越了“中等收入陷阱”，与发达国家收入水平的差距迅速缩小，实现了向高收入国家的转变，尽管经济复杂度作为工业产品先进程度的计量体现仍有差距，但其成功难以否认。从经济转型视角切换至经济复杂度良性演进视角来分析波兰跨越“中等收入陷阱”问题，可以发现，制度因素、产业政策、外部环境、开放条件下的要素禀赋获取扩大等是基本因素，而这些促使经济复杂度的提升并反过来帮助提高宏观政策环境的因素，必须是以较高质量人力资本的发展为条件的，尽管其也经历了教育失业和劳动力市场不匹配等失衡。

有观点认为，波兰的经济发展模式建立在国家逐步退出（计划）经济的基础上，因为在 1989 年之前，计划经济对进一步发展的制约已经比较疲软，受到彼时自由化风气和放松管制趋势的影响，波兰进行了市场制度性改革，

---

① O’Brien，P.，Kaczynski，W.，*Poland’s Education and Training：Boosting and Adapting Human Capital*，OECD Economics Department Working Papers，No.493，2006.

从而提高市场制度的质量并扩大了其包容性。这一点有许多文献论述。除了深入进行经济改革的效率提升外,波兰逐步迈向了一个开放的市场,把握历史窗口机会,坚持发展外向型经济和开放对其更加重要。2004 年加入欧盟改变了波兰的发展轨迹,对波兰经济影响巨大。

波兰一些传统制造加工业,不仅在全球“去工业化”的趋势下没有受到较大影响,更是在改革过程经历阵痛中取得了巨大的成功,这与同为转型经济体的哈萨克斯坦截然不同。制造业质量升级带动了经济复杂度与出口竞争力的提升,不仅实现国内增加值的提升,而且使其融入全球价值链的更高部分,并反向促进了国内制造业的发展,通过不断创新让产品更具竞争力和吸引力。在吸纳外资,充分学习先进生产技术与管理经验的基础上,波兰突破了模仿经济的“玻璃屋顶”,成功转变为能够创造新思想的经济,从而能够应对全球化的挑战,这表现在对信息技术产业和有轨电车、大卡车之类的交通工具生产等尖端行业投入大量的研发资金,对经济复杂度的良性演进有重要意义,成为波兰经济的增长点,由此形成经济复杂度—经济增长的良性循环,形成其跨越“中等收入陷阱”的基本路径。

不过,这些因素带来的是发展能力实现高效率的提升,值得我们关注的是,波兰较好保持甚至加强了国家体制能力并恢复产业政策,这更是其经济复杂度良性演进和跨越“中等收入陷阱”的重要原因。同时,继承自社会主义的遗产,一个开放、平等、没有阶级、尊重才能的社会,也为后来的大规模改革奠定了基础,尤其是为波兰的教育繁荣创造了前提。

本书研究的 2 个转型案例国家,特别是经济方面造成多样化的障碍不尽相同。哈萨克斯坦得益于石油产品贸易条件的改善,其并非像拉美国家那样面临资源产品的贸易条件恶化(在开放经济中,由复杂度的提升稳步改进的收益不成比例地流向了发达国家;而陷入“中等收入陷阱”者被剥夺投资高复杂度、多元化的空间,锁定在加总问题可能造成的低复杂度活动中),并非像印度和土耳其那样面临农业贸易条件恶化(这些构成前述 5 国多样化的障碍,或者有复杂度提升的多样化的障碍),但是其多样化仍较为有限。例如,从最直接相关的问题也就是自我发现本身的问题看,采矿、林业、农业和畜牧业作为低复杂度产品的多样化进程较为迅速,同样适应于拉丁美洲、印度与土耳其,也包括哈萨克斯坦。拉美国家和土耳其学会制造和出口发达经济体产业内贸易中的复杂产品,但是仍进展有限。尽管通过改革减少了进入壁垒和其他市场扭曲,但企业家发现这一具体问题在复杂产品中没有得以实现,未能探索新的机会,特别是在拉丁美洲,可能产生将鼓励社会更多的资源投入到现有的活动中的不利结果(低复杂度多样化,或者贸易的外延式增长）。

相反，波兰经济转型与经济复杂度良性演进的正向互补就成为了一个值得继续关注的案例。研究发现，并不存在某种机制，通过不平等的交换直接阻碍发展，使发达国家的繁荣依赖于发展中国家的困境。当然，提升复杂度的自我发现是艰巨而昂贵的，这不是市场运转良好的自动结果，也不是一个直接的市场失败，而是可以通过像专利一样的产权界定来纠正，让先驱者能够抓住他们努力的正外部性。自我发现是一个复杂的协调问题，可以通过私营和公共部门的不同行动者之间的合作来解决。但是，只有当受益者受到持续的竞争纪律约束时，政府才能更好地发挥其作用。

第九章　韩国：迈向高复杂度经济中的能力提升

作为20世纪80、90年代后迅速崛起的经济体、被称为亚洲"四小龙"典型代表的韩国，如今被普遍认为是发达国家之一。韩国虽不算大国，其发展的起点很低，但"麻雀虽小、五脏俱全"，发展过程跌宕起伏，作为国际公认的克服"中等收入陷阱"的少有成功案例之一，尽管发展经济学、国际经济学乃至经济史学者做了许多研究，但仍有关于发展模式的一些问题值得探讨。

第一节　韩国中等收入阶段发展特征的描述

也许与民族性和周边环境相关，韩国在推行"出口导向型"经济发展战略、进口替代战略中多次转换，在东亚式资本主义和英美式资本主义多次转换，在追求半岛统一与中等富裕国家之间多次转换，在财阀主导与经济民主之间多次转换，其经济发展成功的背后不乏蜿蜒曲折，但神奇的是，它总是浴火重生，凤凰涅槃，故而被称为"韩国奇迹"。

一、经济增长总体成功

根据世界银行2015年收入水平划分标准，经计算后，我们判断韩国分别于1977年、1988年和1996年跨越第一、第二和第三时点，在中等收入阶段所处时段为1977—1996年，其中，下中等收入阶段时长11年，上中等收入阶段时长8年，共19年。从图9-1看，中等收入阶段内，韩国人均GDP持续递增，但人均GDP增速不乏波动，尤其是20世纪80年代初期、1997年亚洲金融危机期间，一般均为正向增长且增速较高、一般在5%—10%。但世纪之交进入发达国家之后增长明显放缓，这已不是本书主要焦点。

二、供给结构持续优化

（一）产业结构高级化、合理化

从图9-2看，在1973—1976年的低收入阶段，第一产业占比逐渐下降，第二和第三产业占比逐渐上升，其中，第一产业占比约为25%，第二产业约

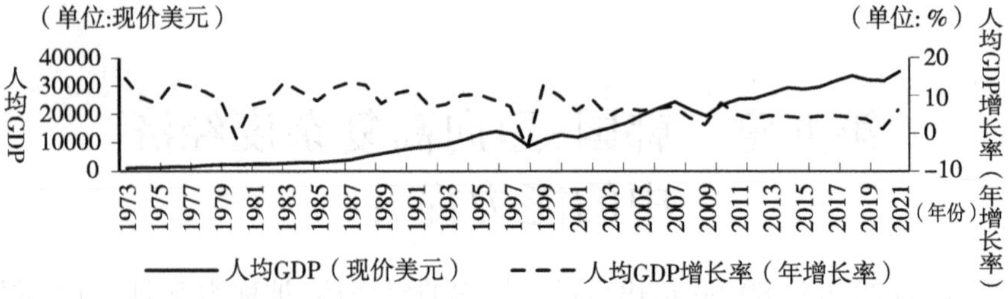

图 9-1　韩国 1973—2021 年人均 GDP 及其增长率变化

资料来源:世界银行 WDI 数据库。

为 30%,第三产业不足 50%。在 1977—1996 年的中等收入阶段,第一产业增加值占 GDP 的比例呈持续下降态势,1977 年、1988 年和 1996 年分别为 21. 79%、9. 22%和 4. 96%;第二产业增加值占 GDP 的比例呈持续递增态势,1977 年、1988 年和 1996 年分别为 28. 46%、35. 95%和 36. 49%,但整体变化幅度较小,在 30%—40%浮动;第三产业增加值占 GDP 的比例呈递增趋势,1977 年、1988 年和 1996 年分别为 49. 75%、54. 19%和 59. 59%,且在 1980—1996 年,均高达 50%—60%。由上可见,韩国在中等收入阶段的产业结构,呈现出第三产业为主导、第二产业次之、第一产业占比小的一个动态演进结构,比低收入阶段的产业结构更加优化。不过,其制造业近年来相对衰弱,而服务业长期维持低生产率,而且金融行业也较为落后。

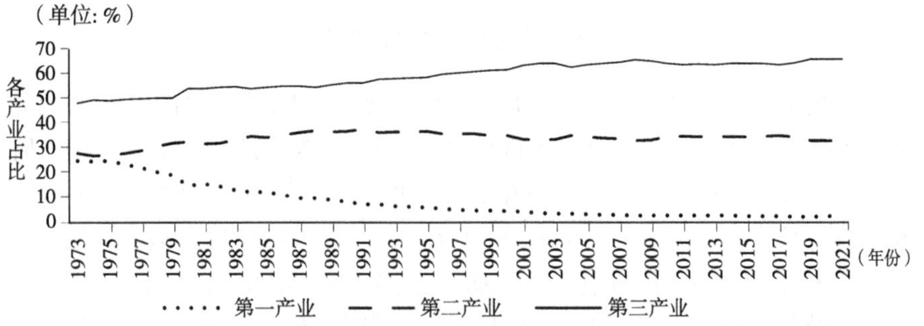

图 9-2　韩国 1973—2021 年三次产业结构占比演变

资料来源:世界银行 WDI 数据库。

（二）劳动力和人力资本变迁喜忧参半

从图 9-3 看,韩国历年预期寿命持续递增,1977 年、1988 年和 1996 年年分别为 64. 9 岁、70. 55 岁和 74. 15 岁;除 1996 年外,劳动年龄人口占比也持续递增,1977 年、1988 年和 1996 年分别为 59. 64%、67. 89%和 71. 44%;

除1996年,抚养比持续递减,1977年、1988年和1996年分别为67.67%、47.31%和39.98%。综合以上三个指标,韩国在中等收入阶段的劳动力基本质量呈现出良性演进。

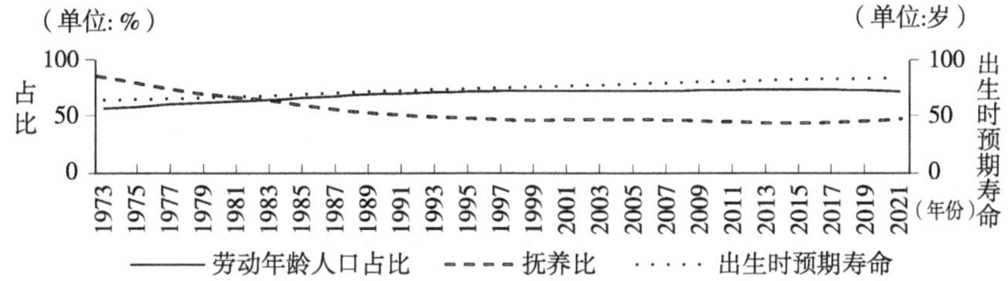

图9-3　韩国1973—2021年劳动力主要相关指标演变

资料来源:世界银行WDI数据库。

人力资本是通过教育、培训、实践及保健等途径的投资而积累的知识和技能,反映劳动力的质量,其衡量指标主要有各级教育入学率和公共教育开支力度。从图9-4看,韩国公共教育开支占GDP比重在下中等收入阶段递增较快、1982年高达6%多,在上中等收入阶段基本维持在3%左右。各级教育入学率变化趋势存在差异,小学入学率一直在100%—108%浮动;中学和高等教育入学率基本呈递增趋势,且下中等收入阶段增幅更大,而且高等教育入学率在中等收入阶段从7%提升到近55%。从整体上看,人力资本提升较快,为经济增长提供了较好支持。

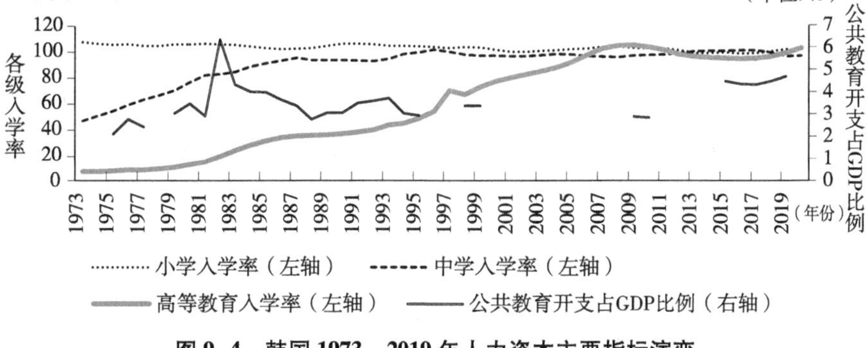

图9-4　韩国1973—2019年人力资本主要指标演变

资料来源:世界银行WDI数据库。

人口老龄化是其现阶段面临的主要问题。与人口结构相关的所有指标,如人口增长率、老年人抚养比紧随日本。总体人口增速放缓或绝对人口减少,这意味着劳动力资源开始短缺,潜在增长率下降。劳动力市场改革近年来不断取得进展。对消费、经常账户、利率和房地产价格等主要宏观经济变量产生巨大影响。

三、技术创新能力持续提升

投入视角技术创新能力的衡量指标主要是研发支出和研发人员。1996年韩国研发支出占 GDP 比例为 2.24%,当年每百万人中研发人员为 2211.23 人。产出视角技术创新能力的衡量指标主要有居民专利申请(知识产出)和高科技产品出口额(经济产出)。从图 9-5 看,韩国的居民专利申请量在中等收入阶段基本呈递增趋势,上中等收入阶段增速更高。

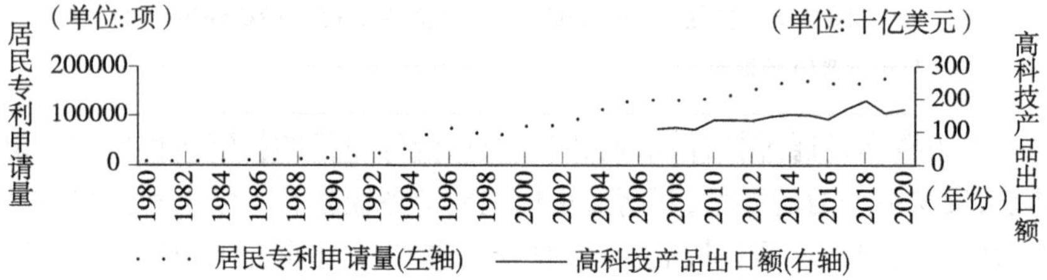

图 9-5 韩国 1980—2020 年技术创新指标变化

资料来源:世界银行 WDI 数据库。

以上两个指标的变化趋势表明,韩国上中等收入阶段的技术创新呈持续递增趋势,为经济增长提供了积极推动力。不过虽然信息通信技术部门发达,但对其他服务业的溢出效应微弱。

全要素生产率对经济增长的驱动力不断增强。从表 9-1 看,韩国全要素生产率对经济增长的贡献程度较高,在中等收入阶段呈持续递增趋势,关键时点附近的 1975 年、1985 年和 1995 年分别为 0.41、0.50 和 0.55,1975—1985 年增加 0.09、1985—1995 年增加 0.05、1995—2005 年增加 0.11,下中等收入阶段增幅更大。

表 9-1 韩国 1960—2014 年五年期全要素生产率值

年份	1960—1964	1965—1969	1970—1974	1975—1979	1980—1984	1985—1989	1990—1994	1995—1999	2000—2004	2005—2009	2010—2014
TFP 值	0.32	0.34	0.38	0.41	0.44	0.50	0.56	0.55	0.63	0.66	0.64

资料来源:联合国工业发展组织,转引自王晓芳、胡冰:《关于中国跨越"中等收入陷阱"的思考》,《上海经济研究》2016 年第 10 期。

四、需求结构渐趋合理

从表 9-2 来看，1960—2000 年，韩国消费率除 1990—2000 年外持续递减，下中等收入阶段的消费率高于上中等收入阶段；韩国投资率一直不太高，在下中等收入阶段持续递增，1990 年达到峰值之后开始回落；货物和服务净出口占 GDP 比例由 1960 年的-9.44%持续递增到 2000 年的 2.07%（但服务业的出口表现不佳），说明韩国的出口能力大幅度上升。

表 9-2　韩国 1960—2000 年的需求结构演变　（单位：%）

年份	1960	1970	1980	1990	2000
消费率	98.1	84.8	76.1	63.6	68.6
投资率	11.4	25.4	31.8	37.5	26.9
货物和服务净出口占 GDP 比例	-9.44	-9.64	-7.44	-1.00	2.07

资料来源：投资及消费数据来源于 IMF 数据库，转引自林岗等：《迈过“中等收入陷阱”的中国战略》，经济科学出版社 2011 年版，第 3—4 页；货物和服务净出口数据由笔者根据 WDI 数据库测算。

进一步分析韩国中等收入阶段的出口结构（不含服务）以反映产业结构，更能直接体现一国生产产品所包含的技术含量，因为出口产品还要经过国际市场的选择。从表 9-3 看，1977—1996 年，出口产品结构（不含服务业）也不断优化。在下中等收入阶段，韩国出口产品结构以劳动密集型为主，资本与技术密集型产品占比不断增加，食品原料型产品占比逐渐降低，出口结构不断优化；在上中等收入阶段，出口产品结构以资本与技术密集型产品为主，劳动密集型产品占比约 1/3，食品原料型产品占比极低，出口结构进一步优化。韩国在中等收入阶段出口结构的优化反映其该时期技术创新能力提升。

表 9-3　韩国跨越三个时点的出口结构　（单位：%）

年份	食品原料型占比	劳动密集型占比	资本与技术密集型占比
1977	14.7214	65.6440	19.6346
1988	62.017	54.9952	38.8032
1996	67.643	33.4834	59.7523

资料来源：笔者根据世界银行 WDI 数据库整理。

五、社会能力建设与经济增长进程匹配

（一）收入分配较为公平

从图 9-6 来看，韩国在中等收入阶段内，基尼系数基本平稳，说明国内收入分配较为合理。但是，近年来，不少韩国学者认为，韩国的收入差距正在扩大。

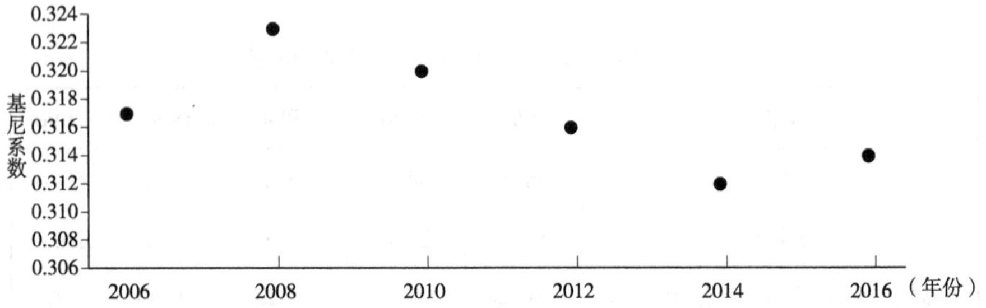

图 9-6　韩国 2006—2016 年基尼系数变化

资料来源：世界银行 WDI 数据库。

（二）城市化率迅猛提高

城镇化率是经济社会发展的一个重要反映指标，即城镇人口与总人口的比值。从图 9-7 来看，韩国中等收入阶段的城镇化率持续上升，1977 年、1988 年和 1996 年三个年份分别为 51.48%、70.39%和 78.66%，其中下中等收入阶段的城镇化递增幅度高于上中等收入阶段。

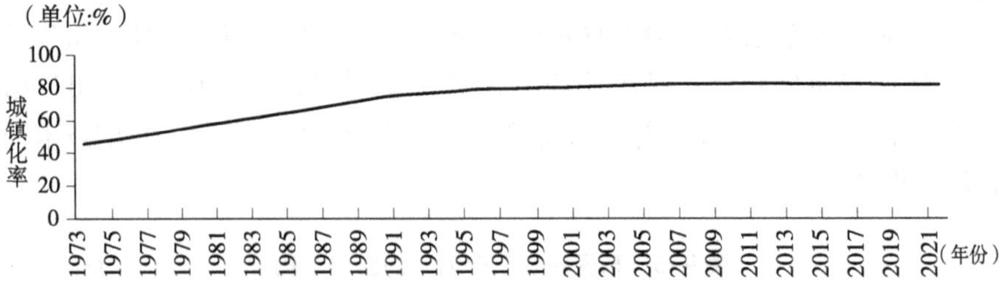

图 9-7　韩国 1973—2021 年城镇化率变化

资料来源：世界银行 WDI 数据库。

综合以上分析，韩国在中等收入阶段的多个经济指标和社会指标均反映出，韩国不断转变经济发展方式、调整产业结构、注重科技创新，同时控制国内收入分配差距、注重居民福利、完善各类基础设施建设、推进城市化等缓和社会矛盾，这些均为韩国成功跨越“中等收入陷阱”创造了良好的经济

社会支持条件。

第二节　韩国经济复杂度的测度

对于韩国发展奇迹的解释，有一些值得注意的观点。比如，韩国学者郑德龟认为，经济政策的政治经济学三角决定结构对理解韩国发展模式最为重要。也有人从国际环境角度分析，强调日本的战争赔款、美国的支持等。不过最为有影响的还是从创新和升级角度的分析。

一、测度结果及分析

（一）韩国经济复杂度

豪斯曼研究团队基于出口数据构建的经济复杂度指标剔除了收入信息，可以更好地反映出口产品的技术含量，从技术创新能力视角解释并预测经济增长。根据笔者计算（见图 9-8），韩国中等收入阶段历年经济复杂度及 LN_{GDPPER} 基本呈递增趋势，二者演进方向基本一致；而且相较于下中等收入阶段，经济复杂度及 LN_{GDPPER} 在上中等收入阶段内的增幅更大。

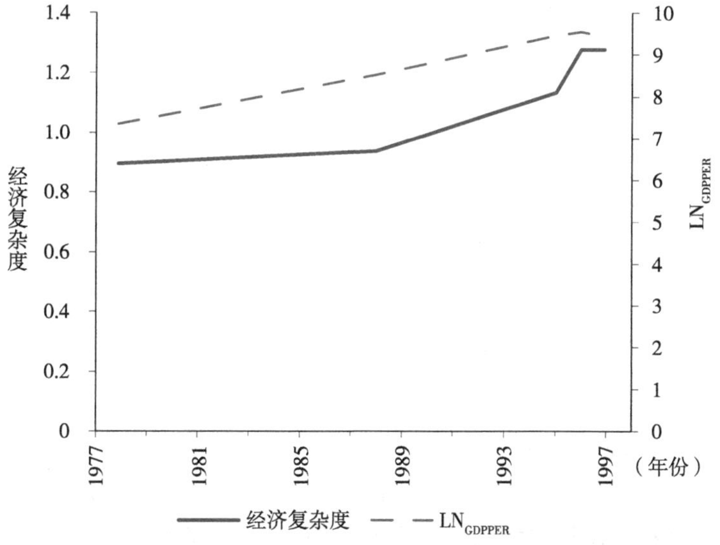

图 9-8　韩国 1977—1997 年经济复杂度及 LN_{GDPPER} 演进

资料来源：联合国商品贸易数据库。

（二）韩国六类产业显示性比较优势

显示性比较优势是衡量产业竞争力及升级潜力的一个重要指标。从图9-9来看，韩国在1977—1988年的下中等收入阶段：产业1、2、3的竞争力均较弱，产业1的显示性比较优势在0.33—0.78浮动且基本呈下降趋势；产业2的显示性比较优势在0.01—0.23浮动，1980—1987基本呈递增趋势；产业3的显示性比较优势在0.29—0.55浮动，以1980年为拐点，基本呈现先增后减趋势；产业4的显示性比较优势在1.20—2.20浮动，以1981年为拐点，基本呈现先增后减趋势，产业竞争力较强；产业5的显示性比较优势在0.60—1.30浮动，产业竞争力由较弱或一般演变为较强；产业6的显示性比较优势在2.30—4.00浮动，基本呈现下降趋势，产业竞争力很强。由上可见，韩国在低复杂度的产业1、2的竞争力变弱，中低复杂度的产业4、6的竞争力较强或很强，中高复杂度的产业3的竞争力较弱、产业5的竞争力较强。整体上看，除产业3外，韩国的产业升级竞争力较强。

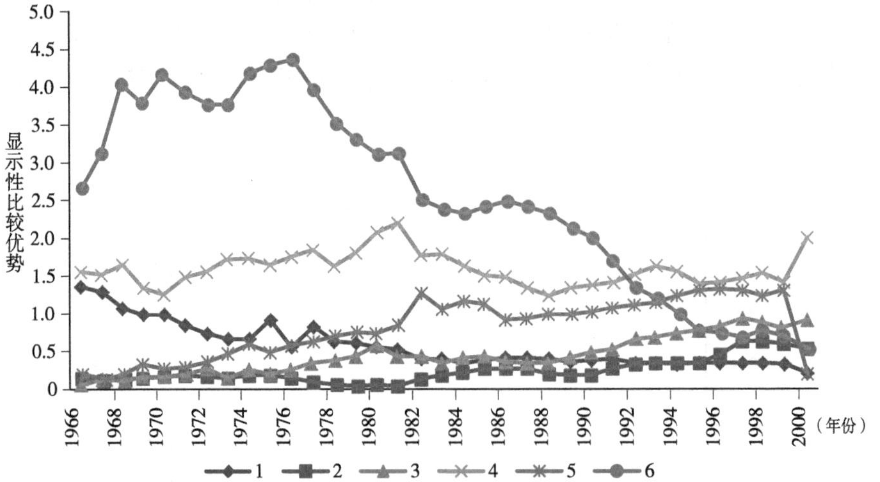

图9-9　韩国1966—2000年六类产业显示性比较优势

资料来源：联合国商品贸易数据库。

韩国在1988—1996年的上中等收入阶段：产业1、2、3的竞争力也较弱，但各自的变化态势不同，产业1的显示性比较优势基本呈现下降趋势，产业2的显示性比较优势基本呈递增趋势，产业3的显示性比较优势递增幅度较大，竞争力由较弱向一般的临界点0.8演进。产业4、5的竞争力均较强，其中产业4的显示性比较优势略微呈现递减趋势，产业5的显示性比较优势进步比较明显。产业6的竞争力由很强变为一般。到1996年，韩国具有较强比较优势的产业是主要按材料分类的制成品、机械和运动设备，其他产业竞争力均较弱。相较于下中等收入阶段，韩国的产业结构更加合理，虽然低复杂度的产业1、2的竞争力较弱，中低复杂度的产业4、6都有下降，但中高复杂度的产业3、5的竞争力均呈递增态势。

（三）韩国产品空间的产业态势

韩国在1977—1988年的下中等收入阶段：无转型产业、产业5的发展势头接近于转型产业，未升级产业为产业1、2、3，保持持续优势产业为产业4、6，无升级失势产业。韩国在1988—1996年的下中等收入阶段：转型产业为产业5，未升级产业为产业1、2、3，保持持续优势产业为产业4、6，无升级失势产业。在19年的中等收入阶段中，韩国出现了复杂度较高的转型产业5以及保持持续优势的产业4、6，虽然食品原料型产品未实现升级。

（四）韩国六类产业密度

密度是衡量产品空间位置及升级潜力的一个重要指标。根据笔者计算（见图9-10），韩国在1977—1988年的下中等收入阶段：除去1977年、1982年和1988年的产业2，历年六类产业的密度均在0.20以上，产业竞争力较强或很强；产业1的密度在0.27—0.46浮动，产业竞争力较强；产业2的密度在0.16—0.44浮动，产业升级竞争力由一般向较强演变；产业3的密度在0.27—0.53浮动，1984—1988年呈持续递减趋势；产业4的密度在0.28—0.60浮动，产业竞争力处于较强或很强态势；产业5的密度在

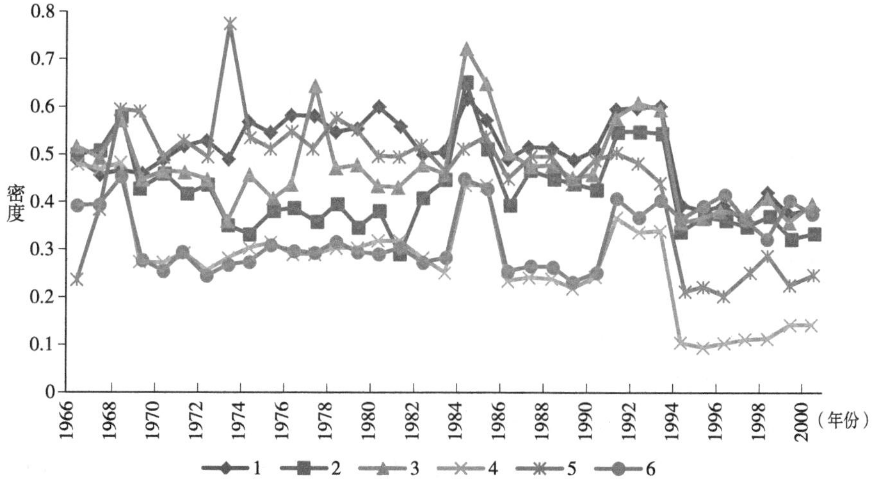

图9-10　韩国1966—2000年六类产业密度

资料来源：联合国商品贸易数据库。

0.17—0.69浮动，产业竞争力整体呈现先递增再递减的趋势；产业6的密度在0.27—0.61浮动，产业竞争力整体呈现先递增再递减的趋势。由上可见，韩国低复杂度的产业1、2还有一定的升级潜力；中低复杂度的产业4、6的产业升级潜力较强，但是产业竞争力略微下降；中高复杂度的产业3、5的竞争力有所下降。

韩国在1988—1996年的上中等收入阶段：产业1、2的竞争力均下降，但还维持在较强水平；产业3的密度基本呈现先递增后递减趋势，稳定在较强水平；产业5的竞争力整体呈现先递增后递减的趋势，基本维持在很强的水平；产业4、6的竞争力1991年后下降明显，但竞争力还一直维持在较强水平。相较于下中等收入阶段，韩国的产业结构更加合理，产业1、2、4、6的竞争力都有所下降，产业3的竞争力均有所下降，产业5的竞争力有所提升，但两大产业竞争力依然维持在较强或很强水平。从整体上看，上中等收入阶段比下中等收入阶段的产业结构有所优化。

（五）韩国经济复杂度分析

长期以来韩国的对外贸易依存度很高，1964—2004年的出口年均增速高达21.1%，名列世界第1，出口额占全球比重由1970年的0.29%提高到2011年的3.03%，位居全球第七，亚洲第三。直到20世纪70年代早期（经济起飞阶段），韩国经济中出口占GDP的比重都小于投资的比重。虽然韩国的经济脆弱性较强，但是，出口作为其生产技术能力的一个良好指标，在经济起飞阶段纠正了进口替代造成的扭曲；在进入中等收入阶段，能够对企业施加更大的竞争压力，使企业家、管理者、员工都要面对全球标准，促进市场规模扩展、技术改进和能力发展。出口在中等收入阶段后一直超过投资的拉动作用，特别是在1997年亚洲金融危机后，向中东、美国、欧盟的出口比重维持了良好的水平，这样，虽然出口对于汇率的弹性下降，出口价格的汇率传递效应（Pass-Through Effect of the Exchange Rate）减弱，但是，基于复杂度提升的信息技术行业和重化工业的出口增加，使韩国经济很快走出了低谷。

从国际贸易的商品结构上看，出口逐渐由纺织服装、胶合板等劳动密集型产品向电子及通信设备、汽车、金属制品过渡，初级产品和轻工产品的比重下降，而重化工业产品的比重持续上升。如1995年纤维及皮革制品为14.4%，下降到1985年的一半；相反电气机械及电子设备等重化学工业产品的比重上升，由1985年的8.9%上升到1995年的27.6%。进入中高收入阶段后，韩国出口主力产品都是20世纪80年代初随技术开发扩大所研发的。虽然时刻面对持续性开发延迟丧失竞争力的风险，但在高附加价值化中确有发展。例如，半导体、录像机、汽车、个人电脑等办公机械、电子微波炉和磁带都是80年代前期开发出来的，而且在1987年前几乎长期处于起步时期，进入1993年后这些产品的出口才有明显提高，而2003年后高科技出口产品的比重更是高达32%以上。

韩国经济的能力特征可以从比较优势变化来衡量。表9-4表示其每5年期韩国具有比较优势产品的变化情况。1965年，韩国出口73种具有比较优势的产品；仍有706种产品不具有比较优势。1970—1990年，韩国的出口分散度大为提高，特别是在那些距离中等或较远的产品空间进行诸多跳跃。20世纪80年代中期，具有显性比较优势的资本与劳动密集型产品的（显示性比较优势大于1）的数量约200种，主要是在机械、金属以及化工领域。而在80年代初期到21世纪初期，汽车产业在国际市场上的迅速崛起令人瞩目，同时，其面临的挑战和克服挑战的历程同样引人深思。①

表9-4　韩国1962—2007年出口产品的比较优势变化

年份	1962	1965	1970	1975	1980	1985	1990	1995	2000	2005	2007
畜产品	10	9	10	9	9	10	9	6	5	1	0
资本密集型	2	13	14	30	34	35	41	36	33	32	26
谷物	6	4	6	6	9	5	5	7	8	5	5
化学制品	3	1	2	4	10	11	8	13	14	18	20
林产品	1	2	2	6	9	6	1	1	1	0	0
劳动密集型	4	16	16	45	54	54	51	31	24	14	8
机械	2	3	6	24	43	39	43	49	49	50	49
金属制品	2	11	3	18	30	28	20	16	18	13	15
石油产品	0	0	1	1	1	3	3	2	6	3	3

① 金麟洙（1997）描述了现代汽车在购买国外设备、雇佣外籍顾问、与外国公司签署许可合同的经历：尽管有专家的培训和咨询服务，现代的工程师们经过14个月不断试错才开发出第一辆汽车原型（Prototype），但第一次测试时发动机变成碎片。新的车型几乎每周都出现但都不成功，于是导致对自身的能力产生怀疑。一直到1992年，工程师团队经过11次测试才找到成功的车型，其中有2888处发动机的设计变化、97次进行涡轮增压发动机的测试、超过200次变速器测试、150次车辆测试。尽管1988年，现代汽车在美国被看作是赝品，但2004年时，已经与本田一样在质量排行榜上高居第2。

续表

年份	1962	1965	1970	1975	1980	1985	1990	1995	2000	2005	2007
原料	8	11	8	12	5	3	3	5	6	8	6
热带农业	3	3	4	7	7	4	3	2	2	3	2
核心产品	7	15	11	46	83	78	71	78	81	81	84
总显示性比较优势≥1	41	73	72	162	211	198	187	168	166	147	134

注：表中显示的是比较优势产品的“净”数量，获得比较优势的产品与失去比较优势的产品总数之差。

资料来源：Felipe, J., Abdon, A., Kumar, U., “Tracking the Middle-Income Trap: What is it, Who is in it, and Why?”, *SSRN Electronic Journal*, No. 715, 2012.

基于产品空间的韩国经济复杂度变化也可以从前述指标去观察，根据经济复杂度网站地图，从分散度看，2001—2007 年韩国出口了 154 种具有比较优势的产品。而经合组织发达国家的这一指标很高，平均为 105，诸如瑞士、比利时等国更是明显高于韩国，而且像英国这样经济实力有所减弱的国家也高于韩国(139)；根据产品空间理论，这些发达国家的出口潜力仍然很高。

总体而言，韩国在以往产品空间演变中表现优异。1985 年开始，通过技术升级提高出口产品的档次，重点推进计算机软件、半导体、通信设备等特定部门的技术开发，使这些部门技术达到美国、日本等先进国家水平。尽管失去了一些劳动密集型和部分资本密集型产品的比较优势，而且在没有增加其具有比较优势产品数量的情况下，韩国具有比较优势的核心产品数量在不断增加，特别是 1996 年起进入高收入阶段时，韩国提出“设计韩国”战略，从制造大国转向设计大国，通过产业结构高级化战略，技术、知识密集型产业成为新的主导产业。

第三节　韩国经济复杂度的成功演进及其缘由

一、韩国经济复杂度的成功演进特征

从部门视角看，通过增长来源的多样化来动态平衡经济动力结构，韩国在中等收入阶段后经济复杂度演进特征可以概述如下：

第一，第一产业的复杂度有提升，第三产业的停滞与演变互有交叉。

经济复杂度的增加或多样化,与农业就业的减少和服务业就业的增加有关。其中,就工业化的先决条件而言,韩国经济复杂度的成功演进基础是有意识的农业基础夯实。直到20世纪中期,韩国农业的要素禀赋较为薄弱,且一直依赖于传统生产技术,收成几乎不足以养活人口,且饥荒并不少见。后来粮食供应显著改善。农业生产力持续增长,产量足以养活农民和不断增长的城市人口。尽管提高农业生产力对工业化的重要性是不能忽视的,但是,与印度尼西亚等技术进步偏向于农业者相比,农业在产出中的份额没有增加,韩国的农业生产力改进促进了劳动力向城市职业转移,并使农业出口成为可能,从而为制造业的投资创造了资本和劳动力基础。农村收入的增加也转化为对新兴制造业产品的需求。虽然出口产品空间中清晰反映出韩国农业缺乏比较优势,但韩国并没有采取简单的放弃农业发展战略。

尽管韩国服务业规模庞大,雇佣了76%的工人,但由于生产率低,该部门对整体经济增长的贡献不大。服务业的人均增加值仅为制造业的48%。在服务业内部,各子服务业的劳动生产率水平各不相同。总体而言,交通、仓储、通信行业以及金融、保险、房地产和商业服务行业(尤其是其中的现代服务业部分)劳动生产率较高。而批发和零售业、酒店和餐饮业的生产力水平较低。1980—2010年服务业劳动生产率年均增长率仅为1.6%,明显低于同期制造业7.7%的增长率,两个部门间的劳动生产率和增长率的差距较大。服务业的问题与中小企业相关。由于韩国中小企业在商业模式上落后,且陷入“低技能—低生产率”陷阱越来越落后于大公司,使其服务业的复杂度指数排名滞后。这种服务业生产率低下的确是出口导向型增长战略的固有挑战,而且与制造业相比,服务业的劳动生产率较低阻碍整体生产率的增长,但具有社会稳定和减少不平等的优势,故现代服务业发展引起了广泛关注。

第二,第二产业不断发挥提升复杂度的关键作用。

根据收入弹性、规模经济和垄断竞争等概念分析,制造业不同部门之间在技术和需求方面存在相互依存关系,关键制造业的动态规模经济效应对于提升经济复杂度极其重要。正因如此,尽管该战略本身容易受到外部冲击,且造成制造业和服务业之间的不平衡,但由于鼓励制造业的投资多于服务业,韩国的出口导向型增长战略不仅对制造业有利,使其能够保持强劲增长并转为技术更先进的部门,还能够提升整体复杂度。

首先,韩国积极探索公共研究机构、公私研发联盟和其他学习模式进行的研发模式,具有重要启示意义。与低收入阶段的传统市场失败不同,创新的市场失灵不仅源于知识作为公共物品的外部性,而且在于企业能力被忽略,发展中国家的严峻现实是企业能力水平极低,无法进行内部研发,因此,企业理性的经营方式是购买或借用外部技术,专门从事技术含量较低的工作。有效的能力建设,不能只是简单地获取研发资金,而是要通过多种方式解决协调失灵问题,培养研发能力、提供有效学习和能力建设的机会。

其次,韩国促进了大企业的能力建设。从中等收入经济体向高收入经济体跳跃时,许多中等收入国家难以产生大企业。韩国依靠密切的公私协商和国际标杆,产业政策保持着一种外向型、自下而上的综合方法。早在低收入阶段,虽然三星等商界领袖被贬义视为“非法财富积累者”,但其实是将其作为国家监督与私营企业相结合以推动经济发展的手段。这些政府合作伙伴不是大型商业集团,而是家族企业,通常参与轻工业的生产。经理在决策上有自主权,但受到政府监督,政府控制银行部门,并向提供贷款的外国金融机构提供担保。通过直接监测和基于绩效的支持,政府还控制国家支持的债务融资的潜在成本。为了最大限度地减少建立资本密集型产业的时间和有效利用规模经济,政府依靠一批精选的国有企业和成功的财阀,例如现代。受监管的垄断或寡头垄断是规模经济在这些行业发展的必要要求,直到进入国际市场的需求大到足以支持有效竞争为止。

严重的宏观经济失衡和政治问题迫使政府在 1979 年 4 月采取全面的稳定计划,乃至韩国政府不得不取消重工业驱动。韩国坚持选择在财政负担变得不堪重负之前发展技术实力,将实现动态有效的增长轨迹。虽然“20 世纪 70 年代雄心勃勃的重工业驱动和过度干预将经济推向债务危机的边缘”,而且一些财阀破产,不得不由更健康的企业集团接管,但这在一定程度上符合创造性破坏的范式。尽管产能过剩是 70 年代末的一个主要问题,但重工业驱动为韩国钢铁、造船、机械、电子和石化等许多领先行业奠定了基础,大大加强了这些行业以及汽车等相关行业之间的后向和前向联系,增加出口的本地化成分,促进了大企业的能力建设。

最后,韩国提供适当水平的知识产权保护,鼓励以小专利或商标形式进行的小创新。作为当时的发展中经济体,韩国采用了欧洲大陆式的法律制度。1961 年,韩国政府修改了知识产权法,建立了首个自主知识产权制度,该制度既保护传统创新,也保护小型创新,它们被作为中等收入阶段追赶的一种手段。

超越低收入水平的成功经济发展需要企业和支持性制度的发展。从一系列资本密集型行业中进行选择变得困难。资本—劳动力比率不再作为衡量标准,比较优势过于笼统。历史经验也表明,当支付较低的工资有助于建立某些阶段的竞争能力时,韩国首先选择了技术相对稳定和成熟的行业,从而以较低的成本实现了高度的技术转移和产业内升级。对于已经建立了劳动力培训能力和至少拥有相当成熟的商业领袖骨干的发展中国家来说，尽管需要大量的学习时间和精力，但他们所在行业的竞争能力易于触及，进入门槛低。韩国在20世纪80年代中期达到了这个阶段。本土公司直接与处于技术前沿且在该领域拥有更多经验国家的公司竞争。单靠较低的工资率并不能产生竞争优势，持续的竞争力与企业在技术迅速变化的情况下能否跟上其他企业的能力密切相关。

至于产业间多样化选择入口的问题，因为并非所有行业的进入可能性都相同，在已经形成的国际分工中，作为“后进者”的后发者，必须寻找合适的切入点。经济复杂度提升本质是学习和建设能力，以及寻找利基和部门专业化的问题，尤其是随着时间的推移建立更多能力（基础），会进入新的和不同的部门（无关多样化、复杂度提升），韩国的做法也值得关注。

那么，在众多相邻空间中如何选择多样化的“方向”呢？一种观点认为，韩国关注多元化的“距离”而不是“方向”。这里强调无关多元化或者比较优势的重要性。韩国的做法主要基于距离的多样化，而且关注有关交易产品的附加值或这些产品的制造方式的信息，并且根据此类数据评估技术（或增值）内容。

比较优势理论强调，高收入国家出口的商品是高度先进的。因此，一个国家可以通过生产目前由较富裕国家生产的商品而跨越“中等收入陷阱”。但更重要的是，一国如何与相同或相似行业的老牌企业竞争，一个国家在国际市场上的竞争能力是否支持这种竞争？韩国学者认为，韩国企业的一个独特做法是，在努力避免与现有国家直接碰撞的同时，作为后来者找到自己的利基（蓝海战略），以便在不同的市场中生存和有效竞争。此后，作为中等收入国家探索出达到核心结构的有效途径，这其中穿越很长的距离，经历了跨越等环节（专栏9-1）。

二、以产业升级的能力积累和机遇窗口的把握推进经济复杂度良性演进

（一）经济复杂度提升中的中低收入阶段的能力发展

韩国产业升级中的能力发展可以归纳为六个阶段（见表9-5）。早在经济起飞阶段，虽然以引进成熟技术为主，通过加工贸易和装配方式出口，但出于对高昂专利成本节约的考虑，技术引进有限。韩国策略主要是购买外国设备，并实施“逆向工程”，专利费与外商直接投资仅占购买资本设备的6.3%，研发占GDP的比例直到1980年仅为0.77%，且主要由政府机构进行。

表 9-5 韩国能力积累的发展阶段

<table>
<tr><th colspan="6">发展阶段</th></tr>
<tr><th>20 世纪 50 年代</th><th>20 世纪 60 年代</th><th>20 世纪 70 年代</th><th>20 世纪 80 年代</th><th>20 世纪 90 年代</th><th>21 世纪初</th></tr>
<tr><td>援助、劳动密集型产品</td><td>模仿简单技术 进口旧设备/机器</td><td>重工业学习 次要创新</td><td>研究与开发 发展新产品</td><td>科学研发 内涵式增长 新产品创新</td><td>创新前沿</td></tr>
<tr><td>传统的</td><td colspan="2">模仿学习</td><td colspan="2">创新学习</td><td rowspan="2">创新经济“内涵式增长”</td></tr>
<tr><td>农业经济</td><td colspan="2">要素驱动经济“粗放式增长”</td><td colspan="2">向创新驱动型经济转型</td></tr>
</table>

资料来源：Hong, Yoo Soo, *Private-public Alliances for Export Development*: *The Korean Case*, Santiago/Chile: Economic Commission for Latin America and the Caribbean, 2010.

与 20 世纪 60 年代韩国科学技术发展的启动阶段对应，这一阶段出口产品空间图中，韩国建立了自己的工业基础。虽然主要致力于纺织与胶合板这类劳动密集型产业的出口，但以 1968 年为例，出口产品较为分散于产品空间。按照产品空间理论，出口结构的变化与距离相关，分散度较高的产品空间定位有利于其进入新的部门。正是由于跨越低收入阶段时的较有利定位，此后逐渐向更优化的产品结构转型。

20 世纪 70 年代是韩国工业化进程的关键时期。面对第一次石油危机、滞胀、贸易保护主义抬头，以及发展中国家的竞争、国内工资上升的挑战，在技术能力尚有缺陷的情况下，韩国产业政策的重点转向发展重化学工业，特别是扶持大型企业集团的发展。能力的缺陷逼迫韩国企业重视技术学习，但以模仿为主（Limit Active Catch-up），缺乏积极的研发，经济结构开始从以劳动力密集型工业、轻工业为中心向以重化工业为中心转变，诸如造船、钢铁、汽车、机械、化工等行业得以发展，出口也有相应扩张（比如浦项制铁）。1970—1978 年重化工业增加值年均增长率为 30%，而制造业为 18.5%，其出口比重从 25.3%增加到的 52.8%，一直到 1995 年的 75%，而轻工业的出口比重从 74.5%下降到 1995 年的 25%。

20 世纪 80 年代初的宏观经济困难，以往重化工业的产能过剩与过度投资，以及轻工业对技术创新的忽视，韩国被迫进行结构调整。重化工业的出口有了很大增长，部分得益于 20 世纪 80 年代美国对日本的限制措施，尽管韩国的重化工业发展政策在实施过程中受到了一些批评，但这些批评可能没有充分考虑到随后取得的成就。而在韩国国内，尽管 80 年代初期重化工业政策被部分人认为是失败的，但也应认识到它为后来的产业发展奠定了基础。

（二）经济复杂度提升中中高收入阶段的机遇把握

随着经济国际化程度的不断提高，韩国企业发展面临的国际技术竞争环境也越来越激烈。在这种背景下，韩国在进一步推动科技创新方面取得共识，以应对日益激烈的国际科技竞争。韩国的一种主流观点是，出口发展中所形成的结构改革的进化性进步机遇和转折点，绝不是整个经济的崩溃迹象，而是为进行革新的持续紧张和进化的线索。

进入20世纪80年代的中等收入阶段后，在劳动密集型行业面临其他发展中国家的竞争压力，同时，在进入技术密集型行业的过程中，一些发达国家不再愿意向韩国转让技术，以前采取的消化与吸收策略效用下降，逼迫韩国进行自主性技术研发。1991年，韩国政府宣布启动国家级研发项目，希望在10年内达到七国集团的技术能力。主要是发展发达国家不愿意转让的919项专门技术，并同时对企业研发进行税收与金融激励，包括放松技术引进的管制、贷款优惠等。在政府增加科技投入的同时，企业研发投入从20世纪80年代起增加迅猛。政府与企业的投入比重，1970年为77∶23，1980年降为52∶48，到2003年则为25∶75。1980—1993年，韩国制造业研发投资增加了15倍，民间研发投资逐渐超过了政府的投资，1981年民间部门对研发的投资额占全国总投资的45%，而1995年高达82%，2002年则为74%。

自20世纪90年代以来（第三次工业革命），数字技术取代了模拟技术成为韩国的一个机会窗口。于是，企业兴办的研究开发机构不断增加，从1980年的54家增加到1995年的2000家，形成了以产业为主体的开发体系。以动态随机存储器、码分多址为创新追赶标志的自主性技术能力的构建得以完成。这期间，企业的作用至为关键，其治理结构、内部组织形态、人力资源、发展愿景都产生积极作用。研发投资的结果导致韩国在美国申请的专利数量高涨。1985年，韩国在美国专利商标局的专利数仅有41项，但到2007年，已超过6000项。其中，大财阀起到主导作用，2009年仅三星电子公司一家在美国申请专利就达4049项，全球排名第2位。近年来，韩国在信息技术、汽车、半导体、造船、钢铁等产业的许多新产品都拥有自己的核心技术，并被当作同一产业的国际标准。据韩国产业资源部技术标准院报告，仅在信息技术领域，就有22种113项韩国技术被采用为国际标准。

总之，随着中高收入阶段的到来，韩国通过技术升级提高出口产品的档次，克服了以往劳动密集型产业、资本密集型重化工业的高速增长方式的缺陷，在曲折中不断发展突破。一方面，将劳动密集型产业向东盟和中国转移的同时，通过规模经济来提高效率，通过技术进步来提高质量，进一步提高重化工业的出口竞争力；另一方面，政府与民间组织协同加大了对研发的投资，开发差异化产品，促进出口产品的质量升级，特别是知识密集型产业得到进一步发展。

三、以人力资本积累推进经济复杂度良性演进

在韩国，教育对经济增长的影响得到公认。通过促进人力资源发展，教育在韩国发展的每个阶段都推动了经济增长，但其过程并不平滑。

20 世纪 50 年代朝鲜战争后小学教育的普及提供了大量不熟练但识字的工人，这促进了建立劳动密集型制造业，从而以低成本劳动力打入世界市场。当时政府教育先行的策略与传统观念结合（政府要求三年内普及小学教育），韩国教育异常迅速发展。受儒家思想影响，即教育是社会流动和提升社会地位的重要手段，虽然收入水平很低，但人们愿意花费大量的私人资源促进教育扩大。由于技能供应很快达到产业需求的阈值，这一阶段为经济起飞准备了充足人力资本。

20 世纪 60 年代政府推进职业高中以及两年制职业大学的发展，促进 70 年代和 80 年代资本密集型产业的发展。最初，政府担忧因缺乏技能型劳动力从而阻碍产业升级，希望通过实行职业教育来改变学生就读“低生产率”大学的状况，以此加速工业发展。但是，职业高中以及两年制职业大学被认为社会地位低下，通常是留给未能进入大学的成绩不佳的年轻人。并且雇主们认为职业高中无法跟上职场的变化，提供给他们过时的技能。迫于民众压力，政府要求大雇主培训一定比例的工人，不合规的企业要被罚款，中小企业可以从大企业培训中获益。

20 世纪 70 年代后，发展重点转向扩大高等教育，奠定了在信息技术领域取得成功和以知识为基础的经济增长的基础（Mingat，1998）①。政府放宽了进入高等教育的门槛，推行高等教育大众化。这时候大企业仍然认为培训体系缺乏灵活性，无法应对不断变化的技能需求，它们宁愿支付罚款，也不愿提供内部培训，中小企业的技能需求难以满足。此后，90 年代的政府更注重培训一般技能的教育体系，同时，放松劳动力市场管制，这一举动加剧了韩国劳动力市场的二元化问题。2008 年后，韩国实施旨在引进国外高素质人才、提高本国高等教育竞争力的“世界级高水平大学建设计划”。

---

① Mingat, A., “The Strategy Used by High-Performing Asian Economies in Education”, *World Development*, Vol. 26, No. 4, 1998.

总之，韩国在中等收入阶段建立了较为强大的技能系统，尤其是在就业、技能和经济发展政策方面采取综合行动，将技能供应与职业需求联系起来。但存在对高等教育过度重视、教育结构滞后、人力资本在创新中发挥作用存在劳动力市场障碍等问题，造成技能错配。

作为从学校到工作的衔接过程中面临的普遍难题，韩国进入发达国家过程中的技能不匹配问题严重，导致青年缺乏就业参与、就业意愿下降等。由于受教育程度的快速提高和大专毕业生的比例高，韩国存在高技能工人供给过剩的问题。2007 年，留在劳动力大军中的人中，40%的大学生要花 3 个多月的时间才能找到第一份工作。只有 51. 9%的大学毕业生能够在毕业后的一年内找到固定工作，另有 16. 1%接受非正规工作，主要是临时职位，即使考虑到一些毕业生就读于研究生院或服兵役（21 个月），但仍有 20. 5%的毕业生没有工作。

增强教育的劳动力市场匹配性，在发展高等教育的同时需要做好职业教育和依托强大劳动力市场的技能培训。

首先，不断探索如何改善职业教育。例如，韩国探索引入更多以工作为基础的学习，加强雇主对项目设计和实施的参与，创建高绩效的职业教育与培训机构。迈斯特高中是韩国产学结合的一类典型案例。该类学校于 2010 年在韩国设立，只与韩国大型企业对口合作。学校会根据企业对高技术人才的需求专门培养人才并设置相关课程，企业提供设备、技术专家授课和就业等方面的支持。但这类学校运行成本高昂，学费是普通高中的 3 倍，既需要政府的大量补贴，又需要当地政府、学校董事会和公司之间达成协议。而且这类特殊高中或者专业高中仅有 99 所，所容纳的高中生占高中学生总数的 2. 7%。

韩国高校毕业生的工资溢价相对较低；高等教育毕业生的收入仅比高中毕业生高 43%，而经合组织的平均水平为 63%。大专毕业生占正式职工的 53. 6%，但在非正规工人中也占有不容忽视的 31. 5%。同时，韩国职业高中的学生比例从 1995 年的 42%下降到 2010 年的 24%，由此，只有 6. 4%的学生家长希望孩子上职业学校，而希望上普通中学的为 64. 4%。相比之下，独立的私立高中和专门学校仍然大受欢迎。

政府与一些主要商业组织签署协议，为高中毕业生，特别是职业学校毕业生提供更多就业机会。其中包括改善职业教育，完善资格制度，增强学院的作用。把两个平行的标准体系（“职业标准”和“技能标准”）在新的“能力标准”下统一起来，成为国家技术资格，其中更多考虑到私营部门需要等。

其次，解决高等教育发展中的问题。提高教育质量将促进生产力水平的提高,从而在人口老龄化情况下维持增长。虽然在中学教育质量上,韩国在国际学生评估项目中一直位居经合组织前列,但大学质量有待提升。韩国大学的快速扩张曾被誉为是"高等教育革命",但这是以牺牲质量为代价的。质量问题是大学和学院的一个主要问题。为应对人口趋势和竞争压力,充分利用高等教育积累人力资本,一方面,加大对大学的支持力度,主要是两年制大学,尽管自2000年以来招生人数有所减少,但它们仍占高等教育学生的近1/4,通过课程规定等方面增加自主权,以应对不断变化的经济和社会条件。另一方面,针对一些学校已难以招收学生、资不抵债,大学系统的国际化程度有限等问题,政府推动大学自愿重组,包括国立大学合并,鼓励大学差异化发展,通过在某些领域取得卓越成绩来吸引学生。

最后,改善就业保护以增加创新部门的研发投资,鼓励企业培训和人力资本积累。

尽管教育体系在努力地跟上产业结构和技术的变化,但职业高中毕业生的胜任能力仍在下降,导致不匹配问题持续存在。韩国商界抱怨毕业生缺乏技能。例如,韩国雇主联合会估计,培训应届毕业生平均需要30个月和10万美元。一项研究估计,大学毕业生的平均培训时间为8.4个月,并且随着公司规模的扩大而增加①。高等教育的劳动力市场相关性仍然不高,同时,与其他经合组织国家相比,韩国的高等教育毕业生的比率高于高中教育的毕业生。这些与中小企业面临劳动力短缺问题并存,是韩国陷入人力资本陷阱的重要症结。越来越多的毕业生没有把在教育中获得的技能与工作相对应。例如,大约40%的自然科学和社会科学大学毕业生在他们的专业领域找不到工作。韩国25—64岁人口中大学毕业生的就业率仅比2009年总人口的就业率高出2.5个百分点,这在经合组织中差距最小。大学毕业生的失业率几乎与整体失业率相同。

韩国在招聘和解雇方面的灵活性在国际排名中较低,限制了那些需要进行大规模就业调整的创新企业(企业的对策是增加非正规工人如定期工、派遣工和非全日制工人的比例)的发展。打破二元化的劳动力市场改革有助于解决过度强调高等教育问题(第一章所说的配置效率效应)。需要弥补企业和大学研发之间人力资本链接的薄弱环节。目前研发主要由企业进行,但大学雇用了约3/4的博士。尽管工资相对较低,但与企业研究中心相比,大学研究人员的工作保障较高。因此,改善就业保护,增加创新部门的研发投资,鼓励企业培训和人力资本积累,能促进更高生产率和产出

① 韩国职业教育培训研究所官网:http://eng.krivet.re.kr/eu/index.jsp。

增长。

根据本书的分析，增长与人力资本积累的良性演进关系是：有复杂度提升的增长，有工资增长的空间，以及人力资本投资的激励，案例国家的经历验证了这点但有异质性（例如亚洲高增长：超过 4.5%；拉美等高增长：超过 2%；中速增长：1.5%—2%；低增长：1.5 以下（Hoeven，2020）①，其教育技能体系应对和掌握新技术并调适人力资本的结果不同，这可以总结如下。如表 9-6 所示，韩国在 1986—1995 年之前一直有很高的增长率，遭受东亚危机影响后增速较慢，但彼时已经属于高收入国家，其间伴随着不断提高的识字率。20 世纪 80 年代起 3 个 10 年期间，印度的人均年增长率从 3.2%提高到 5.8%，中学毕业完成率提高，但伴随着很低的识字率，而且改善缓慢。波兰也有较高的增长率和教育改善。第 2 列国家，在 1996—2005 年，增长表现有所下降，但在此后 10 年却有所回升。不过，阿根廷在迅速地去工业化，尽管其识字率并未下降。土耳其、哈萨克斯坦的多样化转型有所进展且识字率有所提升。第 3 列国家，巴西在这 3 个 10 年的人均年增长率一直在不断增长，而墨西哥的情况有所不同，其人均年增长率在 1996—2005 年达到顶峰，尽管处于较低水平。巴西和墨西哥识字率或多或少有所增加，但中学入学率普遍较低。总之，能否实现增长与人力资本积累的良性演进关系是跨越"中等收入陷阱"的关键。

表 9-6　案例国家增长与人力资本积累的关联分类

资本性质	高增长	中速增长	低增长
良性人力资本	韩国、波兰	哈萨克斯坦、土耳其	巴西
低劣人力资本	印度	阿根廷	墨西哥

资料来源：根据 UNU-WIDER、WDI 等数据计算分类。

第四节　韩国跨越"中等收入陷阱"中的理论争论

在国内资源匮乏和市场狭小的不利条件下，韩国在中等收入阶段仅停留 19 年，就成功迈进了高收入国家行列，其中等收入阶段的发展方式所涉及的理论问题较多，且在发展文献中有许多充分讨论，限于本书主题，这里

① Hoeven，R. V. D.，Employment and Labor Markets in MICs：How to Cope with Technological Change and Global Challenges，*Oxford Academic*，2020，pp. 183-210.

主要关注以下几点：

第一，产业升级遵循还是违背了比较优势，复杂度提升遵循的是产品空间的“自然”还是“明智”发展路径？

关于此问题，2009年，时任世界银行首席经济学家的林毅夫教授与剑桥大学的韩裔发展经济学家张夏准曾经进行过一次书面辩论（Lin和Chang，2009）①。前者从遵循比较优势的思路阐释以韩国为代表的“东亚奇迹”的出现，认为其在不同发展阶段都采取了立足自身资源禀赋优势的发展战略，从而提升了要素禀赋结构并实现持续增长（存在产品空间的“自然”的发展路径）。虽然没有忽视韩国的产业政策，但认为其历史、政治和制度具有独特性，不再具有可推广性（不过有时也支持产业政策）。发展中国家现在既要坚持比较优势模式，但也要预测比较优势未来的模式并发展相应产业，可以在有限程度上偏离比较优势。张夏准则持相反观点（具体可参见林毅夫与张夏准的辩论）。他认为，韩国成功的跃迁远比新结构经济学所暗示的要雄心勃勃，韩国经济发展的启示意义在于，落后的经济体在尝试新事物之前并不真正知道自己能做什么。韩国在20世纪60年代进入钢铁行业很难用比较优势解释，因为当时美国人均收入是韩国的20倍。1973年，在较低的发展水平要发展高科技部门（重型和化学工业化计划），人均收入仅略高于美国水平的5%。

与本书依据的经济复杂度理论一致，扬科夫斯卡等（Jankowska等，2012）②等通过对韩国、墨西哥、巴西等的比较研究，指出韩国产业政策推动了国家生产结构演化，打破了技术关联在生产结构演化中所导致的路径依赖效应。邓向荣和曹红（2016）③构建全球产品空间，发现全球产业升级偏离比较优势幅度与经济增幅同向变动，生产能力积累引导产业持续升级是经济增长的主因。韩国可以说是这种情形的典范。

如果说韩国在摆脱贫困陷阱中产业升级的确曾遵循比较优势，在迈向高收入国家时，几乎必然在一定意义上违背比较优势。或者说，其绝非被动遵循产品空间“自然”的发展路径。对于提升经济复杂度的困难，产品空间理论强调信息外部性问题（虽然有人认为这可能不是一个严重的问题，发

---

① Lin, J. Y., Chang, H. J., “Should Industrial Policy in Developing Countries Conform to Comparative Advantage or Defy it?” *Development Policy Review*, Vol. 27, No. 5, 2009.

② Jankowska, A., Nagengast, A.J., Perea, J.R., “The Product Space and the Middle-income Trap”, *OECD Working Paper*, No. 311, 2012.

③ 邓向荣、曹红：《产业升级路径选择——基于产品空间结构的实证分析》，《中国工业经济》2016年第2期。

展中国家缺乏多样化可能不得不用其他原因来解释）和协调失灵。韩国企业在政府支持下，面对产品空间演化中的技术锁定、路径依赖和可能的转型失败，以及链接质量和网络配置低效，成功解决了与公司、本地网络、部门和系统级别的学习动态有关的问题。总之，通过政府和市场的共同作用，通过明智的产业政策，通过不相关的多元化，提升经济复杂度。

1965 年韩国是低技术和资源型制造品的出口国，但早就有产业政策的萌芽。“经典”的韩国产业政策始于 20 世纪 60 年代，其动机是对日本的赶超和应对国家安全威胁等。尽管其政府倾向于资本主义主流发展模式，但深受日本等工业规划的经济发展方式影响。韩国政府提供了一系列强有力的激励措施，外商直接投资受到严格监管，以促进国内企业的能力获取，且在发展水平相对较低的阶段就向高科技领域扩张。重化工业化计划于 1973 年推出，当时该国的人均收入仅略高于美国水平的 5%（即使从相对收敛角度看也绝对属于低收入国家）。当私营部门不愿投资具有战略意义的领域时，政府设立国有企业（SOE）如浦项制铁（成立于 1968 年，2001 年私有化），一度成为世界第四大钢铁制造商。20 世纪 80 年代末和 90 年代初，韩国的“经典”产业政策方法在 1993 年基本上被废除，五年计划被终止。此后不久，1997 年亚洲金融危机后，产业政策因自由化而更加稀释，导致工业活力的丧失。然而，韩国这时已基本跨越“中等收入陷阱”，成为一个富裕的工业化经济体。

产品空间方法，通过绘制所有出口产品之间的“距离”来表示产业多元化的“自然”路径，更好理解产业升级的机遇和挑战等。即使不同产品之间存在“自然”的发展路径或遵循比较优势的发展路径，如果产业政策允许它们比其他方式更快地沿着这些路径行进或跳过给定路径中的步骤，或者进行“绕道”，明智的产业政策使之受益，寻找进入和生存的利基市场。在需要通过不相关多元化提升复杂度时，明智的产业政策和企业创新更是不可缺乏，因此，很难认为提升复杂度通过所谓的“自然”发展路径就能实现。尽管面临国内市场或服务部门的民间社会和中小企业被忽略等问题。韩国推行“不平衡追赶”模式，由出口导向型制造业的大型企业和发展型政府联合引导。韩国经济已经多元化到各个领域，即使是许多世界级的公司也是不相关多元化的结果。比如，三星在生产电子产品之前生产的是纺织品和糖。从产品空间看，韩国不仅提倡相关多元化，而且不排斥且有时积极推动非相关多元化，在产业多元化的“自然”路径演变中不失“跨越绕道”。

第二，韩国经济复杂度提升中的国家创新系统创新。

尽管本书分析的经济复杂度空间有巨大作用，但也有一些局限性。比如，经济复杂度使用贸易数据固然有其必要性和合理性。但是，它可能低估了内部经济高度发达的国家（例如荷兰使用高科技生产郁金香）或非贸易部门（Inoua，2023）①国内活动的经济复杂性。另一个限制是经济复杂度不反映全球供应链。经济复杂度假设生产要素在国界之内流动，商品完全在特定经济体中生产。这意味着全球价值链中专门从事中间产品生产的国家的生产能力没有直接考虑或反映在使用国的复杂性中。再比如，当一个国家在产品空间内转向复杂的出口篮子时，其所强调的经济增长的内生路径依赖性质不考虑不对称或特殊冲击。诸如自然和人为灾难或技术突破等事件可能会导致一个国家的轨迹从高速增长突然转变为低增长，反之亦然。

针对这些问题，可以从国家创新系统角度加以补充，从选择目标产业角度看，韩国学者李根教授的“赶超经济学”提供了一些有益的启示，不过这属于一种有意义的延伸而不是否定经济复杂度理论。虽然在公司层面的技术能力的整合长期以来一直被认为是经济追赶的重要要求，能力建设必须在精心设计和实施的国家创新体系的广泛框架内进行，否则，能力建设的过程就会脱轨和延迟。国家创新系统被定义为在生产、扩散和使用新的对经济有用的知识中相互作用的各种元素和关系。例如，如果一个后来者经济体只是模仿发达经济体，即使在其发展的早期阶段也提供非常高水平的知识产权保护，但能力建设的效率将降低。

国家创新系统的经典论述是，并非所有部门在学习和追赶的可能性方面都是相同的，存在不同的部门创新系统，这就提出了选择技术的关键问题。在这种情况下，“赶超经济学”进一步认为，如果后来者试图进入具有缓慢或困难的学习可能性的部门，而这些领域与长周期或高进入障碍有关，那么能力建设的过程就会出轨。经济追赶不仅是建立能力的问题，也是对某些技术、部门或活动的选择或专业化问题，以寻找进入和生存的利基市场。这种专业化问题在中低收入阶段不那么重要和关键，在中高收入阶段，成为一个关键问题，后来者接近前沿，并日益与世界市场上现有的企业和国家竞争。总之，在公司、部门和国家层面的创新体系的差异导致了学习和创新表现的差异，从而导致了经济表现的差异，特别是在中等收入阶段，这也是经济复杂度研究的主要关注点。

大量文献测量了各种国家创新系统的影响因素和维度，这包括技术经济或社会制度维度和信息技术相关基础设施，同时分析了国家创新系统与

---

① Inoua，S.，“A Simple Measure of Economic Complexity”，*Research Policy*，Vol. 52，No. 7，2023.

经济增长之间的关系。李根等(Lee 等,2020)①开发了国家创新系统指数,结果证明它是经济增长的良好预测指标,甚至比豪斯曼等人提出的经济复杂性指数更稳健。韩国经济快速追赶可以用自 20 世纪 80 年代中期至 90 年代中期国家创新系统的改善来解释。在国家层面的实证研究中,李根的研究表明,韩国等成功跨越“中等收入陷阱”者在与更短的技术生命周期相关的领域拥有更多的专利申请,这与更高的人均收入增长率之间存在显著相关性。高收入和其他中等收入国家的经济增长与长期技术生命周期技术的专业化呈正相关,发达经济体专注于高附加值行业(例如制药)、一般中等收入国家专注于长期技术生命周期内的低附加值行业(例如服装)。以上分析表明,韩国经济的快速增长得到了以技术生命周期专业化短、集中度高、原创性低为特征的国家创新系统的支撑。虽然韩国自 2000 年以来就试图进入长期技术生命周期,但其国家创新系统仍与典型的先进经济体不同,后者具有高度独创性的去中心化国家创新系统等特征。再比如,韩国几个基础性制度的差异持续存在。韩国的国家创新系统很有特点,其中创新被认为是长期经济增长的决定因素,而不是短期导向的宏观经济政策的焦点。随着快速增长结束时的追赶阶段结束,韩国开始向后追赶阶段过渡。与顶级发达国家类似,韩国企业现在试图进入基于技术生命周期的长期领域,例如基础科学、制药和生物技术。比如三星,它一直在大力投资生物仿制药这一新分支。但是,韩国 2000 年以来的平均技术生命周期仍然比德国短得多。在原创性和去中心化程度方面,韩国也远低于发达国家。知识生产和专利注册高度集中仍然源自韩国的少数大企业。

因此,可以说韩国专攻技术生命周期短的行业更有利于追赶增长,其原因解释如下。首先,专注于这些领域表明现有知识很快就会过时。这意味着后发展国家的进入壁垒较低,因为其有可能减少对由发达国家主导的现有知识的依赖。其次,技术生命周期较短,例如在信息技术领域,意味着新技术可能会频繁出现并带来高增长前景。此外,专注于技术生命周期较短的行业将有助于提高知识本地化程度。在实现知识创造的快速成功经济体中,本地化将是有利的,因为对由发达国家控制的旧知识或现有知识的依赖相对较低。于是,韩国专注于技术生命周期短的行业可以避免与发达国家的直接竞争(绕道或蓝海战略),同时为企业提供具有一定利润率的利基市场。

① Lee, K., Lee, J., “National Innovation Systems, Economic Complexity, and Economic Growth”, *Journal of Evolutionary Economics*, Vol.30, No.4, 2020.

“赶超经济学”认为，韩国创新系统呈现出“短周期先行和长周期跟随”的弯路或者特征性事实。直到20世纪90年代初，韩国较弱形式的知识产权，如小专利（称为实用新型专利）一直比普通发明专利更加被广泛使用，而对知识产权的强有力和更广泛的保护则被推迟到90年代末。一个在转型阶段采用较低的知识产权保护水平的绕道，因为在能力失效的情况下，较高的知识产权保护不能刺激创新。参与全球价值链，并从这种参与中学习。高收入经济体都具有高度的国际一体化和参与全球价值链，这一事实并不一定意味着进一步开放经济将有助于一个国家穿越后来者经济体和未来经济体之间的狭窄通道。因此，韩国对全球价值链的绕道是动态的或非线性的。

另一个重要的特征性事实是“多—少—再多”的“U”型曲线。在增长的初期阶段，韩国积极参与全球价值链，向外部学习，国外附加值较多。升级到更高的附加值需要一个国家施加额外的努力或增加其国内附加值，从而促使其减少全球价值链参与或寻求从外国主导的全球价值链中分离和独立；只有在后期或在建立了自己的国内价值链之后，韩国公司和整体经济才重新融入全球价值链。这种“先入—后出—再入”的动态序列产生了一条非线性曲线，反映了一个国家以国外增加值衡量的投资参与程度（即外国附加值在一个经济出口总额中的份额）。国外增加值最初在低收入和中低收入阶段增加，在上中等收入阶段减少。此后韩国试图创造更多的国内附加值（通过更少地依赖全球价值链），在高收入阶段再次增加，以增强的创新能力重新融入全球风险投资中。除韩国外，其他多数中等收入国家只是参与了全球价值链，但未能增加其在国内出口总值中所占的份额。

第三，政府角色的转变与产业政策的演进助推跨越陷阱。

在经济发展中，不断推进法治和保护产权等，发挥市场机制的作用，激发私营经济活力，一直被认为是最为重要的。但韩国政府却因为其产业政策等被称为与发达国家不同的“发展型政府、企业家型政府”。不过，根据复杂度分析的经济哲学，韩国政策采取的是务实主义程度，韩国产业政策既不是建立在对市场的盲目信任上，也不是建立在国家完全控制上。韩国政府对许多市场进行了严格的监管，但这样做是为了确保规模经济（投资许可）或防止“浪费的竞争”（价格控制、政府处罚的退化卡特尔）。除了使用的产业政策本身外，韩国跨越“中等收入陷阱”中的目的和如何使用它们的探索是明确的，这与同期印度形成对比。比如，对国内投资的监管促进了韩国的快速工业化，但却阻碍了印度的快速工业化。韩国政府利用工业许可证鼓励建立大型工厂。相比之下，在印度，经常使用同样的工具来保护小型企业,这对工业效率和活力产生了严重的负面影响。韩国和印度都限制国外直接投资并对其施加条件,但韩国这样做是为了最大限度地发展国内生产能力,而印度是要尽量减少外国资本的参与。

有些学者认为,降低对市场的直接干预且未形成明显的利益集团、成功实现政府角色转变是韩国成功跨越"中等收入陷阱"的一个重要原因,而且政府角色的及时转变还缓解了贫困、不平等和抑制了政治退化问题的持久出现。巴尤丹—达库伊库伊和林姆(Bayudan - Dacuycuy 和 Lim,2014)①认为韩国政府在抑制腐败(韩国国际透明度组织的评价排名大幅改善,尽管还落后于其他亚洲四小龙)、减少官僚作风,营造良好的环境上较为成功,且通过产学研合作加强人力资本建设,进而推动经济快速发展。

不过,以市场化、自由化和稳定的原则为基础的新自由主义政策的确会导致工业活力的下降。对此,产品空间的分析对此提供了一些新的见解。除了经济复杂度理论认为政府在推动产业中的作用是处理信息外部性和协调失灵外,强调务实主义程度乃至事前不可知论。威拉尤斯和帕塔拉蓬(Veerayooth 和 Pataraperg,2014)②指出韩国等东亚新兴经济体能够跨越"中等收入陷阱"在很大程度上得益于政府针对产业升级目标因地制宜的有效干预。尽管它在 20 世纪 60 年代在劳动密集型制造业(纺织业、服装、鞋子、假发和填充玩具)方面取得了巨大的成功,70 年代初开始发展重型和化学工业,80 年代却能够在这些行业保持竞争力。由于韩国及早采取行动,发展新一代的出口产业(如造船、汽车、电子产品),工业化才得以避免在 20 世纪 80 年代出现失败。

总之,韩国政府能迅速且显著地调整其政策,以适应不断变化的内部和外部条件。尽管不同阶段存在差异,政府干预程度及干预方向也有值得改进之处,但韩国跨越"中等收入陷阱"并不是完全依靠市场机制,而是积极主动的干预与市场的结合,政府干预政策较为明晰、有针对性和动态调整。

最后需要说明是,在增长放缓、失业率上升和收入不平等加剧下,加之快速老龄化的严重挑战等发达经济体的类似问题,韩国跨越"中等收入陷阱"后其发展模式蕴含着一些新的动向值得关注。

---

① Bayudan - Dacuycuy, C., Lim, J. A., "Export Sophistication and Export - Led Growth: An Analysis of the Export Basket of Selected East Asian Economies", *MPRA Paper*, 2014.

② Veerayooth, K., Pataraperg, I., "Tigers Trapped: Tracing the Middle-income Trap through the East and Southeast Asian Experience", *Competence Centre on Money Trade Finance & Development*, Vol.2, No.4, 2014.

一般认为，韩国正在向美国和英国式的自由市场经济（所谓“盎格鲁—撒克逊”经济模式或者自由市场经济）收敛，尤其是全球化和金融化引起的全球竞争会迫使许多国家选择“盎格鲁—撒克逊式”资本主义。韩国1997年后在国际货币基金组织的压力下更加开放，市场导向的经济变化也可被视为趋同的力量之一。危机期间，韩国执行国际货币基金组织的政策处方，以换取救助贷款。此后，韩国许多的制度发展方式与美国相似。比如，金融市场开放，取消了对外国投资的大部分限制。外国人在韩国公司的股份份额迅速增加，加强了所谓股东资本主义。韩国财阀一度被视为追赶时期的增长引擎，但从过度借贷和投资低利润部门和项目的角度来看，它们被认为是危机的直接原因之一。财阀是危机后改革的主要目标，被迫在董事会中引入独立董事来改善公司治理状况。韩国劳动力市场更加放开，为提高劳动力灵活性，1998年引入了因应法定要求和雇佣合同允许的裁员。因此，兼职或非正式工人占总就业率的比例迅速增加、非正规经济规模庞大。

在进入高收入国家行列后，韩国的增长明显放缓，分配状况也有恶化，主要原因是从2000年以来或1997年亚洲金融危机后投资率下降导致实体经济能力提升停滞。由于金融部门的份额不断增长，非金融公司越来越依赖金融活动作为收入来源，公司治理强调持股价值和股息支付，家庭信贷消费或投资产品购买者越来越多。金融化与股东资本主义相结合，迫使公司向股东支付高额股息，而不是将利润用于再投资。韩国金融化与低投资和增长率以及不平等加剧有关。目前开始采取一些遏制金融化趋势并恢复东亚资本主义原有优势的措施，试图恢复高增长和良好的公平状况，从而扭转经济局面。

但是，韩国国家创新体系、银行与政府关系以及劳动力市场体系仍然不同于自由市场经济。历史上，外部存在威胁导致了韩国政治和经济精英以及广大民众态度的改变，从而使经济发展所必需的制度变革和政策改革成为可能。目前，韩国正在试图挖掘旧版东亚资本主义的某些成分，反对简单照搬欧美模式，试图通过混合资本主义的重生，重新平衡来自股东和利益相关者资本主义的元素与东亚发展模式的原创性核心，再生发展型国家，从现有的“追赶和后追赶”框架转型到“追赶和融合”框架。

第五节　结　　论

跨越“中等收入陷阱”不仅是能力的一般分析问题，也是对某些技术、部门或活动的选择或专业化问题。针对这一问题，从韩国攀登高收入高墙的能力提升特征看，其典型特征是，在生产转型中通过绕道、跨越等策略解决自己的创新方向和能力障碍，并避免简单复制或模仿发达经济体的做法。能力建设尤其在国家创新系统范围内精心设计、调整和实施，而不是限于公司层面。其中，人力资本建设达到门槛值尤其重要。否则，能力建设的过程就会脱轨和延误。

由于高复杂度活动和产品具有较高的进入壁垒，出口市场需求的收入弹性更高，更有利于技术变革，支持更高的人力资本、支持更高的工资和利润（Constantine，2015）①。本书的案例研究显示，同样重要的是，高复杂度经济活动更有可能培育出开放、市场化和相应制度建设的种子，因为制度在很大程度上是在生产、交换、分配等环节的运行中创建的，并取决于行业的类型。一方面，人们在不同复杂度工作环境中学习与他人互动和合作，另一方面，不同复杂度部门的制度（或文化）存在明显的差异[比如咖啡的生产依赖于自然资源的可用性，而复杂工业（如喷气发动机）的生产则依赖于广泛的熟练工人网络]。不仅因为收入分配和制度安排对技术复杂度提升、创新和技术进步很重要，而且特定的经济结构会产生特定的收入分配和制度安排。提升复杂度中一些商品和服务（什么）有更高的增长回报，其中某些生产技术（如何实现）也是如此。这种特定的经济活动使工资和利润在较长时间内保持提高，这维持了总需求和内部增长、增强税基和减轻财政赤字压力、降低通胀的压力，使国内宏观经济政策健全更有可能。报酬递增的高复杂经济活动在出口市场上具有较高的收入需求弹性，能改善贸易逆差，这使它们成为抵御外部冲击的增长推动力。进而言之，高复杂度经济活动中，工作阶梯更长，是熟练劳动力向上流动和激励人力资本积累的一个重要机制。这种高复杂活动也是生产和寻租之间人力资本分配的一个重要决定因素，以劳动力市场为中介间接地影响着增长动能。

韩国的成功并不是其东亚文化或其他独特条件的结果，也不能简单归因于政治领导人的长期视野等特殊外生因素，反之，其国家作用在复杂度提升和生产转型中不断变迁。因此，一个社会形成的能力并不独立存在，其由历史形成、社会认可，但更由生产结构变化最终决定。于是，虽然“国家改变了经济发展的过程，但反过来也被它改变了”，最终，尽管韩国的宏观政

① Constantine，P. G.，*Active Subspaces：Emerging Ideas for Dimension Reduction in Parameter Studies*，Philadelphia：SIAM Spothights，2015.

策在通胀、举借外债上均有瑕疵（Fischer，2018）①，直到20世纪80年代末短暂出现外贸盈余，从90年代中期后较为稳定，但还是形成了跨越“中等收入陷阱”成功且独特的发展路径。

韩国从建立“发展型国家”到“自由市场经济”的转型，再到目前酝酿的“重塑发展型国家”，可以说是发展经济学中成功跨越“中等收入陷阱”的一个最重要最完整的案例。在韩国的晚期工业化模式中，生产性企业内的集体学习过程（通过生产发展，然后通过干中学）被认为是导致“奇迹”经济中微观效率达到最高水平和持续竞争力的主要因素，但其经济复杂度提升更重要的是国家创新体系与发展型政府的演进共生。政府的作用是与私营部门合作，在社会上构建有竞争力的资产，而不是如新自由主义所言的创造完美的市场。产业政策以公共技术咨询服务的形式提供技术基础设施，帮助生产者吸收国外技术，达到更高的产品标准，获得更好的管理技术和实践。政府对出口促进采取有纪律和有条件的补贴，与幼稚产业促进战略结合而不局限于这一战略（政府一直尽力规避日益严格的国际产业政策法规），通过与增大市场机制的资源配置结合，政府与市场共同推进了产业内升级和产业间转型，在促使经济复杂度不断提升中迈入发达国家行列（其在低收入阶段的1962年经历了1次增长加速，在下中等收入阶段的1984年又有1次增长加速，且经历了1998年亚洲金融危机考验，成功跨越“中等收入陷阱”已经超过20余年）。

专栏9-1 攀登收入高墙的赶超理论

跨越“中等收入陷阱”存在一条非常“狭窄的通道”。无论“中等收入陷阱”是否存在，许多国家都在中等收入阶段挣扎，或者正在经历从中等到高收入地位非常缓慢的过渡。

“赶超经济学”认为，在跨越这一通道时必须非常小心，以免落入“中等收入陷阱”。因此，需要确定关键的“转型”变量（创新能力），这是实现从中等收入阶段增长到高收入阶段的过渡所必需的。如果说低收入阶段的经济增长取决于基本政治制度和基本人力资本，而经济增长在高收入阶段（中上层和高收入）与创新能力和高等教育密不可分。

① Fischer，A.M.，“Debt and Development in Historical Perspective：The External Constraints of Late Industrialisation Revisited through South Korea and Brazil”，*World Economics*，Vol.41，No.12，2018.

跨越“中等收入陷阱”由三个悖论构成。第一个悖论是“相似，不同”（同中有异），这意味着为了赶上并与先驱相似，后来者必须走一条不同于前身的道路。第二个悖论是“绕道比直行要快”（以曲为直），这意味着，由于直行道路的交通堵塞，公司必须绕道以比其他公司以更快的速度到达目标。第三个悖论是“既可能飞进打开的窗户，也可能从窗户掉下来”（机会只青睐有准备的人），这意味着只有那些准备用强壮的翅膀飞行的人才能尝试跳过“中等收入陷阱”，而其他人则暴露在高风险之中。尽管跨越式发展涉及一些风险，但这种技术是后来者继续前进和克服先行者的唯一途径。考虑到在没有准备的情况下尝试跨越可能会导致失败，这被称为第三个悖论。

跨越“中等收入陷阱”长期过程的总体图景是“进入→绕道→跨越”。因为经济升级罕见和难以实现，迫使经济必须绕道建立其创新能力，并避免复制或模仿发达经济体的做法。这一过程需要重点关注“两个失败和一个障碍”和“三个弯路和机会窗口跨越”的概念。

“两败一障”包括以下内容：

第一个失败，即能力失败，是指在发展中国家建设创新能力的内在困难。这种类型的失败与主流经济学的市场失败有根本的不同。创新中的市场失败源于知识作为一种公共产品的外部性。因此，对研发的补贴可以诱导最佳的研发数量。在市场失灵分析中，常见的和隐藏的假设是，企业和其他经济参与者已经有了创新的能力，而货币激励既是一个问题，也是一个解决方案。然而，发展中国家的严峻现实是，经济行动者，特别是企业，其能力水平弱，无法追求和进行内部研发。对主流经济学所谓“创新悖论”的回答是，企业不知道如何研发，或者缺乏这样的创新能力，尽管研发回报很高，但只能望洋兴叹。有效的干预形式不仅要提供研发资金，而且必须包括培养研发能力的各种方式。从市场失灵转变到关注“能力失败”的问题，公共研究机构以及在韩国取得成功的公私合作研发联盟进行的研发成果的转移，就是有益的尝试。第二个失败，即规模失败，指的是产生大企业的困难。“赶超经济学”认为，虽然中小企业通常是发展中国家普遍存在的商业形式，但不能依靠它们来引导经济达到高收入地位。这些大企业往往享受规模外部性，并且能够更好地从事更高附加值的研发和营销活动。“一个障碍”是，发达经济体强有力的知识产权保护对新兴经济体出口造成负面影响（类似地，世贸组织制度减少了后来者国家的政策空间）。

经济复杂度提升，或者产业选择和专业化的问题在低收入阶段不那么重要,但在上中等收入阶段则不然。韩国走出了“进入→绕道→跨越”的特征性路径。

首先通过短周期行业的升级阶段,绕道进入具有长周期的高进入壁垒行业。这种“先短循环,后长循环”的弯路,体现在知识产权保护和从模仿到创新的转变①等方面。转型阶段的知识产权保护水平较低,强调的是参与全球价值链和从这种参与中学习。

特征性事实之一:价值链参与的“多—少—再多”。

许多后发国家和先行国家之间的通道太窄,只有韩国等少数经济体经历了国内附加值增加的时期,而其他国家只是简单地参与了全球价值链,但未能增加其国内增加值在出口中的份额。许多中等收入国家仍然停留在低附加值的活动或领域,从而使人们怀疑全球价值链作为升级和成为富裕经济体的工具的有效性。

在增长的初始阶段,韩国积极参与全球价值链,向外部学习。此后,为升级到更高的附加值,韩国试图通过技术获取、人力资源开发和注重全球市场的最佳规模工厂的建设,使从国外上游产业进口的中间投入本土化,付出额外的努力增加其国内附加值,从而促使其减少对全球价值链的参与或寻求与外国主导的全球价值链分离和独立;只有在后期或建立自己的国内价值链之后,不得不重新融入全球价值链。这种“先入,后出,再入”的动态序列产生了一条非线性曲线,反映了一个国家参与全球价值链的程度动态。当以国外增加值(即外国增加值在一个经济体的总出口中的份额)衡量时,国外增加值最初在低收入和中低收入阶段增加,当韩国试图创造更多国内附加值(减少对全球价值链的依赖)时,在中高收入阶段下降,而在通过加强创新重新融入全球价值链时,在高收入阶段再次增加。

特征性事实之二:“以曲为直”的技术升级战略。

第一次绕道的目的是在松散的知识产权制度下以小专利和商标的形式促进模仿创新,而不是通过早期促进和加强常规专利权来构建更高水平的创新能力。第二次绕道旨在专注于以技术为基础的短周期部门/产品,而不是被认为是发达经济体标志的以技术为基础的长周期部门/产品。韩国专注于具有“短周期”技术的部门/产品(例如特定知识

---

① 直到20世纪90年代初,韩国小专利(称为实用新型)等较弱形式的知识产权比常规发明专利得到广泛使用,而对知识产权的强有力和更广泛的保护被推迟到20世纪80年代后期。

和技术往往很快且经常过时的信息技术部门)。这与专注于基于“长周期”技术的发达经济体不同。第三次绕道旨在提高国内附加值,减少一个国家对全球价值链的依赖。

熊彼特跨越式理论假设,新一代技术或新技术经济范式的兴起,特别是破坏性能力的创新,使后来者国家在追赶中取得领先。在一种新的技术经济范式的竞争中,现任者和后来者都从同一条起点出发,由于过去现任者经常从现有技术中获得“领先之源”,因此其频繁陷入坚持固有技术的“陷阱”,故而跨越弯路是必要的,因为跨越弯路只需要建立能力,这不足以导致市场份额的彻底逆转和领导层的变动。在跨越“中等收入陷阱”中,从现任者到后期进入者的工业领导层的变革往往不仅需要企业层面的努力,还需要外部的颠覆时刻,可以称之为“机会之窗”;否则,领先地位变革的机会往往很少。跨越作为追赶或超车的最后阶段的作用,存在许多类型的机会窗口,如技术窗口和那些与需求或市场方面相关的机会窗口,以及商业周期和政府法规和工业政策的作用。最近研究如半导体、造船、钢铁等不同行业的追赶周期的相关文献解释了其领导层频繁变化的原因。

绕道与经济发展的阶段性理论是一致的,该理论强调需要有一个时期或阶段的建设能力。

“入口点”作为另一个补充概念。在后期,这些公司可能会转向自主设计制造和自主品牌制造,这两者都对应于在国内经济中创造更多的附加值,包括生产、研发、市场营销和品牌推广。

特征性事实之三:大企业作为能力载体与跨越“中等收入陷阱”直接相关。

攀登收入高墙的赶超理论认为,“中等收入陷阱”国家存在规模失败,是指难以产生大企业,这是从中等收入经济体向高收入经济体跳跃时经常需要的。虽然中小企业通常是发展中国家普遍的企业形式,但不能依靠它们来引领经济体达到高收入地位。在从低收入经济体向高收入经济体转型时急需大企业而不是小企业,因为这些企业往往享有规模外部性,更有能力开展高附加值的研发和营销活动①。

如何促进或发展大企业值得进一步讨论。这个问题可以通过观察韩国过去的追赶事件来回答,企业集团(财团,以往多有批评,被广泛

① 土耳其没有全球财富500强公司,而韩国数量从20世纪90年代初的3家增加到21世纪初的14家。

认为是1997年亚洲金融危机的原因之一)是以某种正式或非正式方式联系在一起的公司集合,以中等程度融合为特征(既不受短期战略联盟的约束,也不受法律上合并为单一实体的约束),尽管其中一些在危机期间破产了,但幸存下来并占上风的都配备高科技能力。除了日本经连会的商业集团的早期例子外,在当今激进的全球化和市场自由化的后危机世界中,仍然能看到商业集团持续的重要性。

企业在高度市场失灵或“制度空白”的环境中运营时节省交易成本的形式是多种多样的。在交易成本较高的发展中国家,企业集团在市场制度欠发达的情况下更是如此。企业集团不仅是对经济体制环境的进化反应,而且涉及重要的政策或战略问题。将商业集团视为经济追赶的组织工具,不仅是像交易成本经济学所言是为了应对市场失灵而出现的。企业集团通过在业务初期经常亏损的情况下提供交叉补贴来帮助关联公司进入新市场,以及企业集团公司享受彼此之间资源共享和知识溢出的优势,可以帮助创新。大企业是跨越“中等收入陷阱”的组织手段。例如,三星在20世纪80年代进入其存储芯片业务后,已经遭受了7年的亏损,而这些亏损被其他关联公司的利润所抵消。家族企业集团形式的商业公司的推广或盛行可以被视为另一条弯路,家族企业集团可以在追赶阶段发挥作用,因为其具有时间跨度长、决策迅速、投资积极等优势。

韩国的历程表明尽管跨越收入高墙是困难的,但却是可能的,因为存在绕道而行的“蓝海”战略和跨越式发展的机遇。多种类型的机会窗口,也是这种赶超的要素。韩国学者认为,新兴经济体的行业领导者从老牌企业到后来者的转变往往不仅需要企业层面的努力,还需要外生的颠覆时刻,称为“机会之窗”;否则,领先者变化的机会往往很低。20世纪80年代末大财阀手中建立了一定水平的能力,如果没有与数字技术兴起相关的“机会之窗”,如果没有日本公司陷入坚守模拟技术的现有陷阱,韩国就不会超越日本。产品和生产过程的数字化对后来者来说几乎没有什么劣势,因为这些产品的功能和质量是由电子芯片决定的,而不是通过工程师积累的默会知识(Tacit Knowledge),这对于模拟产品的生产至关重要,也是日本老牌企业拥有优势的地方。韩国不只是等待其收入和技能水平上升,然后在更复杂的行业发展其潜在的比较优势。相反,政府和私营部门系统地研究了如何填补国内价值链中的缺失环节(多样化问题)并提升质量阶梯和学习能力(熟练度问题),从一开始就瞄准国际竞争力的获取。

在新旧技术经济范式的竞争中,老牌企业和后来者都在同一个起跑线上,老牌企业往往会陷入固守现有技术的“陷阱”。跨越“绕道”是必要的,因为弯路只涉及能力建设,这不足以引发市场份额和领导层变化的彻底逆转,因而受到较少阻挠。

此外,需要关注发达经济体严苛的知识产权保护对新兴经济体出口的负面影响。由于专利流氓(Patent Trolls)活动,知识产权现在被一些学者认为是创新的障碍,即使在发达经济体也是如此,但这种有害影响在后来的经济体中更为严重。美国等先行经济体严苛的知识产权保护往往成为追赶国家出口的障碍,例如过去的韩国。20 世纪 80 年代的韩国三星公司卷入了多次知识产权诉讼。障碍还应该包括世界贸易组织制度,减少了后来者的政策空间。

“绕道”和“跨越”这两个概念被置于韩国跨越“中等收入陷阱”经验的核心。绕道与经济发展的阶段性理论一致,强调需要有一个时期或阶段的能力建设。跨越式意味着利用已建立的能力,通常在大企业中,在利用新兴机会之窗的同时,快速赶超先行者。

进入高收入阶段还需要将“入口点”视为除绕道和跨越之外的另一个补充概念。这一概念在发展的早期阶段尤为重要,是指后来者开始制造活动时,生产价值链已经被发达国家的公司占领,由于进入较晚,别无选择,只能继承发达经济体企业留下的低端细分市场或部门,从原始设备制造开始,同时依赖外国直接投资而不是本土公司。在后期,这些企业可能会转向自主设计制造和自主品牌制造,这类本土能力建设对应着在国内经济中创造更多的附加值,包括生产、研发、营销和品牌塑造。

总之,这一理论由三个悖论构成。第一个悖论是“同中有异”,即后发者要想赶上先行者,必须走与先行者不同的道路。第二个悖论是“以曲为直”,各个企业从事类似生产劳动,将会造成直路堵车,这是主要的增长问题之一,被称为“累加问题”或“合成谬误”。因此企业必须绕道才能更快地达到目标。第三个悖论是“既可能飞进打开的窗户,也可能从窗户掉下来”,这意味着能力积累的门槛,以及产业政策和明智的产品空间演化的重要性,否则面临着失败的高风险。

(笔者整理自 Lee, K., *The Art of Economic Catch-Up, Barriers, Detours and Leapfrogging in Innovation Systems*, Cambridge, UK & New York, USA, Cambridge University Press, 2019)

第十章　教训:驱散“中等收入陷阱”乌云

本书把中等收入阶段的经济发展看作是经济复杂度提升中有其自身特性和路径特征的结构阻滞问题,这源于低收入阶段的技术模仿失灵和比较优势陷阱,试图对发展过程的障碍和路径开拓有新的认识。沿着这一思路,我们可以区分两种通常被混淆的发展问题:第一个问题是,中等收入国家自身在中低收入阶段(进口替代)发展出各种形式的能力的延伸问题,即其能否实现更大的经济产出,也包括更平等的收入分配、更全面的人的发展等目标。这也可以称为中低收入陷阱问题。第二个问题涉及在中高收入阶段建立高复杂度经济活动,或者说“赶超”前沿经济体以及跨越中高收入陷阱问题。

我们可以说中等收入国家面临的发展问题是:传统经济、初级产品经济有所发展进入中低收入阶段,通过进口替代等向制造业经济转型发展出各种形式的能力,在出口导向中跨越中低收入陷阱;再到全球化阶段中发展高复杂度经济,“赶超”前沿经济体从而跨越中高收入陷阱。如何避免其中的“锁定”,避免出现倒退、无序,是中等收入国家的核心问题。我们总结了跨越中高收入陷阱的经验(如韩国)与教训(如阿根廷),但我们也考虑了印度等国的下中等收入陷阱问题。因为从大多数发展中国家角度看全球经济,下中等收入陷阱问题不应忽视,需要更好总结。

避免“锁定”是所有“中等收入陷阱”问题的核心,首要的决定因素是能力(经济复杂度)的提升、更新,其次是能力的有效实现问题。目前主流经济学的发展框架主要基于发达国家的历史,过多关注的是能力的实现问题,因而不能理解“锁定”问题。比如,新自由主义经济学主要是把发达国家的经济秩序及其支撑性制度,如产权、市场化等,直接移植到中等收入国家中。它从交换而非生产的角度分析,回避了蕴含技术知识的资本投资减弱、人力资本积累不足等问题造成的能力削弱,虽然对交易或能力的实现问题有深刻分析,但忽略了生产能力如何产生和增强等问题。因为忽视了“中等收入陷阱”问题的生产性领域逻辑,新自由主义经济学通常会破坏能力建设努力,所以无法带来发展成果,有时还会恶化“锁定”问题。此外,这一理论通常把中等收入国家的发展问题完全看作特定国家的内部问题,让本国政府与本国企业来应对。这一视角不能理解的是,“中等收入陷阱”问题更与许多国际因素有关。

跨越"中等收入陷阱",成为发达国家,意味着什么?从民众层面看,主要成果是收入增加、福利增进、人力资本和人的能力改善,以及不平等减少等。从企业组织层面看,生产经营更有活力,创新扩散中技术学习更有效率。从产品空间层面看,递推的技术能力结构更优化、更有潜力,这一点更为根本。我们的案例研究表明,实现这些成果的具体举措,既取决于每个国家的具体情况,也取决于相关阶段的共同历史进程。墨西哥、阿根廷、巴西、印度、土耳其、韩国等在20世纪后半叶首先采取了进口替代战略后又转向出口导向战略,虽然彼此之间有重大差异,而且也与它们此前的做法不同,其中仍有一些值得关注的共同点(即使是哈萨克斯坦和前计划经济国家的波兰也未脱离这一共同历史进程)。

本章总结了这些分析中的经验与教训。为此,我们将根据第一章的分析框架加以提炼。在本书所有案例中,中等收入国家提升复杂度的举措都集中于结构升级。这些安排有时是自发进行的,有时逐渐转换为政府干预和介入,但方式和结果千差万别。例如,这一转化在韩国进行得要比土耳其更彻底。在某些国家,如巴西,政府介入较晚且产业政策失误,因此仍未实现向高复杂度经济转型。

本章第一节强调,把经济复杂度理论的框架应用于各个案例研究,可以得出分析性灼见。这些灼见可以帮助我们理解中等收入国家的发展逻辑。第二节说明附加人力资本的经济复杂度理论对发展中国家跨越"中等收入陷阱"的政策启示。第三节讨论对中国的启示。最后一节讨论未解决的问题和进一步的研究展望。

第一节 分析性发现:我们知道什么

本书应用复杂经济学框架尤其是经济复杂度理论和方法重新解释"中等收入陷阱"问题。由于经济发展的不可预测性、非线性和不确定性行为,发展的"陷阱""失败"绝不鲜见。"中等收入陷阱"包含虽有发展能力积累但缺乏有效制度激励把能力转换为发展绩效的问题。"中等收入陷阱"虽然表现为停滞,但更与非自组织性质的随机轨迹有关,导致难以应对和适应不同来源的冲击。由于影响社会经济发展模式的历史轨迹的累积和自我强化特征,经济复杂度与更深层面的人力资本尤其与一个国家的增长特征相关。从以上角度看,"中等收入陷阱"可以分解为低生产率陷阱、社会脆弱性陷阱(低人力资本陷阱)等,这反映了一些长期存在的问题。低收入阶段的进步驱动力已不再足够，导致停滞不前甚至下降的生产率水平；人力资本、社会能力持续减弱，社会经济群体无法平等有效获得教育等公共服务。由于存在相互促进的正反馈因素，低人力资本与低复杂度经济两者形成恶性循环导致经济停滞的“中等收入陷阱”均衡。首先，经济活动各部门生产率水平持续低下和表现不佳是生产率陷阱的征兆。其次，社会脆弱性陷阱或人力资本陷阱，是指大多数摆脱贫困的人现在属于新弱势中产阶级，持续存在高度非正规性。这包括：工作质量低下或者是非正式工作、低社会保护和收入不稳，因而不投资于人力资本、缺乏创业活动的能力。虽然人力资本陷阱主要在个人层面上运作，而生产力陷阱是指整个经济，但低人力资本也是导致生产力陷阱的重要因素。这两个相互关联的陷阱在全球背景下尤其重要，蕴含着新的和日益复杂的挑战，其背后的制度陷阱也不容忽视。当然，这又反映了一个长期的历史过程，社会、经济和政治条件相互结合并相互加强。本书的意义在于揭示这些轨迹特性的历史特征，揭示它们的地区相似性和特殊性等。

本书进行一种新的理论综合，将摆脱“中等收入陷阱”视为生产转型的过程，除了技术创新和生产能力的扩展外，人力资本提升（也包括技能联盟）正向互补，创造优质工作岗位和可持续的结构升级（经济复杂度提升）正反馈。基于人力资本提升，创造和生产复杂产品的能力是真正摆脱“中等收入陷阱”的关键途径，这一能力在自我强化的创造性破坏过程中发展，使嵌入这一复杂活动网络的大多数参与者、企业和国家受益，这是摆脱发展陷阱的本质与核心。

一、能力升级与结构变迁

经济复杂度理论认为，中等收入转型的关键驱动因素之一不仅是不同部门的生产率增长差异，而且是这些生产率差异背后的经济复杂度差异，或者不同阶段的不同生产函数和不同的增长机制。进一步而言，我们思考跨越“中等收入陷阱”的转型过程，各个维度上的变革方向和速度是不同的。这些维度包括：知识产权制度、劳动力市场灵活性、教育公共产品供给、职业技能培训体系的可持续程度等。虽然说某一维度上的进步倾向于强化其他维度上的相同趋势，但它们有时会朝着不同的方向演进。因此，中等收入经济体也就分叉为结构性发达、结构性发展中（国内附加值低、制造业私人投资不足）或结构性欠发达三类。比如第五章的印度属于结构性欠发达“中等收入陷阱”国家，第四章的巴西属于结构性发展中国家，第九章的韩国属于结构性发达国家。其中，下中等收入阶段结构性变化不足的特征是：工人直接从农业转向服务业,后者主要为创造就业而发展,生产率增长与制造业相比不高(制造业生产率约为发达经济体一半而不是接近时就停止追赶),大宗出口商品实现生产率增长有限或低生产率水平,经济复杂度没有提升或不平衡提升(第五章的印度,第六章的土耳其)。

经济复杂度演变或结构变迁虽然在进一步市场化中进行,贯穿于所有成功跨越“中等收入陷阱”经济体的结构变迁的发展过程,但其背后的主线是生产能力变迁。市场化和自由化提供了经济复杂度得以实现的更多方式,但仍然是以能力提升为主题的,但这并非“自然”演进就足够实现。结构转型的主流文献看到各国都经历过要素市场扭曲的进口替代不发展时期,但对这些扭曲没有正确认识。他们看到要素市场扭曲其造成阴影,忽略了复杂度提升的特殊性,如中低收入阶段的能力积累与劳动密集型产业的对应会持续很久,中高收入阶段的能力不是简单延伸前一阶段就可以获取的。因此,新自由主义主张进入国际市场和全球化来抑制封闭经济条件下的垄断企业虽然提升了行业内的生产率(第二章的墨西哥),但其忽略了中等收入国家提升复杂度中能力创建和能力提升的不同生产函数和增长机制,尤其是从简单项目执行能力如何升级到纵向或横向集成能力,最后发展到创新能力。

拉美三国的案例分析表明,经济复杂度的演变模式在很大程度上是自我强化的,尤其是以往获得的能力是无形地嵌入于个人、组织的人力资本,强烈的结构性冲击(如拉美国家的“大爆炸”改革)可能会产生永久性的不利影响,因为在遭受破坏活动中,无形资本会丢失,并且需要时间(学习)在新活动中开发无形资本。这包括制度过程:旧制度被摧毁,新制度需要时间来发展。在这些条件下,企业的防御性重组(固定资本投资最小化的生产合理化)将占主导地位,导致投资不足。动态生产发展和支持它的特定制度是市场机制的自动结果的假设是错误的。在拉丁美洲,在国家主导的工业化时期为支持生产和技术发展而建立的公共和私营部门机构的削弱是20世纪80年代“失去的十年”的核心特征。与生产部门相关的制度发展欠佳成为直接影响经济增长的制度缺陷,在加强市场制度建设的呼声中普遍被忽视。总之,自由化会加速增长的新古典假设是错误的,引入经济复杂度的分析可以更好理解这一点。因为新古典假设忽略微观和中观经济联系,过度强调不利的结构和宏观经济因素的影响。保证基本社会契约的稳定性、商业契约的保护,以及短期人力资本的形成和基础设施的发展,尽管在一般层次和长期中对经济增长很重要,但都是发挥框架条件的作用,这些本身不太可能影响增长动能(技术进步和中长期人力资本投资才是跨越“中等收入陷阱”的动能），在短期则是发挥提升生产能力实现效率的作用，不能代替复杂度提升。

结构变迁中的能力提升需要高复杂度经济活动、更高的教育水平和人力资本积累来协同进行，减少扭曲，更大的市场规模或者说由市场经济竞争驱动固然很重要，但深度劳动分工产生和演变的过程是复杂的。经济复杂度提升中的能力积累是在自我强化的重组过程中通过产业内升级和产业间升级展开的，它要求大多数已经嵌入复杂活动网络的参与者、公司和国家能够受益。有积累生产能力的国家和个人，享受此类红利。第9章韩国在20世纪80年代后期或中期以来的能力深化是由大型企业领导，很符合经济复杂度提升观点。其中，创新性企业在成长为巨型企业中享受超额利润，向其分配创新租金的做法有利于激励创新。韩国大企业的核心能力已经从早期阶段的简单项目执行能力发展到中间阶段的纵向或横向集成，最后发展到创新能力。大企业的交易成本节约（从而克服市场失灵）属性使其成为选择有利时间窗口进入的有效组织手段，其资源共享优势使其成为通过绕道构建能力的手段。最后，所有这些优势，以及风险分担、集团内知识溢出和建立无形资产，将使大企业成为一种手段，通过快速利用新的技术经济范式来管理跨越式和多样化。反之，有许多国家失败的案例，而这种失败的原因之一是缺乏从模仿到创新的动态转变，从短周期到长周期，从全球价值链多到少地参与。缺乏把大企业作为一个组织手段实现经济追赶，强调内部资本市场的作用（集团内部融资的新项目和进入新业务领域），以及集团内部资源（能力）共享放松资源约束等。由于无此能力，无法摆脱低生产力陷阱、无法创造利基（Niches），于是陷入“锁定”或者“脆弱”状态。

需要说明的是，“中等收入陷阱”国家的能力性质迥异于主流文献的观点，如大企业应当受到抑制的观点。这些文献忽略了租金的创造、企业规模与中等收入发展阶段有关。本书的分析（如韩国案例）表明，不仅要看到提升静态资源配置效率的必要性，而且要激励创新和人力资本积累，实现企业规模结构尤其是大企业能力载体的动态优化调整。该视角提出一些问题，在什么时候，允许经济承受一定代价，以激励大企业创新？在什么条件和时候，创业型经济更应该受到一定激励？我们发现，自由化所伴随的消除管制结果，并不是像新自由主义所认为的那样，必然是完全竞争市场的高效率，而是不少中等收入经济陷入锁定和陷阱（如非正规经济流行）！案例研究表明，有时候大企业（也包括外资企业）也可以保持足够租金，同时给创业者个人等经济中有活力的部分留下空间（例如，第八章的波兰）。但这种演进绝非平滑进行的。墨西哥从20世纪90年代起，大企业保留和巩固了其权力,但《北美自由贸易协定》为新企业的涌现创造了机会,地方政府竞争为国内外投资创造更好条件,某种意义上有一定的良性循环:地方政府提供相对灵活的监管框架,企业开始在制药、芯片等行业创造高生产率、高技能复杂度的职位。但是,总体而言,其熊彼特式创新租金并不重要,路径依赖性垄断和非正规陷阱的消除仍举步维艰。

二、能力升级的机制:促进复杂度提升的多元化和本土化

我们认为存在一系列复杂度经济部门,其中最不发达的是资源型经济,最发达的是现代服务业,制造业位于中间。制造业组织的复杂程度不如现代服务业,但比资源型经济要好。在我们考察的 8 个国家都至少有一段时间是劳动密集型经济,作为中等复杂度经济的初始条件、发展性质有质的不同,后续的演进路径也千差万别。中等收入国家面临通过减少旧的经济活动和增加新的经济活动来转变经济体制的重大挑战。一方面,由于在相对简单和低劳动力成本的产品方面具有比较优势,因此面临生产低复杂性产品的压力。另一方面,能够生产一些复杂的产品,并具备生产更多知识型和增值产品所必需的基本能力。本书强调,“中等收入陷阱”障碍的强度在不同国家并不相同,需要进行异质性分析(印度占据了产品空间密集部分,拉美占据稀疏部分),分析高度不规则的产品空间中的位置。

虽然中低收入阶段的能力积累是重要的,但与中高收入阶段存在重要差异,在面临新挑战时,通常缺乏与提升复杂度的多元化对应的自我纠正机制、能力的积累不是平滑的,且需要熊彼特所说的创造性破坏。中低收入阶段的能力积累与劳动密集型产业的对应会持续很久,但当中高收入阶段条件变化时,其重要特征也会发生变化并要求能力积累具备跨越性。韩国案例表明,这包括两方面。一是内生的因素,如自身的经济增长或衰退、创新租金的性质和使用,以及产业政策的性质变化等。二是外生因素,如科技变革、全球化、邻国的产业结构(经济复杂度理论称为时间问题、地理问题)。当然,经济复杂度理论不能也并不旨在解释这一切,但它能帮助我们理解这些内生因素如何相互作用,又如何与外生因素相互作用。

本书考察的所有中等收入国家都出现了明显的变化,但同时依然是传统产业能力积累者。巴西、墨西哥建成较为完备的工业体系,项目执行能力提升就是典型的例子。类似地,在劳动力禀赋上有重要差别的阿根廷也如此,尽管其高密度产业能力积累裹足不前。但是,第七章所说的哈萨克斯坦自 2000 年以来的高密度产业能力积累发展也很微弱。印度劳动密集型制造业的能力始终难以振兴,与经济复杂度的正常演进背离,尽管其世界市场

份额从1.5%上升到约3%。土耳其则改善缓慢，是典型的中等复杂度经济的代表。韩国和波兰是正面的例子，都已实现了向高复杂度经济的转型。那些陷入“中等收入陷阱”国家的经济呈现循环往复的危机和复苏，能力积累不平衡且停滞倒退，而不是显示持续进步的轨迹。

这类问题有其深刻的生产结构性根源。有的国家的发展能力更替，通常是继续依靠位置或资源租金而不是创新租金和技能溢价，尤其是资源性租金的依赖方向并不改变（如阿根廷）。有些国家的价值链升级虽有进展，但国内附加值较低（巴西、墨西哥、土耳其），中间阶段也没有增加国内附加值。这类中低复杂度经济陷入“中等收入陷阱”的高风险还意味着，由于资源型产业、劳动密集型产业等的内在特征导致对人力资本提升的需求不足，缺乏政治经济联盟和协议、政策，以促进人力资本提升和复杂度演进。在面临危机时，各方会维持其特权并损人利己，进而陷入社会危机。

跨越“中等收入陷阱”成功者（国家）在实证分析中是“异常值”，这表明从中等收入到高收入的通道很窄。目前的问题是存在许多资本密集型和高附加值的部门，结合现有理论可以对如何在这些备选部门中进行选择讨论如下：首先，从理论标准看，存在技术创新标准和经济学标准两类，其具有互补关系。新结构经济学提出的潜在的比较优势可以更好地确定一个后来者可以针对低进入壁垒而瞄准的部门领域，但并不是为了复杂度提升。本书采用的生产空间概念为下一步提供了重要帮助，当然，在相邻空间中进行选择属于“自然”的多元化，中等收入需要获得额外的帮助，以在许多邻近的空间之间进行方向选择，以及“跳越”到遥远的空间。熊彼特范式的赶超分析可以为不同领域之间的选择提供答案，其假设是所有部门在技术制度方面都是异质的，如技术机会、知识隐性程度、周期时间、累积量等。这一标准同样适用于服务业而不是局限于制造业，例如，信息技术服务和软件也是短周期的部门，因此对后来者来说是一个潜在的好选择。

韩国的案例显示，从20世纪80年代中期到90年代中期，国外增加值份额下降，但增加了国内增加值。后来者在工业化后期早期加入全球价值链，学习了知识和技术。只有当后来者将某些价值部分，如零件和供应的中间资本品本地化后，才会实现快速追赶。否则，无论何时出口，都必须进口更多的外资货物，陷入贸易逆差（如巴西）。如果没有稳定的贸易顺差和外汇收入，就不能进口投资性商品，经济追赶也就不能在中等收入阶段维持。

从20世纪60年代初到80年代末的第一轮工业化后期，韩国在大部分时间里存在贸易逆差。韩国首次出现贸易顺差是在80年代末。在此之前，与日本或美国相比，人均GDP并没有赶超，尽管韩国的增长率很快。此后韩国贸易顺差之所以持续存在，是因为在全球价值链中，高端商品和细分市场的持续本土化，或者基本上是将进口的高端商品用国内商品取代，在一定程度上巩固了国内价值链。直到21世纪初，外国附加值的份额才再次增长。与此同时，韩国由于国内工资水平高企，将更多的工厂（低端市场）迁往海外，并通过自由贸易协定实现了彻底的全球化。可见，首先出口消费品、农产品，后来又转向了生产资料，是全球价值链内部升级的基本方面，没有它，最初的追赶就无法持续。从这个意义上说，格申克龙强调后来者需要关注生产者的需求，而不是关注消费品，这一观点得到验证。

不过，著名的格申克龙—安斯登框架侧重于后期工业化或者跨越中高收入陷阱的早期阶段，没有考虑路径形态的创新问题。弗农（1966）的标准产品生命周期理论，该理论没有看到领导层从先进经济体向后来者经济体的转变。根据经济复杂度分析结合“赶超”理论，本书的分析对此有所改进。参与全球价值链要同时努力建立本国知识库，从而在中间阶段增加国内附加值。这里的先决条件包括建立能力，通常体现在大企业中。从中等到高收入经济体的过渡路径，大企业这一特定类型的公司将是一个更有效的手段来克服“两败一障”。比如大企业能帮助克服中等收入经济体的规模失败，其往往只有中小企业，因为这些企业本身不足以引导经济体走向高收入阶段的道路。

成功跨越中等收入者探索绕道来建立能力并跨越，在中间的某个地方找到一条新的不同的道路，跳跃的结果是一个新的和不同的生产函数斜率。然而，跨越带来风险，因此当新的机会窗口出现时，应该尝试新的或颠覆性的创新和技术经济范式。从技术、市场和制度窗口看，结合创新租金的性质和使用，不同窗口和中等收入经济体的反应和不同策略之间的匹配，形成如路径跟踪、跳跃和路径创建等形态。

三、迈过提升经济复杂度的人力资本门槛

本书所述的中等收入国家一般都在模仿发达国家的教育制度和技能体系等，尤其是自20世纪中期以来。资本主义世界体系和全球化通常也在将发达国家的教育制度和技能体系作为改革方案的一部分进行输出。然而这些制度在中等收入国家的环境中以不同方式运行，没有促进巩固的中产阶级增长和现代技能形成体系的形成，其效果与高复杂度经济截然不同。比如，拉丁美洲缺乏土地改革这一使东亚地区受教育水平迅速提高的有利因素。再比如，大多数中等收入国家（如墨西哥），其金融系统并不平滑和促进对穷人教育等投资落后，技能形成体系并不鼓励积累专业人力资本和创

新创业人力资本，社会保障政策似乎与高复杂度经济一样，但是政府执行的失误造成了扭曲和特权，加剧了人力资本陷阱。这些国家的资本市场（尤其是银行发展水平低），通常向内部人、精英提供贷款，而不是向新市场主体和有意愿的穷人。法律、政策和其他政治制度都是如此。

与低收入阶段二元结构不同，中等收入阶段的结构异质性可以表现为人力资本的异质性，在经济增长加速或减速的情况下，异质性人力资本也可能产生生产率的内生调整。一般分析发现，技能错配是中等收入经济体的典型特征，尽管在中等和高等教育方面投入巨资，而它们的生产系统无力吸收不断增加的熟练劳动力、出现知识失业等问题。除了技能低配外，经济减速导致国际劳务移民流出，这提供了一个重要的人力资本外部调整机制，对于人力资本积累有缓冲作用。也就是说，教育是经济成功发展的至关重要的"背景条件"（第一章所说的基础条件效应），中长期的经济增长的复杂度高低与人力资本动力供给循环因果积累，尽管教育一般在中短期不立即表现为经济增长动力的变化。

由于复杂商品生产所隐含的潜在知识能力更复杂，技能通过重新集中引发生产性转变的能力成为复杂度提升的重要维度。由于现代经济依赖于知识的生产、获取、吸收，知识再生产和交换作为发展的主要驱动力（表现为第 1 章所说的配置效率效应），企业和工人的劳动力市场匹配行为不仅关注工资高低，而且也是在技能空间优化中优化认知距离①，以便更好地重组不同类型的知识，优化技能积累。这种认知距离通过职业技能空间中的社会互动不断调整，以促进行为人之间最有效的沟通。如果距离太大，信息将无法被充分理解，如果距离太小，信息对其他人来说缺乏价值。在这种情况下，工人是当地知识的载体宝库，这些知识被导入企业，通过正规教育和工作经验获得不同的技能，以完成特定任务，从而扩大知识基础。通过分享相关技能，工人优化不同产品空间的认知距离和知识交流，从而推动区域经济结构随时间变化的重组过程。总之，拥有相似技能的员工往往会优化他们的认知距离（马歇尔外部性），并增强学习和知识溢出。尤其是隐性知识流动往往在地理位置上具有局限性，并对当地产业产生外部性。总之，雇佣技能相关工人的行业具有较高的关联度，更容易相互学习，提高吸收能力，优化认知距离，交流和重组各种相关知识。技能相关产业利用当地的外部性，技能相关性构成多样化的基础，更有可能进入其他技能相关产业已经大

---

① Muneepeerakul, K., Lubo, J., Shutters, S. T., et al., "Urban Economies and Occupation Space: Can They Get 'There' from 'Here'?" *Plos One*, Vol.8, No.9, 2013.

量存在的地区。

从人力资本角度看，不同类型的区域创新系统及其职业空间具有不同的潜力来重组知识并促进不同的发展路径。一种是成功跨越“中等收入陷阱”者，丰富而多样化的区域创新系统以及对应的职业空间为不同的参与者提供了更多的机会，在重组技能、知识和技术中，创造新的活动，并建立内生的结构（包括职业空间丰富而多样化）。当新产业基于不相关的知识组合（脱离技能比较优势）进入该地区时，更有机会“创造路径”（否定比较优势，更复杂但可能更有增长潜力的行业。第9章的韩国）。但是，在传统劳动密集产业所在地区存在的是稠密和专业化职业空间中，其行为人不具有强烈的诱导内生结构变化的能力。这些地区以一定专业化的行业为主，职业空间多样化不够，以科技知识为基础生产创新系统以传统活动为主，缺乏多样性和集聚外部性导致知识基础单一，职业空间单一，几乎没有提升复杂度的重组机会。

中等收入国家在有效利用劳动力和技能方面确实面临特定的结构性困难。在中等收入阶段的发展中，许多刚刚摆脱贫困的人主要属于弱势群体。弱势中产阶级受到生产力与脆弱性陷阱恶性循环的影响，人力资本脆弱地位持久化。这种恶性循环的机制如下：弱势中产阶级工作质量低，通常是非正式的工作、低社会保护和低收入。在投资教育或投资于充满活力的创业活动方面面临限制，导致人力资本投资低。于是仅较高的人力资本不能减少中低收入国家陷入“中等收入陷阱”的风险，但支持国家的经济活力，尤其是与创新密不可分的科技职业对防止落入陷阱在中高收入阶段也开始变得很重要，但仍投资不足。第四章分析的巴西这样的发展中国家，结构变化始终与技能相关性相关。进入、退出等结构变迁维度与区域内类似技能储备相关。技能相关性成为不同创新能力地区产业进出的重要影响因素，具有较高创新能力的区域能够增长，但是，在创新能力较低的区域，带来的是对落后产业的吸引，由于没有提升职业空间和多样化，没有在不同经济活动中执行任务所需技能的多样性，于是采取防御战略，以免产业退出离开，技能相关性产生低复杂度经济的结构黏性。

技能投资不足问题也有其与生产转型不足和与贸易相关的症状和决定因素。人力资本有两种衡量标准，即一般知识和特定知识。本书对陷入“中等收入陷阱”国家产品空间密度变化的案例分析表明，在土耳其等国家，公司往往更多地利用工人的一般知识，而不是公司或行业特定的知识。因为这些国家的生产性质属于基本的装配类型，涉及一个简单的生产过程，使用的技术体现在机械上。从较低层次的增长机制过渡到较高层次的增长机制时，需要解决不同的问题，从而建立和升级劳动力的特定能力。值得注意的是，一方面，技能是未陷入“中等收入陷阱”困境的中等收入国家出口集中度的关键驱动因素①，另一方面，技能比率对出口集中度的影响在“中等收入陷阱”内部变为负面，造成低复杂度的经济多元化。陷入“中等收入陷阱”国家技能支持的是外延边际（粗放型增长）的出口多样化动态。技能可能会被滥用，因为通过粗放型增长的多样化，与将生产集中在最具生产力和竞争力的生产线上（高复杂度多样化）相比，提供的增长红利更低。技能倾向于支持粗放边际的多样化，而不是集中在集约边际，这再次表明陷入“中等收入陷阱”的中等收入国家缺乏提高生产率的合理化、缺乏高复杂度的多样化和再专业化。

一定规模和质量的公共教育机构或私人劳动培训机构（产业人力资本）直接生产人力资本，而劳动力市场的良好运行能够促进技能配置。这就使教育政策、劳动力市场政策与产业政策一样具有极其重要的意义。不同的职业集群以教育水平为基础，这些集群构成的工人具有相同广泛知识特征和禀赋的职业群体。职业空间可以反映职业的知识内容，作为技能需求与供给的匹配结果，不同发展阶段关键的高技能、高增长潜力职业不同，这些也是经济复杂度演进的重要方面。因此，为强化跨越“中等收入陷阱”的人力资本基础，应瞄准以职业为代表的一系列技能和知识基础，而不仅仅是确定要促进的相关产业组合。

四、开放对跨越中等收入陷阱的复杂影响

本书研究的跨越“中等收入陷阱”者总体上都是第二次世界大战后开放的经济体，国内市场的有限规模导致绝大多数中等收入国家必须促进出口，利用世界市场上的出口机会和长期的外国投资，且政府一般使用或多或少的政策工具，以在国内外市场之间取得平衡。研究发现，国内因素是解释进入“中等收入陷阱”概率的基础。但是，外部因素也对跨越“中等收入陷阱”具有重要影响。比如全球经济危机对中等收入经济体造成更大负面冲击、中等收入国家尤其受到国际资本市场周期性行为的冲击、发达国家的经济发展以及国际经济和金融体系如何能够应对这些问题的影响。

拉丁美洲存在双重陷阱，即资源依赖和薄弱的人力资本，虽有国内因素

---

① Blanchard, E. J., Ulney, W. W., “Globalization and Human Capital Investment: Export Composition Drives Educational Attainment”, *Journal of International Economics*, Vol.106, 2017, pp. 165-183.

成分,但是在开放条件下与外国投资等因素交互造成“中等收入陷阱”的内在困境。当前,在有效“外接”全球价值链或全球产品空间,同时也要“接回”国内生产体系或产品空间上存在缺陷和失灵。因此,诸多“中等收入陷阱”国家,比如巴西尝试了产业政策、墨西哥尝试经济一体化发展战略,但主要是进口替代而很难扩大到出口导向。这些国家的资源行业为外资提供有利条件,虽然让本国精英受益,但这些投资属于所谓飞地经济(大型跨国公司在墨西哥出口部门自己提供安全保障),并未将好处扩展到其他部门。有些跨国公司收购中等收入国家的国内公司,削弱了国内需求联系,将研究和开发集中到国外。比如墨西哥马奎拉(Maquila,外资公司开办的、产品回销本国的组装工厂)的出口具有类似的性质,它可以减少就业不足,但在扩散组织和营销创新、建立国内联系循环上不足。因此,虽然这些中等收入国家制造业的外国直接投资有时扮演了重要角色,但是,不可避免地会导致国内制造业发展疲软。比如,一些具有强劲的动态规模经济,但国内联系较弱(比如进口要求高)的企业生产率增长强劲,由此保持持久的二元性。因此,国内创新在未来将尤为重要,必须是一个集体的过程,其中公共和私人行为者相互作用和合作,当地企业通过在生产过程中学习、内部研发努力以及与经济中的其他关键参与者,即其他国内企业、外国企业、研究机构和大学的互动来发展能力。当然,根据本书框架的内涵和案例分析,如果没有刺激受保护的国内市场竞争的机制,没有达到先进的社会能力的门槛值,无论跨国公司附属机构还是国内大企业,都难以将生产升级到更复杂的水平并产生持续的生产性转型。

开放条件下的汇率政策等是内部因素与外部因素相互作用的结果,不仅包括宏观经济运行政策,也有产业政策的属性。货币贬值与升值的两难选择彰显了矿产出口经济体的经济增长所面临的困难和基于资源的发展模式的困境。因此,资源依赖的本质正是卡在以资源为基础的部门,一方面,由于货币高估值的竞争力影响,进入制造业的机会微弱或动力不足。另一方面,如果通过低估本国货币来绕过诅咒,这种低估并没有帮助,反而会因为美元收入的减少而损害经济。虽然一些强联系但弱动态规模经济的创新可能会导致直接生产率增长放缓,且会显著减少(劳动密集型而非技能密集型)就业,从而可能产生重要的间接生产率效应。但是却造成对教育等人力资本积累的排挤(如墨西哥),劳动密集型出口的发展就是一例。巴西卢拉政府时期曾试图实施一些支持穷人的政策。然而,它们的包容性不够强,因为它们未能彻底改变大部分人口的低教育程度。这些政策的执行往往由于不稳定的外在经济条件或新自由主义政策而停止。鉴于历史遗留问题，尤其是外部因素的影响，在典型的拉美“中等收入陷阱”国家，国家创新系统的生产体系的普遍特点是由薄弱的本土企业造成的工业部门薄弱。这些公司要么在制造业方面实力薄弱，要么是成功的出口公司，但却是跨国公司的子公司。这些公司与公共机构或大学的合作的减弱，是因为科学部门对基础学术研究的重点与工业部门无关，因为后者需求很低。

本书表明，有些中等收入国家对出口增长过度依赖，形成一种“合成谬误”，即太多国家同时试图依靠出口导向增长政策来刺激增长，但是，发展中国家的出口市场受到了工业化国家能力的限制。发达国家的需求停滞，就会导致发展中国家的过度投资和产能过剩。出口导向战略有层级发展属性，随着工资的增长，欠发达的新来者取代了更成熟的出口经济体，也就陷入了“中等收入陷阱”。随着正在到来的第四次工业革命的影响［在有些国家，外国直接投资公司引入工厂自动化（智能工厂）或其他节省劳动力的技术，促进升级到具有本地溢出效应的领域。在有些“中等收入陷阱”国家如印度尼西亚，工资水平中等，受教育程度中等或技能人口中等，大多执行劳动密集型生产，很可能会被自动化公司或以低工资转移到邻国的跨国公司所取代］扩大，外需与内需之间的不平衡有时导致增长来源的失衡，过度依赖外需导致经济的脆弱性增加。除了收入分配的恶化、自然资源和环境限制外，复杂多变的国际经济环境（比如中等收入国家间贸易协定的低复杂度基础、加总问题等）都是重要的制约因素，导致处于高度不确定的发展环境。

本书的国别案例分析发现，在一些陷入“中等收入陷阱”国家，新古典学派强调的微观经济效率提升或竞争的正效应被不利的宏观经济环境所淹没，宏观和微观激励没有支持而是阻止创新，中观和宏观环境没有使干中学和集体学习在微观层面上成为可能。另一种情况是，有些中等收入国家如波兰，能够应对竞争压力、面对全球化的不确定性，虽然最初反映也是合理化的防御策略，但后面转变为新的创新和投资浪潮。在这种情况下，自由化释放了一定程度的创新性，而过去更受保护和国家干预的环境则压制了这种创新性。同时，国内公司也将有更好的机会获得进口投入品和资本货物。总之，虽然受到不利影响，竞争加剧对生产率的不利影响只是过渡性的。

因此，是否具有确保开放步伐与经济结构性适应的能力，特别劳动力市场的动态以及创造就业与破坏就业之间的平衡，尤其是能够解决其中的人力资本积累与动态规模经济的正向互促而不是造成负反馈问题，都超越了单独一国的政策所及。尽管总体情况如此，但仍存在一些成功的案例，如巴西的生物燃料、大豆和中型飞机部门。其中这些部门的发展都涉及某些形式的私人和公共合作等产业政策。进一步而言，要求政府政策更有长期视野，通过对发展的优先事项以及经济方向的宣示，作为帮助期望收敛的机制来解决提升复杂度经济中的协调问题。

总之，国内外发展陷阱相互影响、相互增强。这使发展挑战变得特别复杂，协调一致政策需求越来越重要，跨越“中等收入陷阱”也就成为一个相应的制度和政策范式问题。比如，制度薄弱和人力资本脆弱性相辅相成。一方面，人力资本之所以薄弱，是因为缺乏足够的安全网承担人力资本投资风险，或者因为薄弱制度无法提供优质的公共服务，例如教育和卫生。另一方面，人力资本脆弱性削弱了纳税和遵守正式规则的能力和意愿，削弱了税收收入和提升制度质量。生产力陷阱也与制度直接相关，制度是克服这一挑战的主要决定因素之一。制度范围众多且复杂，但是新自由主义制度话语所制定的制度改革过于简单化。存在各种类型、形式和功能的生产制度和交易制度并不断演变，中等收入国家需要自主而明智的政策，更好地组织现有的生产能力（个人生产性人力资本、组织能力、产业人力资本、社会能力）与技术，促进经济复杂度的提升和跨越“中等收入陷阱”。

第二节　对当前发展中国家跨越“中等收入陷阱”的启示

虽然中等收入国家社会经济条件有所改善但仍然长期存在弱点。面临向更高收入水平发展而出现的新挑战以及不断变化的全球环境影响之间的新动态，诸多发展陷阱相互影响、相互加强。综合性政策（比如生产率与人力资本的包容政策）越来越重要。

一、采取提升经济复杂度的政策

要想克服对简单和低劳动力成本产品的吸引力，明智的产业政策是必要的。大多数国家确实实施了某种产业政策，但相对较少的中等收入国家能够成功设计和执行明智的产业政策并提升经济成熟度。其中重大的制度变革和社会各阶层（即公司、政治家、科学家和劳动者）的参与互动更导致问题复杂化。需要重视这项协调任务的难度，因为只有少数国家能够充分完善并提升其经济水平。要克服对简单产品的引力（不要抱怨工资上升，这个是误区）并将整个经济转变为更复杂和以知识为基础的活动，摆脱“中等收入陷阱”的引力并向上攀登，必须采取明智的产业政策促进市场和国家力量、内部和外部学习的结合。

提升经济复杂度需要的不是横向水平的无差别政策，不是低维度的物价稳定或者实际汇率稳定政策。因为商业环境的特殊性、产品空间异质性特征增加了复杂性，所需的公共投入（能力）不仅维度高，而且相对具体。经济复杂度提升、技术进步和人力资本投资匹配的政策，必须结合适当的宏观经济环境启动和维持增长。要设计实现生产结构动态升级转型的战略组合，依托宏观经济政策、产业政策和社会政策，设计广义的发展政策组合。宏观经济政策主要是横向的，产业政策既包括横向政策，也包括针对性的产业政策两类。中等收入国家的产业政策应先于科技创新政策。就产业政策旨在提高产业的竞争力而言，要鼓励广义动态创新。这类产业政策是一套促进工业发展的公共干预措施，即工业随着社会生活水平的长期提高而适应发展的能力。鉴于摆脱“中等收入陷阱”的创新仍然与发达国家生产部门的转移有关，生产结构多样化战略是增加创新的关键。改善经济复杂度的基础是产业空间互补性发展产生的正需求，以及报酬递增的供给效应，要着眼于提升部门和地区全系统竞争力的发展。要改善专业投入和服务，尤其是强大而深入的国内金融体系和充足的基础设施部门等。

二、促进复杂度提升与人力资本积累正向反馈

人力资本的形成，对经济增长很重要。它首先发挥的是框架条件的作用，尤其是重视政府在其中的作用，特别是能力失败和教育市场不足的普遍性，需要政府干预政策来加以改进。到目前为止，人力资本虽然受到了一定关注，但这是不够的。与实物资本不同的是，除了嵌入性、网络性、溢出效应外，人力资本可能产生正外部性。这些特征是理解其在决定人均收入的水平以及增长方面的关键。同时，经济复杂度变化具有分配效应（也影响人力资本积累）。必须注意增长的反馈效果以减少结构异质性，防止二元结构、三元结构等类型的停滞。

在从停滞或低增长均衡向更高和持续增长均衡的过渡中，需要说明人力资本积累特征及其制度要求，从而使技能空间优化更为平滑。复杂度提升由制造业活动的内生因素以及需求、私人和公共研发活动以及该国的普通教育系统等外生因素驱动，提升复杂度主要是个人、公司和公共部门层面的各种技能的积累，它们共同构成了工业层的人力资本。但是，这不能仅仅依靠市场来进行。尽管经常强调国际贸易的好处，但专注于低技能部门的发展中国家在融入世界市场时可能会经历教育程度的下降。有些转型国家所积累的能力要素是无形的和部门特有的（如墨西哥）。在面临快速自由化、不利的宏观经济冲击时，无形资本（包括人力资本）大量流失，这可能出

现无谓损失(deadweight losses)。这些可以被认为是市场失灵。

首先,需要着眼于促进教育程度的动态效应,而不是仅仅增加低技能部门的出口增长、着眼于在全球价值链中提供链接和获取位置的改进。这类经济复杂度变化由于路径依赖、动态规模经济等,具有自我强化的专业化模式/能力积累后果。

其次,保持技能溢价推动学习。在中等收入阶段中,一个重要问题是消除缺乏教育导致的低能力,这是跨越“中等收入陷阱”的前提。当前的技术轨迹很可能同时显示出节省劳动力和偏向技能的性质,但是无论采取税收、贸易等政策,假如技能溢价被消除,通常会发生的替代状况并不是劳动力更好流动,更不是不平等地消除,而是陷入非正规、低复杂度经济的低质量“蓄水池”。对中高收入阶段而言,技能溢价能不能创造激励推动学习,提高效率、积累人力资本,才是关键。在本书的案例中,技能溢价对于不平等的不利影响有限,对于生产有积极影响,如韩国、波兰等。

最后,教育政策也可以作为产业政策。从经济复杂度理论看,教育不仅是经济成功发展的至关重要的“背景条件”,而且会决定中长期经济增长动力的变化(这与主流宏观经济学的观点不同)。教育的作用是创新部门中长期发展所需要的劳动技能的有效供给,这要求促进相应的公共或私人劳动培训的机构如学校、企业的改革与创新,更好发挥其在人力资本积累中的核心角色。

经济复杂度的状况,取决于这些技能形成组织的性质和类型。一方面,在技能获取的供给方因素上,入学和教育支出等政策是重要的,增加教育的供给侧政策、推进技能提供机构的有效改革,实现充足的技能供应可以避免“技能短缺”,从而避免缺乏足够的当地技能供应相关的资源失业现象。另一方面,需求侧可能至少同样重要:宏观经济条件推动工资和就业机会,从而影响个人投资人力资本的决定。总之,能力积累涉及的人力资本,它一方面受到教育政策的影响,另一方面对劳动力市场政策起作用。中等收入国家不仅应该增加平均受教育年限,还应该重塑高等教育结构,以最大限度地提高社会发展和集体能力的机会(如韩国)。在中高收入阶段,开始帮助更多投资于高等教育,不是资助特定于公司的培训计划,因为更健康、受过更多教育的工人更能适应全球经济的负面冲击和意想不到的变化。同时,使公司培训将变得更有效率。劳动力市场政策应使劳动力流动更容易,以最大限度地共享可用知识并使能力具有很强的集体性(产业人力资本)。还应鼓励吸引外国公司的劳动力流入,包括企业分拆等形式,以及吸引明星科学家、天才人物等。

提高社会能力需要横向和纵向的政策。人力资本的投资最能增强一个国家最重要和灵活的资源(劳动力)。能够提升经济复杂度的最有活力的部门吸引人力资本,前提是劳动力市场是灵活和透明的,并且教育机会是广泛共享的。人力资本是长期经济增长和工业发展的最重要驱动力之一,但它经常在产业政策的讨论中被忽视。经济增长是由人推动的。一个经济体的生产能力由其人口的活力、技能和创新驱动。教育也是前沿增长的关键驱动力,特别是在依赖劳动人口认知技能和创造力的高附加值、高创新经济部门。在许多此类高复杂度部门中,可能会出现良性循环:对人力资本的投资可以提高一个国家在全球范围内高价值产业竞争的能力。这些行业的增长扩大了就业机会和对未来教育和技能获得的激励,更多投资于人力资本,进一步加深了一个国家在未来的竞争地位。

三、市场推动和政府政策相结合

复杂度提升作为发展动力,与宏观经济有序相互作用,产生积极的反馈,导致经济快速增长与创新的“良性”循环,反之,如与宏观经济失序相互作用,导致增长陷阱和缺乏包容性等。这种基本宏观稳定性与制度环境、基础设施供应等类似是框架条件,对于整个经济演进过程最为重要。由于许多中等收入国家有陷入债务危机的经历和范式,控制以通货膨胀为代表的关键宏观经济变量,以避免出现“中等收入陷阱”的宏观环境极其重要。

但是,仅仅提供稳健货币、开放贸易、投资和产权等并不能自然产生增长结果。经济复杂度提升由法规等大量社会技术组成,其中许多技术依赖于政府。政府的作用是探索适当的制度框架,制定社会目标函数,支持不断演化的市场运作。

高人力资本与高技术等的不同组合构成企业异质性。企业成长过程中竞争和分化的本质是创造性破坏,能够带来动态规模经济的企业推动经济复杂度提升。一方面,在市场化过程中,企业是技术变革中学习和成熟过程的基本载体和抓手。技术是默会的,具有很强的“边做边学”的成分。市场不仅有用而且必要。另一方面,技术创新产生重大的外部性,也就是具有公共物品与私人物品混合的属性。创新率取决于这种背景下成本、风险、收益与可分配性之间的特定平衡,市场的复杂性在于它是一种成功的进化机制,具有推动创新发展的市场优势,市场制度的演进是推动其中积极反馈的基本尝试。

但是,在中等收入国家,创新者的超常利润通常不存在,生产通常进入利润微薄的成熟活动。因此,创新性经济活动的速度不理想。市场没有新古典经济学所说的最优效率基础。其中,获取、掌握和适应新经济活动的过程存在额外的进入成本与获取市场信息要求,才能在新市场建立声誉、抓住机会降低成本,以成功打入既定的生产和营销渠道。由于市场对自我发现的激励效率低,加之协调失灵问题,特别是对于产业间升级(不是产业内升级,其中有无条件收敛特性,产品内学习和改进过程普遍快速)而言,尤其容易成为“中等收入陷阱”多样化的紧约束,这些都需要政府的竞争政策等来加以促进(产业间升级一般从另一产业较低的价值链上开始,对处于产品空间相对稀疏部分而言很难,但产业内升级较容易)。协调失败、能力失败和市场不足的普遍性,以及对非边际变革的需要,需要一个积极政府来实现广泛的升级。

中等收入阶段制度改革和政策设计具有多样性和具体化要求,受各国的独特国情、历史、文化等条件限制,也普遍面临中等收入阶段的共同风险和挑战。不少中等收入国家基于进口替代和国家干预的工业化战略由于外债危机被放弃,货币和财政政策、汇率政策的管理都主要服从于国际金融市场,实施旨在完成工业化进程的发展政策的政策空间缩小(不过巴西和墨西哥产品空间的位置相对较好),导致中等收入国家(如拉美国家经济增长的紧约束不同)丧失执行“符合长期发展目标和发展政策的有效反周期宏观经济政策”的自主权,这又被称为“新自由主义陷阱”(Bresser-Pereira,2020)①,其中,土耳其和阿根廷是反应型国家和弱国家能力的典型,试图遵循新自由主义正统的戒律就是例子。最为典型的是中等收入阶段的“资源依赖”问题。经济复杂性分析提供了诊断“荷兰病”的工具,从这一角度看,“荷兰病”的症结是经济复杂性的丧失或经济复杂度指标的下降。从资源丰裕型中等收入国家角度看,贸易自由化的危害在于放弃在国内市场和国外市场冲销“荷兰病”的机制。新自由主义把进口关税贬低为德国历史学派的保护主义,但经济复杂度分析表明关税在消除荷兰病时能够确保制造业与其他国家的制造业具有平等的竞争条件。

中等收入要促进经济复杂度,其中市场的协调远远不够,国家应以强有力和透明的监管介入。将产业政策作为提高长期增长率的工具,作为避免“中等收入陷阱”的长期发展战略。产业政策对于促进多样化和减少其生产结构的幼稚性是必要的,应侧重于对整体经济产生动态影响的活动。政

① Bresser-Pereira,“An Alternative to the Middle-Income Trap”,*Structural Change and Economic Dynamics*,Vol. 52 ,2020.

策应具有必要的选择性(避免重复、替代效应和无谓损失等政府失灵)并针对先进的行业和技术或者高复杂度经济活动,以创造新的绝对优势,而不是专注于现有的比较优势和低复杂度的多元化。产业政策应与宏观经济政策良好协调。宏观经济政策体系可以作为产业政策的重要补充,促进资本积累,同时为实施适当的产业和技术政策提供营商环境和政策空间,以加速赶超进程或跨越“中等收入陷阱”。

四、协调克服锁定

本书揭示的“中等收入陷阱”锁定具有不同维度的表现形态(例如认知锁定①、经济锁定、社会锁定和制度锁定),其中经济与社会为其核心锁定,表现为生产率陷阱(低生产率导致低投资率)与社会脆弱性陷阱(既包括低质量的公共教育陷阱,更包括中产阶级选择昂贵的私立学校但过度负债陷阱),经济锁定尤其与比较优势陷阱、资源依赖相关(理论上资源型经济进行产业内升级也可以跨越“中等收入陷阱”②),即过度依赖国际市场、过度依赖劳动密集型产业而最终陷入“比较优势陷阱”,以及产业过度集中在初级和采掘部门,破坏了在全球价值链中的参与等。有些低收入阶段的陷阱仍然没有彻底消除。比如在印度,作为“一种自我强化机制,贫困导致贫困,因此贫困本身就是未来贫困的直接原因”,贫困陷阱仍很普遍。

1. 锁定的形态

锁定作为陷阱的基本形态,绝不是单一因素一时一刻所致,而是诸多因素推动历史进程的结果。这些陷阱本身是由中等收入国家内在的长期弱点造成的,在进入中等收入阶段向高收入阶段迈进时,面临新的发展挑战,本身弱点不断加剧且威胁显著,各种因素的“循环累积因果关系”错综复杂,不利因素动态地组合缠绕在一起形成一个负螺旋,且由于存在相互加强的因素表现为局部稳定的低水平均衡(特别普遍的协调失灵,以及信息外部性)。本书主要揭示生产率水平停滞不前甚至下降的影响,但不仅如此。这还包括:中下阶层人口数量庞大和日益脆弱,高度的非正式性(低人力资

---

① 在新自由主义的认知陷阱下,造成“中等收入陷阱”。其政策制度转型在拉丁美洲放弃了以往结构主义的合理成分,使巴西和墨西哥通过关税消除了“荷兰病”的成功不复存在。这种认知陷阱以预设的完全自由市场为前提,推脱发达国家的问题与责任,遮掩新自由主义经济政策在发展中国家失败,并且竭力将错误的经济政策合理化,其实施弱化了中等收入国家的发展能力。参见 Bresser-Pereira,“An Alternative to the Middle-Income Trap”, *Structural Change and Economic Dynamics*, Vol. 52, 2020。

② Lederman, D., Maloney, W., *Does What You Export Matter? In Search of Empirical Guidance for Industrial Policies*, Washington, D.C.: World Bank, 2012.

本、低技术均衡),获得教育等公共服务的机会不平等(脆弱性陷阱)。这些中下阶层人口既是脱贫者、有时被称为新兴中产阶级,但其实是弱势的,低人力资本造成的社会脆弱性陷阱使他们的脆弱地位永久化。这些陷阱本身是循环、自我强化的动态结构,低质量的、非正规工作的个体生产力水平很低,且个体被锁定在弱势地位、与企业的低生产率陷阱交织。

目前,中等收入国家在实现更高发展水平方面受到了新的结构性限制,可能陷入“环境陷阱”。倾向于高物质和自然资源密集型活动,专注于高碳增长道路的低收入阶段发展路线面临锁定。基于传统技术,由于“陷入”不可持续的模式,很难转向更复杂和可持续的增长路径,同时减少环境风险。中等收入国家还可能陷入“制度陷阱”。陷入缓慢增长轨道的国家和地区,其体制结构弱,缺乏制度变革的能力从而经历制度锁定,阻碍创新和结构转型。比如,中产阶级的扩张伴随着对提高教育等公共服务和制度质量的新期望。低收入阶段延续的制度没有有效应对这些需求的增长。对制度的信任和满意度的下降可能加深社会脱节,尤其是土耳其等国家公民不愿意履行税收职责,导致公共服务能力下降,造成制度停滞陷阱。

这些发展陷阱相互作用,相互加强。首先,生产力陷阱与制度直接相关,制度是克服这一挑战的国家取得成功的主要决定因素之一,这一点无须赘述。其次,社会脆弱性陷阱和生产力陷阱交织。一方面,与非正规工作相关的脆弱性在很大程度上是这些国家生产力低的副产品。另一方面,非正规性本身是生产力增长的一个强大障碍。再次,薄弱的制度和社会脆弱性相辅相成。一方面,中产阶级之所以脆弱是因为缺乏足够的安全网,且薄弱的制度没有提供优质的公共服务例如教育。另一方面,脆弱性削弱了纳税和遵守正式规则的能力和意愿,削弱了制度建设的能力和努力。最后,环境陷阱与生产结构缺乏多样化以及制度将资源和碳密集型部门的投资导向环保型技术的能力薄弱直接相关。而且,环境退化和资源耗竭加剧了发展不确定性,加剧脆弱性陷阱。

2. 锁定的克服

这些分析与关于比较优势陷阱的讨论是有重要区别的。因为这里强调贸易自由化和比较优势不能被视为有效退出“中等收入陷阱”战略的起点。另一方面,需要说明的是,本书所倡导的提升经济复杂度跨越“中等收入陷阱”与比较优势否认型战略是不同的。从实证研究看,比较优势否认型战略并不一定意味着向技术更先进的产业转型,而是向与比较优势无关的产业转型。提升经济多样性包括相关多元化(无论是后向和前向联系)战略和无关多元化战略,相关多元化虽然理论上也可能提升复杂度,但也与产业结构锁定有关,而无关多元化甚至是跨越"中等收入陷阱",但要以提升复杂度为标准,绝非仅为否定要素禀赋优势。

针对人力资本陷阱,包括教育失业等问题,结构变革和技术升级本身并不能保证创造促进人力资本积累的就业机会或平等;相反,当前的技术轨迹很可能同时显示出节省劳动力和偏向技能的性质,因此可能意味着失业和不平等加剧,加剧脆弱性陷阱。政府干预要有效塑造复杂度演进的模式,发挥高复杂度经济活动创造就业的潜力,并尽量减少其对不平等的影响。有针对性的产业和创新政策应考虑到其对就业的影响,促进以研发为基础的产品创新,因为产品空间的扩大本质上是对劳动力友好的,而单纯流程创新可能会对人力资本就业产生有害影响。

总之,在解决复杂度提升中协调失灵和信息外部性导致的锁定以及机遇、潜力识别方面,单纯市场、社会或者政府都是不够的,单纯强调开放或者自主都是不够的。锁定问题是提升复杂度或者多样化中所固有的,需要在有效的政策集成加以解决。

第三节　跨越"中等收入陷阱":我们还需要知道什么

一、"中等收入陷阱"讨论中的"非表层问题"

"中等收入陷阱"一词已成为基于廉价劳动力和丰富自然资源经济的代名词。"中等收入陷阱"是中等收入阶段出现的一种稳定的均衡,表明低增长、缓慢的结构变化和缺乏明智而自主的政策组合。中等收入国家面临高度具体的经济困难,这是导致"中等收入陷阱"的原因。一方面,是发展中国家特有的障碍,比如持续简单的生产活动或有限的融资渠道,另一方面,要忍受结构转型、世界经济一体化进程带来的新困难,例如世界经济治理不完善对其创新的阻碍。

本书将经济复杂性研究的定量视角与跨越和陷入"中等收入陷阱"的发展国别案例研究的定性视角结合起来。我们试图刻画和识别不同情景下经济多样化和复杂化过程的一些结构模式和动态。我们强调缺乏产业人力资本(包括组织能力、教育人力资本积累不足)的重要性。实际上,按照本书的分析,"中等发展陷阱"或"中等复杂性陷阱"可能比"中等收入陷阱"更合适,因为问题是一个经济体的经济成熟度或复杂度的类型和阶段问题,而不是总数量产出的问题。陷阱一词意味着,对农产品、原油和采矿等"唾手可得的果实"的吸引力难以抗拒,滋生不平等进而导致增长缺乏包容性

(如巴西);由于对劳动密集型产业“比较优势”的吸引力难以抗拒(如土耳其,以及其他国家如马来西亚),低复杂度经济活动生长成为种种陷阱,导致未能实现对产品空间结构优化和成熟度提升。

克服发展陷阱,不仅是一般多元化进入新产业,更要了解哪些产品被淘汰,高经济复杂度产品如何进入、如何增长等问题。但目前在“中等收入陷阱”的讨论中还存在一些假问题。有些学者对“中等收入陷阱”的真实存在表示怀疑,其做法是通过指出增长实证分析中的统计问题或将中等收入经济体的增长放缓视为向长期人均收入水平的趋同,但这并不能否定中等收入阶段增长面临特殊挑战,也不能否认一些后发国家存在赶超前沿发达国家的可能性。从反对西方经济学的霸权角度看不愿使用这一名词或许有其积极意义,但不能为了否定而否定。有学者认为,“中等收入陷阱”不是一个严谨的学术概念,其理论依据不强,也经不住严格的现实检验。这个判断与学术研究的事实不符。为什么经济发展到中等收入水平的时候容易落入“陷阱”?“中等收入陷阱”的研究自然一开始作为热点问题后来进入常态化研究并无异常,其研究对于建立针对发展中国家的宏观经济学是有助益的。

有些关于“中等收入陷阱”是否存在的讨论之所以陷入现象表层探讨,是因为简单地否认或承认“中等收入陷阱”并不能呈现分歧的真正所在。“中等收入陷阱”的统计学验证问题实际上是说明中等收入国家与其他所有类型国家相比并非更加容易增长放缓,但并不否认中等收入国家内部存在趋同,因此否认其存在性属于误读。整个发展中国家的追赶停滞是普遍的。“中等收入陷阱”存在的进一步分析要说明,存在中低收入陷阱和中高收入陷阱,前者是指按照中低收入国家的收敛轨迹趋同,不能跳跃到中高收入国家的发展轨迹中;后者是指中高收入国家的收敛轨迹,不能跳跃到高收入国家发展轨迹中。而这些问题的影响因素与作用机制才是值得研究的真实理论问题。

在关于“中等收入陷阱”的讨论中,还有一些相关的问题也需要澄清。比如,效率与公平的关系问题和产业政策问题。有人认为“效率优先、兼顾公平;创新发展优先选择高科技产业”,有人认为“公平优先;包容性增长,选择劳动密集型产业”。事前看,这些划分过于笼统且有时导果为因,跨越“中等收入陷阱”关键是找到与发展阶段相适应的生产结构和产品结构,并培养相应的社会能力和竞争能力,实现效率与公平的统一。因此,不是把效率与公平对立起来,而是在中低收入阶段,选择劳动密集型产业,在中高收入阶段,选择高科技产品产业,相应的产业政策才符合提升复杂度和跨越

“中等收入陷阱”的内在要求。另一个是“产业链升级”的误解。产业链升级是提升经济复杂度的重要内容，但产业间升级不应被忽视。关键是把二者结合，以人力资本等为中介变量和动能，在产品空间中占有优势位置，推进向高复杂度经济迈进。实际上，我们需要的是自主而明智的产业政策（并非每一种自主的产业政策都是明智的，且是必要的）。明智的产业政策，汇集爬上高收入阶梯所需的市场和政府力量、内部学习与外部学习的力量①。它可以克服回归简单产品的惯性，并将整个经济转向更复杂和以知识为基础的活动。

还要看到，经济复杂性或接近复杂产品的平均水平相似的两个国家可能有完全不同的生产结构，因此也有不同的限制和机会，需要以人力资本为中介进行切换。韩国是国家和市场力量相结合以生产更复杂产品的范例，使之成为领先的技术生产国之一。目前许多研究揭示结构转型模式新的经验可能性，成功的国家巧妙结合了产业和社会（包括教育政策）政策，以及向内和向外的发展战略，并维持稳健的宏观经济政策，促进内生创新和获取国际知识资源、国际人才。在结构变化和提高生产复杂性的过程中，社会、政治和制度因素在深层次发挥了重要作用，但难以在经济复杂度框架中直接衡量，需要深入的案例研究才有实践意义。

二、下一步研究的展望

本书从提升复杂度角度，探讨能力建设、结构变革和创新在发展中国家实际发生的方式和历程。我们认为，“中等收入陷阱”不是一种不可避免的现象，而是与生产率差距密切相关，进而与技术和结构变革密切相关。提升复杂度需要认识特定国家适当的“地形”（格局或范式），并最终促进生产力增长。我们需要战略多样化来增加经济复杂性，需要认识到单纯的市场激励不足以推动追赶过程。同时，需要注意的是，过度强调内循环，当需求因素很可能会激励向不太复杂的产品多样化时，会使经济复杂度提升受阻。从战略上向更复杂的产品多样化，必须采用有针对性的产业、基础设施、贸易、投资和私营部门发展政策来有选择地促进高复杂度经济活动。

目前，尽管经济增长及其放缓的因素得到许多讨论，但几乎没有关于中等收入经济体为何以及如何不同的理论。事实上，“中等收入陷阱”在使用

① 根据本书分析框架，对于区域经济集团化，要看到其对于提升复杂度的不利之处。比如，中等收入国家如巴西参与的贸易协定（南方共同市场，与阿根廷、乌拉圭、巴拉圭），主要转移了贸易，而不是创造更多贸易、更没有推动高复杂性产品贸易扩大。

技术方面没有采取创新和进步（进而缺乏制度范式支撑），因而不能跳跃到发达国家的产品空间位置。“中等收入陷阱”不是与高收入稳态收敛快慢的问题，因而不是中等收入经济体可能脱离世界增长趋同线的问题。发达国家的增长范式的确与发展中国家不同，“中等收入陷阱”（中等收入经济体的俱乐部趋同线）确实存在。本书从国别案例研究中深化了概念框架，但还有许多工作要做。这包括：跨越“中等收入陷阱”的内在挑战。比如对于形成增长联盟促进发挥其在发展进程中的作用，比如职业技术联盟等需要进一步认识。“中等收入陷阱”是多样化的，包括中低收入陷阱、中高收入陷阱等。还需要进入微观层面的人的发展的研究如职业空间的研究。此外，跨越“中等收入陷阱”的国际环境，还需要更多考虑国际组织的作用等。

当前跨越“中等收入陷阱”的新挑战。如环境陷阱也是当前跨越中等收入陷阱需要面临的重要问题。它本身直接与生产结构的多样化相关，以及与制度激励将投资从资源和碳密集型部门引导到环境高效技术的能力有关。同时，环境退化和枯竭通过增加整体不确定性水平来强化人力资本脆弱性陷阱。因此，跨越“中等收入陷阱”必须考虑环境陷阱与其他陷阱之间的相互作用。

对其他国家案例进行分析。尽管每个案例国家都有自己特定的限制因素需要考虑，而且这些限制因素随着时间的推移而演变，其他发达经济体的经验教训也可能有用。这包括智利、马来西亚、南非等，以帮助我们将本书提出的框架拓展和具体化。

跨越“中等收入陷阱”是制度改革的动态定位。在认识到制度改革的紧迫性后，对于探索制度建设的捷径或有效方法是什么仍需研究。存在各种类型、形式和功能，跨越“中等收入陷阱”国家如何以真正有助于发展的方式改革和创新其制度，在复杂度理论下展开研究也是目前值得重视的新探索。

参考文献

[1] [巴西]维尔纳·贝尔(Werner Baer):《巴西经济:增长与发展》,罗飞飞译,石油工业出版社 2014 年版。

[2] 蔡昉:《从中等收入陷阱到门槛效应》,《经济学动态》2019 年第 11 期。

[3] 陈昌兵、张平:《突破“中等收入陷阱”的新要素供给理论、事实及政策》,《经济学动态》2016 年第 3 期。

[4] 陈享光、李克歌:《跨越中等收入陷阱的积累模式探讨》,《教学与研究》2015 年第 2 期。

[5] 陈钊、熊瑞祥:《比较优势与产业政策效果》,《管理世界》2015 年第 8 期。

[6] 程文、张建华:《收入水平、收入差距与自主创新——兼论“中等收入陷阱”的形成与跨越》,《经济研究》2018 年第 4 期。

[7] 邓向荣、曹红:《产业升级路径选择——基于产品空间结构的实证分析》,《中国工业经济》2016 年第 2 期。

[8] [法]弗朗索瓦·巴富瓦尔:《从“休克”到重建:东欧的社会转型与全球化——欧洲化》,陆象淦、王淑英译,社会科学文献出版社 2010 年版。

[9] 高庆波、芦思姮:《阿根廷经济迷局:增长要素与制度之失——阿根廷中等收入陷阱探析》,《拉丁美洲研究》2018 年第 4 期。

[10] 高艳贺、黄志成:《墨西哥教育平等:现状、对策与启示》,《教育科学》2007 年第 2 期。

[11] 郭辉、依马木阿吉·艾比布拉:《哈萨克斯坦各产业对经济增长的贡献度及产业转型困境》,《俄罗斯东欧中亚研究》2017 年第 6 期。

[12] 郭长刚、刘义:《土耳其发展报告(2016)》,社会科学文献出版社 2016 年版。

[13] 郭长刚:《多变中的不变:当前土耳其局势分析》,《人民论坛·学术前沿》2018 年第 19 期。

[14] [韩]金麟洙:《从模仿到创新:韩国技术学习的动力》,刘小梅、刘鸿基译,新华出版社 1998 年版。

[15] [韩]李根:《经济赶超的熊彼特分析:知识、路径创新和中等收入陷阱》,于飞、陈劲译,清华大学出版社 2016 年版。

[16] [韩]郑德龟:《超越增长与分配》,金华林、朴承宪、李天国译,中国人民大学出版社 2008 年版。

[17] 韩琦:《跨国公司与墨西哥的经济发展》,人民出版社 2011 年版。

[18] 韩琦:《世界现代化历程》(拉美卷),江苏人民出版社 2016 年版。

[19] 韩文龙、李梦凡、谢璐:《“中等收入陷阱”:基于国际经验数据的描述与测度》,《中国人口·资源与环境》2015 年第 11 期。

[20] 贺大兴、姚洋:《不平等、经济增长和中等收入陷阱》,《当代经济科学》2014 年第 5 期。

[21] 胡永泰、陆铭、杰弗里·萨克斯等:《跨越中等收入陷阱:展望中国经济增长的持续性》,格致出版社 2012 年版。

[22] 黄永春、郑江淮、杨以文等:《“跨工业化”经济增长分析:印度经济增长模式》,《中国人口·资源与环境》2012 年第 11 期。

[23] 姬文刚:《波兰的经济转型及社会发展:阶段、成就与挑战》,《欧亚经济》2018 年第 4 期。

[24] 江时学:《拉美发展模式研究》,经济管理出版社 1997 年版。

[25] 姜明新:《土耳其的产业结构和“一带一路”框架下的中土经济合作》,《当代世界》2018 年第 3 期。

[26] 孔田平:《“中等收入陷阱”与中东欧国家的增长挑战》,《欧洲研究》2016 年第 2 期。

[27] 李建平、李闽榕、赵新力:《世界创新竞争力发展报告(2001—2012)》,社会科学文献出版社 2013 年版。

[28] [英]莱斯利·贝瑟尔:《剑桥拉丁美洲史》(第一卷),中国社会科学院拉丁美洲研究所,经济管理出版社 1995 年版。

[29] 林承节:《印度独立后的政治经济社会发展史》,昆仑出版社 2003 年版。

[30] 林岗、王一鸣、黄泰岩等:《迈过“中等收入陷阱”的中国战略》,经济科学出版社 2011 年版。

[31] 刘金全、王俏茹、刘达禹:《中国跨越“中等收入陷阱”的路径突破——基于增长收敛理论的识别及“双轮驱动”检验》,《上海财经大学学报》2018 年第 1 期。

[32] 刘世锦等:《陷阱还是高墙?中国经济面临的真实挑战和战略选择》,中信出版社 2011 年版。

[33] 卢中原:《世界产业结构变动趋势和我国的战略抉择》,人民出版社 2009 年版。

[34] 吕银春:《巴西教授谈巴西经济奇迹时期的经验教训》,《经济学动态》1994 年第 8 期。

[35] 马岩:《“中等收入陷阱”的挑战及对策》,中国经济出版社 2011 年版。

[36] 玛莲·戈玛尔:《中国的“中等收入陷阱”:一种马克思的观点》,《海派经济学》2016 年第 3 期。

[37] [美]巴里·艾肯格林、德怀特·H. 铂金斯、申宽浩:《从奇迹到成熟:韩国转型经验》,任泽平、张彩婷译,人民出版社 2015 年版。

[38] [美]布莱恩·阿瑟:《复杂经济学:经济思想的新框架》,贾拥民译,浙江人民

出版社 2018 年版。

[39] [美]帕尔伯格:《通货膨胀的历史与分析》,孙忠译,中国发展出版社 1998 年版。

[40] 乔晓楠、王鹏程、王家远:《跨越“中等收入陷阱”经验与对策》,《政治经济学评论》2012 年第 3 期。

[41] 沈艳枝、刘厚俊:《资源依赖型经济体的可持续发展研究:以巴西为例》,《现代管理科学》2013 年第 8 期。

[42] 王青:《墨西哥应对“中等收入陷进”的主要政策及启示》,《重庆理工大学学报(社会科学版)》2012 年第 10 期。

[43] 王文仙:《“墨西哥奇迹”与美国因素》,《拉丁美洲研究》2015 年第 3 期。

[44] 王晓德:《自由贸易与墨西哥经济的发展》,《南开经济研究》2001 年第 1 期。

[45] 王晓芳、胡冰:《关于中国跨越“中等收入陷阱”的思考》,《上海经济研究》2016 年第 10 期。

[46] 魏尚进:《重新审视中等收入陷阱假说——抛弃什么,恢复什么?》,北京大学国家发展院,2015。

[47] 巫和懋、冯仕亮:《人力资本投资与跨越“中等收入陷阱”》,《当代财经》2014 年第 8 期。

[48] 吴崇伯、钱树静:《印度尼西亚的中等收入陷阱问题分析》,《南洋问题研究》2017 年第 3 期。

[49] 吴国平、王飞:《浅析巴西崛起及其国际战略选择》,《拉丁美洲研究》2015 年第 1 期。

[50] 吴真如:《无标度网络与产品空间理论的应用研究新范式》,《学术月刊》2019 年第 5 期。

[51] 伍业君、张其仔:《比较优势演化与经济增长:基于阿根廷的实证分析》,《中国工业经济》2012 年第 12 期。

[52] 亚洲开发银行研究院:《中亚:对接世界主要经济中心》,唐俊译,社会科学文献出版社 2016 年版。

[53] 杨虎涛、李思思:《“汉江”奇迹与“马来”困局》,《亚太经济》2018 年第 1 期。

[54] 杨雪冬:《阿根廷危机与“制度性不信任”》,《读书》2003 年第 7 期。

[55] [印]迪帕克·拉尔:《印度均衡》,赵红军译,北京大学出版社 2008 年版。

[56] [英]莱斯利·贝瑟尔:《剑桥拉丁美洲经济史:1930 年以来的巴西》(第九卷),吴洪英、张凡、王宁坤等译,当代中国出版社 2013 年版。

[57] [英]维克托:《独立以来的拉丁美洲经济史》(第三版),张森根、王萍译,浙江大学出版社 2020 年版。

[58] [英]张夏准:《富国的伪善:自由贸易的迷思与资本主义秘史》,严荣译,社会科学文献出版社 2009 年版。

［59］张军扩、罗雨泽、宋荟柯：《突破"制度高墙"与跨越"中等收入陷阱"》，《管理世界》2019 年第 11 期。

［60］郑秉文：《拉美城市化的教训与中国城市化的问题》，《国外理论动态》2011 年第 7 期。

［61］庄巨忠、保罗·范登堡、黄益平：《中国的中等收入转型》，张成智等译，社会科学文献出版社 2016 年版。

［62］Acemoglu, D., Aghion, P., Zilibotti, F., "Distance to Frontier, Selection, and Economic Growth", *Journal of the European Economic Association*, Vol. 4, No. 1, March 2006.

［63］Acemoglu, D., Ucer, M., "The Ups and Downs of Turkish Growth, 2002–2015: Political Dynamics, the European Union and the Institutional Slide", *National Bureau of Economic Research*, Working Papers 21608, October 2015.

［64］Agénor, P. R., Canuto, O., "Gender Equality and Economic Growth in Brazil: A Long-Run Analysis", *Journal of Macroeconomics*, Vol.43, March 2015.

［65］Aghion, P., Bircan, C., "The Middle-Income Trap from a Schumpeterian Perspective", *ADB Economics Working Paper Series*, No.521, September 2017.

［66］Ahluwalia, M. S., "Economic Reforms in India since 1991: Has Gradualism Worked?", *Journal of Economic Perspectives*, Vol.16, No.3, August 2002.

［67］Aiyar, S., Duval, R. A., Puy, D., et al., "Growth Slowdowns and the Middle-Income Trap", *IMF Working*, Vol.13, No.71, March 2013.

［68］Alonso, J. A., Ocampo, J. A., *Economic Traps and Progress in Middle-Income Countries*, Oxford / New York: Oxford University Press, 2020.

［69］Amann, E., Baer, W., *The Oxford Handbook of the Brazilian Economy*, Oxford / New York: The Oxford University Press, 2018.

［70］Andreoni, A., Chang, H. J., "The Political Economy of Industrial Policy: Structural Interdependencies, Policy Alignment and Conflict Management", *Structural Change and Economic Dynamics*, Vol.48, March 2019.

［71］Andrianjaka, R. R., Duchin, F., Hagemann, H., et al., "What Difference Does it Make (to be in the Middle Income Trap)?: An Empirical Exploration of the Drivers of Growth Slowdowns", *Structural Change and Economic Dynamics*, Vol.51, August 2019.

［72］Antonietti, R., Cattani, L., Gambarotto, F., et al., "Education, Routine, and Complexity-Biased Key Enabling Technologies: Evidence from Emilia-Romagna, Italy", *Industry and Innovation*, Vol.30, No.1, March 2022.

［73］Antonio, A., Fiona, T., "Escaping the Middle-Income Technology Trap: A Comparative Analysis of Industrial Policies in China, Brazil and South Africa", *Structural Change and Economic Dynamics*, Vol.54, September 2020.

[74] Antonio, J. A., Ocampo, J. A., *Trapped in the Middle? Developmental Challenges for Middle-Income Countries*, Oxford / New York: Oxford University Press, 2020.

[75] Aragón, E., "Market Failures and Free Trade: Has Avocados in Mexico", in Sable, C.(ed.), *Export Pioneers in Latin America*, Washington, D. C.: Inter-Amercian Development Bank, 2012.

[76] Atkin, D., "Endogenous Skill Acquisition and Export Manufacturing in Mexico", *American Economic Review*, Vol.106, No.8, August 2016.

[77] Aubakirova, G. M., "Transformational Change in the Economy of Kazakhstan", *Studies on Russian Economic Development*, Vol.31, No.1, March 2020.

[78] Azariadis, C., Stachurski, J., "Poverty Traps", *Handbook of Economic Growth*, No.1, 2005.

[79] Barro, R.J., Lee, J.M., "A New Data Set of Educational Attainment in the World, 1950-2010", *Journal of Development Economics*, Vol.104, September 2013.

[80] Basu, K., Maertens, A., *The New Oxford Companion to Economics in India*, Oxford / New York: Oxford University Press, 2012.

[81] Bayudan-Dacuycy, C., Lim, J. A., "Export Sophistication and Export-Led Growth: An Analysis of the Export Basket of Selected East Asian Economies", *MPRA Paper*, No.64650, December 2014.

[82] Becker, S. O., Hornung, E., Woessmann, L., "Education and Catch-Up in the Industrial Revolution", *American Economic Journal: Macroeconomics*, Vol. 3, No. 3, July 2011.

[83] Blanchard, E. J., Olney, W. W., "Globalization and Human Capital Investment: Export Composition Drives Education Attainment", *Journal of International Economics*, Vol.106, May 2017.

[84] Boschma, R., Coenen, L., Frenken, K., et al., "Towards a Theory of Regional Diversification", *Regional Studies*, Vol.51, No.1, January 2017.

[85] Bresser-Pereira, L. C., Araújo, E. C., Peres, S. C., "An Alternative to the Middle-Income Trap", *Structural Change and Economic Dynamics*, Vol.52, March 2020.

[86] Buccellato, T., Corò, G., *Capitalism, Global Change and Sustainable Development*, Berlin: Spring Proceedings in Business and Economics, 2020.

[87] Buyukyazici, D., Mazzoni, L., Riccaboni, M., et al., "Workplace Skills as Regional Capabilities: Relatedness, Complexity and Industrial Diversification of Regions", *Regional Studies*, Vol.58, No.3, 2024.

[88] Celâsun, M., Rodrik, D., "Trade Regime and an Anatomy of Export Performance", in Rodrik, D.(ed.), *Developing Country Debt and Economic Performance, Volume 3: Country Studies-Indonesia*, Korea, Philippines, Turkey, Chicago: University of

Chicago Press, 1989.

[89] Chamarbagwala, R., Sharma, G., "Industrial De - licensing, Trade Liberalization, and Skill Upgrading in India", *Journal of Development Economics*, Vol.96, No.2, November 2011.

[90] Chang, H. J., Andreoni, A., "Industrial Policy in the 21st Century", *Development and Change*, Vol.51, No.2, January 2020.

[91] Chaudhuri, S., "Economic Reforms and Industrial Structure in India", *Structural Change and Economic Dynamics*, Vol. 37, No.2, January 2019.

[92] Chávez, J. C., Mosqueda, M. T., Gómez-Zaldívar, M., "Economic Complexity and Regional Growth Performance: Evidence from the Mexican Economy", *Review of Regional Studies*, Vol.47, No. 2, June 2017.

[93] Cichocki, S., Tyrowicz, J., "Shadow Employment in Post - Transition—Is Informal Employment a Matter of Choice or no Choice in Poland?" *The Journal of Socio - Economics*, Vol. 39, No. 4, August 2010.

[94] Cirera, X., Lederman, D., Máñez, J. A., et al., "The Export-Productivity Link in Brazilian Manufacturing Firms", *Policy Research Working Paper*, No. WPS7365, July 2015.

[95] Coşkun, N., Lopcu, K., Tuncer S., "The Economic Complexity Approach to Development Policy: Where Turkey Stands in Comparison to OECD plus China?" *Topics in Middle Eastern and North African Economies*, Vol.20, No.1, May 2018.

[96] Constantine, C., Khemraj, T., "Geography, Economic Structures and Institutions: A Synthesis", *Structural Change and Economic Dynamics*, Vol. 51, December 2019.

[97] Constanine, P. G., *Active Subspaces: Emerging Ideas for Dimension Reduction in Parameter Studies*, Philadelphia: SIAM Spotligts, 2015.

[98] Dabús, C., Tohmé, F., "A Middle Income Trap in a Small Open Economy: Modeling the Argentinean Case", *Economic Modelling*, Vol.53, February 2016.

[99] Diodato, D., Frank, N., O'Clery, N., "Agglomeration Economies: The Heterogeneous Contribution of Human Capital and Value Chains", *Papers in Evolutionary Economic Geography*, No. 76, 2016.

[100] Doner, R., Schneider, B. R., "Technical Education in the Middle Income Trap: Building Coalitions for Skill Formation", *Journal of Development Studies*, Vol. 56, No. 8, April 2019.

[101] Dudu, H., Cakmak, E., Öcal, N., "Drivers of Farm Efficiency in Turkey: A Stochastic Frontier Analysis", *World Journal of Applied Economics*, Vol.1, No.1, May 2015.

[102] Dyker, D. A., "Technological Change, Network Building and Dynamic

Competitiveness in the Engineering Industry in Kazakhstan", *Post - Communist Economies*, Vol.17, No.4, August 2005.

[103] Egert, B., "Dutch Disease in the Post - Soviet Countries of Central and South- West Asia: How Contagious is it?" *Journal of Asian Economics*, Vol. 23, No. 5, October 2012.

[104] Eichengreen, B., Park, D., Shin, K., "When Fast-Growing Economies Slow Down: International Evidence and Implications for China", *Asian Economic Papers*, Vol.11, No.1, January 2012.

[105] Erkan, B., Yildirimci, E., "Economic Complexity and Export Competitiveness: The Case of Turkey", *Procedia Social and Behavioral Sciences*, Vol.195, July 2015.

[106] Facundo A., Lembergman, E. G., Juarez, L., "Microeconomic Adjustments during an Export Boom: Argentina, 2003 - 11", *The World Economy*, Wiley Blackwell, Vol. 41, No.8, August 2018.

[107] Felipe, J., Abdon, A., Kumar, U., "Tracking the Middle-Income Trap: What is it, Who is in it, and Why?", *SSRN Electronic Journal*, No.715, April 2012.

[108] Felipe, J., Kumar, U., Abdon, A., "Exports, Capabilities, and Industrial Policy in India", *Journal of Comparative Economics*, Vol.41, No.3, August 2013.

[109] Ferrarini, B., Scaramozzino, P., "Production Complexity, Adaptability and Economic Growth", *Structural Change & Economic Dynamics*, Vol.37, June 2016.

[110] Fischer, A. M., "Debt and Development in Historical Perspective:The External Constraints of Late Industrialisation Revisited through South Korea and Brazil", *The World Economics*, Vol.41, No.12, December 2018.

[111] Fraga, A., "Latin America since the 1990s: Rising from the Sickbed?", *Journal of Economic Perspectives*, Vol.18, No.2, February 2004.

[112] Frankel, J. A., "The Natrual Resource Curse: A Survey", *NBER Working Paper*, Vol.10, January 2010.

[113] Freire, C., "Economic Diversification: A Model of Structural Economic Dynamics and Endogenous Technological Change", *Structural Change and Economic Dynamics*, Vol.49, June 2019.

[114] Gala, P., Rocha, I., Magacho, G., "The Structuralist Revenge: Economic Complexity as an Important Dimension to Evaluate Growth and Development", *Brazilian Journal of Political Economy*, Vol.31, No.1, June 2018.

[115] Galetti, J. R. B., Tessarin, M. S., Morceiro, P. C., "Skill Relatedness, Structural Change and Heterogeneous Regions: Evidence from a Developing Country", *Papers in Regional Science*, Vol.100, No.6, December 2021.

[116] Gazonato, M. C., Oliveira, M. A. S., "Productivity Variation and its

Intersectoral Spillovers: An Analysis of Brazilian Economy", *Economia*, Vol. 20, No. 2, May–August 2019.

[117] Gill, I. S., Kharas, H., Bhattasali, D., et al., "An East Asian Renaissance: Ideas for Economic Growth", *World Bank Publications*, Vol.22, No.2, January 2007.

[118] Gill, I. S., Kharas, H., "Back in the Fast Lane: As Members of the Middle-Income Country Club, East Asian Nations May Need to Update their Growth Strategy", *Finance & Development*, Vol.44, No.1, March 2007.

[119] Gill, I. S., Kharas, H., "The Middle-Income Trap Turns Ten", *World Bank Policy Research Working Paper*, WPS 7403, August 2015.

[120] Glaeser, E. L., Di Tella, R., Llach, L., "Introduction to Argentine Exceptionalism", *Latin American Economic Review*, No.1, December 2018.

[121] Glawe, L., Wagner, H., "The Deep Determinants at More Subtle Stages of Development: The Example of the Middle-Income Trap Phenomenon", *SSRN Economic Jounral*, No.11, December 2017.

[122] Gorski, M., "Macroeconomic Conditions for New Structural Economics—The Case of Poland", in Lin, J. Y., Nowak, A. (eds.), *New Structural Economics for Less Advanced Country*, Warsaw: University of Warsaw Faculty of Management Press, 2017.

[123] Grafe, C., Raiser, M., Toshiaki, S., "Beyond Borders—Reconsidering Regional Trade in Central Asia", *Journal of Comparative Economics*, Vol. 36, No. 3, September 2008.

[124] Grundke, R., Arnold, J., "Fostering Argentina's Integration into the World Economy", *OECD Economics Department Working Papers*, No. 1572, October 2019.

[125] Guerson, A., Parks, J., Torrado, M. P., "Export Structure and Growth: A Detailed Analysis for Argentina", *Policy Research Working Paper*, No.4237, May 2007.

[126] Gustavo, B., Romero, J. P., Freitas, E., et al., "The Great Divide: Economic Complexity and Development Paths in Brazil and the Republic of Korea", *CEPAL Review*, No. 127, August 2019.

[127] Gylfason, T., "Natural Resources, Education, and Economic Development", *European Economic Review*, Vol.45, No.4–6, May 2001.

[128] Hanushek, E. A., Woessmann, L., "Schooling, Educational Achievement, and the Latin American Growth Puzzle", *Journal of Development Economics*, Vol. 99, No. 2, November 2012.

[129] Hartmann, D., Zagato, L., Gala, P., et al., "Why Did Some Countries Catch-up, While Others Got Stuck in the Middle?" *Structural Change and Economic Dynamics*, Vol.58, September 2021.

[130] Hartmann, D., Bezerra, M., Lodolo, B., et al., "International Trade, Development

Traps, and the Core – Periphery Structure of Income Inequality", *Economia*, Vol. 21, No. 2, 2020.

[131] Hasan, R., Mitra, D., Ranjan, P., "Trade Liberalization and Unemployment: Theory and Evidence from India", *Journal of Development Economics*, Vol. 97, No. 2, March 2012.

[132] Hausmann, R., Deep, A., Tella, R. D., et al., *Growth and Competitiveness in Kazakhstan: Issues and Priorities in the Areas of Macroeconomic, Industrial, Trade and Institutional Development Policies*, Cambridge: Harvard University Press, 2011.

[133] Hausmann, R., Hidalgo, C. A., Bustos S., et al., *The Atlas of Economic Complexity: Mapping Paths to Prosperity*, Cambridge: The MIT Press, 2014.

[134] Hausmann, R., Hwang, J., Rodrik, D., "What You Export Matters", *Journal of Economic Growth*, Vol.12, No.1, December 2007.

[135] Hausmann, R., Pritchett, L., Rodrik, D., "Growth Accelerations", *Journal of Economic Growth*, Vol.10, No.4, December 2005.

[136] Hausmann, R., "Structural Transformation and Economic Growth in Latin America", in Ocampo, J. A., Ros, J. (eds.), *The Handbooks of Latin American*, Oxford / New York: Oxford University Press, 2011.

[137] Haven, T. E., Leendert, V. D. M. E., "Servicification of Manufacturing and Boosting Productivity through Services Sector Reform in Turkey", *Policy Research Working Paper Series*, No.8643, November 2018.

[138] Heller, J., Waržała, R., "Is Poland in a Middle Income Trap? A Theoretical and Empirical Analysis", *Economic Prawo*, Vol.17, No.4, December 2018.

[139] Heras, R. G., "A New Economic History of Argentina", *Economic History Review*, Vol. 58, No.2, May 2005.

[140] Hidalgo, C. A., "The Policy Implications of Economic Complexity", *Research Policy*, Vol.52, No.9, November 2023.

[141] Hoeven, R. V. D., "Employment and Labor Markets in MICs: How to Cope with Technological Change and Global Challenges", in Alonso, J. A., Ocampo, J. A. (eds.), *Trapped in the Middle-Income Countries*, Oxford / New York: Oxford University Press, 2020.

[142] Hong, Yoo Soo, *Private – public Alliances for Export Development: The Korean Case, Santiago/Chile: Economic Commission for Latin America and the Caribbean*, 2010.

[143] Hutchinson, F. E., Das, S. B., *Asia and the Middle-Income Trap*, Abingdon: Routledge, 2017.

[144] Imbs, J. M., Wacziarg, R. T., "Stages of Diversification", *American Economic Review*, Vol.93, No.1, March 2003.

[145] İmrohoroğlu, A., İmrohoroğlu, S., Üngör, M., "Agricultrual Productivity and Growth in Turkey", *Macroeconomic Dynamics*, Vol.18, No.5, 2014.

[146] Inoua, S., "A Simple Measure of Economic Complexity", *Research Policy*, Vol. 52, No.7, September 2023.

[147] Jankowska, A., Nagengast, A. J., Perea, J. R., "The Product Space and the Middle-income Trap", *OECD Working Paper*, No.311, January 2012.

[148] Jones, C. I., Klenow, P. J., "Beyond GDP? Welfare across Countries and Time", *American Economic Review*, Vol.106, No.9, September 2016.

[149] Jovanovic, B., Nyarko, Y., "Learning by Doing and the Choice of Technology", *Econometrica*, Vol.64, No.6, February 1996.

[150] Kalyuzhnova, Y., "Kazakhstan: Long-Term Economic Growth and the Role of the Oil Sector", *Comparative Economic Studies*, Vol.58, No.1, 2016.

[151] Kaminski, B., Smarzynska, B. K., "Integration into Global Production and Distribution Networks through FDI: The Case of Poland", *Post-Communist Economies*, Vol.13, No.3, August 2010.

[152] Veerayouth, K., Pataraperg, I., "Trigers Trapped: Tracing the Middle-Income Trap through the East and Spuntheast Asian Experience", *Competence Centre on Money Trade Finance and Development*, No.1404, February 2014.

[153] Kenyon, T., Kapaz, E., "The Informality Trap, Tax Evasion, Finance, and Productivity in Brazil", *Public Policy for the Private Sector*, No.301, December 2005.

[154] Keane, M. P., Prasad, E. S., "Changes in the Structure of Earnings during the Polish Transition", *Journal of Development Economics*, Vol.80, No.2, August 2006.

[155] Kehoe, T. J., Ruhl, K. J., "Why Have Economic Reforms in Mexico Not Generated Growth?", *Journal of Economic Literature*, Vol.48, No.4, December 2010.

[156] Kesgingz, H., Dilek, S., "Middle Income Trap and Turkey", *The Empirical Economics Letters*, Vol.15, No.7, January 2016.

[157] Kharas, H., Gill, I. S., "Growth Strategies to Avoid the Middle-Income Trap", *Social Science Electronic Publishing*, No.10, October 2020.

[158] Kiersztyn, A., "Stuck in a Mismatch? The Persistence of Overeducation during Twenty Years of the Post-Communist Transition in Poland", *Economics of Education Review*, Vol.32, February 2013.

[159] Kolasa, A., "Macroeconomic Consequences of the Demographic and Educational Transition in Poland", *NBP Working Papers*, No.281, 2018.

[160] Kolasa, A., "Macroeconomic Consequences of the Demographic and Educational Changes in Poland after 1990", *Macroeconomic Dynamics*, Vol.25, No.8, January 2020.

[161] Landesmann, M. A., Stllinger, R., "Structural Change, Trade and Global Production Networks: An 'Appropriate Industrial Policy' for Peripheral and Catching-Up Economies", *Structural Change and Economic Dynamics*, Vol.48, March 2019.

[162] Lederman, D., Maloney, W., *Does What You Export Matter? In Search of Empirical Guidance for Industrial Policies*, Washtington D. C.: The World Bank, 2012.

[163] Lee, K., Kim, B. Y., "Both Institutions and Policies Matter but Differently for Different Income Groups of Countries: Determinants of Long - Run Economic Growth Revisited", *World Development*, Vol.37, No.3, March 2009.

[164] Lee, K., "Capability Failure and Industrial Policy to more beyond the Middle Income Trap: From Trade-based to Technology-based Specialization", in Stiglitz, J.E., Lin, J. Y.(eds.), *Industrial Policy Revolution* Ⅰ, London: Palgrave MacMillan, 2014.

[165] Lee, K., *The Art of Economic Catch-Up: Barriers, Detours and Leapfrogging in Innovation Systems*, Cambridge: Cambridge University Press, 2019.

[166] Lee, K., Shin, H., "Varieties of Capitalism and East Asia", *Structural Change and Economic Dynamics*, Vol.56, March 2021.

[167] Lee, K., Lee, J., "National Innovation Systems, Economic Complexity, and Economic Growth", *Innovation, Catch - up and Sustainable Development*, Vol. 30, No.4, 2020.

[168] Lee, K., Shin, H, Lee, J., "From Catch-up to Convergence? Recasting the Trajectory of Capitalism in South Korea", *Korea Studies*, Vol.44, No.1, May 2020.

[169] Lélis, M. T. C., Silveira, E. M. C. D., Cunha, M. A., et al., "Economic Growth and Balance - of - Payments Constraint in Brazil: An Analysis of the 1995 - 2013 Period", *Economia*, Vol.19, No.1, January-April 2018.

[170] Lin, J. Y., Liu, M., Development Strategy, Transition and Challenges of Development in Lagging Regions, In Annual World Bank Conference on Development Economics, 2004.

[171] Lin, J. Y., Nowak, A., *New Structural Economics for Less Advanced Countries*, Warsaw: University of Warsaw Faculty of Management Press, 2017.

[172] Lin, J. Y., Treichel, V., "Learning from China's Rise to Escape the Middle-Income Trap: A New Structural Economics Approach to Latin America", *Social Science Electronic Publishing*, World Bank Policy Research Working Paper, No. 6165, August 2012.

[173] Lin, J. Y., Chang, H. C., "Should Industrial Policy in Developing Countries Conform to Comparative Advantage or Defy it?" *Development Policy Review*, Vol.27, No.5, August 2009.

[174] Lustig, N., "Life is not Easy: Mexico's Quest for Stability and Growth", *Journal of Economic Perspective*, Vol.15, No.1, February 2001.

[175] Matsugama, K., "Increasing Returns, Industrialization, and Indeterminacy of Equilibrium", *The Quarterly Journal of Economics*, Vol.106, No.2, 1991.

[176] Mcmillan, M., Rodrik, D., Verduzco - Gallo, "Globalization, Structural Change, and Productivity, with an Update on Africa", *World Development*, Vol. 63, November 2014.

[177] Mishra, S., Lundström, S., Arand, R., "Service Export Sophistication and Economic Growth", *Policy Research Working Paper Series from the World Bank*, No. 5606,2011.

[178] Mingat, A., "The Strategy Used by High - Performing Asian Economies in Education", *World Development*, Vol.26, No.4, April 1998.

[179] Misch, F., Saborowski, C., "The Drivers and Consequences of Resource Misallocation: Exploiting Variation across Mexican Industries and States", *Economic Journal*, Vol.20, No.2, April 2020.

[180] Mishra, S., Tewari, I., Toosi, S., "Economic Complexity and the Globalization of Services", *Structural Change and Economic Dynamics*, Vol.53, June 2020.

[181] Moreno-Brid, J. C., Ros, J., *Development and Growth in the Mexican Economy: A Historical Perspective*, Oxford / New York: Oxford University Press, 2009.

[182] Muneepeerakul, K., Lobo, J., Shutters, S. T., et al., "Urban Economies and Occupation Space: Can They Get 'There' from 'Here'?" *Plos One*, Vol.8, No.9, 2013.

[183] Munshi, K., Rosenzweig, M., "Traditional Institutions Meet the Modern World: Caste, Gender, and Schooling Choice in a Globalizing Economy", *American Economic Review*, Vol.96, No.4, September 2006.

[184] Munshi, K., "Caste and the India Economy", *Journal of Economic Literature*, Vol. 57, No.4, December 2019.

[185] Nassif, A., Morandi, L., Araujo, E., et al., "Economic Development and Stagnation in Brazil (1950-2011)", *Structural Change and Economic Dynamics*, Vol.53, June 2020.

[186] Nayyar, G., "Inside the Black Box of Services: Evidence from India", *Cambridge Journal of Economics*, Vol.37, No.1, January 2013.

[187] Nomaler, N., Verspagen, B., "Some New Views on Product Space and Related Diversification", *MERIT Working Papers*, 2022.

[188] Nunn, N., Daniel T., "Domestic Institutions as a Source of Comparative Advantage", *Handbook of International Economics*, Vol.4, April 2014.

[189] O'Brien, P., Kaczynski, W., "Poland's Education and Training, Boosting and Adapting Human Capital", *OECD Economics Department Working Papers*, No. 495, June 2006.

[190] Ocampo, J. A., "A Broad View of Macroeconomic Stability", *Working Papers*, No.1, January 2005.

[191] OECD, *Latin American Economic Outlook* 2019: *Development in Transition*, OECD Publishing, 2019.

[192] OECD, *OECD Economic Surveys*: *Mexico*, Paris: OECD Publishing, 2003.

[193] Ohno, K., "Avoiding the Middle Income Trap: Renovating Industrial Policy Forumlation in Vietnam", *ASEAN Economic Bulletin*, Vol.26, No.1, April 2009.

[194] Palma, J. G., "Why Has Productivity Growth Stagnated in Most Latin-American Countries since the Neo-Liberal Reforms?" Cambridge Working Papers in Economics 1030, *Faculty of Economics*, University of Cambridge, 2010.

[195] Pamuk, S., *Uneven Centuries*, Princeton: Princeton University Press, 2018.

[196] Pamukcu, T., "Trade Liberalization and Innovation Decisions of Firms: Lessons from Post-1980 Turkey", *World Development*, Vol.31, No.8, August 2003.

[197] Panagariya, A., *India*: *The Emerging Giant*, Oxford / New York: Oxford University Press, 2008.

[198] Papyrakis, E., Gerlagh, R., "The Resource Curse Hypothesis and its Transmission Channels", *Journal of Comparative Economics*, Vol.32, No.1, March 2004.

[199] Paus, E., "Innovation Strategies Matter: Latin America's Middle Income Trap Meets China and Globalisation", *The Journal of Development Studies*, Vol. 56, No. 4, April 2019.

[200] Piatkowski, M., *Europe's Growth Champion*: *Insights from the Economic Rise of Poland*, Oxford / New York: Oxford University Press, 2018.

[201] Pinheiro, F. L., Hartmann, D., Boschma, R., et al., "The Time and Frequency of Unrelated Diversification", *Research Policy*, Vol.51, No.8, October 2022.

[202] Poncet, S., Felipe, S. D. W., "Export Upgrading and Growth: The Prerequisite of Domestic Embeddedness", *World Development*, Vol.51, November 2013.

[203] Rajan, R., "Make in India, Largely for India", *The Indian Journal of Industrial Relations*, Vol.50, December 2014.

[204] Ramaswmi, B., Kotwal, A., Wadhwa, W., "Economic Liberalization and Indian Economic Growth", *Journal of Economic Literature*, Vol.49, No.4, December 2011.

[205] Robertson, E. P., Ye, L., "On the Existence of a Middle-Income Trap", *Economic Record*, Vol.92, No.297, March 2016.

[206] Rodrik, D., "Growth Strategies", *CEPR Discussion Papers*, Vol. 1, No. 5, October 2003.

[207] Rodrik, D., *The New Global Economy and Developing Countries*, Washington D. C.: Overseas Development Council, 1999.

[208] Sadeghi, P., Shahrestani, H., Kiani, K. H., et al., "Economic Complexity, Human Capital, and FDI Attraction: A Cross Country Analysis", *International Economics*,

Vol.164, December 2020.

[209] Saygili, H., Saygili, M., "Structural Changes in Exports of an Emerging Economy: Case of Turkey", *Structural Change and Economic Dynamics*, Vol. 22, No.4, December 2020.

[210] Saçik, S., Ceylan, O., "Middle Income Trap: Case of Turkey", *Economy & Business Journal*, Vol.10, No.1, 2016.

[211] Schott, P. K., "Across - Product versus Within - Product Specialization in International Trade", *Quarterly Journal of Economics*, Vol.119, No.2, May 2004.

[212] Sen, K., "Structural Transformation around the World: Patterns and Drivers", *Asian Development Review*, Vol.36, No.2, August 2019.

[213] Shah, S., Chadha, R., "India: Escaping Low - Income Traps and Averting Middle Income Ones", in Hutchinson, F. E., Basu Das, S. (eds.), *Asia and the Middle-Income Trap*, London: Routledge, 2016.

[214] Simona, G. L., Axèle, G., "Knowledge Transfer from TNCs and Upgrading of Domestic Firms: The Polish Automotive Sector", *World Development*, Vol. 40, No. 4, April 2012.

[215] Singh, N., "Information Technology and India's Economic Development", *Development and Comp Systems*, December 2004.

[216] Sonaglio, C. M., Campos, A. C., Braga, M. J., "Effects of Interest and Exchange Rate Policies on Brazilian Exports", *Economic*, Vol. 17, No. 1, January - April 2016.

[217] Song, B., *The Rise of the Korean Economy*, Oxford / New York: Oxford University Press, 2003.

[218] Spruk, R., "The Rise and Fall of Argentina", *Latin American Economic Review*, Vol.28, No.1, November 2019.

[219] Stokey, N., "Technology and Skill: Twin Engines of Growth", *Review of Economic Dynamics*, Vol.40, April 2021.

[220] Szczygielski, K., Grabowski, W., "Innovation Strategies and Productivity in the Polish Services Sector", *Post-Communist Economies*, Vol.26, No.1, February 2014.

[221] Takatoshi Ito, "Growth Convergence and the Middle - Income Trap", *Asian Development Review*, Vol.34, No.1, March 2017.

[222] Taylor, A. M., "Argentina and the World Capital Market: Saving, Investment, and International Capital Mobility in the Twentieth Century", *Journal of Development Economics*, Vol.57, No.1, October 1998.

[223] Taylor, A. M., "The Argentina Paradox: Microexplanations and Macropuzzles", *Latin American Economic Review*, No.3, February 2018.

[224] Teixeira, A. A. C., Queirós A. S. S., “Economic Growth, Human Capital and Structural Change: A Dynamic Panel Data Analysis”, *Research Policy*, Vol. 45, No. 8, October 2016.

[225] Tejani, S., “Jobless Growth in India: An Investigation”, *Cambridge Journal of Economics*, Vol.40, No.3, May 2015.

[226] *The London School of Economics*, *Falling into the Middle-Income Trap? A Study on the Risks for EU Regions to be Caught in a Middle-Income Trap*, Brussels: Publications Office of the European Union, 2020.

[227] The World Bank, “Beyond Oil: Kazakhstan's Path to Greater Prosperity through Diversifying”, *World Bank Publications*, No.16720, June 2013.

[228] Thirlwall, A. P., “Balance of Payments Constrained Growth Models: History and Overview”, *Moneta E Credito*, Vol.64, No.256, December 2011.

[229] Üngör, M., “Productivity Growth and Labor Reallocation: Latin America”, *Review of Economic Dynamics*, Vol.24, March 2017.

[230] Utkuismihan, F. M., Pamuku, M. T., *Determinants of Growth Performance of High Growth Firms: An Analysis of the Turkish Manufacturing Sector*, Dokki, Giza, Egypt: Economic Research Forum (ERF), 2020.

[231] Vashakmadze, E. T., *Kazakhstan-Taking Advantage of Trade and Openness for Development: Second Report Under the Studies on International and Regional Trade Integration (Russian)*, Washington, D.C.: World Bank Group, 2012.

[232] Wade, R. H., “Industrial Policy in Response to the Middle Income Trap and the Third Wave of the Digital Revolution”, *Global Policy*, Vol.7, No.4, September 2016.

[233] Woo, W. T., Lu, M., Sachs, J. D., et al., “The Major Types of Middle-Income Trap that Threaten China”, *A New Economic Growth Engine for China*, Vol.3, No.39, October 2012.

[234] World Bank Group, “Kazakhstan: The Economy Has Bottomed Out: What is Next?” *Country Economic Update*, No.1, May 2017.

[235] World Bank, *Turkey's Transitions, Integration, Inclusion, Institutions*, Washington, D. C.: The World Bank Group, 2014.

[236] Yeldan, E., Tasci, K., Voyvoda, E., et al., “Turkey on Way out of Middle-Income Growth Trap”, *Tukish Enterprise and Business Confederation*, Vol.1, 2012.

[237] Yilmaz, G., “Labor Productivity in the Middle Income Trap and the Graduated Countries”, *Central Bank Review*, Vol.16, No.2, June 2016.

[238] Yilmaz, G., “Turkish Middle Income Trap and Less Skilled Human Capital”, *Iktisat Isletme ve Finans*, Vol.30, No.346, 2015.

[239] Yokokawa, N., Chandrasekha, C., “Introduction: Structural Change in Asia:

Can the Services Sector Lead Growth?" *The Japanese Political Economy*, Vol.43, No.1-4, October 2017.

[240] Yormirzoev, M., "Economic Growth and Productivity Performance in Central Asia", *Comparative Economic Studies*, No.3, September 2021.

[241] Yülek, M. A., Lee, K. H., Kim, J., et al., "State Capacity and the Role of Industrial in Automobile Industry: Comparative Analysis of Turkey and South Korea", *Journal of Industry Competition and Trade*, Vol.20, January 2020.

[242] Yusurf, S., "Middle-Income Countries: Trapped or Merely Slowing?" *Asian Pacific Economic Literature*, Vol.31, No.2, October 2017.

后　记

作为一本依托当今经济学前沿思想和方法探索“中等收入陷阱”问题的著作，本书有两个缘起。一是笔者于2012—2013年在韩国建国大学作为高级访问学者期间以及2015—2016年受韩国高等教育财团资助，以亚洲访问学者身份在首尔大学等进行访学。其间，与韩国学者宋丙洛(Byung-Nak Song)、李根(Keun Lee)、李昌镛、赵显俊、金旭、李珠瑛、郑武夔等就韩国发展问题尤其是跨越“中等收入陷阱”进行学术交流。宋丙洛教授是韩国元老级经济学家，在发展经济学、产业经济学中有很深造诣；李根教授在转型经济学与演化经济学中有很高的建树，两人均是活跃于发展领域有重要影响的学者。二是与劳伦·勃兰特(Loren Brandt，加拿大多伦多大学教授)、罗斯高(Scott Rozelle，时任美国加州大学戴维斯分校教授)、埃里克·图恩(Eric Tunn，英国牛津大学商学院教授)、蔡晓莉(Lily Tsai，美国麻省理工学院教授)、洛浦尚(Prashant Loyalka，斯坦福大学博士生)、巴特尔(英国曼彻斯特大学教授)等多次就人力资本以及教育相关问题进行调研及交流，给我很多启发。勃兰特、罗斯高、蔡晓莉是国外发展研究领域中有重要影响的知名学者，洛浦尚(印度裔)、巴特尔(蒙古裔)则能为发展中国家发声。此后，受国家社会科学基金资助使我更有机会深入研究此课题。西北大学“双一流”建设项目资助(Sponsored by First-class Universities and Academic Programs of Northwest University)也提供了重要支持。本课题组在CSSCI核心期刊等发表的20余篇中英文论文，为本书成稿奠定了基础。

本书是集体劳动的结果，除课题负责人外，以下人员参与了写作：李旭俐(第一章)、程靖(第二章)、任衍锐(第三章)、孔维珊(第四章)、王静适(第五章)、靳昊昊(第六章)、王昕(第七章)、周子一(第八章)、张丹怡(第九章)、李雪珂(第十章)。

我们感谢西北大学经济管理学院多年来的帮助与支持，感谢白永秀教授、任保平教授、吴振磊教授、马莉莉教授、师博教授、魏婕副教授等同仁，以及李文辉、张美云、高洋、稽正龙、刘运转、白媛媛、周鑫、孙艺鸣、金晨、梅国伟、成康等同学的支持和协助。

感谢三位评审人提出的宝贵意见。从课题内容的设计到实施的原则建议，从理论框架的构建到统计数据的处理，无不体现评审人热情耐心的激励和指导、认真的审核，以及实事求是的精神和严谨的治学态度，对此表示衷心感谢。

本书涉及文献及数据等的工作量较大、耗时较长，绝大部分文献为英文文献，8 个案例国家中有些国家的文献量很大（如拉美三国、印度、韩国），需要大量筛选，有些国家即使是英文文献，也较稀缺（如哈萨克斯坦、土耳其、波兰），数据获取方面也得到经济复杂度创始人哈佛大学豪斯曼课题组的支持。由于水平及时间限制，尽管做了很多努力，笔者也尽可能对评审意见做了修改和回应，但仍有不足之处，有很大的改进和拓展空间，敬请同仁批评指正。

宋 宇

2023 年 6 月于西北大学

经济管理学院 8323 教授工作室